Marx/Kläne/Korff/Schlarmann · Unternehmensbesteuerung

W0191264

Zusätzliche digitale Inhalte für Sie!

Zu diesem Buch stehen Ihnen kostenlos folgende digitale Inhalte zur Verfügung:

@	Online-Version ✓	📱	App
🎓	Online-Training	📑	Digitale Lernkarten
🔄	Aktualisierung im Internet	☑	WissensCheck
⤓	Zusatz-Downloads		

Schalten Sie sich das Buch inklusive Mehrwert direkt frei.

Scannen Sie den QR-Code **oder** rufen Sie die Seite **www.nwb.de** auf. Geben Sie den Freischaltcode ein und folgen Sie dem Anmeldedialog. Fertig!

Ihr Freischaltcode

BUJM-HEHF-JXCV-EQZF-ESHL-BV

Recht verstehen

Unternehmens-besteuerung

Von
Steuerberater Prof. Dr. Franz Jürgen Marx
Dipl.-Kfm. Steuerberater Dr. Sebastian Kläne
Dipl.-Kfm. Steuerberater Dr. Matthias Korff
Dipl.-Kfm. Steuerberater Dr. Bernd Schlarmann

3., vollständig überarbeitete Auflage

nwb AUSBILDUNG

ISBN 978-3-482-**65382**-7

3., vollständig überarbeitete Auflage 2018

© NWB Verlag GmbH & Co. KG, Herne 2008
www.nwb.de

Satz: Griebsch & Rochol Druck GmbH, Hamm
Druck: Elanders GmbH, Waiblingen

VORWORT ZUR 3. AUFLAGE

Die zur Finanzierung des Gemeinwesens notwendigen Steuern knüpfen an ganz unterschiedlichen Bezugspunkten an. Unternehmen sind mit vielfältigen steuerlichen Pflichten konfrontiert. Neben den Steuern, die das Unternehmen als Steuerschuldner wirtschaftlich trägt (z. B. Körperschaft- und Gewerbesteuer) sind auch jene Steuern zu beachten, die das Unternehmen entrichten muss, bei denen es jedoch nicht die materielle Belastung tragen muss (z. B. Umsatzsteuer, Lohnsteuer, Kapitalertragsteuer). Gleichwohl sind auch hier Liquiditäts- und Zinseffekte sowie Dokumentations-Prüfungspflichten und Haftungsrisiken zu beachten. Neben den laufenden Steuern kommen einmalige Abgaben hinzu, etwa die Grunderwerbsteuer oder die Erbschaftsteuer.

Dieses Lehrbuch konzentriert sich auf die wichtigsten Steuerarten, die die Unternehmen betreffen (können) und zeigt Steuerwirkungen und Steuergestaltungen auf. Neben den Steuerarten, die unmittelbar an das Unternehmen anknüpfen, werden auch Steuerwirkungen auf Gesellschafterebene unterschiedlicher Rechtsformen einbezogen.

Steuern sind relevant und materiell gewichtig. In der Realität werden sie von Laien häufig unterschätzt oder gar nicht beachtet. Studierende der Wirtschafts- und Rechtswissenschaften benötigen ein Grundlagenwissen, das ihre fachspezifischen Kenntnisse für die spätere Berufstätigkeit sinnvoll ergänzt. Fach- und Führungskräfte werden auch dann mit steuerlichen Fragen konfrontiert, wenn sie sich in anderen Bereichen spezialisiert haben. Daher ist das Buch sowohl für Studierende als auch für Praktiker gleichermaßen geeignet, einen grundlegenden Einblick in die Strukturen der Unternehmensbesteuerung zu geben.

Dank der guten Verbreitung des Buches wurde eine Neuauflage erforderlich. Für die dritte Auflage haben wir eine gründliche Überarbeitung vorgenommen, aber am bewährten Aufbau festgehalten, der die Erfolgsbesteuerung von Unternehmen in den Mittelpunkt stellt, darüber hinaus aber auch die Besteuerung von Unternehmensverbindungen und Grundzüge der internationalen Unternehmensbesteuerung erfasst. Aus didaktischen Gründen hat sich die Darstellung auf acht Kapitel erweitert. Zu Beginn des Buches werden Grundbegriffe erklärt, Strukturen erläutert und die wichtigsten Steuerarten skizziert. Die laufende Besteuerung und aperiodische Geschäftsvorfälle werden für Personen- und Kapitalgesellschaften behandelt. Neben einzelnen Unternehmen werden auch Unternehmensverbindungen betrachtet. Das achte Kapitel ist den Grundlagen der internationalen Unternehmensbesteuerung gewidmet. Rechtsstand des Buches ist der 1. 1. 2018.

Wir danken Frau Ina Kronenberger und Frau Elif Köm für die wertvolle Unterstützung bei der Überarbeitung des Lehrbuchs. Ihre umsichtige und sorgfältige Arbeit hat sehr zum Gelingen der Neuauflage beigetragen. Wir danken auch Frau Sandra Knopik für die angenehme und konstruktive Zusammenarbeit mit dem Verlag.

Für Anregungen und Kritik sind wir dankbar.

Bremen, Ganderkesee und München im September 2018

Franz Jürgen Marx
Sebastian Kläne
Matthias Korff
Bernd Schlarmann

INHALTSVERZEICHNIS

ABBILDUNGSVERZEICHNIS

TABELLENVERZEICHNIS

ABKÜRZUNGSVERZEICHNIS

A

a. a. O.	am angegebenen Ort
a. F.	alte Fassung
a. G.	auf Gegenseitigkeit
A_0	Anschaffungsauszahlung
Abb.	Abbildung
Abs.	Absatz
Abschn.	Abschnitt
abzgl.	abzüglich
AfA	Absetzung für Abnutzung
AfA_t	periodischer Abschreibungsbetrag
AG	Aktiengesellschaft
AK	Anschaffungskosten
AktG	Aktiengesetz
allg.	allgemein
AO	Abgabenordnung
AOA	Authorized OECD Approach
APA(s)	Advanced Pricing Agreement(s)
Art.	Artikel
AStG	Außensteuergesetz
A_t	periodische Auszahlungen
ATAD	Anti Tax Avoidance Directive

B

BA	Betriebsausgabe
BB	Betriebs-Berater (Zeitschrift)
BDI	Bundesverband der deutschen Industrie e. V.
BEPS	Base Erosion and Profit Shifting
BewG	Bewertungsgesetz
BFH	Bundesfinanzhof
BFH/NV	Sammlung amtlich nicht veröffentlichter Entscheidungen des BFH (Zeitschrift)
BgA	Betrieb gewerblicher Art
BGB	Bürgerliches Gesetzbuch

BGBl	Bundesgesetzblatt
BMF	Bundesministerium der Finanzen
bspw.	beispielsweise
BStBl	Bundessteuerblatt
BT-Drs.	Bundestagsdrucksache
Buchst.	Buchstabe
BV	Betriebsvermögen
bzw.	beziehungsweise

C

ca.	circa
CPM	Comparable Profit Method

D

d. h.	das heißt
DB	Der Betrieb (Zeitschrift)
DBA	Doppelbesteuerungsabkommen
Dez.	Dezember
DStR	Deutsches Steuerrecht (Zeitschrift)
DStZ	Deutsche Steuerzeitung (Zeitschrift)

E

e.V.	eingetragener Verein
EBITDA	Earnings Before Interest, Tax, Depreciation and Amortization
EG	Europäische Gemeinschaften
EK	Eigenkapital
engl.	englisch
ErbSt	Erbschaftsteuer
ErbStG	Erbschaftsteuer- und Schenkungsteuergesetz
Erg.-Lfg.	Ergänzungslieferung
ESt	Einkommensteuer
EStDV	Einkommensteuer-Durchführungsverordnung
EStG	Einkommensteuergesetz
EStR	Einkommensteuer-Richtlinien
E_t	periodische Einzahlungen
etc.	et cetera
EU	Europäische Union
EU	Einzelunternehmer

EuGH	Europäischer Gerichtshof
EUR	Euro
EWG	Europäische Wirtschaftsgemeinschaft

F

f.	folgend
FB	Freibetrag
ff.	fortfolgend
FG	Finanzgericht
FGr	Freigrenze
FK	Fremdkapital

G

GAufzV	Gewinnabgrenzungsaufzeichnungsverordnung
GbR	Gesellschaft bürgerlichen Rechts
GE	Gewerbeertrag
gem.	gemäß
GewSt	Gewerbesteuer
GewStG	Gewerbesteuergesetz
GewStR	Gewerbesteuer-Richtlinie
GG	Grundgesetz
ggf.	gegebenenfalls
GKG	Gerichtskostengesetz
GmbH	Gesellschaft mit beschränkter Haftung
GmbHG	Gesetz betreffend die Gesellschaften mit beschränkter Haftung
GmbHR	GmbH-Rundschau (Zeitschrift)
GrESt	Grunderwerbsteuer
GuV	Gewinn- und Verlustrechnung

H

H	Hebesatz
h. M.	herrschende Meinung
Halbs.	Halbsatz
HB	Handelsbilanz
HFR	Höchstrichterliche Finanzrechtsprechung (Zeitschrift)
HGB	Handelsgesetzbuch
HK	Herstellungskosten
HR	Handelsregister
Hrsg.	Herausgeber

I

i. d. R.	in der Regel
i. H.	in Höhe
i. R. d.	im Rahmen des/der
i. S.	im Sinne
i. V. m.	in Verbindung mit
IAS	International Accounting Standards
IFRS	International Financial Reporting Standards
inkl.	inklusive
i_s	Kalkulationszinsfuß nach Steuern

J

J	Jahre
JStG	Jahressteuergesetz

K

KapG	Kapitalgesellschaft
KESt	Kapitalertragsteuer
Kfz	Kraftfahrzeug
KG	Kommanditgesellschaft
KGaA	Kommanditgesellschaft auf Aktien
K_s	Kapitalwert nach Steuern
KSt	Körperschaftsteuer
KStG	Körperschaftsteuergesetz
KStR	Körperschaftsteuer-Richtlinien

L

L_n	Liquidationserlös
LSt	Lohnsteuer
Ltd.	Limited

M

M	Messzahl
MA	Mitarbeiter
max.	maximal
Mio.	Million(en)
MLI	Multilaterales Instrument

mtl.	monatlich
MU	Mitunternehmer

N

n	Nutzungsdauer des Investitionsobjekts
Nr.	Nummer

O

OECD	Organisation for Economic Co-operation and Development
OECD-MA	OECD-Musterabkommen
OHG	Offene Handelsgesellschaft

P

PersG	Personengesellschaft
PV	Privatvermögen

R

R	Richtlinie
RBW	Restbuchwert
rd.	rund
Rz.	Randziffer

S

s_e	kombinierter Ertragsteuersatz
S.	Seite
SBV	Sonderbetriebsvermögen
SE	Societas Europea
SEStEG	Gesetz über steuerliche Begleitmaßnahmen zur Einführung der Europäischen Gesellschaft und zur Änderung weiterer steuerrechtlicher Vorschriften
sog.	sogenannt(er/e/es)
SolZ	Solidaritätszuschlag
Stb	Steuerbilanz
Stbg	Die Steuerberatung (Zeitschrift)
SteuerStud	Steuer und Studium (Zeitschrift)
stpfl.	steuerpflichtig

StSenkG	Gesetz zur Senkung der Steuersätze und zur Reform der Unternehmensbesteuerung
StuW	Steuer und Wirtschaft (Zeitschrift)
StVergAbG	Steuervergünstigungsabbaugesetz
StVergAbG	Gesetz zum Abbau von Steuervergünstigungen und Ausnahmeregelungen

T

T	Tausend
TAB	Tabelle
TNMM	Transactional Net Margin Method
TW	Teilwert

U

u. a.	unter anderem
u. ä./u. Ä	und ähnlich
Ubg	Die Unternehmensbesteuerung (Zeitschrift)
u.U.	unter Umständen
u. d. N.	unter der Nebenbedingung
UN	United Nations
UntStFG	Unternehmenssteuerfortentwicklungsgesetz
UntStRefG	Unternehmensteuerreformgesetz
USLO	UmsatzSteuerLänderOnline
USt	Umsatzsteuer
UStG	Umsatzsteuergesetz
UStIdNr.	Umsatzsteueridentifikationsnummer
usw.	und so weiter

V

vGA	verdeckte Gewinnausschüttung
vgl.	vergleiche
VuV	Vermietung und Verpachtung
VZ	Veranlagungszeitraum

W

WG	Wirtschaftsgut
Wj.	Wirtschaftsjahr
WPg	Die Wirtschaftsprüfung (Zeitschrift)

Z

z. B.	zum Beispiel
z. T.	zum Teil
z. Zt.	zur Zeit
ZfB	Zeitschrift für Betriebswirtschaft (Zeitschrift)
zvE	zu versteuerndes Einkommen
zzgl.	zuzüglich

Kapitel 1: Einordnung und Standortbestimmung

1.1 Zielsetzung des Buches

Deutschland verfügt wie alle entwickelten Industriestaaten über ein **stark verzweigtes Steuersystem** mit mehr als 40 Einzelsteuerarten und einem Gesamtaufkommen von fast 830 Mrd. € (im Jahr 2020). Die gesamtwirtschaftliche Steuerquote liegt bei 23,3%, die Abgabenquote bei 37 %. Das Steuer-ABC reicht derzeit von der Alkopopsteuer bis zur Zweitwohnungsteuer. Einige Steuerarten kommen neu hinzu (City-Tax, Pferdesteuer, Luftverkehrsteuer, evtl. bald Equalization tax und Finanztransaktionssteuer). Andere Steuerarten wurden abgeschafft oder werden nicht mehr erhoben (Salz- und Teesteuer, Gewerbekapitalsteuer, Börsenumsatzsteuer, Vermögensteuer). Mit Beschluss vom 13. 4. 2017, HFR 2017, S. 760 [→DAAAG-46966] hat das BVerfG das Kernbrennstoffsteuergesetz für mit dem Grundgesetz unvereinbar und rückwirkend für nichtig erklärt. Die Steuereinnahmen von 6,285 Mrd. € mussten an die Kraftwerksbetreiber zurückgezahlt werden. Das Beispiel macht deutlich, dass die Erhebung von Steuern verfassungsrechtlicher Prüfung unterliegt. Die Begrenzungs- und Schutzfunktion der Finanzverfassung des GG steht nach Ansicht des BVerfG der Annahme eines freien Steuererfindungsrechts des einfachen Gesetzgebers entgegen. Neben verfassungsrechtlichen Grenzen sind auch europarechtliche Restriktionen zu beachten. Die **zunehmende Digitalisierung** mit neuen Geschäftsmodellen („Industrie 4.0", „Big Data") stellt die Besteuerung vor neue Herausforderungen. OECD und EU fordern länderübergreifend koordinierte Steuerregeln, bei der die Art der Wertschöpfung und der Ort der Besteuerung besser verknüpft werden.

Der Staat wählt **ganz unterschiedliche Ansatzpunkte** für die Erfassung von Transaktionen am Markt, von Beständen oder Eigenschaften. Er begleitet die Steuersubjekte „von der Wiege bis zur Bahre".[1] Daraus folgen einerseits eine Steuerartenvielfalt und andererseits zahlreiche Verflechtungen der Steuerarten untereinander. Ob das Steuersystem diesen Namen noch verdient, wird indes vielfach bezweifelt. Begriffe wie Steuerlabyrinth, Steuerdickicht oder Steuerkonglomerat drücken aus, dass kein geordnetes Ganzes existiert, sondern vielmehr ein historisch gewachsenes, mit Mehrfachbelastungen, Überschneidungen und unterschiedlichen Zielsetzungen durchsetztes, für Laien und oftmals auch für Experten schwer durchschaubares Gefüge. Aber: Mit dem Buch können Sie sich einen guten Überblick über wichtige Steuerrechtsbereiche verschaffen und Licht ins Dunkel bringen.

---

1 „In dieser Welt ist nichts gewiss, außer dem Tod und den Steuern", schrieb Benjamin Franklin im November 1789.

Für die Unternehmen ist die Erfolgsbesteuerung von wesentlicher Bedeutung, die in Deutschland durch Gewerbesteuer, Körperschaftsteuer für juristische Personen und Einkommensteuer für natürliche Personen determiniert ist. Steuern stellen aus einzelwirtschaftlicher Sicht regelmäßig **negative Zielbeiträge** dar. Sie führen zu einer Verringerung des Erfolgs und/oder der Liquidität. Der Ertragsteueraufwand verringert die unternehmerische Rendite, sodass Optimierungen zur Verbesserung der Wettbewerbsfähigkeit erforderlich werden. So suchen Investoren weltweit nach steuergünstigen Standorten. Die Verlagerung von Aktivitäten und Vermögensteilen ins Ausland können die Vermeidung von Sonder- und Quellensteuern, die Nutzung internationaler Steuersatzdifferenzen und Qualifikationskonflikte sowie das Ausschöpfen von Verlusten und Anrechnungsguthaben zum Ziel haben. Der Beachtung von Besteuerungsvorgängen und -zuständen kommt angesichts der Belastungshöhe, der Gestaltbarkeit und der Sanktionen bei Fehlverhalten große Bedeutung zu. Im Wesentlichen konzentriert sich das Buch auf die für Unternehmen und ihre Gesellschafter relevanten Ertragsteuerarten. Darüber hinaus werden Grundzüge anderer maßgebender Steuerarten (u. a. Umsatzsteuer, Erbschaftsteuer) vermittelt. Auch nach langjährigen Reformbemühungen ist die **Besteuerung nicht entscheidungsneutral**, also weder rechtsform-, finanzierungs- noch gewinnverwendungsneutral. Das heißt, die Steuerbelastung von Unternehmen kann durch unternehmerische Entscheidungen bei Rechtsformwahl, -gestaltung und Kapitalausstattung maßgebend beeinflusst werden. Dieses Buch gibt einen Überblick über die Steuerarten, die Unternehmen und ihre Gesellschafter betreffen (können). Im Mittelpunkt stehen dabei die Strukturen der Erfolgsbesteuerung von Personen- und Kapitalgesellschaften von deren Gründung bis zur Liquidation.

Als Leser kennen Sie nach der Lektüre des Buchs den Aufbau und die Funktionsweise der Unternehmensteuern und können deren betriebswirtschaftliche Eigenschaften beschreiben. Für **elementare betriebswirtschaftliche Steuerwirkungen** auf Liquidität, Reinertrag und Vermögen haben Sie dann ein Verständnis entwickelt. Sie wissen, mit welchen Wirkungen die Besteuerung verbunden ist. Sie können einfache Besteuerungssachverhalte lösen, d. h. ihre Rechtsfolgen bestimmen und die Ergebnisse interpretieren. Sie kennen die Ansatzpunkte für unternehmerische Entscheidungen, mit denen die Steuerbelastung beeinflusst werden kann. Daher sind Sie in der Lage, fundierte Hinweise für Sachverhaltsgestaltungen zu geben.

Unser Ziel ist es, Ihr Problembewusstsein für Steuerwirkungen zu schärfen und ein Verständnis für steuerorientierte Gestaltungen bei unternehmerischen Entscheidungen zu entwickeln. Als künftige Fach- und Führungskräfte in Unternehmen benötigen Sie – gleichgültig in welchem Bereich und für welches Unternehmen oder als Freiberufler Sie tätig werden – ein wissenschaftlich geprägtes Verständnis für die Unternehmensbesteuerung. Sie stehen künftig im Dialog mit Kollegen, Beratern und Behörden und werden immer wieder mit steuerlichen Fragestellungen konfrontiert. Auch sollten Sie ein Bewusstsein entwickeln für die Bedeutung des wirtschaftlichen Handelns für die Besteuerung. Vielleicht ist die Beschäftigung mit Steuern im Studium auch der Anfang Ihrer beruflichen Spezialisierung, die dann später mit dem Steuerberaterexamen und einer qualifizierten Tätigkeit in der Steuerberatung oder Wirtschaftsprüfung fortgesetzt wird.

Das Steuerrecht weist – wie viele andere Rechtsbereiche – eine große Dynamik auf, sodass die „Halbwertzeit" des Faktenwissens recht kurz ist. Inzwischen hat der Gesetzgeber eine beachtliche Fähigkeit entwickelt, auch Steuergesetze zum Gegenstand von „real-time-delivery" zu machen, allerdings oftmals mit dem Preis handwerklicher Fehler, die später korrigiert werden müssen. Eine Steuergesetzgebung im Akkord, die mehr auf selektive Änderungen als auf eine geschlossene Konzeption abzielt, birgt nicht selten das Risiko mangelnder Normklarheit mit der Folge, dass sich die Rechtsprechung allzu oft als Reparaturbetrieb des Gesetzgebers betätigen muss. Die **Schnelllebigkeit und die besondere Ungewissheit im Steuerrecht** stellen insbesondere den Steuerplaner vor große Herausforderungen. Im Buch wird dieser Änderungsgeschwindigkeit entgegengewirkt, indem verstärkt die Grundlagen vermittelt werden. Besonderheiten, Ausnahmen und Rückausnahmen finden nur streng dosiert Berücksichtigung. Unser Anliegen ist es, Grundstrukturen der Unternehmensbesteuerung zu vermitteln. Das Buch basiert auf dem Rechtsstand 1. 1. 2018.

1.2 Betriebswirtschaftslehre und Steuerwissenschaft

Die Besteuerung gehört zum zentralen Untersuchungsbereich von drei Wissenschaftsdisziplinen. Neben der Steuerrechtswissenschaft und der Finanzwissenschaft beschäftigt sich die Betriebswirtschaftliche Steuerlehre seit fast einhundert Jahren systematisch und kritisch mit dem Steuereinfluss auf Unternehmen und Gesellschafter. Im Rahmen einer **ökonomischen Analyse der Besteuerung** werden Wirkungen positiv und normativ erforscht. Dabei fragen wir einerseits nach den tatsächlichen Wirkungen unterschiedlicher Ausgestaltungen der steuerlichen Sachverhalte und andererseits nach Wertungen, Alternativen und Diskussionsvorschlägen.

Die Betriebswirtschaftliche Steuerlehre gliedert sich üblicherweise in **drei Teilbereiche** auf:

► Steuerwirkungslehre

Im Bereich der Steuerwirkungslehre werden zunächst die für Unternehmen und Gesellschafter in Betracht kommenden Steuerarten mit ihren jeweiligen Bemessungsgrundlagen und Tarifen identifiziert. Dazu ist es notwendig, den Faktenrahmen der Besteuerung zusammen mit dem Rechnungswesen und dem Bilanzrecht, dem Handels- und Gesellschaftsrecht und dem Steuerarten- und Verfahrensrecht zu kennen. Aufbauend auf diesem Faktenrahmen werden im Bereich der Steuerwirkungslehre dann Messungen der Steuerbelastung durchgeführt und deren Bestimmungsfaktoren erforscht. Fragen der Erfolgs- und Vermögensmessung stehen seit jeher im Blickfeld der Betriebswirtschaftslehre (Rechnungswesen, Finanzierung, Unternehmensbewertung), sodass die Messmethoden auch für die Besteuerung eingesetzt werden können.

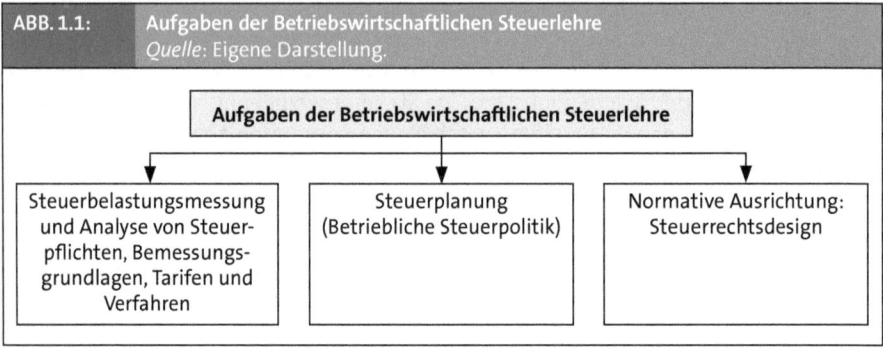

ABB. 1.1:　Aufgaben der Betriebswirtschaftlichen Steuerlehre
Quelle: Eigene Darstellung.

Aufgaben der Betriebswirtschaftlichen Steuerlehre

Steuerbelastungsmessung und Analyse von Steuerpflichten, Bemessungsgrundlagen, Tarifen und Verfahren	Steuerplanung (Betriebliche Steuerpolitik)	Normative Ausrichtung: Steuerrechtsdesign

► **Steuerplanungslehre**

Die Steuerplanungslehre als zweiter Aufgabenbereich zielt auf die Ermittlung von Verhaltensregeln, um die Besteuerung in die Optimierung betriebswirtschaftlicher Entscheidungen einzubeziehen. Hierfür finden sich auch die Termini „Steuerplanung" oder „Betriebliche Steuerpolitik". Betrachtet werden genetische (konstitutive) Entscheidungen, beispielsweise über Standort, Rechtsform oder Zusammenschlüsse, daneben Entscheidungen, die die betrieblichen Funktionen betreffen, und Entscheidungen bei der (steuerlichen) Rechnungslegung. Entscheidungswirkungen können auf modellanalytischem Weg erforscht werden, wobei die komplexe Realität, die steuerrechtlich zudem zum Sachverhalt verdichtet wird, nur mehr oder weniger stark vereinfacht im Modell abgebildet werden kann. Um Steuerwirkungen auf Investitionsentscheidungen zu messen, werden etwa das Kapitalwertkriterium, das Endwertkriterium oder vollständige Finanzpläne zugrunde gelegt. Dabei werden regelmäßig vollkommene und vollständige Kapitalmärkte und Sicherheit vorausgesetzt. Mit der Unsicherheit in den Zahlungsströmen lässt sich umgehen – etwa mittels Simulationsrechnungen –, nur schwer hingegen mit der Unsicherheit bei der Entwicklung des Steuerrechts. Die Betriebswirtschaftslehre gibt das methodische Rüstzeug für steuerberatende Berufe, die nicht nur bei der Befolgung der gesetzlichen Pflichten tätig werden, sondern auch Mandaten bei der Steuergestaltung unterstützen. Die dargestellten Aufgaben zeigen sich in den facettenreichen Arbeitsfeldern, die hier nur ansatzweise abgebildet werden können.

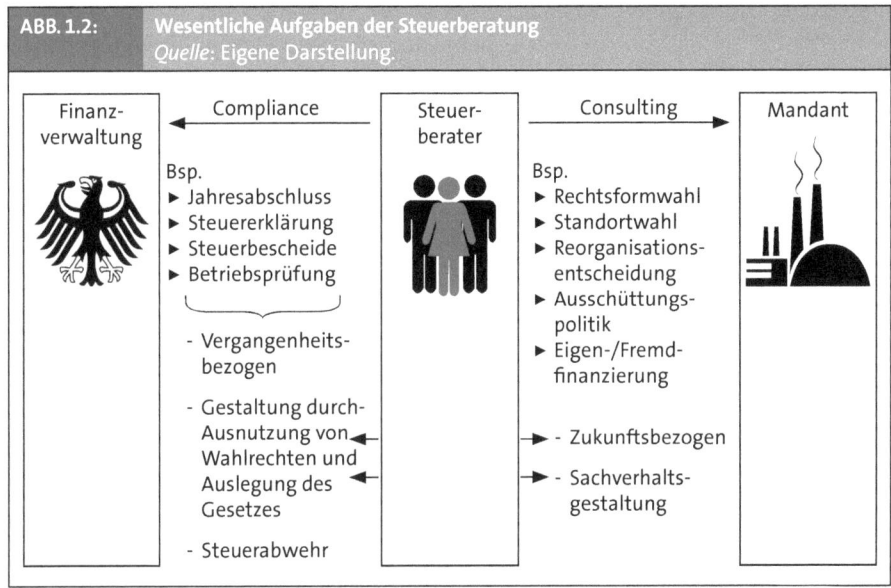

ABB. 1.2: **Wesentliche Aufgaben der Steuerberatung**
Quelle: Eigene Darstellung.

| Finanz-verwaltung | ← Compliance — | Steuer-berater | Consulting → | Mandant |

Bsp.
► Jahresabschluss
► Steuererklärung
► Steuerbescheide
► Betriebsprüfung

- Vergangenheits-bezogen

- Gestaltung durch-Ausnutzung von Wahlrechten und Auslegung des Gesetzes

- Steuerabwehr

Bsp.
► Rechtsformwahl
► Standortwahl
► Reorganisations-entscheidung
► Ausschüttungs-politik
► Eigen-/Fremd-finanzierung

- Zukunftsbezogen

- Sachverhalts-gestaltung

Die empirische Überprüfung, ob in der Realität tatsächlich die Entscheidungswirkungen der Besteuerung festzustellen sind, gehört ebenfalls in den Bereich der Betriebswirtschaftlichen Steuerlehre. Unser Wissen über die tatsächlichen Entscheidungsstrukturen und -prozesse in Unternehmen ist begrenzt. Leitbild in der Ökonomie war lange Zeit der *homo oeconomicus,* der rationale Entscheidungsträger, der individuelle Nutzenmaximierung betreibt. Es zeigen sich in der Lebenswirklichkeit aber auch andere Verhaltensmuster, sodass diese wissenschaftliche Blickverengung aufgegeben worden ist. Deutlich geworden ist auch, dass Menschen aufgrund ihrer begrenzten kognitiven Ressourcen nur sehr beschränkt Informationen aufnehmen und verarbeiten können. Begrenzte Rationalität (Bounded rationality) ist Folge begrenzter Informationsverarbeitungskapazität des Menschen und mündet im Treffen befriedigender Entscheidungen, nicht in Nutzenmaximierung. Wahrnehmungs- und Entscheidungsverzerrungen wie etwa Framing, Overconfidence, Hindsight bias, Anchoring effect oder Loss aversion und Regret aversion sind zu konstatieren. Experten sind in Situationen großer Ungewissheit Entscheidungsanomalien stärker ausgesetzt als Laien, da sie sehr auf ihre Modelle und Daten der Vergangenheit vertrauen. Inwieweit dies auf steuerliche Entscheidungsprozesse übertragen werden kann, ist Gegenstand der Forschung.

► **Gestaltung des Steuerrechts**

Ein dritter Zweig der Betriebswirtschaftlichen Steuerlehre beschäftigt sich mit der Gestaltung des Steuerrechts. Hier werden aus ökonomischer Sicht Vorschläge zur Weiterentwicklung des Steuerrechts gemacht. Neben der Integration von Steuern in unternehmerische Planungsprozesse liegt es nahe, steuerliche Normen und Reformvorhaben zu analysieren und den Gesetzgeber auf (Fehl-)Wirkungen aufmerksam zu machen. In die prinzipiengeleitete Diskussion von steuerlichen Regelungen und Systementwürfen kann die Betriebswirtschaftliche Steuerlehre eigene Sichtweisen und nachprüfbare Kriterien einbringen. Unterschiedliche Ansätze aus der betriebswirtschaftlichen Theorie können nutzbringend auf steuerliche Problembereiche übertragen werden. Rechtswissenschaft und Ökonomie können von ihren unterschiedlichen Sichtweisen und Methoden profitieren und zu einer Problemlösung beitragen.

1.3 Methoden der Betriebswirtschaftlichen Steuerlehre

Im Bereich der Betriebswirtschaftlichen Steuerlehre kommen verschiedene methodische Ansätze zum Tragen. Zunächst sind **Rechtsanwendungsmethoden** zu nennen, die sich auf die Sachverhaltsanalyse und Alternativenentwicklung beziehen. Ökonomische Sachverhalte bestehen je nach Komplexität aus einer Vielzahl von Merkmalen, die eine Differenzierung und eine Einteilung in Sachverhaltstypen erlauben. Über die erreichte Ordnung hinaus kann versucht werden, über neue Merkmalskombinationen neue Sachverhaltstypen zu entwickeln und systematisch nach steuerlichen Aktionsparametern zu suchen.

Die betriebliche Realität wird untersucht und gefiltert, um Gemeinsamkeiten und Unterschiede verschiedener Strukturen in Aufbau und Ablauf von Prozessen herauszustellen, Typen zu bilden und zu differenzieren. Für die **Sachverhaltsanalyse** und **Alternativengenerierung** ist betriebswirtschaftliches und juristisches Wissen nötig. Die BWL erfasst und verarbeitet (steuerliche) Rechtseinflüsse auf betriebswirtschaftliche Entscheidungsprozesse. So entstehen neue Vertrags- und Rechtsformen oder Unternehmensverbindungen.

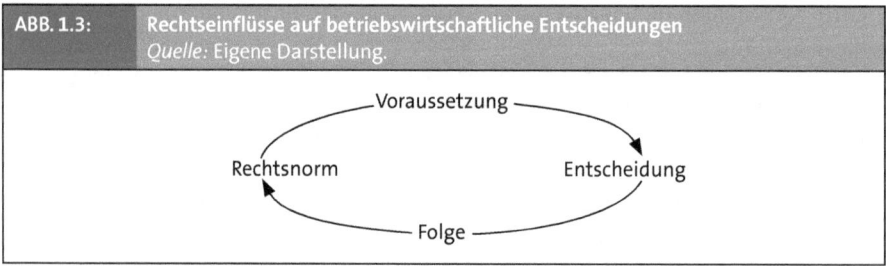

ABB. 1.3:	Rechtseinflüsse auf betriebswirtschaftliche Entscheidungen
	Quelle: Eigene Darstellung.

Fragen der **Gesetzesauslegung** obliegen zwar der Steuerrechtswissenschaft, dennoch müssen auch Wirtschaftswissenschaftler die gängigen Auslegungsmethoden beherrschen, um zu erkennen, ob ein realisierter oder geplanter Sachverhalt unter den gesetzlichen Tatbestand zu subsumieren ist. Betriebswirtschaftliche Entscheidungen sind unter Berücksichtigung der Besteuerung zu planen und zu bewerten. Das kann nur unter Einbezug der jeweiligen konkreten Regelungen gelingen. Die Rechtswissenschaft greift bei der Auslegung der Normen auf tradierte Methoden zurück, die bereits im römischen Recht und im italienischen Recht des Mittelalters entwickelt wurden und noch heute den klassischen Auslegungskanon bestimmen. Grammatische, systematische, historische und teleologische Methoden stehen dabei nicht isoliert nebeneinander, sondern sind für die Entwicklung eines tragfähigen Auslegungsergebnisses miteinander zu verbinden.[2] Nur wenn sich die Rechtsanwender ganzheitlich mit diesen Regeln auseinandersetzen, werden Gesetzmäßigkeit, Bestimmtheit und Gleichmäßigkeit der Besteuerung erreicht. Die Auslegung der Steuerrechtsnorm beginnt stets mit der Frage nach dem Wortsinn. Aufgrund des Gesetzesvorbehalts findet sie auch dort ihre Grenze ("nullum tributum sine lege").

Ein wesentlicher Punkt im Bereich der Rechtsanwendung ist aus ökonomischer Sicht auch die **Gestaltung des Rechtsschutzes**. Welches steuerliche Risiko besteht? Wie ist damit zu verfahren? Hier gilt es, verschiedene Entscheidungsalternativen (Absicherung, Überwälzung, Teilung) gegenüberzustellen und zu bewerten, sich also systematisch mit den rechtlichen Folgen des Handelns zu beschäftigen. Mit **Tax Compliance Management-Systemen** sollen steuerliche Risiken vermieden oder zumindest reduziert werden, indem steuerliche Verpflichtungen rechtzeitig erkannt, zutreffend bewertet und ordnungsgemäß erfüllt werden. Das betrifft die Einrichtung und Anwendung von Funktions-, Informations- und Überwachungssystemen, die Benennung von Personen, die für die korrekte Anwendung der Steuergesetze verantwortlich sind, und die Einführung regelmäßiger Prüfroutinen (z. B. Vier-Augen-Prinzip) sowie anlassbezogene Stichproben.

Neben Rechtsanwendungsmethoden kommen **Quantifizierungsmethoden** zum Einsatz, die die Höhe der Steuerbelastung bestimmen. Dabei gibt es verschiedene Quantifizierungsverfahren (Grobquantifizierung, Veranlagungssimulation, vollständige Finanzpläne, analytische Belastungsrechnungen). Bei internationalen Steuerbelastungsvergleichen sind effektive Grenz- oder Durchschnittssteuersätze, die Besonderheiten von Finanzierung, Rechtsform, Investitionsgütern, Branchen und Anteilseignern berücksichtigen, zu ermitteln. Neben Quantifizierungsmodellen werden auch Entscheidungsmodelle entwickelt, also vereinfachte Abbilder der betrieblichen Realität, die Entscheidungsempfehlungen generieren (z. B. Lineare Programmierung, Simulationsverfahren). In dynamischen Modellen finden stochastische Prozesse Berücksichtigung, um Unsicherheit angemessen abzubilden. Des Weiteren sind empirische Arbeiten über die Wirkun-

---

2 Vgl. *Jochum*, Grundfragen des Steuerrechts, 2012, S. 75 f.

gen steuerrechtlicher Regelungen auf betriebswirtschaftliche Entscheidungen zu nennen, auch Arbeiten auf dem Feld experimenteller Forschung. Methodenvielfalt und die Befruchtung aus verschiedenen Wissenschaftsbereichen stellen eine Stärke des anwendungsbezogenen Fachs dar, das vom ständigen Dialog zwischen Theorie und Praxis entscheidend gestützt wird.[3] Eine Abwertung einzelner Methoden oder gar eine Begrenzung auf bestimmte methodische Zugänge sind abzulehnen.

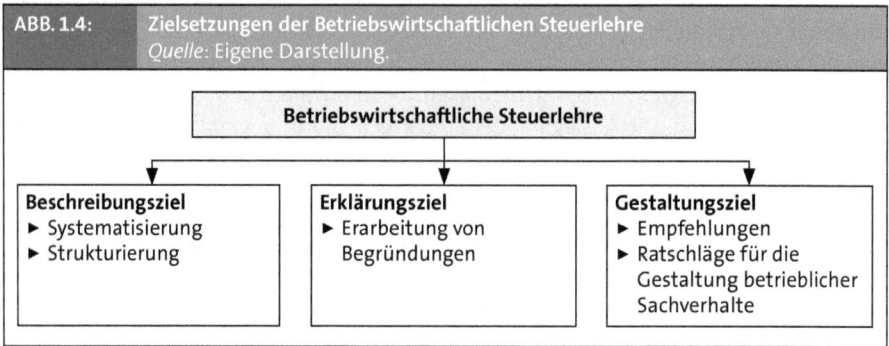

| ABB. 1.4: | Zielsetzungen der Betriebswirtschaftlichen Steuerlehre
Quelle: Eigene Darstellung. |

1.4 Unternehmensformen

Unsere liberale Rechts- und Wirtschaftsordnung gestattet es Unternehmen im Allgemeinen, in verschiedenen Rechtsformen tätig zu werden. Im Bereich der Unternehmensrechtsform des privaten Rechts kennen wir **Grundformen** (Einzelunternehmung, Personen- oder Kapitalgesellschaft), **Sonderformen** (Genossenschaft, Europäische Wirtschaftliche Interessenvereinigung, Reederei, Stiftung) und **Mischformen** (GmbH & Co. KG, Betriebsaufspaltung, GmbH & Still). Auch die öffentliche Hand ist unternehmerisch tätig. Hier sind sog. Betriebe gewerblicher Art von juristischen Personen des öffentlichen Rechts zu identifizieren, die aus Gründen der Wettbewerbsneutralität der Körperschaftsteuer und Gewerbesteuer unterliegen. Daneben gibt es weitere Rechtsformen des privaten Rechts mit Unternehmensbezug, so z. B. die Kommanditgesellschaft auf Aktien (KGaA), die Unterbeteiligung oder die Societas Europea (SE) und die Partnerschaftsgesellschaft mit beschränkter Berufshaftung für Freiberufler. Letztere stellt eine Rechtsformvariante der Partnerschaftsgesellschaft (PartG) dar, bei der die Haftung für aus fehlerhafter Berufsausübung entstehende Schäden auf das Gesellschaftsvermögen beschränkt ist. Die Vielfalt der Rechtsformen und deren Verbindung zu komplexeren Strukturen relativiert auch die immer wieder erhobene Forderung

---

3 *Gottfried Wilhelm Leibniz*, Theoria cum Praxi, 1696.

nach einer rechtsformneutralen Unternehmensbesteuerung. Denn in der Praxis lassen sich Strukturen schaffen, die die Vorzüge von transparenter und getrennter Besteuerung kombinieren.

Aufgrund europarechtlicher Vorgaben sind auch **nach ausländischem Recht gegründete Rechtsformen** zu beachten. Für deren Einordnung – als Personen- oder Kapitalgesellschaft – ist ein Strukturvergleich durchzuführen. Die englische Rechtsform Private Limited Company by Shares (kurz: Limited) hat in Deutschland als Rechtsformalternative zur GmbH inzwischen eine gewisse Verbreitung. Den verschiedenen Vorzügen (fast and cheap) stehen aber auch gewichtige Nachteile gegenüber, etwa in Form erhöhter Publizität, der strengen Einhaltung formaler Regelungen und laufender Rechtsformkosten. Hat die Limited ihren Satzungssitz in England, übt sie ihre Geschäftsleitung aber in Deutschland aus (Verwaltungssitz), so ist sie nach § 1 Abs. 1 Nr. 1 KStG i.V.m. § 10 AO in Deutschland mit ihrem Welteinkommen unbeschränkt körperschaftsteuerpflichtig. Sie unterliegt auch der Gewerbesteuer, wenn sie eine inländische Betriebstätte unterhält (§ 2 Abs. 2 GewStG). Bei Doppelansässigkeit sieht das DBA Deutschland-Großbritannien die sog. Tie-Breaker-Rule vor, nach der die Gesellschaft allein in dem Staat als ansässig gilt, in dem sich der Ort der tatsächlichen Geschäftsleitung befindet.

Bedingt durch die mögliche Wahl der Limited wurde das GmbH-Recht modifiziert und die haftungsbeschränkte Unternehmergesellschaft (§ 5a GmbHG) eingeführt. Sie kann mit einem Mindestkapital von 1 € gegründet werden und ist damit erkennbar auf Existenzgründer ausgerichtet. Gewinne dürfen hier zunächst nicht vollständig ausgeschüttet werden. 25 % des Gewinns müssen in eine gesetzliche Rücklage eingestellt werden, bis das Mindeststammkapital von 25.000 € erreicht ist.

Die Offenheit unseres Rechtssystems gegenüber neuen Entwicklungen zeigen auch **mezzanine[4] Finanzierungsformen**, die eine Mittelstellung zwischen Eigenkapital und Fremdkapital einnehmen. Sie kommen vor allem in Betracht, wenn eine Direktbeteiligung nicht gewünscht wird, andererseits infolge starken Wachstums eine weitere Aufnahme von Kreditmitteln nicht möglich ist.

Mezzanine Finanzierungsformen werden meist in Form von stillen Beteiligungen, partiarischen Nachrangdarlehen oder als Genussrechtskapital vergeben. Dabei handelt es sich um eine verzinsliche Kapitalüberlassung auf Zeit, die mit verschiedenen Informations- und Zustimmungsrechten verbunden ist. Wesentliche Unterschiede zum Kredit sind die Nachrangigkeit gegenüber anderen Gläubigern und der Verzicht auf Sicherheiten. Die Konditionen können individuell ausgestaltet werden; aufgrund des erhöhten Risikos liegen sie über den Zinssätzen einer Fremdfinanzierung. Die zeitliche Befristung liegt oftmals bei sechs bis zehn Jahren. Häufig kombiniert man mezzanine Varianten

---

4 *mezzanino*, ital. Zwischengeschoss.

mit einer Beteiligung am Wertzuwachs, um so die laufenden Finanzierungskosten zu senken. Kapitalgeber stellen insbesondere Banken, Versicherungen, Beteiligungsgesellschaften und Risikokapitalgesellschaften dar. Die Einordnung, ob es sich hier um Eigen- oder Fremdkapital handelt, muss in einer Gesamtbetrachtung erfolgen. Steuerlich richtet sich die Prüfung am Mitunternehmerbegriff aus.

Unternehmen können aus einer **Vielzahl von Rechtsformen** auswählen und diese auch fast beliebig kombinieren. Das Gesellschaftsrecht gibt nur den jeweiligen Rahmen vor und überlässt die konkrete Ausgestaltung den Beteiligten. Interessant ist die Frage, welche tatsächliche Bedeutung den einzelnen Rechtsformen zukommt. Über die Verbreitung der verschiedenen Unternehmensrechtsformen in Deutschland gibt das Unternehmensregister Auskunft. Detaillierte Angaben über Rechtsform und Größe der Unternehmen enthält die Umsatzsteuerstatistik des Statistischen Bundesamtes (s. Tab. 1.1). 80 % der deutschen Unternehmen sind in der Rechtsform eines Personenunternehmens organisiert. Auch wenn die Anzahl der Kapitalgesellschaften aufgrund der Zusammenfassung in Organschaften in der Statistik geringer ausfällt als tatsächlich vorhanden, zeigt sich die deutliche Dominanz von Einzelunternehmen und Personengesellschaften. Ebenso vorherrschend sind Unternehmen bis zu einer Umsatzgrenze von 1 Mio. € (s. Tab. 1.2). Insgesamt gibt es in Deutschland inzwischen mehr als 1,15 Mio. Gesellschaften mit beschränkter Haftung und etwa 15.500 Aktiengesellschaften.

TAB. 1.1:	**Unternehmen nach der Rechtsform** *Quelle*: Statistisches Bundesamt; Fachserie 14, Reihe 8.1, Umsatzsteuerstatistik (Voranmeldungen) 2016.		
Rechtsform		**Steuerpflichtige[1]**	
		Anzahl	%
I. Personenunternehmen		**2.612.779**	**80**
Einzelunternehmen		2.176.944	
Offene Handelsgesellschaften[2]		274.677	
Kommanditgesellschaften[3]		161.158	
II. Kapitalgesellschaften		**586.191**	**18**
Aktiengesellschaften[4]		8.219	
Gesellschaften mit beschränkter Haftung[5]		566.049	
Erwerbs- und Wirtschaftsgenossenschaften		5.597	
Betriebe gewerblicher Art von Körperschaften des öffentlichen Rechts		6.326	
III. Sonstige Rechtsformen		**67.459**	**2**
Insgesamt		**3.266.429**	**100**

1) Nur Steuerpflichtige mit Lieferungen und Leistungen über 17.500 €, die USt-Voranmeldungen abgeben.

2) Einschl. GbR u. ä.

3) Einschl. GmbH & Co. KG.

4) Einschl. KGaA und bergrechtliche Gewerkschaften.

5) Einschl. Unternehmergesellschaft (UG) haftungsbeschränkt.

TAB. 1.2:	Unternehmen nach Umsatzgrößenklassen *Quelle:* Statistisches Bundesamt; Umsatzsteuerstatistik (Voranmeldungen) 2016.		
Größenklassen der Lieferungen und Leistungen von ... bis unter ... €	Steuerpflichtige		
	Anzahl		%
17.500 – 50.000	864.675		
50.000 – 100.000	640.449		
100.000 – 250.000	726.545		
250.000 – 500.000	387.347		
500.000 – 1 Mio.	263.936		
Summe I (Kleine Unternehmen)	**2.882.952**		**88,26**
1 Mio. – 2 Mio.	166.094		
2 Mio. – 5 Mio.	119.176		
5 Mio. – 10 Mio.	45.598		
10 Mio. – 25 Mio.	29.422		
25 Mio. – 50 Mio.	10.887		
Summe II (Mittlere Unternehmen)	**371.177**		**11,37**
50 Mio. – 100 Mio.	6.022		
100 Mio. – 250 Mio.	3.742		
250 Mio. – 500 Mio.	1.378		
500 Mio. – 1 Mrd.	642		
1 Mrd. Und mehr	516		
			0,37
Summe III (Große Unternehmen)	**12.300**		
Insgesamt	**3.266.429**		**100,00**

LITERATUR

Beck, H./Prinz, A., Zahlungsbefehl, München 2010.

Breithecker, V., Einführung in die Betriebswirtschaftliche Steuerlehre, 17. Aufl., Berlin 2016, S. 1–4, 118–146.

Hundsdoerfer, J./Kiesewetter, D./Sureth, C., Forschungsergebnisse in der Betriebswirtschaftlichen Steuerlehre – eine Bestandsaufnahme, ZfB 2008, S. 61–139.

Kaminski, B./Strunk, G., Einfluss von Steuern auf unternehmerische Entscheidungen, 2. Aufl., Wiesbaden 2012, S. 3–14.

Küting, K. u. a., Saarbrücker Plädoyer für eine normative theorie- und praxisbezogene Betriebswirtschaftslehre, DB 2013, S. 2097–2099.

Kußmaul, H./Licht, D., Methodenpluralismus in der Betriebswirtschaftlichen Steuerlehre, Ubg 2017, S. 471–475.

Kußmaul, H. u. a., Normative theorie- und praxisbezogene Betriebswirtschaftslehre – Methodenpluralismus am Beispiel der Betriebswirtschaftlichen Steuerlehre und der Rechnungslegung, DB 2017, S. 1337–1343.

Marx, F. J., Entwicklungen in der Betriebswirtschaftlichen Steuerlehre – Zum 90. Geburtstag der betriebswirtschaftlichen Teildisziplin, SteuerStud 2009, S. 521–525.

Schlager, J., Warnung vor methodischer Einseitigkeit in der „Betriebswirtschaftlichen Steuerlehre", Der Wirtschaftstreuhänder 2011, S. 99–101.

Schneider, D./Bareis, P./Siegel, T., Für normative Steuerlehre – Wider eine Beseitigung des gesellschaftlich verpflichteten Fundaments der Betriebswirtschaftlichen Steuerlehre, DStR 2013, S. 1145–1151.

Siegel, T. u. a., Betriebswirtschaftliche Steuerlehre am Scheideweg?, FR 2013, S. 1128–1132.

Schneeloch, D., Zum Stand der Betriebswirtschaftlichen Steuerlehre – Eine kritische Bestandsaufnahme, BFuP 2011, S. 243–260.

Kapitel 2: Grundzüge der Unternehmensbesteuerung

2.1 Perspektive der Betriebswirtschaftlichen Steuerlehre

Unternehmen sind aus ökonomischer Sicht **Kontraktgeflechte** verschiedener Beteiligter. Es sind Investitionsobjekte, die nur ein Instrument zur Einkommenserzielung darstellen. Die Beteiligten bedienen sich der Unternehmen, um ihre Ziele zu verwirklichen. Unternehmen verfügen deshalb in dieser Perspektive nicht selbst über steuerliche Leistungsfähigkeit, sondern nur die Kapitalgeber als natürliche Personen. Im Rahmen einer ökonomischen Analyse und Entscheidungsfindung muss deshalb notwendigerweise zwischen Gesellschafts- und Gesellschafterebene unterschieden werden. Das deutsche Steuerrecht betrachtet das Unternehmen regelmäßig nicht als eigenständigen Steuergegenstand, sondern besteuert Unternehmen abhängig von ihrer jeweiligen Rechtsform. Infolgedessen weichen die Besteuerungskonzeptionen von Personen- und Kapitalgesellschaften erheblich voneinander ab. Wir betrachten aus ökonomischer Sicht sowohl die Gesellschafts- als auch die Gesellschafterebene.

Für Personengesellschaften gilt das **Transparenzprinzip**. Sie verfügen nicht über eine eigenständige Steuersubjektivität. Die Gewinne der Personengesellschaft werden unmittelbar dem Gesellschafter zugerechnet und bei diesem regelmäßig als Einkünfte aus Gewerbebetrieb der Einkommensteuer unterworfen. Lediglich die Gewerbesteuer knüpft an die gewerblich tätige Personengesellschaft an, die einen Gewerbebetrieb kraft wirtschaftlicher Betätigung (§ 2 Abs. 1 Satz 2 GewStG i. V. m. § 15 Abs. 2 Satz 1 EStG) darstellt.

Kapitalgesellschaften hingegen werden nach dem **Trennungsprinzip** besteuert. Dieses besagt, dass sich Kapitalgesellschaft und Anteilseigner grundsätzlich wie zwei fremde Dritte gegenüberstehen. Es sind daher zwei verschiedene Vermögenssphären und zwei Phasen – Gewinnentstehung und Gewinnverwendung – zu trennen. Auf Gesellschaftsebene knüpft an die zivilrechtliche Selbständigkeit der Kapitalgesellschaft die Körperschaftsteuer an, eine eigenständige Einkommensteuer der juristischen Person, die bei Entstehung des Gewinns anfällt. Ausgeschüttete Gewinne unterliegen bei Gewinnverwendung – ggf. Jahre später – beim Anteilseigner der Einkommensteuer. Zudem stellen Kapitalgesellschaften stets und in vollem Umfang Gewerbebetriebe kraft Rechtsform (§ 2 Abs. 2 Satz 1 GewStG) dar. Unabhängig von der Art der Betätigung sind Kapitalgesellschaften gewerbesteuerpflichtig. Bei reinen Personenunternehmen gilt dies nur bei gewerblicher Betätigung.

Die unterschiedliche einkommensteuerliche Behandlung betrifft zum einen den Umfang des Betriebsvermögens, die einkommensteuerliche Erfassung der Gewinnanteile, die Qualifikation steuerfreier und steuerermäßigter Einkommensteile sowie zum anderen die Verlustverrechnung, die Anteilsveräußerung, Vertragsvergütungen und die relevanten Steuerarten und Steuerverflechtungen. Eine Übersicht über das bei Personengesellschaften anzuwendende Transparenzprinzip und das bei Kapitalgesellschaften vorherrschende Trennungsprinzip bietet Tab. 2.1. In der Praxis werden oftmals Personen- und Kapitalgesellschaften kombiniert, um die Vorteile beider Rechtsformen zu nutzen. Beispiele hierfür sind die GmbH & Co. KG, die GmbH & Still und Doppelgesellschaften, wie wir sie bei der Betriebsaufspaltung von Besitz- und Betriebsgesellschaft finden.

Tendenziell profitieren Personengesellschaften im einkommensteuerlichen Bereich von der niedrigeren Steuerbelastung der Gesellschafter. Gewinne und Verluste werden für Zwecke der Einkommensteuer unmittelbar auf der Gesellschafterebene erfasst (Ausnahmen §§ 15a, 15b EStG). **Gewinnentstehung und Gewinnverwendung oder -verteilung** fallen zusammen. Steuersubjekte der Einkommensteuer sind die Gesellschafter als natürliche Personen, die ihre Gewinnanteile jeweils individuell versteuern. Durch die Aufteilung auf mehrere Köpfe werden regelmäßig Progressionseffekte zugunsten der Beteiligten ausgelöst. Auf Antrag können Personenunternehmer eine Thesaurierungsbesteuerung mit 28,25 % in Anspruch nehmen. Werden die Mittel später entnommen, kommt eine nochmalige Besteuerung mit Einkommensteuer (Steuersatz 25 %) zum Tragen. Die Nutzung dieses Wahlrechts ist nur in engen Grenzen vorteilhaft.

Kapitalgesellschaften weisen demgegenüber eine ggf. niedrigere Steuerbelastung bei Thesaurierung auf. Vertragsvergütungen werden steuerlich anerkannt und führen zur Reduktion des körperschaftsteuerlichen und gewerbesteuerlichen Gewinns. Das Trennungsprinzip bringt es mit sich, dass Verluste auf der Ebene der Kapitalgesellschaft verbleiben und dort kompensiert werden müssen. **Verluste sind dort „eingeschlossen"**, während Verluste der Personenunternehmen zu den Beteiligten „wandern".

TAB. 2.1:	Transparenz- und Trennungsprinzip *Quelle*: Eigene Darstellung in Anlehnung an *Schreiber* (2017), S. 240 f.	
	Transparenzprinzip (PersG)	Trennungsprinzip (KapG)
Gewinn	► Gewinn wird aufgeteilt auf die Gesellschafter: Einkünfte aus Gewerbebetrieb	► Gewinn der Gesellschaft: Einkünfte aus Gewerbebetrieb
Verlust	► Anteiliger Verlust der Gesellschafter: Einkünfte aus Gewerbebetrieb ► Verlustausgleich mit anderen Einkünften grundsätzlich möglich	► Verlust bleibt auf Gesellschaftsebene: Einkünfte aus Gewerbebetrieb ► Verlustausgleich auf Gewinne der Gesellschaft beschränkt
Steuertarife	► Proportionaler Tarif der Gewerbesteuer, Freibetrag ► Progressiver Tarif der Einkommensteuer ► Pauschale Anrechnung der Gewerbesteuer ► Ggf. besonderer Tarif für einbehaltene Gewinne	► Proportionaler Tarif der Gewerbesteuer ► Proportionaler Tarif der Körperschaftsteuer ► Progressiver oder proportionaler Tarif der Einkommensteuer (Teileinkünfteverfahren oder Abgeltungsteuer) erst bei Ausschüttung
Entnahme/ Ausschüttung	► Grds. keine Einkünfte ► Nachbesteuerung bei vorheriger Thesaurierungsbesteuerung	► Einkünfte aus Kapitalvermögen oder Gewerbebetrieb
Tätigkeitsvergütung/ Überlassung von Geld- oder Sachkapital	► Vergütungen sind gewerblicher Gewinn	► Vergütungen gehören zu den Überschusseinkunftsarten
Veräußerung der Beteiligung	► Gewerblicher Gewinn (Erlös - Buchwert des anteiligen Eigenkapitals) ► Ggf. steuerbegünstigt	► Gewinn (Erlös - Anschaffungskosten der Beteiligung) Ggf. steuerbegünstigt
Liquidation	► Anteiliger gewerblicher Gewinn, keine Gewerbesteuer	► Körperschaft- und gewerbesteuerlicher Gewinn der Gesellschaft ► Einkünfte aus Kapitalvermögen oder gewerblicher Gewinn bei Zufluss der Liquidationsrate

Die Steuerbelastungen von Personen- und Kapitalgesellschaften unterscheiden sich. Wir begrenzen uns in der folgenden Analyse auf eine einfache einperiodige Struktur, in der an der jeweiligen Rechtsform nur ein Gesellschafter beteiligt ist. Der Gewinn vor Steuern beträgt jeweils 100 Geldeinheiten. Bei der Ermittlung der Gewerbesteuer wird hier ein Hebesatz von 400 % unterstellt (Messzahl 3,5 % x Hebesatz 400 % = 14 %) und vereinfachend davon ausgegangen, dass die Bemessungsgrundlage dem Gewinn vor Steuern entspricht. Gewerbesteuerliche Modifikationen (Hinzurechnungen und Kürzungen nach §§ 8, 9 GewStG), die die Bemessungsgrundlage verändern, sollen sich in unserem Beispiel ausgleichen.

TAB. 2.2:	Rechtsformvergleich – Steuerbelastung von Personen- und Kapitalgesellschaft – I *Quelle:* Eigene Darstellung.		
		PersG	**KapG**
Gewinn		100	100
- GewSt		14	14
- KSt		-	15
- SolZ		-	0,83
= Gewinn nach Steuern auf Gesellschaftsebene		86	70,17
- ESt (hier 40 %)/AbgSt (25 %)		40	17,54
+ pauschale Anrechnung GewSt		13,30	-
- SolZ		1,47	0,96
= Gewinn nach Steuern auf Gesellschafts- und Gesellschafterebene		**57,83**	**51,67**	**Δ 6,16**

Annahmen: GewSt-Hebesatz 400 %; ESt-Belastung 40 %; Vollausschüttung bei KapG: einperiodige Betrachtung

Im ersten Schritt vergleichen wir die Steuerbelastungen bei Vollausschüttung des Ergebnisses der Kapitalgesellschaft. Die Einkommensteuer soll 40 % bzw. 25 % als Abgeltungssteuer betragen. Die Prämisse, dass der Gesellschafter einer Steuerbelastung von 40 % unterliegt, ist durchaus kritisch zu hinterfragen. Denkbar wäre auch die Abbildung einer 45 %-igen Steuerbelastung (Einkommen 2018 > 260.533 € bei Ledigen/> 521.067 € bei Verheirateten), ebenso aber ein geringerer Steuersatz. Auch die Annahme einer Vollausschüttung ist kritisch zu prüfen. In der Realität werden Teilausschüttungen dominieren. Zusätzlich zur KSt und zur ESt ist jeweils der Solidaritätszuschlag zu erfassen. Bei Personenunternehmen wird die Gewerbesteuer pauschal auf die Einkommensteuer angerechnet (§ 35 EStG). Der Gewinn nach Besteuerung auf

Gesellschafts- und Gesellschafterebene liegt bei 57,83 (PersG) und bei 51,67 (KapG), mithin ist die Kapitalgesellschaft in dieser Konstellation steuerlich nachteilig.

Im nächsten Schritt variieren wir die Steuerbelastung auf der Gesellschafterebene, indem wir Einkommensteuersätze von 25 bis 45 % annehmen. Die Steuerbelastung bei der Einkommensteuer liegt je nach Einkommen zwischen 0 und 45 %. Je geringer die Einkommensteuerbelastung auf der Gesellschafterebene, umso höher das Ergebnis nach Steuern. Bei 25 % ESt beträgt der Unterschied zwischen beiden Rechtsformen sogar 21,98 (73,66–51,68) zugunsten der Personenunternehmen.

TAB. 2.3: **Rechtsformvergleich – Steuerbelastung von Personen- und Kapitalgesellschaft – II**
Quelle: Eigene Darstellung.

	PersG	KapG
Gewinn	100	100
- GewSt	14	14
- KSt	-	15
- SolZ	-	0,83
= Gewinn nach Steuern auf Gesellschaftsebene	86	70,17

	25 %	30 %	40 %	45 %	25 %
- ESt/AbgSt	25	30	40	45	17,54
+ pauschale Anrechnung GewSt	13,30	13,30	13,30	13,30	-
- SolZ	0,64	0,92	1,47	1,74	0,96
= **Gewinn nach Steuern auf Gesellschafts- und Gesellschafterebene**	**73,66**	**68,38**	**57,83**	**52,56**	**51,68**

TAB. 2.4:   Rechtsformvergleich – Steuerbelastung von Personen- und Kapitalgesellschaft – III
Quelle: Eigene Darstellung.

		PersG			KapG
Gewinn		100			100
- GewSt		14			14
- KSt		-			15
- SolZ		-			0,83
= Gewinn nach Steuern auf Gesellschaftsebene		86			70,17
	30 %	40 %	45 %		
- ESt/AbgSt	30	40	45		
+ pauschale Anrechnung GewSt	13,30	13,30	13,30		
- SolZ	0,92	1,47	1,74		
= Gewinn nach Steuern auf Gesellschafts- und Gesellschafterebene	**68,38**	**57,83**	**52,56**		

Die Vorteilhaftigkeit dreht sich um, wenn unterstellt wird, dass die Kapitalgesellschaft ihren Gewinn einbehält, also auf absehbare Zeit nicht ausschüttet („Spardose"). Dann bleibt es im Beispiel bei einer Steuerbelastung von 29,83. Die Kapitalgesellschaft kann 70,17 thesaurieren und weist damit gegenüber der Personengesellschaft bis zu 18 Prozentpunkte Belastungsvorteil auf. Zu einer Nachbelastung kommt es allerdings bei einer späteren Ausschüttung. Ähnliche Wirkung entfaltet die bei Personenunternehmen mögliche Thesaurierungsbegünstigung nach § 34a EStG.

Eine lange Thesaurierungsdauer ist nicht unrealistisch, vor allem in den Fällen, in denen die Gesellschafter über andere Einkünfte verfügen, um ihre Konsumbedürfnisse zu befriedigen. Das können auch Kontraktvergütungen durch die Kapitalgesellschaft (z. B. Geschäftsführergehalt) sein.

LITERATUR

Breithecker, V., Einführung in die Betriebswirtschaftliche Steuerlehre, 17. Aufl., Berlin 2016, S. 192–205.

Scheffler, W., Besteuerung von Unternehmen, 13. Aufl., Heidelberg 2016, S. 1–34.

2.2 Anforderungen an die Unternehmensbesteuerung aus Sicht der Betriebswirtschaftlichen Steuerlehre

Die wissenschaftliche Auseinandersetzung mit der Besteuerung erfordert ein Rahmenkonzept, das aus intersubjektiv nachprüfbaren Kriterien besteht. In diesem Zusammenhang wird vielfach die Forderung nach Entscheidungsneutralität der Besteuerung erhoben.

Entscheidungsneutralität liegt dann vor, wenn die Steuererhebung – im Vergleich zum Nichtsteuerfall – zu keinerlei Verschiebungen innerhalb der vom Entscheidungsträger im Hinblick auf seine individuellen Zielsetzungen festgelegten Rangfolge der Handlungsalternativen führt. Damit werden Verzerrungen der gesamtwirtschaftlichen Ressourcenallokation vermieden (Allokationseffizienz). Auf einzelwirtschaftlicher Ebene führt Entscheidungsneutralität dazu, dass Entscheidungskalküle vereinfacht werden und sich die Planungs- und Befolgungskosten reduzieren. In der Realität existieren aber keine entscheidungsneutralen Steuersysteme. Ob die geforderte Eigenschaft in gewachsenen Systemen überhaupt erreicht werden kann, darf bezweifelt werden. Denkbare entscheidungsneutrale Systeme (z. B. Cash-Flow-Steuern) sind mit den anderen Kriterien nicht vereinbar. Deshalb erscheint es sinnvoller, Verzerrungen zu messen (positive Ausrichtung) und Second-Best-Überlegungen i. S. partieller Verbesserungen anzustellen. Die Reduktion negativer gesamtwirtschaftlicher Effekte kann daher als ein konsensfähiger Grundsatz angesehen werden.

Adam Smith hat mit seinen **vier Steuermaximen**[5] maßgeblichen Einfluss auf die steuerwissenschaftliche Diskussion ausgeübt und sie über Jahrhunderte geprägt:

▶ Gleichmäßigkeit („contribution in proportion to abilities, that is, in proportion to the revenue which they respectively enjoy under the protection of the state"),

▶ Bestimmtheit („ought to be certain and not arbitrary"),

▶ Bequemlichkeit („convenience of payment"),

▶ Billigkeit („take out of the pockets of the people as little as possible").

Die in der Folgezeit von der Finanzwissenschaft intensiv geführte Diskussion der Besteuerungsgrundsätze wird hier um eine **betriebswirtschaftliche Perspektive** mit Blick auf die Unternehmensbesteuerung ergänzt. Anknüpfend an bestehende Systematiken lassen sich **sechs zentrale, aufeinander bezogene Anforderungen** an ein Steuersystem ableiten, die als **Hexagon** abgebildet werden:

---

5 *An Inquiry into the Nature and Causes of the Wealth of Nations*, 1776.

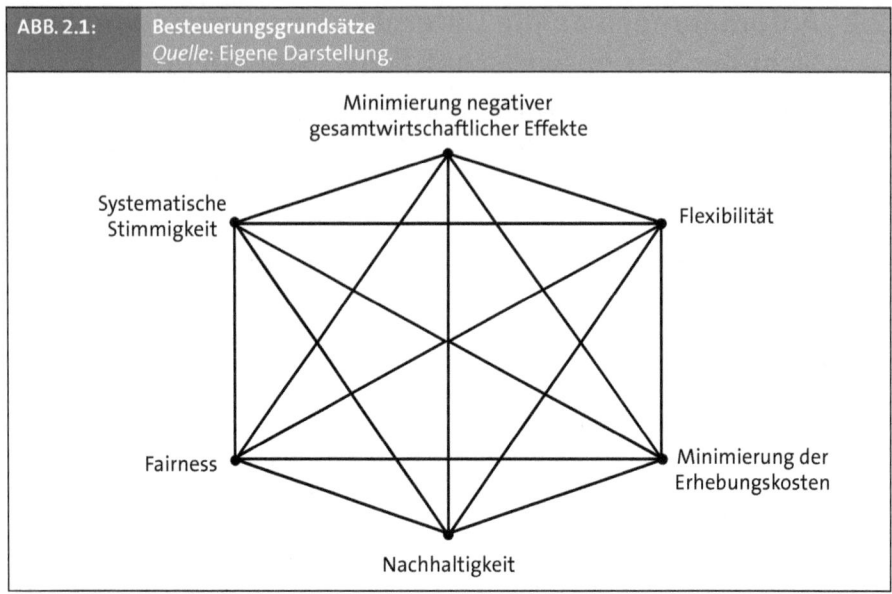

ABB. 2.1:   Besteuerungsgrundsätze
Quelle: Eigene Darstellung.

Reformprozesse eines bestehenden Steuersystems können realistischerweise nicht zur Entscheidungsneutralität führen. Das ist ein nicht erreichbares Ideal. Die **Reduktion negativer gesamtwirtschaftlicher Wirkungen** i. S. partieller Verbesserungen gegenüber dem Status quo gilt deshalb als ein erster, wirklichkeitsnaher Eckpunkt. Von einem Steuersystem wird weiterhin eine **systematische Stimmigkeit** erwartet, mit konsistenten und kohärenten Strukturen innerhalb der Einzelsteuern und der Steuerartenverflechtungen. Auch wird eine Abstimmung mit dem Transfersystem und mit den Steueransprüchen ausländischer Fisci gefordert. Im Hinblick auf bestehende Unsicherheiten bei der Bewertung von Einkünften und Vermögen sollte das Steuersystem flexible Strukturen aufweisen. Denkbar sind beispielsweise Wertadjustierungen bei veränderten Informationen im Zeitverlauf oder bei sich verändernden gesamtwirtschaftlichen Rahmenbedingungen. Auch das Anknüpfen an bestehende Wertfindungsprozesse in anderen (Rechts-)Bereichen kann sinnvoll sein. Die tradierte Forderung nach Wohlfeilheit, hier als **Minimierung administrativer Kosten** genannt, zielt auf niedrige Planungs-, Befolgungs- und Erhebungskosten und erfasst sowohl die einzelwirtschaftliche Perspektive der Steuerpflichtigen als auch die Verwaltung. Als Eingriffsrecht ist das Steuerrecht strengen Anforderungen im Hinblick auf eine klare, verständliche Gesetzessprache unterworfen. Das aus dem Rechtsstaatsprinzip (Art. 20 Abs. 3, Art. 19 Abs. 4 GG) folgende Bestimmtheitsgebot verlangt vom Gesetzgeber, Vorschriften so präzise zu fassen, wie dies nach der Eigenart der zu ordnenden Lebenssachverhalte mit Rücksicht auf den Normzweck möglich ist. Dieser geforderten Transparenz unterliegen sowohl der konkrete Tatbestand als auch die jeweilige Rechtsfolge. Nach Auffassung der Rechtsprechung muss der Steuerpflichtige anhand der gesetzlichen Regelung die Rechtsfolge erkennen und sein Verhalten danach ausrichten können. Der Steuerpflichtige – nicht sein Berater – ist der Betroffene der Rechtsnorm. Normen müssen für den Entscheider bei Verabschiedung, spätestens vom Beginn ihres Inkrafttretens an verständlich sein. Es wäre ein großer Schritt, wenn sich der Gesetzgeber künftig wirklich an einem durchschnittlich informierten, aufmerksamen und verständigen Normadressaten ausrichten würde. Die Anforderungen an die Bestimmtheit und Klarheit der Norm führen neben Bürokratieabbau der Verwaltung auf Seiten des Steuerpflichtigen zu begrenzten Befolgungskosten und zur Planungssicherheit. Schließlich werden die Gerichte in die Lage versetzt, die Verwaltung anhand konkreter rechtlicher Maßstäbe zu kontrollieren.

Neben der Forderung nach Normenklarheit ist es auch geboten, die Änderungsgeschwindigkeit im Steuerrecht zu verringern. Allein 2016 wurde das Einkommensteuergesetz in verschiedenen Normen durch neun Gesetze geändert. Damit Steuerpflichtige, Berater und Finanzverwaltung Schritt halten können, muss dringend eine Entschleunigung eintreten.

Transparenz und Fairness als Anforderungskriterium führen zu einem **partizipativen Besteuerungsverfahren**, in dem Steuerpflichtige die Vorgänge und Belastungsgründe verstehen und vorhersehen können. In Grenzen soll es auch möglich sein, mit dem Fiskus Arrangements zu treffen. Nachhaltigkeit im Steuersystem ist in einer ökonomischen Dimension i. S. v. Suffizienz zu verstehen. Nach der sog. **Stiller-Teilhaber-These** wird der Steueranspruch des Staates gedanklich auf eine Stufe mit der Teilhabe der Gesellschafter am Unternehmensergebnis gestellt. Der fehlenden Gewinnverwendungsmöglichkeit der Gesellschafter entspricht danach der Steuerverzicht des Staates. Die These, die auch als **Nachhaltigkeitsthese** bezeichnet werden kann, hat eine moderierende Wirkung, die mit Blick auf beide Interessengruppen Extrempositionen entgegenwirkt („Man sitzt im selben Boot"). *Georg Döllerer* (1971) hat dies treffend formuliert:[6]

> *„Der Gesellschafter kann von seiner Gesellschaft nicht mehr fordern als den realisierten Gewinn. Der Fiskus in seiner Eigenschaft als stiller – wenn auch gar nicht bescheidener – „Teilhaber" kann ebenfalls nicht mehr verlangen. Er kann keinen Gewinn besteuern, der noch nicht verwirklicht ist; denn nur der Gewinn, nicht die Erwartung künftiger Gewinne unterliegt der Einkommensteuer."*

Neben den Eignern ist zweifelsfrei der Fiskus Anspruchsberechtigter am Unternehmensergebnis. Unternehmen haben aus dieser Perspektive instrumentalen Charakter, indem sie Vehikel zur Erfüllung finanzieller Ansprüche von Eignern und Fiskus sind. Die Ansprüche der Eigner sind – wie die des Fiskus – auf die Reinvermögensmehrung

---

6 *Döllerer*, BB 1971, S. 1334.

begrenzt, das eingesetzte Kapital soll erhalten bleiben. Der Unternehmenszweck liegt in der nachhaltigen Alimentierung der Eigner aus dem Überschuss (nach Steuern) bei gleichzeitiger Reinvermögenserhaltung. Diesem Leitgedanken entsprechen die geltenden Regelungen des HGB (vgl. bspw. §§ 120–122 für die OHG, §§ 168, 169 für die KG), des AktG (§§ 58–60 für die AG) und des GmbHG (§§ 29, 30 für die GmbH). Aber nicht nur das Interesse der Eigner, sondern auch das Ziel des Fiskus ist darauf ausgerichtet, das Unternehmen als Quelle zu erhalten, und zwar unabhängig von der jeweiligen Rechts- und Engagementform für alle Branchen und Unternehmensgrößen. Ungeachtet bestehender Unterschiede der Positionen von Gesellschaftern und Fiskus entspricht nach der Teilhaber- und Nachhaltigkeitsthese der Gewinnverzicht der Gesellschafter dem Steuerverzicht des Staates. Was der Gesellschafter nicht beanspruchen oder entnehmen kann, darf der Staat nicht erfassen. Die zentrale Aussage einer an der modernen Unternehmensrealität orientierten Teilhaberthese liegt in der **Ausrichtung auf eine nachhaltige Erfolgsgröße**, die dem Unternehmen zum Besteuerungszeitpunkt entzogen werden kann, ohne den Bestand zu gefährden. Es geht also nicht um eine Steuerverschonung des Unternehmens an sich, nicht um eine einseitige, interessensorientierte Sichtweise zugunsten von Unternehmen, sondern um eine gedankliche Verknüpfung der Interessen von Eignern und Fiskus an einem ökonomisch-sinnvollen Fortbestand der Einkommensquelle. Diese Sichtweise führt zu einer objektivierten Gewinn- und Überschussermittlung unter der Prämisse der Unternehmensfortführung.

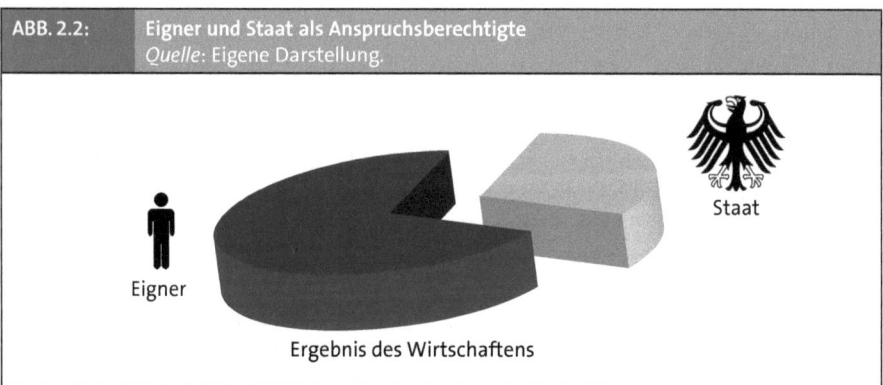

ABB. 2.2: **Eigner und Staat als Anspruchsberechtigte**
Quelle: Eigene Darstellung.

Staat

Eigner

Ergebnis des Wirtschaftens

LITERATUR

König, R./Wosnitza, M., Betriebswirtschaftliche Steuerplanungs- und Steuerwirkungslehre, Heidelberg 2004, S. 139–144.

Marx, F. J., Die Teilhaberthese als Leitbild zur Neukonzeption der steuerrechtlichen Gewinnermittlung, - Handels- und Steuerbilanz nach BilMoG mit Ausrichtung auf eine nachhaltige Teilhabe am Unternehmensergebnis -, BB 2011, S. 1003–1006.

2.3 Grundbegriffe der Besteuerung

2.3.1 Abgaben, Steuern, Gebühren und Beiträge

Im Abgabensystem sind neben Steuern auch Gebühren, Beiträge und Sonderabgaben zu unterscheiden. Sonderabgaben dienen der Finanzierung besonderer Aufgaben, die nicht im öffentlichen Haushalt erfasst sind. Sie unterliegen einer strengen, materiell-rechtlichen und formalen Zulässigkeitsprüfung (Beispiel: Bankenabgabe). Gebühren werden für besondere Leistungen der Verwaltung nach dem Äquivalenzprinzip erhoben und sollen der Kostendeckung dienen (Beispiele: Verwaltungs- und Benutzungsgebühren). Beiträge sind hoheitliche Aufwendungsersatzleistungen für die Möglichkeit, einen konkreten wirtschaftlichen Vorteil in Anspruch zu nehmen (Beispiel: Anliegerbeiträge). Das BVerfG hat mit Urteil vom 18.7.2018, 1 BvR 1675/16 [→EAAAG-89009] den im Jahr 2013 eingeführten Rundfunkbeitrag im Wesentlichen als mit dem GG vereinbar angesehen. Es werde der individuelle Vorteil abgegolten, der in der Möglichkeit zur Nutzung des öffentlich-rechtlichen Rundfunks besteht.

Steuern unterscheiden sich von Gebühren, Beiträgen und Sonderabgaben. Die Definition ergibt sich aus § 3 Abs. 1 AO:

> *„Steuern sind Geldleistungen, die nicht eine Gegenleistung für eine besondere Leistung darstellen und von einem öffentlich-rechtlichen Gemeinwesen zur Erzielung von Einnahmen allen auferlegt werden, bei denen der Tatbestand zutrifft, an den das Gesetz die Leistungspflicht knüpft; die Erzielung von Einnahmen kann Nebenzweck sein."*

Diese Definition zeigt, dass Steuerleistungen in aller Regel **Geldleistungen** sind, keine Dienstleistungen (Ausnahme: § 224a AO). Diesen Leistungen fehlt eine besondere Gegenleistung des Staates. Sie werden durch eine öffentlich-rechtliche Körperschaft (Bund, Länder, Gemeinden, aber auch hebeberechtigte Religionsgemeinschaften) erhoben, um Einnahmen zu erzielen. Der Fiskalzweck steht im Vordergrund, um den Finanzbedarf des Staates zu decken. Der **Lenkungszweck kann Nebenzweck** sein. Steuern sind endgültig, d. h. nicht zur Rückzahlung vorgesehen. Sie müssen den Grundsätzen der Gesetzmäßigkeit und der Tatbestandsmäßigkeit genügen.[7]

---

7 *Nullum tributum sine lege*; lat., Keine Steuer ohne gesetzliche Grundlage.

Als **Eingriffsrecht** ist das Steuerrecht bestimmten Anforderungen im Hinblick auf eine klare, verständliche Gesetzessprache unterworfen. Das aus dem Rechtsstaatsprinzip (Art. 20 Abs. 3, Art. 19 Abs. 4 GG) folgende Bestimmtheitsgebot verlangt vom Gesetzgeber, Vorschriften so präzise zu fassen, wie dies nach der Eigenart der zu ordnenden Lebenssachverhalte mit Rücksicht auf den Normenzweck möglich ist. Dieser geforderten Transparenz unterliegen der konkrete Tatbestand und die jeweilige Rechtsfolge. Nach Auffassung der Rechtsprechung muss der Steuerpflichtige anhand der gesetzlichen Regelung die Rechtsfolge erkennen und sein Verhalten danach ausrichten können. Der Steuerpflichtige – nicht sein Berater – ist der Betroffene der Rechtsnorm. Die Anforderungen an die Bestimmtheit und Klarheit der Norm führen beim Steuerpflichtigen zu begrenzten Befolgungskosten und zur Planungssicherheit und dienen zugleich dazu, die Verwaltung zu binden. Schließlich werden die Gerichte in die Lage versetzt, die Verwaltung anhand rechtlicher Maßstäbe zu kontrollieren. Mit Beschluss v. 6. 9. 2006, XI R 26/04, BStBl II 2007, S. 167 [→HAAAC-18582], hat der XI. Senat des BFH die Mindestbesteuerung a. F. (§§ 2 Abs. 3 Satz 2 bis 8, 10d Abs. 1 Satz 2 bis 4, Abs. 2 Satz 2 bis 5, Abs. 3 EStG a. F.) wegen Verletzung des **Grundsatzes der Normenklarheit** dem Bundesverfassungsgericht zur Prüfung vorgelegt. Die Mindestbesteuerung a. F. sei unverständlich, widersprüchlich, unpraktikabel und nicht mehr justiziabel. Die Verletzung des Gebotes der Normenklarheit könne weder durch Außerachtlassen des misslungenen Wortlautes und Rekonstruktion des „gemeinten Gesamtrechenwerkes" noch „durch pragmatische Gesetzesverstöße der Verwaltung" noch durch eine verfassungskonforme Auslegung beseitigt werden. Das BVerfG hat aber mit Beschluss v. 12. 10. 2010, 2 BvL 59/06, DB 2010, S. 2477 [→NAAAD-55137], die Vorlage des BFH als unzulässig verworfen, da der einfachrechtliche Gehalt der Normen und die entsprechenden Erörterungen im Schrifttum nicht hinreichend aufbereitet wurden. Welche Maßstäbe an die Normklarheit zu stellen sind, bleibt damit weiter offen. Es wäre ein großer Schritt, wenn sich der Gesetzgeber künftig vornehmen würde, die Normen an einem durchschnittlich informierten, aufmerksamen und verständigen Steuerbürger als Informationsempfänger auszurichten.

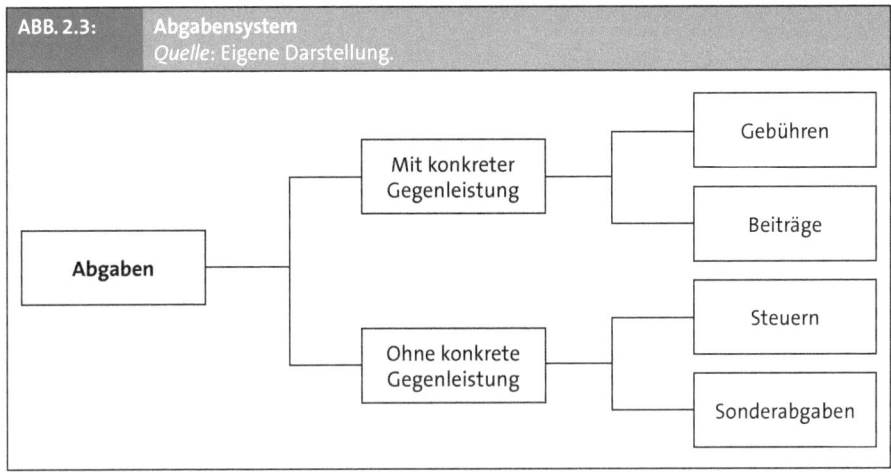

ABB. 2.3: **Abgabensystem**
Quelle: Eigene Darstellung.

Steuern lassen sich nach verschiedenen Kriterien systematisieren. Neben den **steuer-juristischen Kriterien** der Gesetzgebungshoheit, der Verwaltungs- und Ertragshoheit stehen aus betriebswirtschaftlicher Sicht eher im Blickpunkt die **Einflüsse auf die unternehmerischen Entscheidungen.** Hier können folgende Steuern differenziert werden:

▶ Produktionsfaktorsteuern (Steuern, die den Einsatz von Produktionsfaktoren erfassen, z. B. Kraftfahrzeugsteuer, Grundsteuer),

▶ Betriebsleistungssteuern (Steuern, die auf den Leistungen des Betriebs lasten, z. B. Umsatzsteuer),

▶ Gewinnsteuern (knüpfen an den betrieblichen Erfolg an, z. B. Einkommen-, Körperschaft- und Gewerbesteuer).

Direkte Steuern (Einkommen-, Vermögen-, Erbschaftsteuern) erfassen die Leistungsfähigkeit unmittelbar, während bei indirekten Steuern an die Leistungsfähigkeit auf indirektem Wege – bspw. über den Verbrauch (Umsatzsteuer, besondere Verbrauchsteuern) – angeknüpft wird.

ABB. 2.4:	Verhältnis direkte und indirekte Steuern 2019 (geschätzt)
	Quelle: BMF, Datensammlung zur Steuerpolitik (2016/2017), S. 11.

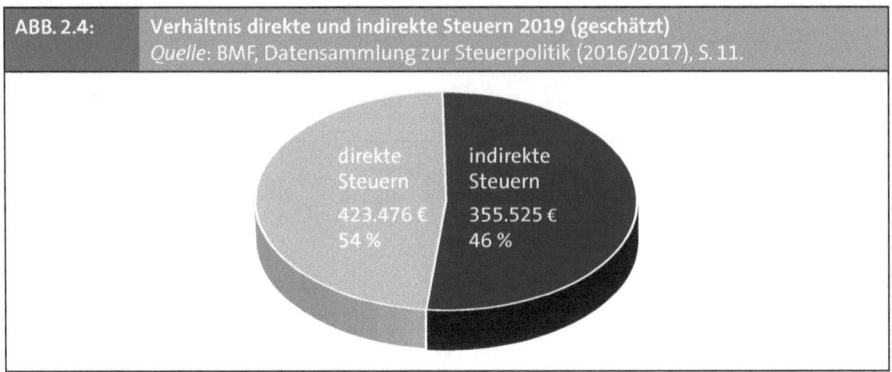

2.3.2 Steuersubjekt, Steuerschuldner, Steuerzahler, Steuerträger und Steuerdestinatar

Die Abgabenordnung bezeichnet das **Steuersubjekt** in § 33 Abs. 1 als Steuerpflichtigen. Danach ist Steuerpflichtiger jeder, der eine durch die Steuergesetze auferlegte Verpflichtung zu erfüllen hat. Dies kann die materiellen Steuerpflichten, also insbesondere die vermögensrechtlichen Verpflichtungen zur Steuerzahlung betreffen, aber auch die formellen Steuerpflichten, wie z. B. die verfahrensrechtlichen Aufzeichnungs-, Aufbewahrungs- und Auskunftspflichten sowie die Erklärungspflichten.

Die Begriffe „Steuerschuldner" und „Steuerzahler" müssen ebenfalls voneinander abgegrenzt werden:

Steuerschuldner ist derjenige, der den Tatbestand verwirklicht, an den das Gesetz die Leistungspflicht knüpft. Er hat die materiellen Steuerpflichten zu erfüllen, d. h., zu seinen Lasten erfolgt die Steuerzahlung. Demgegenüber ist der **Steuerzahler** der Steuerentrichtungspflichtige, also derjenige, der nach dem jeweiligen Steuergesetz die Steuer an den Fiskus zu entrichten hat. Im Regelfall stimmen Steuerschuldner und Steuerzahler überein, in Ausnahmefällen bestimmt das Gesetz jedoch jemand anderen zum Steuerzahler für Rechnung des Steuerschuldners. Dies ist bspw. bei der Lohnsteuer gegeben, die durch den Arbeitgeber für Rechnung des Arbeitnehmers abzuführen ist, und zum anderen bei der Kapitalertragsteuer, bei der der Schuldner einer finanziellen Verpflichtung die Steuern auf die Kapitalerträge des Gläubigers für dessen Rechnung zu zahlen hat.

Auch Steuerträger und Steuerdestinatar sind zu unterscheiden:

Steuerträger ist derjenige, den die Steuer im Endergebnis belastet, der sie also wirtschaftlich trägt. Bei der Einkommensteuer sind Steuerträger und Steuerschuldner identisch. Bei der Umsatzsteuer weichen sie voneinander ab. Die Unternehmen schulden die Steuer, überwälzen sie aber über den Preis auf den Verbraucher, jedenfalls i. d. R. **Steuerdestinatar** ist derjenige, der nach dem Willen des Gesetzgebers die Steuer wirtschaftlich tragen soll. Im Bereich der Umsatz- und Verbrauchsteuern ist das der Verbraucher, im Bereich der Einkommensteuer der Einkommensbezieher.

2.3.3 Steuerobjekt und Bemessungsgrundlage

Jede Steuerart ist durch ihr spezifisches Steuerobjekt und die dazugehörige Bemessungsgrundlage gekennzeichnet. Steuergegenstand oder **Steuerobjekt** ist der Tatbestand als Vorgang, Zustand oder Gegenstand, an den das Gesetz die fällige Steuerpflicht knüpft. Die **Bemessungsgrundlage** ist demgegenüber die Wert- oder Mengengröße, die das Steuerobjekt quantifiziert. Das Steuerobjekt der Einkommensteuer ist das Markteinkommen, die Bemessungsgrundlage wird durch das Gesetz als zu versteuerndes Einkommen bezeichnet. Bei der Umsatzsteuer stellen Lieferungen und Leistungen gegen Entgelt das Steuerobjekt dar, das Entgelt ist die Bemessungsgrundlage. Physikalische Bemessungsgrundlagen gibt es bei der Kfz-Steuer (Hubraumbezogener Sockelbetrag und CO_2-bezogener Betrag) und bei den Verbrauchsteuern (bei der Kaffeesteuer je Kilogramm, bei der Schaumweinsteuer je Hektoliter, bei der Biersteuer nach dem Stammwürzegehalt in Grad Plato).

2.3.4 Steuertarife

Steuertarife stehen im besonderen Blickpunkt der Ökonomie. Wir können Steuertarife mit konstantem und mit variablem Durchschnittssteuersatz unterscheiden (s. Abb. 2.5). Im letztgenannten Fall gibt es progressive, degressive und fixe Tarife. Der Fall des progressiven Tarifs kann weiter unterteilt werden in eine direkte Progression und eine indirekte Progression über den Abbau von Freibeträgen.

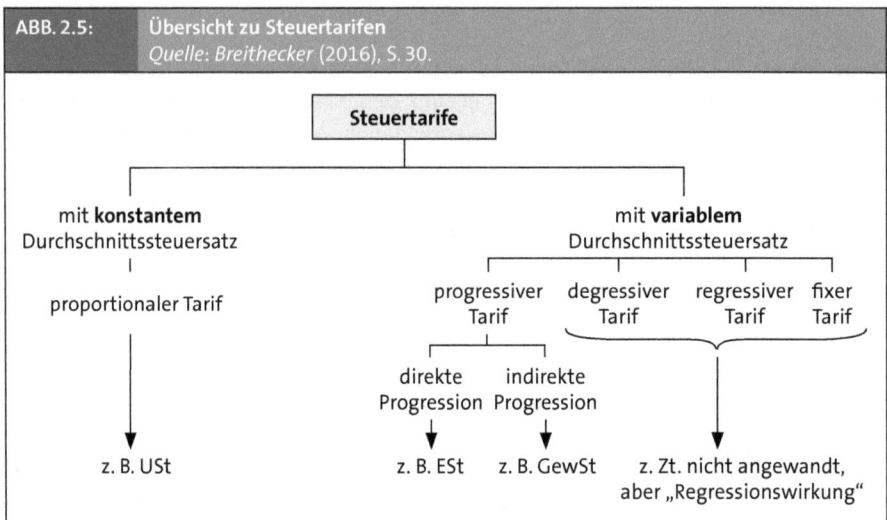

ABB. 2.5: Übersicht zu Steuertarifen
Quelle: Breithecker (2016), S. 30.

► **Steuerbetragsfunktion**[8]

Die Steuerschuld wird hier als Funktion ihrer Bemessungsgrundlage dargestellt. Die Steuerschuld ist die abhängige Variable, die Bemessungsgrundlage die unabhängige Variable. Allgemein gilt unter der Nebenbedingung, dass die Bemessungsgrundlage nicht negativ ist:

$$T = T(Y) \text{ u. d. N. } T \geq 0$$

► **Durchschnittssteuerfunktion**

Sie gibt das Verhältnis von Steuerschuld und Bemessungsgrundlage an. Ausgewertet an einem beliebigen Punkt entspricht der Durchschnittssteuersatz der Steigung des Urspungsstrahls durch diesen Punkt.[9] Allgemein gilt:

$$t = \frac{T}{Y} = \frac{T(Y)}{Y}$$

► **Differenzsteuerfunktion**

Sie gibt die zusätzliche Steuerschuld bei Veränderung der Bemessungsgrundlage um einen bestimmten Betrag an, dividiert durch die Bemessungsgrundlagendifferenz (Differenzquotient):

---

8 Vgl. zum Folgenden *Siegel/Bareis*, Strukturen der Besteuerung, 4. Aufl., München/Wien 2004, S. 113.
9 Vgl. *Homburg*, Allgemeine Steuerlehre, 7. Aufl., München 2015, S. 62.

$$t = \frac{\Delta T}{\Delta Y} = \frac{T(Y1) - T(Y0)}{Y1 - Y0}$$

► Grenzsteuerfunktion

Das ist die marginale Änderung der Steuerschuld bei marginaler Veränderung der Bemessungsgrundlage (Differenzialquotient; mit T' gekennzeichnet). Der Grenzsteuersatz entspricht – ausgewertet über einem beliebigen Intervall, der durchschnittlichen Steigerung des Tarifs in diesem Intervall[10]:

$$T' = \frac{\delta T}{\delta Y}$$

► Elastizitätsfunktion

Prozentuale Veränderung der Steuerschuld dividiert durch prozentuale Veränderung der Bemessungsgrundlage (Grenzsteuerfunktion geteilt durch Durchschnittssteuerfunktion):

$$\varepsilon = \frac{\dfrac{T(Y_1) - T(Y_0)}{T(Y_0)}}{\dfrac{Y_1 - Y_0}{Y_0}} = \frac{T(Y_1) - T(Y_0)}{Y_1 - Y_0} \cdot \frac{Y_0}{T(Y_0)} \longrightarrow \frac{\delta T}{\delta Y} \cdot \frac{Y}{T(Y)} = \frac{T'}{t}$$

ABB. 2.6:	**Funktionsverlauf der Steuertarife**
	Quelle: Eigene Darstellung.

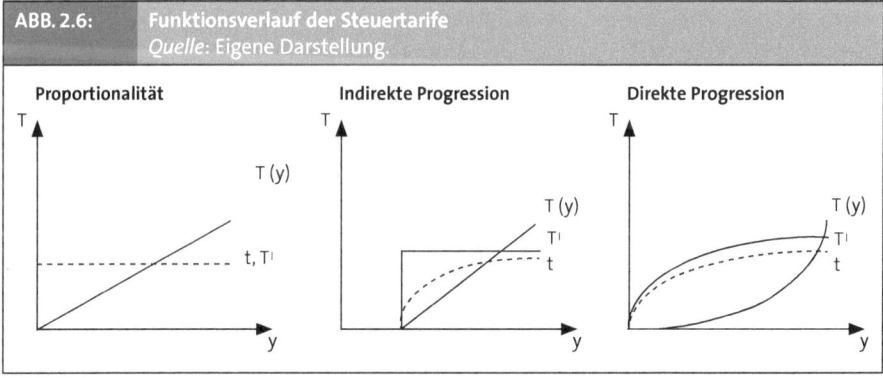

Von entscheidender Bedeutung können im Bereich der Besteuerung Freibeträge und Freigrenzen sein. Eine Freigrenze ist der Betrag, bis zu dem die Bemessungsgrundlage steuerfrei bleibt, bei dessen Überschreiten dann aber die volle Bemessungsgrundlage besteuert wird. Beispiele für Freigrenzen finden sich beispielsweise in

---

10 Vgl. *Homburg*, Allgemeine Steuerlehre, 7. Aufl., München 2015, S. 62.

§ 4h Abs. 2 Buchst. a), § 8 Abs. 2 Satz 11 und § 22 Nr. 2 Satz 3 EStG. Freibetrag ist der Betrag, der von der Bemessungsgrundlage abgezogen wird und stets steuerfrei bleibt. Freibeträge führen selbst bei konstantem Grenzsteuersatz zu einem ansteigenden Durchschnittssteuersatz. Man spricht hier von der sog. indirekten Progression. Beispiele für Freibeträge finden sich in § 9a Satz 1 Nr. 1 a) (Arbeitnehmer-Pauschbetrag) und § 20 Abs. 9 EStG (Sparer-Pauschbetrag). Der Freibetrag in § 16 Abs. 4 EStG für gewerbliche Veräußerungsgewinne weist eine Besonderheit auf. Er beträgt 45.000 € und ermäßigt sich um den Betrag, um den der Veräußerungsgewinn 136.000 € übersteigt (abschmelzender Freibetrag). Mithin beträgt der Freibetrag null €, wenn der Veräußerungsgewinn 181.000 € übersteigt.

2.3.5 Steuerverflechtungen und Steuerwirkungen

Steuern stehen nicht unverbunden nebeneinander, sondern wir haben es mit einer Vielzahl steuerlicher Verflechtungen auf unterschiedlichen Ebenen zu tun. Im Bereich der Unternehmensbesteuerung waren die bisherigen Verflechtungen der relevanten Steuerarten sehr stark. Die Gewerbesteuer war bislang von der Eigenbemessungsgrundlage abzugsfähig, sie beeinflusste ihrerseits die Körperschaftsteuer und die Einkommensteuer auf gewerbliche Gewinne. Körperschaftsteuer und Einkommensteuer existieren aber ebenfalls nicht unverbunden nebeneinander. Eine Verknüpfung besteht bislang über das sog. Teileinkünfteverfahren, nach dem Dividenden nur zu 60 % in die Einkommensteuerbemessungsgrundlage einbezogen werden und somit pauschal die Vorbelastung durch Körperschaftsteuer berücksichtigt wird. Andererseits beeinflusst die Gewerbesteuer auch die Einkommensteuer. Nach § 35 EStG wird die Gewerbesteuer mit dem 3,8-fachen des Gewerbesteuermessbetrags auf die Einkommensteuer angerechnet. Die Einkommensteuer ihrerseits ist nun wieder Ausgangspunkt für Zuschlagssteuern, wobei zum einen der Solidaritätszuschlag als Ergänzungsabgabe zur Einkommensteuer existiert und andererseits ggf. Kirchensteuer in Betracht kommt (§ 51a EStG). Durch die Unternehmensteuerreform 2008 ist die Abzugsfähigkeit der Gewerbesteuer von ihrer eigenen Bemessungsgrundlage und die Beeinflussung der Körperschaftsteuer und der Einkommensteuer durch die Gewerbesteuer beseitigt worden. Die Gewerbesteuer ist seitdem eine nicht-abziehbare Betriebsausgabe (§ 4 Abs. 5b EStG). Andererseits greift seit dem Jahr 2009 die Abgeltungssteuer, sodass Körperschaftsteuer und Einkommensteuer bei Privatanlegern nicht mehr über das Teileinkünfteverfahren verknüpft sind. Die Einkommensbesteuerung der Dividendeneinkünfte ist regelmäßig mit dem Abgeltungssteuersatz (derzeit 25 %) abgegolten, wenn sich die Beteiligung im Privatvermögen befindet. Ist die Beteiligung hingegen Teil des Betriebsvermögens, kommt das Teileinkünfteverfahren (mit einer 60 %igen Steuerpflicht) zum Tragen.

Steuerwirkungen können einerseits verstanden werden als Steuereinwirkungen, d. h. unmittelbare Beeinflussungen der Entscheidungsfindungen durch Veränderung der Vorteilhaftigkeit von Entscheidungsalternativen bei den Steuerpflichtigen. Zum anderen sind Steuerauswirkungen zu konstatieren, die eine mittelbare Beeinflussung auf die Gestaltung aktueller und zukünftiger Sachverhalte mit längerfristiger Wirkung kennzeichnet, und schließlich sind Steuerwirkungen als Reaktionen des Fiskus zu sehen. Gesetzgeber und/oder Fiskus reagieren auf die Handlungen des Steuerpflichtigen und passen das Gesetz an.

Beschränken wir uns auf den Bereich der betriebswirtschaftlichen Steuerwirkungen als Entscheidungswirkungen, können wir – wie die nachfolgende Darstellung zeigt – Steuerwirkungen als Liquiditäts-, Vermögens- und Organisationswirkungen, als Bemessungsgrundlagen-, Zeit-, Steuertarif-, Steuerarten- und Verfahrenseffekte und als Steuerwirkungen auf Liquidität, Risiko, Rentabilität und den Inhalt des Entscheidungsfeldes unterscheiden.

► Steuerwirkungen als

  – Liquiditätswirkungen

  – Vermögenswirkungen

  – Organisationswirkungen (*Gerd Rose*)

ABB. 2.7:	Liquiditätswirkungen der Besteuerung Quelle: Eigene Darstellung.			
-	-	-	+	- +→
Voraus-zahlungen	Zahlungen	Abschluss-zahlungen	Steuertransfers	Nachzahlungen/ Erstattungen
► monatlich (USt, LSt) ► vierteljährlich (KSt, GewSt, ESt)	► vom Eintritt der Steuer-pflicht abhängige Zahlungen (GrESt, Kfz-Steuer)		► Investitions-zulage	► infolge erst-maliger Steuer-festsetzungen ► infolge geänderter Steuerfest-setzung (z. B. nach Außenprüfung)

► Steuerwirkungen als

- – Bemessungsgrundlageneffekte

- – Zeiteffekte

- – Steuertarifeffekte (insoweit *Franz W. Wagner*)

Hinzu kommen in dieser Systematik aber auch:

- – Steuerarteneffekte

- – Steuerverfahrenseffekte

► Steuerwirkungen auf

- – Liquidität

- – Risiko

- – Rentabilität

- – Inhalt des Entscheidungsfeldes (*Dieter Schneider*)

Diese **drei Ansätze** haben eine große gemeinsame Schnittmenge. Im Folgenden ist aber differenziert auf die Systematisierung von *Wagner* zurückzugreifen. *Franz W. Wagner* interpretiert Steuerwirkungen als Möglichkeiten zur Beeinflussung der Gestaltung durch den Entscheidungsträger. Das Erreichen von positiven Effekten wird angestrebt. Im Bereich von Bemessungsgrundlageneffekten können verschiedene Entscheidungs-alternativen identifiziert werden, die zu unterschiedlichen Maßstäben oder Verfahren der Wertermittlung führen. Zeiteffekte treten bei Entscheidungsalternativen mit mehr-periodiger Wirkungsdauer auf. Die Unterschiede in der zeitlichen Struktur der Bemes-sungsgrundlagen können erfasst und mitgestaltet werden. Es entstehen dann positive Steuerbarwerteffekte. Die Besteuerung wird tendenziell in die Zukunft verlagert („relative Steuerbarwertminimierung"). Folge sind positive Liquiditäts- und Zinseffekte. Zeiteffekte sind auch bei niedrigen Realzinsen bedeutsam aufgrund ihrer positiven Liquiditätswirkung, denn es gilt, die jederzeitige Zahlungsbereitschaft im Unternehmen zu gewährleisten.

Sodann sind Steuertarifeffekte durch Differenzierungen in den Steuersätzen gegeben (§§ 32a, 32b, 34, 34a EStG). Es existieren besondere Steuersätze (Sondertarife, ermäßigte Steuersätze) oder es sind unterschiedliche Tarifverläufe zu beachten, die ebenfalls von den Steuerpflichtigen ausgenutzt werden können. Tendenziell werden von Seiten der Steuerpflichtigen die günstigeren Sondertarife gewählt. Es sind dabei aber die jeweiligen Voraussetzungen zu beachten. Nach § 34 Abs. 3 Satz 4 EStG kann der Sondertarif (56 % des durchschnittlichen Steuersatzes) nur einmal im Leben in Anspruch genommen werden.

In einer erweiterten Betrachtung sind auch Steuerarten- und Steuerverfahrenseffekte einzubeziehen:

Steuerarteneffekte kennzeichnet, dass die Entscheidungsalternativen unterschiedlichen Steuerarten unterliegen und ggf. eine Handlungsmöglichkeit ausgewählt werden kann, die Steuerfreiheit bei einer Steuerart zur Folge hat. Denken Sie hier an nicht-gewerbliche oder gewerbliche Einkünfte, die mit Gewerbesteuer belastet sind. **Steuerverfahrenseffekte** zeigen sich ebenfalls bei der differenzierten Analyse des Steuerrechts. Die Entscheidungsalternativen unterliegen unterschiedlichen Regeln im Besteuerungsverfahren. Im Einzelnen können Stundung, Erlass, Vorläufigkeit oder das Nachprüfungsrisiko differenziert werden. Die Liquiditätswirkungen der Besteuerung zeigen sich wie in Abb. 2.7.

Orientierung bietet insbesondere das Kapitalwertkriterium unter Berücksichtigung der Besteuerung. Hier werden Zeiteffekte der Besteuerung sehr deutlich, wenn Steuern zum einen die periodische Bemessungsgrundlage betreffen und zum anderen im Kalkulationszinsfuß berücksichtigt werden. Der Pfad der betriebswirtschaftlichen Tugend führt entlang der (effektiven) Zahlungsströme.[11] Der Kapitalwert zeigt die relative Vorteilhaftigkeit im Vergleich zu einer Alternativinvestition zum Kalkulationszinsfuß an. Die wohl noch auf lange Sicht niedrigen Anlagezinsen dürfen nicht dazu verleiten, den Kalkulationszinsfuß zu niedrig festzusetzen.[12] Das Investitionsrisiko sollte sich in der Bestimmung des Zinsfußes ausdrücken. Als Kalkulationszinsfuß wird vielfach ein Mischzinssatz aus Eigenkapital- und Fremdkapitalkosten verwendet, sodass die gegenwärtige Niedrigzinsphase hier nicht vollständig durchschlägt.

---

11 Vgl. *D. Schneider*, Investition, Finanzierung und Besteuerung, 7. Aufl., Wiesbaden 1992, S. 169; relativierend ders., StuW 2004, S. 293.

12 Vgl. *Marx/Diering*, Stbg 2015, S. 30 ff.

Das Kapitalwertmodell misst die Wirkungen der Besteuerung auf betriebliche Entscheidungen. Es zeigt, ob und in welchem Umfang der Kapitalwert durch den Steuereinfluss verändert wird und – beim Vergleich verschiedener Investitionsalternativen – ob eine Rangfolgeänderung festzustellen ist. Unter bestimmten Umständen kann bei Investitionskalkülen die Einbeziehung von Steuern bzw. die Erhöhung des Steuersatzes zu einem steigenden Kapitalwert führen (Steuerparadoxon).

Die Beeinflussung betrifft zum einen die Besteuerung des Gewinns aus dem Investitionsobjekt. Der Gewinn unterscheidet sich von den Zahlungsüberschüssen, in dem periodisierende Rechenelemente berücksichtigt werden (bei Sachinvestitionen beispielsweise die periodische Abschreibung). Neben dem laufenden Gewinn werden die Liquiditätserfolge einbezogen. Diskontiert wird mit dem Kalkulationszinsfuß nach Steuern, wobei dieser Steuereinfluss vom Zähler abweichen kann. Der Kapitalwert nach Steuern (K_s) ergibt sich als:

$$Ks_0^s = \sum_{t=1}^{n} [E_t - A_t - s_e \cdot (E_t - A_t - AfA_t)] \cdot (1 + i_{s_e})^{-t} + [L_n - s_e \cdot (L_n - RBW_n)] \cdot (1 + i_{s_e})^{-n} - A_0$$

mit

E_t	periodische Ein-/Auszahlungen
A_0	Anschaffungsauszahlung
S_e	kombinierter Ertragsteuersatz
AfA_t	periodischer Abschreibungsbetrag
i_s	Kalkulationszinsfuß
L_n	Liquidationserlös
RBW	Restbuchwert
n	Nutzungsdauer des Investitionsobjekts

2.3.6 Besteuerungsverfahren, Rechtsquellen und Rechtsanwendung

2.3.6.1 Besteuerungsverfahren

Wie der Blick auf die Besteuerungsgrundsätze gezeigt hat, sind die Analyse und das Ausschöpfen von Gestaltungsmöglichkeiten im Bereich des Steuerverfahrens für die Betriebswirtschaftliche Steuerlehre von Bedeutung. Der Einsatz des Instrumentariums hängt vom jeweils erreichten Verfahrensabschnitt ab. Wir können **fünf Verfahrensschritte** unterscheiden, die allerdings nicht alle absolviert werden müssen.

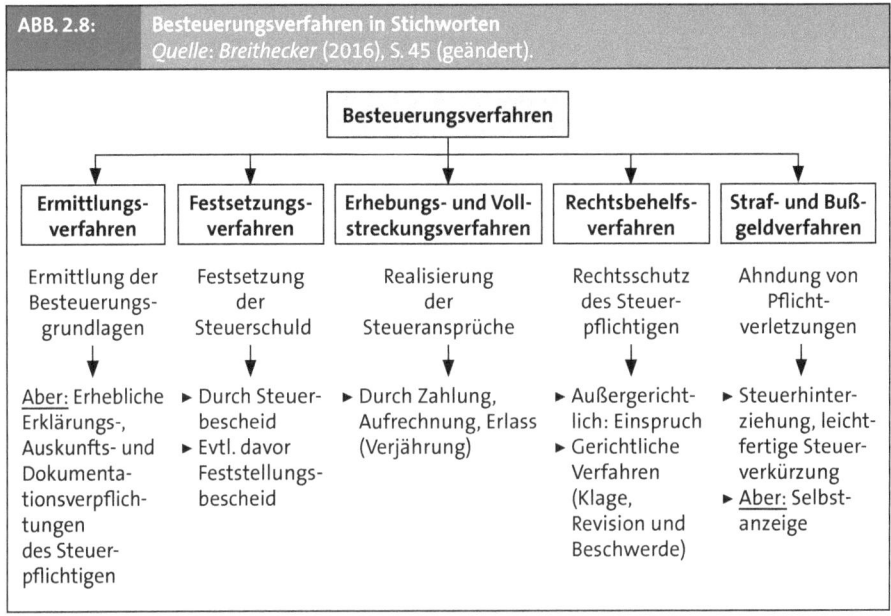

ABB. 2.8: Besteuerungsverfahren in Stichworten
Quelle: Breithecker (2016), S. 45 (geändert).

Besteuerungsverfahren

Ermittlungs-verfahren	Festsetzungs-verfahren	Erhebungs- und Voll-streckungsverfahren	Rechtsbehelfs-verfahren	Straf- und Buß-geldverfahren
Ermittlung der Besteuerungs-grundlagen	Festsetzung der Steuerschuld	Realisierung der Steueransprüche	Rechtsschutz des Steuer-pflichtigen	Ahndung von Pflicht-verletzungen
Aber: Erhebliche Erklärungs-, Auskunfts- und Dokumenta-tionsverpflich-tungen des Steuer-pflichtigen	▸ Durch Steuer-bescheid ▸ Evtl. davor Feststellungs-bescheid	▸ Durch Zahlung, Aufrechnung, Erlass (Verjährung)	▸ Außergericht-lich: Einspruch ▸ Gerichtliche Verfahren (Klage, Revision und Beschwerde)	▸ Steuerhinter-ziehung, leicht-fertige Steuer-verkürzung ▸ Aber: Selbst-anzeige

Dem Ermittlungsverfahren folgen das Festsetzungsverfahren und das Erhebungsver-fahren. Das Rechtsbehelfsverfahren und das Straf- und Bußgeldverfahren sind Verfah-rensschritte, die wie das Vollstreckungsverfahren nur in besonderen Fällen in Betracht kommen.

Im **Ermittlungsverfahren** geht es um die Gestaltung der nicht marktmäßigen Aus-tauschbeziehung zwischen Steuerpflichtigen und Finanzverwaltung. Die Besteuerungs-grundlagen sind von Amts wegen (§ 88 AO, sog. Offizialmaxime) zu ermitteln. Die Fi-nanzbehörde hat alle für den Einzelfall bedeutsamen Umstände zu berücksichtigen. Al-lerdings ist Informationserlangung nicht kostenlos. Das Besteuerungsverfahren ist ein Massenverfahren. Jedes Jahr gehen den Finanzbehörden rd. 40 Mio. Steuererklärungen für Einkommen-, Körperschaft-, Umsatz- und Gewerbesteuer zu. Im Rahmen der Kon-zeption von Besteuerungsverfahren gilt es deshalb abzuwägen zwischen den Kosten der Informationsbeschaffung auf der einen Seite und der Informationsquantität und -qualität i. S. einer möglichst vollständigen und zutreffenden Erfassung der Besteue-rungsbasis. Das eine Extrem ist dadurch gekennzeichnet, dass die Steuerpflichtigen umfassende Ermittlungspflichten haben und die Finanzverwaltung sich beschränkt auf die Verarbeitung dieser Informationen. Der andere Pol besteht in der vollständig eige-nen Ermittlungstätigkeit der Finanzverwaltung. Keiner dieser beiden Endpunkte ist in der Realität vorzufinden. Dies liegt zum einen an der Gefahr der Steuerverkürzung, zum anderen an den zu hohen administrativen Aufwendungen. Derzeit gibt es daher einen Mittelweg. Allerdings hat der Steuerpflichtige mitzuwirken durch Steuererklärungen, Auskunftspflichten, Buchführungs- und Dokumentationspflichten. Bei verschiedenen Steuerarten entwickeln sich **Selbstveranlagungsverfahren**, bei denen der Steuerpflichtige nicht nur die Bemessungsgrundlagen erklären, sondern die Steuer auch selbst ermitteln muss. Das ist bei der Umsatzsteuer bereits seit langem etabliert. Bald soll die Körperschaftsteuer folgen. Für die Einkommensteuer wird die sog. Vorausgefüllte Steuererklärung (VaSt) für den Steuerpflichtigen oder dessen Steuerberater elektronisch abrufbar sein, die von der Finanzverwaltung gespeicherte Daten, z. B. die vom Arbeitgeber übermittelten Lohnsteuerdaten oder Bescheinigungen über den Bezug von Rentenleistungen, enthält. Unternehmen müssen inzwischen Bilanz- und GuV-Daten („E-Bilanz") nach § 5b EStG an die Finanzbehörde elektronisch übermitteln.

Die bestehende Aufgabenteilung zwischen Zensiten und Fiskus verändert sich aber nicht nur durch die elektronische Datenübermittlung, sondern auch durch Datenzugriff und Einführung eines **elektronischen Risikomanagements** (§ 88 Abs. 5 AO). Leider werden die Abläufe und Strukturen bislang nicht offengelegt. Erforderlich ist daher eine aktive Kommunikation über Aufbau und Funktionsweise der Risikomanagementsysteme, insbesondere die Bekanntgabe wesentlicher Risikofilter. Die turnusmäßige Prüfung der eingesetzten Systeme durch eine unabhängige Instanz sollte gesetzlich verankert werden.

Die Steuerbehörde kann über besondere Ermittlungsverfahren (Kassennachschau, Außenprüfung, Steuerfahndung, Steueraufsicht und Schätzung) zusätzliche Maßnahmen ergreifen. In diesem Verfahren darf die Finanzverwaltung nach § 147 Abs. 6 AO auf die elektronisch gespeicherten Daten des geprüften Unternehmens direkt zugreifen, die IT-Systeme nutzen und die Daten auswerten. Der Steuerpflichtige hat sie dabei tatkräftig (unentgeltlich) zu unterstützen. Hier ist die **Außenprüfung** ein spezielles Verwaltungsverfahren zur Erfüllung der in § 85 AO gesetzten Aufgabe, die Steuern nach Maßgabe der Gesetze gleichmäßig festzusetzen und zu erheben. Dazu zählen auch die Lohnsteuer-Außenprüfung und die Umsatzsteuer-Sonderprüfung. Die allgemeine Außenprüfung (§ 193 ff. AO) – auch Betriebsprüfung genannt – ist eine abschließende, nachträgliche Überprüfung des jeweiligen Steuerfalls im Hinblick auf bestimmte Steuerarten und bestimmte Besteuerungszeiträume. Sie ist insbesondere zulässig bei Steuerpflichtigen, die einen gewerblichen oder land- und forstwirtschaftlichen Betrieb unterhalten oder freiberuflich tätig sind. Von rd. 7,8 Mio. registrierten Betrieben, wurden im Jahr 2016 insgesamt 186.472 geprüft. Die Betriebsprüfungsordnung (BpO) nimmt in § 3 abhängig von Umsatz und Gewinn eine Einteilung der Betriebe in Groß-, Mittel-, Klein- und Kleinstbetriebe vor, die jeweils einem **unterschiedlichen Prüfungsturnus und unterschiedlicher Prüfungsintensität** unterliegen. Bei Großbetrieben soll der jeweilige Prüfungszeitraum an den vorangegangenen Prüfungszeitraum anschließen, um eine durchgehende Prüfung sämtlicher Veranlagungszeiträume zu erreichen. 2016 wurden nur 21,4 % der Großbetriebe geprüft. Der Prüfungszeitraum lag hier bei 3,3 Veranlagungsjahren. Die Prüfungsdichte nimmt bei Mittel-, Klein- und Kleinstbetrieben deutlich ab. So wurden beispielsweise nur 6,4 % der Mittelbetriebe und lediglich 3,2 % der Kleinbetriebe geprüft. Eine Wahrscheinlichkeit, dass eine Außenprüfung angeordnet wird, lässt sich daraus für den Steuerpflichtigen aber nicht ableiten. Um eine effektive Außenprüfung zu erreichen, werden die zu prüfenden Betriebe nämlich unter Risikogesichtspunkten ausgewählt. Durch die maschinelle Auswertung der E-Bilanzen (§ 5b EStG) im Rahmen des finanzbehördlichen Risikomanagements haben sich die Möglichkeiten einer gezielten Selektion deutlich verbessert.

Das **Festsetzungsverfahren** dient der konkreten Festsetzung der Steuerschuld, die sich aus dem Steuerbescheid ergibt. Gegebenenfalls ist alternativ in einem mehrstufigen Verfahren ein Feststellungsbescheid über die Besteuerungsgrundlagen bekanntzugeben, der dann die Grundlage für Steuerfestsetzungen bildet. So wird der Gewinn einer OHG nach §§ 179, 180 Abs. 1 Nr. 2 AO einheitlich und gesondert festgestellt und die Besteuerungsgrundlagen (Gewinnanteile der Gesellschafter) an die jeweiligen Wohnsitzfinanzämter der Gesellschafter übermittelt, die dann die ESt festsetzen.

Wird der Steuerfall nicht abschließend geprüft, kann der Steuerbescheid unter den **Vorbehalt der Nachprüfung** gestellt werden (§ 164 AO). Damit bleibt der gesamte Steuerfall offen für spätere Änderungen aufgrund von Angaben des Steuerpflichtigen oder infolge weiterer Überprüfungen durch die Finanzverwaltung (z. B. Außenprüfung). Nach § 165 Abs. 1 Satz 1 AO kann die Steuer vorläufig festgesetzt werden, soweit ungewiss ist, ob die Voraussetzungen für ihre Entstehung eingetreten sind. Neben ungewissen Tatsachen sind zu erwartende Doppelbesteuerungsabkommen, Verpflichtungen zu einer gesetzlichen Neuregelung und anhängige Verfahren vor dem Europäischen Gerichtshof, dem Bundesverfassungsgericht oder den obersten Gerichtshöfen des Bundes vom Gesetz als Vorläufigkeitsgründe genannt. Die Norm ermöglicht der Finanzbehörde eine zeitgerechte Steuerfestsetzung in den Fällen, in denen über einzelne Punkte eine objektive, nicht behebbare Ungewissheit besteht. Darin unterscheidet sich die vorläufige Steuerfestsetzung von der Vorbehaltsfestsetzung nach § 164 AO. Der **Vorläufigkeitsvermerk** des § 165 AO betrifft im Übrigen nur den im Bescheid festzulegenden Umfang und nicht die gesamte Festsetzung. Angesichts der hohen Änderungsgeschwindigkeit des Steuerrechts und der Vielzahl abhängiger Gerichtsverfahren hat die Norm eine große Bedeutung im Besteuerungsverfahren. Festsetzungen der Einkommensteuer werden aufgrund anhängiger Musterverfahren derzeit automatisiert mit einem Vorläufigkeitsvermerk belegt.

Im Steuerbescheid sind Umfang und Grund der Vorläufigkeit erkennbar anzugeben, damit dem Rechtschutzinteresse des Steuerpflichtigen entsprochen wird. Er soll wissen, welche Umstände der endgültigen Festsetzung entgegenstehen und hinsichtlich welcher als ungewiss betrachteten Tatsachen sich die Finanzbehörde eine weitere Überprüfung vorbehält. Die Reichweite der Vorläufigkeit muss daher grundsätzlich dem Bescheid entnommen werden können. Enthält der Steuerbescheid zum Umfang der Vorläufigkeit hingegen keinerlei Angaben und ergibt sich dieser Umfang auch nicht aus anderen Umständen, so ist der Vermerk inhaltlich nicht hinreichend bestimmt und deshalb mit der Folge unwirksam, dass er nicht zur Aufhebung oder Änderung des Steuerbescheids berechtigt.

Das **Erhebungs- und Vollstreckungsverfahren** dient der Realisierung der Steuern. Steueransprüche erlöschen gem. § 47 AO durch Zahlung, Aufrechnung, Erlass und Verjährung (Zahlungsverjährung). Die Finanzverwaltung kann Steueransprüche stunden, wenn deren Einziehung eine erhebliche Härte für den Steuerschuldner bedeuten würde und der Anspruch durch die Stundung nicht gefährdet erscheint (§ 222 AO). Regelmäßig werden hierfür Stundungszinsen i. H. von 0,5 % pro Monat berechnet; nur ausnahmsweise wird zinslos gestundet. Die Vollziehung eines mit Rechtsmitteln angefochtenen Steuerbescheides soll von der Finanzverwaltung ausgesetzt werden, wenn ernstliche Zweifel an der Rechtmäßigkeit des Verwaltungsaktes bestehen oder die Vollziehung eine unbillige Härte für den Betroffenen zur Folge hätte (§ 361 AO, § 69 FGO). Wird die Steuer bei Fälligkeit nicht entrichtet, ist für jeden angefangenen Monat ein Säumniszuschlag von 1 % zu berechnen (§ 240 AO).

Das **Rechtsbehelfsverfahren** dient dem Rechtsschutz des Steuerpflichtigen. Jedem, der sich durch den Staat in seinen Rechten verletzt sieht (z. B. durch einen fehlerhaften Steuerbescheid), steht nach Art. 19 Abs. 4 GG der Weg zu den Gerichten offen. Zunächst ist aber ein außergerichtliches Vorverfahren durch Einlegung eines Einspruchs zu absolvieren. Hierdurch erhält die Verwaltung die Möglichkeit, den Steuerfall noch einmal zu überprüfen, bevor sich das Gericht mit der Angelegenheit befasst. Das Einspruchsverfahren ist in §§ 347–367 AO geregelt. Hilft die Finanzbehörde dem Einspruch nicht ab, ergeht eine Einspruchsentscheidung. Dann folgt ggf. ein gerichtliches Rechtsbehelfsverfahren durch Klage beim Finanzgericht. Revision und Beschwerde an den Bundesfinanzhof sind die weiteren möglichen Schritte. In diesen Verfahren sind stets genaue Fristen zu beachten. Ebenso ist der fehlende Suspensiveffekt zu berücksichtigen, der allerdings durch die o. g. Aussetzung der Vollziehung erreicht werden kann.

Die Statistik über die Einspruchsbearbeitung in den Finanzbehörden seit 2005 (Abb. 2.9) zeigt die große Bedeutung des außergerichtlichen Rechtsbehelfsverfahrens und die erhebliche Filterwirkung, denn die meisten Streitigkeiten werden auf dieser Ebene geklärt. Weniger als 1,8 % der Einsprüche führen zu einer Klage. Abweichungen zwischen den End- und Anfangsbeständen der unerledigten Einsprüche sind auf statistische Bereinigungen zurückzuführen.

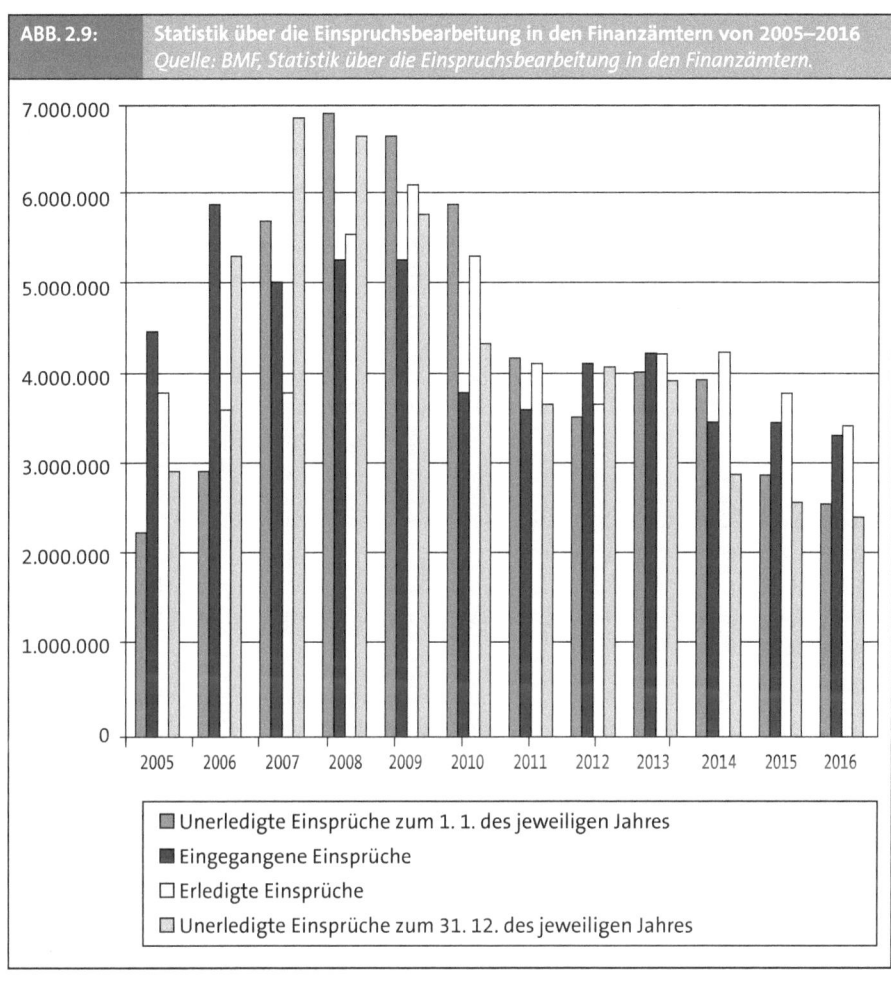

ABB. 2.9: Statistik über die Einspruchsbearbeitung in den Finanzämtern von 2005–2016
Quelle: BMF, Statistik über die Einspruchsbearbeitung in den Finanzämtern.

☐ Unerledigte Einsprüche zum 1. 1. des jeweiligen Jahres
■ Eingegangene Einsprüche
☐ Erledigte Einsprüche
☐ Unerledigte Einsprüche zum 31. 12. des jeweiligen Jahres

Das **Straf- und Bußgeldverfahren** dient der Ahndung von Pflichtverletzungen der Steuerpflichtigen. Hier sind Steuerstraftaten und Steuerordnungswidrigkeiten mit verschiedenartigen Sanktionen belegt. Zu den Steuerstraftaten und diesen gleichgestellten Straftaten gehört die Steuerhinterziehung nach § 370 AO genauso wie z. B. die gewerbs- und bandenmäßige Schädigung des Umsatzsteueraufkommens nach § 26c des Umsatzsteuergesetzes (UStG). Diese Taten werden in der Regel mit einer Geld- oder Freiheitsstrafe geahndet. Steuerordnungswidrigkeiten sind demgegenüber Zuwiderhandlungen, die nach den Steuergesetzen mit einer Geldbuße geahndet werden können, wie z. B. die leichtfertige Steuerverkürzung nach § 378 AO oder die Gefährdung von Abzugsteuern nach § 380 AO. 2016 wurden in den Bußgeld- und Strafsachenstellen der Finanzämter bundesweit insgesamt rd. 73.000 Strafverfahren wegen Steuerstraftaten bearbeitet. Zudem wurden rd. 4.800 Bußgeldverfahren abgeschlossen und Bußgelder in einer Gesamthöhe von über 112 Mio. € festgesetzt. Die Steuerfahndung erledigte in 2016 bundesweit insgesamt 36.667 Fälle. Dabei sind Mehrsteuern in Höhe von rund 3,2 Mrd. € festgestellt und Freiheitsstrafen im Gesamtumfang von 1.513 Jahren verhängt worden. Eine Besonderheit stellt die strafbefreiende Selbstanzeige (§ 371 AO) dar. Bei Selbstanzeigen wegen Steuerhinterziehung mit einem hinterzogenen Betrag von mehr als 25.000 €. Von der Strafverfolgung wird gemäß § 398a AO abgesehen, wenn der Steuerpflichtige – zusätzlich zur Nachentrichtung der Steuer – einen Geldbetrag in folgender Höhe an die Staatskasse zahlt: 10 % der hinterzogenen Steuer, wenn der Hinterziehungsbetrag 100.000 € nicht übersteigt, 15 % der hinterzogenen Steuer, wenn der Hinterziehungsbetrag 100.000 € übersteigt und 1 Mio. € nicht übersteigt, und 20 % der hinterzogenen Steuer, wenn der Hinterziehungsbetrag 1 Mio. € übersteigt.

„Masseneinsprüche", die wegen angeblicher Verfassungswidrigkeit von Rechtsnormen eingelegt wurden, sind in der Statistik nur teilweise enthalten. Aus der Abhilfe kann nicht „automatisch" geschlossen werden, dass der angefochtene Bescheid fehlerhaft war. Vielfach werden im Einspruchsverfahren Steuererklärungen ergänzt und steuermindernde Belege nachgereicht.

Ferner kann auch keine Aussage zum Anteil der von den Steuerbürgern angefochtenen Verwaltungsakte getroffen werden. Hierfür müsste die Zahl der jährlich erlassenen Verwaltungsakte bekannt sein. Daten hierzu liegen dem BMF nicht vor, zumal mit dem Einspruch nicht nur Steuerbescheide angefochten werden können, sondern auch sonstige von den Finanzbehörden erlassene Verwaltungsakte, wie z. B. die Anordnung einer Außenprüfung, die Ablehnung einer Stundung oder eines Steuererlasses.

2.3.6.2 Rechtsnormen, Rechtsquellen und Rechtsanwendung

Rechtsquellen im Steuerrecht sind vorrangig Gesetze im formellen und materiellen Sinne, wobei zum einen übergeordnete Gesetze mit allgemeinen, mehrere Steuerarten umfassenden Regelungsgegenständen zu beachten sind. Beispiele hierfür sind die Abgabenordnung, die das steuerliche Verfahren regelt, und das Bewertungsgesetz, das Bewertungsmaßstäbe und Verfahren festlegt. Zum anderen wird das Steuerrecht durch Einzelsteuergesetze (z. B. EStG, KStG) und Durchführungsverordnungen (Gesetze im materiellen Sinne, z. B. EStDV) geprägt. Neben den **nationalen Rechtsnormen** sind **inter- und supranationale Regelungen** zu beachten, die bedingt durch die Internationalisierung der Geschäftsbeziehungen und die fortschreitende Harmonisierung verstärkt Bedeutung erlangen. Doppelbesteuerungsabkommen (DBA) sind völkerrechtliche Verträge zwischen zwei Staaten (bilaterale DBA) oder zwischen mehr als zwei Staaten (multilaterale DBA), die gegenseitig zugunsten der Steuerpflichtigen Steuerverzichte beinhalten. DBA stellen das wichtigste Instrument zur Vermeidung einer kumulativen Besteuerung dar. Sie legen fest, in welchem Umfang und in welchem Ausmaß der jeweilige Staat auf sein im nationalen Steuerrecht verankertes Besteuerungsrecht verzichten muss.

Doppelbesteuerung liegt vor, wenn mehrere Staaten dasselbe Steuerobjekt bei demselben Steuersubjekt für denselben Zeitraum zu einer gleichartigen Steuer heranziehen. Diese juristische Definition ist aus ökonomischer Sicht hinsichtlich der Steuersubjektidentität zu erweitern, indem auch die wirtschaftliche Einheit von Tochter- und Muttergesellschaft erfasst wird. Doppelbesteuerung wird in den Abkommen entweder durch die Freistellungs- oder durch die Anrechnungsmethode gelöst. Deutschland verfügt über ein engmaschiges Abkommensnetz mit allen wichtigen Industrienationen und vielen Entwicklungsländern. Die Vertragspraxis orientiert sich dabei an Musterabkommen internationaler Organisationen, wobei dem OECD-Musterabkommen herausragende Bedeutung zukommt. Sprache und Systematik der DBA weichen vom nationalen Steuerrecht stark ab. DBA sind völkerrechtliche Verträge, die erst durch einen förmlichen Akt innerstaatliches Recht werden (Art. 59 Abs. 2 GG). Zwar räumt § 2 AO bei wörtlicher Auslegung den DBA einen Vorrang vor nationalen Steuergesetzen ein, doch erhalten sie diesen Rang erst durch ihren „lex specialis-" bzw. „lex posterior-Charakter". Nur eine besondere nachfolgende Regelung kann das DBA beeinträchtigen und zu einem „treaty override" führen, das dem Vertragspartner dann ein Kündigungsrecht des DBA einräumt. Über den Stand der DBA und der DBA-Verhandlungen informiert alljährlich ein BMF-Schreiben am Jahresende.

Das Recht der Europäischen Gemeinschaft ist in Form des **primären Gemeinschaftsrechts** (vor allem in Form der Gründungsverträge mit ihren späteren Änderungen) und mit den von den Organen der EU erlassenen Verordnungen und Richtlinien (**sekundäres Gemeinschaftsrecht**) zu beachten. So ist die Umsatzsteuer in der EU weitgehend harmonisiert. Im Bereich der direkten Steuern wirken die Mutter-Tochter-Richtlinie, die Fusions-Richtlinie, die Zinsrichtlinie und die Amtshilferichtlinie, indem Hemmnisse für eine grenzüberschreitende Zusammenarbeit abgebaut werden. Zur Bekämpfung von Steuervermeidungspraktiken mit unmittelbaren Auswirkungen auf das Funktionieren des Binnenmarktes wurde am 12. 7. 2016 die Anti-Tax Avoidance Directive (ATAD) verabschiedet. Die nachfolgende ATAD 2-Richtlinie vom 29. 5. 2017 richtet sich gegen Sachverhalte mit Drittstaatenbezug, um hybride Betriebsstätten, hybride Übertragungen, imported mismatches und Inkongruenzen bei Doppelansässigkeit zu bekämpfen.

Auf nationaler Ebene gibt es zahlreiche **Verwaltungsanweisungen** in Form von Erlassen, Schreiben und Verfügungen der Finanzbehörden, die nur die Verwaltung binden und deshalb nicht als Rechtsnormen zu bezeichnen sind. Indem sie eine einheitliche Rechtsanwendung ermöglichen, entfalten sie aber auch faktische Wirkungen für die Steuerpflichtigen, die sich in ihren Entscheidungen danach ausrichten können. Auch Richtlinien (etwa die Einkommensteuer-Richtlinien 2012) sind als Anweisungen der Exekutive keine Rechtsquellen, sondern Handlungsvorgaben für die Verwaltung. Mit Beschluss vom 28. 11. 2016 hat der Große Senat des BFH den auf eine Verwaltungsanweisung beruhenden Billigkeitserlass einer Steuer, die den Sanierungsgewinn erfasst, als Verstoß gegen den Grundsatz der Gesetzmäßigkeit der Verwaltung gewertet. Das BMF sei in gesetzesvertretender Weise tätig geworden und habe so gegen das in Art. 20 Abs. 3 GG und § 85 Satz 1 AO normierte Legalitätsprinzip verstoßen. Der Gesetzgeber hat inzwischen mit § 3a EStG Sanierungserträge unter bestimmten Voraussetzungen steuerbefreit. Die Regelung tritt an dem Tag in Kraft, an dem die Europäische Kommission durch Beschluss feststellt, dass keine staatliche Beihilfe vorliegt.

Im Steuerrecht kommt den Gerichten eine beachtliche Aufgabe zur Konfliktregulierung im Besteuerungsprozess zu. **Richterrecht** wirkt über Entscheidungen der Finanzgerichte, des Bundesfinanzhofs und des Bundesverfassungsgerichts auf die Steuerpraxis ein. Urteile oder Beschlüsse binden aber nur die jeweiligen Beteiligten im Steuerstreit. Über die Veröffentlichung – inzwischen zeitnah in elektronischer Form (vgl. www.bundesfinanzhof.de) – erlangen sie allerdings eine starke Breitenwirkung als Rechtsquellen. Auch Entscheidungen des Bundesverfassungsgerichts (BVerfG) können die Besteuerung betreffen. So hat das BVerfG mit Urteil vom 17. 12. 2014, BStBl II 2015, S. 50 [AAAAE-81469], die Unvereinbarkeit der Betriebsvermögensverschonung durch das ErbStG festgestellt und den Gesetzgeber zu einer Änderung verpflichtet (vgl. Abschnitt 3.2.3). Die Regelungen des Bewertungsgesetzes zur Einheitsbewertung von Grundvermögen in den „alten" Bundesländern sind nach dem Urteil des BVerfG vom 10. 4. 2018 [MAAAG-80435] mit dem allgemeinen Gleichheitssatz des Art. 3 Abs. 1 GG unvereinbar. Der Gesetzgeber hat spätestens bis zum 31. 12. 2019 eine Neuregelung zu treffen.

Neben den nationalen Gerichtsentscheidungen haben Entscheidungen des **Europäischen Gerichtshofs** insbesondere das Unternehmensteuerrecht in den letzten Jahren stark geprägt. Für die steuerberatenden Berufe, aber auch für Unternehmer ist es erforderlich, die Entwicklungen in der Judikative ständig zu verfolgen. Die Rechtsprechung bildet eine wichtige Erkenntnisquelle. Die Steuerpraxis bezieht die Judikate in ihre Gestaltungs- und Abwehrentscheidungen unter Unsicherheit ein. Die Finanzbehörden entscheiden – teilweise mit erheblicher Verzögerung – über die „Anwendung" der Rechtsprechung oder ihre (ausnahmsweise) Nichtanwendung. Auch der Gesetzgeber reagiert gelegentlich mit anpassenden Regelungen. Mit dem Urteil werden weitere ressourcenintensive Prozesse in Gang gesetzt. Vielfach wird ausgeführt, dass die Rechtsprechung einen Beitrag zur Komplizierung des Steuerrechts leiste. Richtig ist aber, dass die Rechtsprechung in zahlreichen Fällen erst aufzeigt, wie kompliziert unser Steuerrecht tatsächlich ist. Sie ist dann „Reparaturbetrieb des Gesetzgebers". Es gibt allerdings auch Rechtsänderungsrisiken, innerhalb derer die sog. Rechtssprünge der Rechtsprechung als besondere Risikoart für den Steuerplaner erfasst werden. Dabei ist **Risiko i. S. d. betriebswirtschaftlichen Entscheidungstheorie** die negative wie positive Abweichung von Zielwerten.

Steuergesetze dürfen **grundsätzlich nicht rückwirkend** in Kraft gesetzt werden. Eine echte Rückwirkung liegt nach der Rechtsprechung des BVerfG vor, wenn ein Lebenssachverhalt in der Vergangenheit bereits abgeschlossen ist, der Gesetzgeber später eine Norm einführt, deren Anwendung zeitlich in die Vergangenheit reicht und damit den bereits abgeschlossenen Sachverhalt einer belastenden Rechtsfolge unterwirft. Ausnahmsweise ist eine solche Rückwirkung zulässig, wenn

▶ die Rechtslage verworren ist,

▶ ein nichtiges Gesetz geändert wird,

▶ der Belastete davon ausgehen musste, dass alsbald eine abweichende Regelung erfolgt,

▶ überwiegende Gründe des Gemeinwohls vorliegen oder

▶ Bagatell-Fälle gegeben sind.

Für den ersten Ausnahmefall der verworrenen Rechtslage hat der Erste Senat des BVerfG mit Beschluss v. 17. 12. 2013, 1 BvL 5/08, [→KAAAC-81505], eine Begrenzung vorgenommen, um den Raum für „politische Opportunitätserwägungen" einzuengen. Eine nachträgliche, klärende Feststellung des geltenden Rechts durch den Gesetzgeber sei grundsätzlich als konstitutiv rückwirkende Regelung anzusehen, wenn dadurch eine in der Fachgerichtsbarkeit offene Auslegungsfrage entschieden wird oder eine davon abweichende Auslegung ausgeschlossen werden soll.

Eine **unechte Rückwirkung** liegt dann vor, wenn ein Gesetz in Kraft tritt, das an einen noch nicht abgeschlossenen Tatbestand, der bereits vor der Verkündung der neuen Regelung „in die Welt gesetzt" worden ist, eine neue belastende Rechtsfolge knüpft. Es schließt sich eine Interessenabwägung an, bei der auf der einen Seite das enttäuschte Vertrauen und auf der anderen Seite das von der Legislative verfolgte Ziel zu berücksichtigen ist. Erst wenn man bei der Abwägung zu dem Ergebnis gelangt, dass der Vertrauensschutz nach den Umständen des Einzelfalls Vorrang haben muss, folgt hieraus die Rechtswidrigkeit der Norm. Die Verlängerung der Spekulationsfrist bei Grundstücken von zwei auf zehn Jahre (§ 23 Abs. 1 Satz 1 Nr. 1 EStG) wurde vom BVerfG 2010 als Verstoß gegen den Vertrauensschutz gewertet (BVerfG v. 07. 07. 2010 - 2 BvL 14/02, 2 BvL 2/04, 2 BvL 13/05, BStBl 2011 II S. 76 [→NAAAC-29875]). War bei Verkündung des

Gesetzes die zweijährige Frist bereits abgelaufen, ist die Besteuerung eines Veräußerungsgewinns nicht zulässig.

Die Gesetze sind auszulegen. Auch Ökonomen müssen Rechtsanwendung betreiben und die klassischen Regeln der **Gesetzesauslegung** beherrschen, die mit der Wortinterpretation beginnen. Die Wortinterpretation bestimmt zugleich die Grenze der Auslegung. Neben der wörtlichen Auslegung ist die systematische Auslegung zu nennen, die den Zusammenhang mit den die Norm umgebenden Vorschriften berücksichtigt. Die teleologische Auslegung beleuchtet den Sinn und Zweck der zu interpretierenden Norm. Die historische oder subjektive Interpretation stellt auf die Entstehungsgeschichte der Norm ab. Wie bereits dargestellt, bedarf es einer ganzheitlichen Auseinandersetzung mit den Regeln, um zu einem zutreffenden Auslegungsergebnis zu gelangen. Merke: Die Auslegung der Steuerrechtsnorm beginnt stets mit der Frage nach dem Wortsinn. Aufgrund des Gesetzesvorbehalts findet sie auch dort ihre Grenze („nullum tributum sine lege"). Im Rahmen der Rechtsanwendung ist nach h. M. ein Analogieschluss zur Ausfüllung von Gesetzeslücken im Fall der belastenden Analogie unzulässig. Die belastende Analogie ist eine teleologische Rechtsanwendung, die im Wortlaut keine Stütze findet und aufgrund des Eingriffscharakters des Steuerrechts daher wohl nicht statthaft ist. Die Rechtsfortbildung durch die Rechtsprechung stößt hier an eine Grenze.[13]

Im Bereich der Besteuerung gibt es inzwischen das **Rechtsinstitut der verbindlichen Auskunft** nach § 89 Abs. 2 AO. Hiernach kann die Behörde Auskünfte mit Bindungswirkung für den Einzelfall erteilen, die allerdings gebührenpflichtig sind. Darüber hinaus gibt es die Instrumente der verbindlichen Zusage im Anschluss an eine Außenprüfung (§ 204 ff. AO) und die sog. Lohnsteueranrufungsauskunft für Arbeitgeber nach § 42e EStG.

Mit § 89 Abs. 2 AO wird die Befugnis der Finanzbehörde, im Einzelfall Auskünfte mit Bindungswirkung nach Treu und Glauben zu erteilen, ausdrücklich geregelt. Die Kompliziertheit des Steuerrechts hat schon in der Vergangenheit dafür gesorgt, dass ein beachtlicher Bedarf an bindenden Auskünften besteht. Dies gilt insbesondere bei größeren Investitionen, da insoweit die steuerlichen Auswirkungen von erheblichem Interesse sind. Der Gesetzgeber hat es jedenfalls als sachgerecht angesehen, die Erteilung der verbindlichen Auskunft von der vorherigen Entrichtung der Gebühr abhängig zu machen. Im Regelfall richtet sich die Höhe der Gebühr nach dem sog. Gegenstandswert (steuerliche Auswirkung) und in entsprechender Anwendung von § 34 Gerichtskostengesetz (GKG). Unter 10.000 € als Gegenstandswert fallen keine Gebühren an. Ist ein Gegenstandswert nicht bestimmbar, wird eine Zeitgebühr erhoben. Die Abzugsfähig-

---

13 Weiterführend *Koenig*, AO, 3. Aufl., 2014, § 4 Rn. 115 ff.

keit der Gebühr richtet sich nach der Steuerart, auf die sich die verbindliche Auskunft bezieht.

Die **wirtschaftliche Betrachtungsweise** findet im Steuerrecht besondere Beachtung. Maßgebende Normen hierfür sind die §§ 39 bis 42 AO. § 39 Abs. 2 Nr. 1 AO definiert das **wirtschaftliche Eigentum**, wonach ein Gegenstand nicht dem juristischen Eigentümer, sondern demjenigen zugeordnet wird, der diesen im Regelfall von der tatsächlichen Einwirkung auf das Wirtschaftsgut für die gewöhnliche Nutzungsdauer ausschließen kann. Im Steuerrecht unbeachtlich sind Scheingeschäfte i. S. d. § 41 Abs. 2 AO. Das dadurch verdeckte Rechtsgeschäft ist maßgebend. Andere unwirksame Rechtsgeschäfte (§§ 40, 41 Abs. 1 AO) werden steuerlich berücksichtigt. Sie lösen steuerliche Konsequenzen aus, solange und soweit das wirtschaftliche Ergebnis bestehen bleibt. Schließlich ist der **Missbrauch von rechtlichen Gestaltungsmöglichkeiten** (§ 42 AO) zu beachten.

Das Steuerrecht muss die zivilrechtliche Gestaltungsfreiheit grundsätzlich anerkennen. Auf der allgemeinen Handlungsfreiheit (Art. 2 Abs. 1 GG) und den speziellen Freiheitsgrundrechten (Art. 12 Abs. 1, Art. 14 Abs. 1 GG) basiert die Freiheit, Verträge abzuschließen und inhaltlich zu gestalten. Die Nutzung einer steuergünstigen Gestaltung durch den Steuerpflichtigen ist von der Rechtsprechung des BVerfG und des BFH anerkannt.[14] Die Gestaltungsfreiheit des Einzelnen findet in § 42 AO seine Grenze. Die Norm sanktioniert unangemessene rechtliche Gestaltungen, die beim Steuerpflichtigen oder einem Dritten zu einem unangemessenen Steuervorteil führen. Verglichen wird die gewählte Gestaltung mit einer angemessenen Gestaltung, was die Schwierigkeit der Abgrenzung verdeutlicht. Der BFH erkennt den Gestaltungsmissbrauch in den Fällen, in denen die vom Gesetzgeber vorausgesetzte typische Gestaltung zur Erreichung eines wirtschaftlichen Ziels nicht eingeschlagen wird, sondern ein ungewöhnlicher Weg, den verständige Akteure nicht gewählt hätten. Der Steuerpflichtige hat die Möglichkeit, den Gegenbeweis zu erbringen, indem er für die Gestaltung beachtliche außersteuerliche Gründe nachweist. Über § 42 AO hinaus gibt es zahlreiche Missbrauchsvermeidungsvorschriften in den Einzelsteuergesetzen, die vorrangig zu beachten sind (lex specialis derogat legi generali; vgl. etwa § 50d Abs. 3 EStG, § 1 Abs. 2a, 3 u. 3a GrEStG).

---

14 Zu steuervermeinenden Sachverhaltsgestaltungen vgl. Marx, StuW 1990, S. 151–164.

ABB. 2.10: Anwendungsfälle wirtschaftlicher Betrachtungsweise
Quelle: Eigene Darstellung in Anlehnung an *Siegel/Bareis* (2004), S. 47.

Ein Beispiel für die **Anwendung des § 42 AO** ist die sog. Überkreuzvermietung, der eine private Steuergestaltung zugrunde liegt, die nach Abschaffung der Eigenheimzulage besondere Attraktivität aufweist. Da die Selbstnutzung von Immobilien nicht in der steuerlichen Einkommenssphäre abgebildet wird, ist es denkbar – und tatsächlich schon vorgekommen –, dass zwei Beteiligte die eigenen Wohnungen nicht selbst nutzen, sondern wechselseitig vermieten. Dadurch erzielen beide Einkünfte aus Vermietung und Verpachtung (§ 21 Abs. 1 Nr. 1 EStG) mit der Möglichkeit, Werbungskosten (insbesondere Abschreibungen, Zinsen) geltend zu machen. Die entstehenden Werbungskostenüberschüsse multipliziert mit den jeweiligen Grenzsteuersätzen ergeben die Vorteilhaftigkeit der Gestaltung, wobei bei Beurteilung des Dauersachverhalts eine beachtliche Zeitspanne zu bewerten ist (Steuerbarwertermittlung).

Die Gestaltung mit dem Ziel der Steuerersparnis ist rechtsmissbräuchlich i. S. v. § 42 AO, wenn eine unangemessene rechtliche Gestaltung gewählt wird, die bei den Steuerpflichtigen oder einem Dritten im Vergleich zu einer angemessenen Gestaltung zu einem gesetzlich nicht vorgesehenen Steuervorteil führt (s. z. B. auch BFH v. 19. 6. 1991, IX R 134/86, BStBl II 1991 S. 904 ff. [→HAAAA-93870]; BFH v. 19. 12. 2001, X R 41/99, BFH/NV 2002, S. 1286 [→NAAAA-67893]).

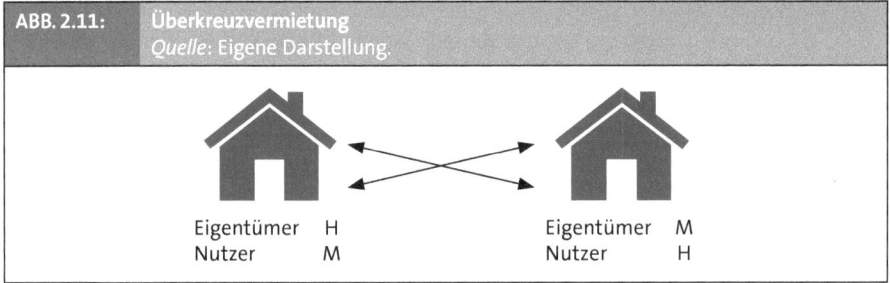

ABB. 2.11: Überkreuzvermietung
Quelle: Eigene Darstellung.

Eigentümer H	Eigentümer M
Nutzer M	Nutzer H

Im vorliegenden Fall vermieten und nutzen die befreundeten Hinz und Kunz die Wohnobjekte über Kreuz. Die Immobilien sind gleichwertig und befinden sich in räumlicher Nähe. Hinz vermietet das eigene Haus an Kunz. Kunz vermietet seine Immobilie an Hinz. Beide wohnen somit zur Miete und sind selbst auch Vermieter. Sie wollen Einkünfte aus Vermietung und Verpachtung (§ 21 Abs. 1 Nr. 1 EStG) erzielen und mit den Werbungskostenüberschüssen ihre sonstigen Einkünfte mindern. Da solche Gestaltungen auf Dauer angelegt sind, dürfen nicht nur die in einem Jahr entstandenen Verluste betrachtet werden. Aufgrund der unterschiedlichen Grenzsteuersätze von Hinz und Kunz variieren die Auswirkungen bei den Beteiligten. Folgende steuerrelevante Daten liegen vor:

Herstellungskosten jeweils 500.000 €, Fremdkapital jeweils 350.000 € zu 2,5 %, 1800 € mtl. Miete; AfA 2 % p. a.; übrige Werbungskosten 9.000 €.

	H (in €)	K (in €)
Einnahmen	(1.800 · 12) 21.600	21.600
- Werbungskosten		
Zinsen	(350.000 · 0,025) 8.750	8.750
Übrige Werbungskosten	9.000	9.000
Abschreibungen	(500.000 · 0,02) 10.000	10.000
Einkünfte nach § 21 EStG	- 6.150	- 6.150
Steuereffekt bei Grenzsteuersatz 40 %	- 2.460	
Steuereffekt bei Grenzsteuersatz 30 %		- 1.845

Die Alternative zur **Überkreuzvermietung** stellt die Selbstnutzung dar. Allerdings hat der Gesetzgeber die Nutzung der eigenen Immobilie der Einkommensverwendung zugeordnet (sog. Konsumgutlösung). Es werden daher weder steuerpflichtige Einnahmen erzielt, noch können Werbungskosten steuerlich geltend gemacht werden. Im direkten Vergleich zeigt sich somit die steuerliche Vorteilhaftigkeit der Überkreuzvermietung, da hier negative Einkünfte aus Vermietung und Verpachtung im Rahmen der Veranlagung mit anderen positiven Einkünften verrechnet werden können. Diese Gestaltung kann allerdings ein Gestaltungsmissbrauch i. S. v. § 42 AO sein, wenn kein wirtschaftliches Interesse der Beteiligten vorliegt. Dabei sind aber auch die außersteuerlichen Konsequenzen dieser Gestaltung zu bedenken (unterschiedliche Laufzeiten, Mietausfälle, gesetzlicher Mieterschutz). Die Gestaltung kann beispielsweise Sinn machen – und ist dann nicht als Anwendungsfall des § 42 AO zu werten –, wenn sich die Wohnobjekte an unterschiedlichen Standorten befinden und Hinz und Kunz aufgrund ihrer Tätigkeiten nicht in der eigenen Immobilie wohnen können.

Ein zweiter möglicher Anwendungsbereich des § 42 AO stellen unentgeltliche Zuwendungen unter Lebenden dar. Diese Gestaltung ist im Schrifttum als **„Kettenschenkung"** bekannt. An folgendem Sachverhalt wird der Zusammenhang verdeutlicht: Frauke möchte ihren Söhnen (Onno, Ole und Ove) Geld schenken. Der gewöhnliche Weg ist dabei die direkte Zuwendung an die Kinder, deren Steuerfreiheit durch den Freibetrag des § 16 Abs. 1 Nr. 2 ErbStG auf jeweils 400.000 € begrenzt ist. Sollen darüber hinaus Beträge an die Kinder zugewendet werden, unterliegen diese im Falle der direkten Schenkung der Besteuerung. Zur Vermeidung der Steuerlast können die den Freibetrag übersteigenden Beträge zunächst dem Ehemann Malte zugewendet werden. Dieser leitet die Mittel anschließend seinerseits an die Kinder weiter. Im Rahmen des zweiten Schenkungsvorgangs – vom Vater an die Söhne – können Freibeträge erneut in Anspruch genommen werden. An folgendem Beispiel wird diese Gestaltung verdeutlicht.

BEISPIEL: Frauke will ihren drei Kindern je 560.000 € schenken. Zwei Gestaltungswege stehen zur Wahl.

Gewollte Gestaltung				realisierte Kettenschenkung			
		FB	ErbSt			FB	ErbSt
F → K1	560.000	400.000	17.600	F → M	480.000	500.000	—
F → K2	560.000	400.000	17.600	F → K1	400.000	400.000	—
F → K3	560.000	400.000	17.600	F → K2	400.000	400.000	—
			52.800	F → K3	400.000	400.000	—
				M→ K1	160.000	400.000	—
				M→ K2	160.000	400.000	—
				M→ K3	160.000	400.000	—
							0

Nach der Entscheidung des BFH v. 10. 3. 2005, II R 54/03 [→VAAAC-20500], liegen verschiedene schenkungsteuerliche Vorgänge vor, wenn der Ersterwerbende über die ihm gemachte Zuwendung frei und ohne rechtliche Bindung verfügen kann. Dies wurde durch BFH-Urteil v. 18. 7. 2013, II R 37/11 [→GAAAD-89522], bestätigt.

Das Erbschaftsteuer- und Schenkungsteuergesetz wertet als Schenkung jede freigebige Zuwendung unter Lebenden, soweit der Bedachte durch sie auf Kosten des Zuwendenden bereichert wird. Wird dem Bedachten der Schenkungsgegenstand nicht unmittelbar von dessen ursprünglichem Inhaber zugewendet, sondern noch ein Dritter zwischengeschaltet, kommt es für die Bestimmung der Person des Zuwendenden darauf an, ob der Dritte über eine eigene Entscheidungsmöglichkeit hinsichtlich der Verwendung des Schenkungsgegenstands verfügte. Maßgeblich für die Beurteilung dieser Frage sind die Ausgestaltung der Verträge unter Einbeziehung ihrer inhaltlichen Abstimmung untereinander sowie mit der Vertragsgestaltung erkennbar angestrebte Ziele der Parteien.

LITERATUR

Hey, J., in: Tipke, K./Lang, J., Steuerrecht, 23. Aufl., Köln 2018, § 3.

Kraft, C./Kraft, G., Grundlagen der Unternehmensbesteuerung, 5. Aufl., Wiesbaden 2018, S. 1–19.

Kußmaul, H., Betriebswirtschaftliche Steuerlehre, 7. Aufl., München 2014, S. 243–264.

Rose, G./Watrin, C., Ertragsteuern, 21. Aufl., Berlin 2017, S. 23–29.

Schreiber, U., Besteuerung der Unternehmen, 4. Aufl., Berlin/Heidelberg 2017, S. 3–9, S. 237–242.

Kapitel 3:   Skizze der wichtigsten Steuerarten für Unternehmen und Gesellschafter

3.1 Besteuerung von Markterfolgen

3.1.1 Einkommensteuer

Die Einkommensteuer ist als Reinertragsteuer konzipiert. Der Saldo von Erträgen und Aufwendungen (Einnahmen und Ausgaben) bildet die Bemessungsgrundlage. Diese wird an der individuellen finanziellen Leistungsfähigkeit des Steuerpflichtigen ausgerichtet. Als Subjektsteuer steht das von einer natürlichen Person (Steuersubjekt) erwirtschaftete Einkommen (Steuerobjekt) im Mittelpunkt der Betrachtung. Was als Einkommen gilt und wie es zu ermitteln ist, muss gesetzlich festgelegt werden. Das erzielte, intersubjektiv nachprüfbare Periodeneinkommen ist die Maßgröße steuerlicher Leistungsfähigkeit. Der Forderung nach Gleichmäßigkeit der Besteuerung wird in zwei Dimensionen zu entsprechen versucht. Zum einen im Sinne horizontaler Gerechtigkeit, d. h., dass Personen mit gleichem Einkommen vor Steuern über das gleiche Einkommen nach Steuern verfügen müssen. Zum anderen im Sinne vertikaler Gerechtigkeit, indem Personen mit höherem Einkommen vor Steuern auch höher belastet werden können als Personen mit niedrigerem Einkommen vor Steuern. Letzterem liegt ein Werturteil über die Umverteilungswirkung der Einkommensteuer zugrunde, das sich im geltenden progressiv-ausgestalteten Tarif äußert. Gleichmäßigkeit der Besteuerung heißt auch, dass einkommensunabhängig von der Art der Erzielung nach den gleichen Regeln ermittelt und durchgesetzt wird. Angestrebt ist eine objektivierte Einkommensermittlung, die intersubjektiv nachvollziehbar ist. Die breite Erfassung von Einkommensbeziehern in Deutschland durch die Einkommensteuer zeigt Abb. 3.1.

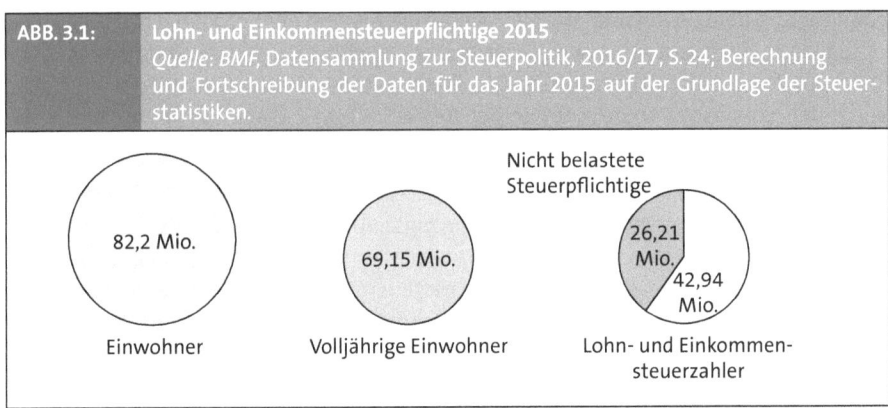

ABB. 3.1:   **Lohn- und Einkommensteuerpflichtige 2015**
Quelle: BMF, Datensammlung zur Steuerpolitik, 2016/17, S. 24; Berechnung und Fortschreibung der Daten für das Jahr 2015 auf der Grundlage der Steuerstatistiken.

82,2 Mio.

Einwohner

69,15 Mio.

Volljährige Einwohner

Nicht belastete Steuerpflichtige

26,21 Mio.

42,94 Mio.

Lohn- und Einkommensteuerzahler

51

Die Einkommensteuer soll systematisch, einfach und transparent sein. Der Gesetzgeber verfolgt aber über die konsensfähigen Besteuerungsgrundsätze hinaus mit der Einkommensteuer vielfach auch wirtschafts- und sozialpolitische Ziele. Die Steuer wird damit erheblich komplizierter und gerät regelmäßig in einen Zielkonflikt. Denkmalschutz, die Förderung kleiner und mittlerer Gewerbebetriebe, der Landwirtschaft oder der Handelsschifffahrt im internationalen Verkehr sowie bestimmte Steuerbefreiungen sind Ausdruck solcher **Lenkungsziele.** Steuervergünstigungen ("tax expenditures") lösen Mitnahmeeffekte aus, können sich verfestigen und werden oftmals nicht mehr als Steuersubvention wahrgenommen.

Die Frage, wie hoch die steuerliche Belastung des Einkommens sein darf, hat die Gerichte und das Fachschrifttum in der Vergangenheit stark beschäftigt. Mit Beschluss v. 22.6.1995, II BVL 37/91, BStBl II 1995, S. 655, hat das Bundesverfassungsgericht entschieden, dass die Vermögensteuer zu den übrigen Steuern auf den Ertrag nur hinzutreten darf, soweit die steuerliche Gesamtbelastung des Sollertrags bei typisierender Betrachtung von Einnahmen, abziehbaren Aufwendungen und sonstigen Entlastungen in der Nähe einer hälftigen Teilung zwischen privater und öffentlicher Hand verbleibt. Dieser sog. **Halbteilungsgrundsatz** bezieht sich auf das Zusammenwirken von Einkommen- und Vermögensteuer, wobei Letztere nicht mehr erhoben wird. Die damalige Ausgestaltung der Vermögensteuer führte zu einem Verstoß gegen den Gleichheitssatz verbunden mit einer Unvereinbarkeitserklärung. Für Veranlagungen nach dem 31.12.1996 wird die Steuer nicht mehr erhoben. Insbesondere verteilungspolitisch motivierte Diskussionen haben dazu geführt, dass die Wiedereinführung der Vermögensteuer immer wieder thematisiert wird. In einer Folgeentscheidung des Bundesverfassungsgerichts v. 18.1.2006, II BvR 2194/99, HFR 2006, S. 507 ff. [→DAAAB-80025], hat das BVerfG ausgeführt, dass der Wortlaut von Art. 14 GG nicht als ein striktes Gebot hälftiger Teilung zwischen Bürger und Staat zu interpretieren sei. Zwar soll eine unverhältnismäßig hohe Belastung mit Steuern unzulässig und der Verbleib eines hohen frei verfügbaren Einkommens notwendig sein. Das Gericht hat die Bedeutung des Halbteilungsgrundsatzes damit relativiert. Die Intensität der Steuerbelastung werde aber durch den Steuersatz und die Breite der Bemessungsgrundlage bestimmt; hier habe der Gesetzgeber eine große Gestaltungsfreiheit.

Die Einkommensteuer ist eine Veranlagungssteuer, d.h., ihre Festsetzung erfolgt für einzelne Besteuerungszeiträume. Veranlagungszeitraum ist das Kalenderjahr (§ 25 Abs. 1 EStG). Dementsprechend ist das zu versteuernde Einkommen periodenbezogen zu ermitteln (s. Grundsatz der Abschnittsbesteuerung). Die Einkommensteuer ist als Welteinkommensteuer konzipiert. Bei unbeschränkter Steuerpflicht wird das Einkommen grundsätzlich unabhängig davon erfasst, wo es erwirtschaftet worden ist. Unbeschränkt einkommensteuerpflichtig ist jede Person, die ihren Wohnsitz oder ihren gewöhnlichen Aufenthalt im Inland hat (§ 1 Abs. 1 Satz 1 EStG).

Neben dem Grundsatz der Besteuerung nach der wirtschaftlichen Leistungsfähigkeit lassen sich fünf weitere Grundprinzipien der Einkommensteuer identifizieren:

a) Individualbesteuerung

Zur Einkommensbesteuerung wird jede natürliche Person ab Geburt herangezogen, und zwar unabhängig von Alter, Herkunft, Geschlecht und Religionszugehörigkeit. Nach § 1 EStG ist Steuersubjekt und Steuerschuldner der Einkommensteuer die einzelne natürliche Person. Das gilt auch bei Ehegatten, für die aber nach geltendem Recht die Möglichkeit der Zusammenveranlagung (§§ 26, 26b EStG) besteht. Dabei werden die von den Ehegatten erzielten Einkünfte getrennt ermittelt und sodann zusammengerechnet. Die Einkommensteuer beträgt das Zweifache des Steuerbetrags, der sich für die Hälfte des gemeinsamen zu versteuernden Einkommens ergibt. Haben beide Partner das gleiche Einkommen erzielt, liegt der Splittingeffekt bei null. Erzielt nur ein Partner Einkommen (Alleinverdiener), dann beträgt der maximale Splittingeffekt im fünften Abschnitt des Steuertarifs („Reichensteuer") derzeit 16.438 €. Nach § 2 Abs. 8 EStG sind die Regelungen für Ehegatten auch auf Lebenspartner und Lebenspartnerschaften anzuwenden. Das Ehegattensplitting wird vom BVerfG als eine leistungsfähigkeitskonforme Besteuerungsform angesehen, die der wirtschaftlichen Realität einer Erwerbs- und Verbrauchsgemeinschaft Rechnung trägt. Mit dem Splittingverfahren sind aber verschiedene Anreiz- und Verteilungswirkungen verbunden. Aus wirtschafts- und rechtswissenschaftlicher Sicht gibt es seit langem zahlreiche Stimmen, die sich aufgrund der negativen Anreizwirkungen für eine Abschaffung aussprechen. Als Alternativen werden bspw. das Familientarifsplitting, das Familienrealsplitting, die Individualbesteuerung mit übertragbarem Grundfreibetrag oder – noch umfassender – eine Haushaltsbesteuerung diskutiert.

b) Abschnittsbesteuerung

Zielsetzung der Ertragsbesteuerung ist es, das Einkommen über die Totalperiode, d. h. von Beginn bis zum Ende einer auf Dauer angelegten Tätigkeit, z. B. unternehmerischer Art, zu erfassen. Aus ermittlungstechnischen und fiskalischen Gründen wird diese Totalperiode in einzelne Veranlagungszeiträume bzw. Besteuerungsabschnitte unterteilt. Veranlagungszeitraum der Einkommensteuer ist das Kalenderjahr (§ 25 Abs. 1 EStG). Damit entstehen Abgrenzungsprobleme, denn das Periodenende setzt einen künstlichen Schnitt in das realökonomische Geschehen.

c) Einmalbesteuerung

Jeder Tatbestand soll mindestens einmal und höchstens einmal besteuert werden. Dieses Prinzip zielt also auf die Erfassung aller steuerrelevanten Aktivitäten und setzt demnach einen möglichst umfassend konzipierten Einkommensbegriff voraus. Ferner legt das Prinzip fest, dass es nicht zu Doppelbesteuerungen kommt. Diese sind denkbar im Hinblick auf eine zwei- oder mehrmalige Erfassung bei einem Steuerpflichtigen, wenn beispielsweise verschiedene Fisci beteiligt sind (internationale Doppelbesteuerung). Zum anderen ist denkbar, dass der Vorgang über die Zeit hinweg mehrmals steuerlich erfasst wird, was insbesondere bei Kollision verschiedener Steuerarten in Betracht kommen kann (Körperschaftsteuer/Einkommensteuer und Einkommensteuer/ Erbschaftsteuer).

d) Nettoprinzip

Bei der Ermittlung der steuerlichen Bemessungsgrundlage sind neben positiven Rechenelementen grundsätzlich auch negative Rechenelemente (Ausgaben, Aufwendungen, Verlustanteile) zu berücksichtigen. Das Nettoprinzip kennt zwei Ausprägungen. In Form des objektiven Nettoprinzips werden Aufwendungen, die mit dem erzielten Einkommen zusammenhängen, abgezogen. In Form des subjektiven Nettoprinzips werden nicht disponible Einkommen nicht besteuert, da sie die wirtschaftliche Leistungsfähigkeit nicht erhöhen.

e) Nominalwertprinzip

Das Nominalwertprinzip legt fest, dass sich die Ermittlung der Einkünfte auf einer nominellen, d. h. am Geldwert orientierten Rechnung ausrichtet. Historische Anschaffungs- und Herstellungskosten sind maßgebend. Eine Höherbewertung ist ausgeschlossen. Die Abschreibungen basieren auf historischen Kosten. Inflationäre Entwicklungen werden nicht berücksichtigt, sodass es zur Besteuerung von Scheingewinnen kommen kann.

Die Konzeption der heute vorliegenden Einkommensteuer ist über einen langen Zeitraum gewachsen. Dabei haben sich Bemessungsgrundlagen und Tarife stets stark verändert. Einen Überblick über grundlegende konzeptionelle Überlegungen bei der Erfassung und Abgrenzung des Einkommens zeigt Abb. 3.2.

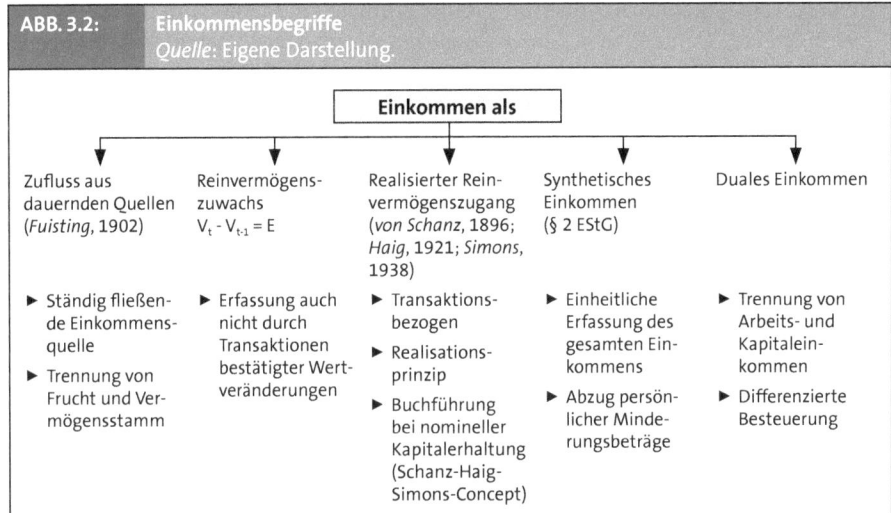

ABB. 3.2: Einkommensbegriffe
Quelle: Eigene Darstellung.

Einkommen als				
Zufluss aus dauernden Quellen (*Fuisting*, 1902)	Reinvermögens- zuwachs $V_t - V_{t-1} = E$	Realisierter Rein- vermögenszugang (*von Schanz*, 1896; *Haig*, 1921; *Simons*, 1938)	Synthetisches Einkommen (§ 2 EStG)	Duales Einkommen
▶ Ständig fließen- de Einkommens- quelle ▶ Trennung von Frucht und Ver- mögensstamm	▶ Erfassung auch nicht durch Transaktionen bestätigter Wert- veränderungen	▶ Transaktions- bezogen ▶ Realisations- prinzip ▶ Buchführung bei nomineller Kapitalerhaltung (Schanz-Haig- Simons-Concept)	▶ Einheitliche Erfassung des gesamten Ein- kommens ▶ Abzug persön- licher Minde- rungsbeträge	▶ Trennung von Arbeits- und Kapitalein- kommen ▶ Differenzierte Besteuerung

In einer weiten ökonomischen Betrachtung schließt das Einkommen alle für die persönliche Bedürfnisbefriedigung relevanten Elemente ein:

▶ Nach der **Quellentheorie** (*Guth, Wagner, Fuisting*) werden nur Bezüge aus ständig fließenden Einkommensquellen erfasst und Früchte und Vermögensstamm konsequent voneinander getrennt.

▶ Das **Schanz-Haig-Simons-Konzept** ist umfassender und orientiert sich bei der Bestimmung des Einkommens an der Konsummöglichkeit des Individuums. Einkommen repräsentiert aus dieser Sicht den maximalen Vermögenszuwachs, den ein Individuum in einer Periode erwirtschaften könnte, sofern vollständig auf Konsum verzichtet wird. Der Reinvermögenszuwachs wird durch komparative Statik ermittelt, die auch nicht durch Transaktionen bestätigte Wertveränderungen umfasst.

▶ Die **Reinvermögenszugangstheorie** (*Hermann, von Schanz*) ist demgegenüber enger transaktionsbezogen ausgestaltet und beruht auf dem Realisationsprinzip. Nur die innerhalb einer Periode tatsächlich erfolgten einmaligen und laufenden Vermögenszugänge werden erfasst. Das Einkommensteuergesetz folgt diesem Ansatz seit 1925 nur eingeschränkt, indem zwar implizit ein umfassender synthetischer Einkommensbegriff zugrunde gelegt wird, dann aber neben den der Reinvermögenszugangstheorie folgenden Gewinneinkünften quellentheoretisch determinierte Überschusseinkünfte zu erfassen sind. Reine Reinvermögenszuwächse (bloße Wertänderungen) werden nicht erfasst.

▶ Das **Markteinkommenskonzept** (*Neumark, Ruppe*) zielt darauf ab, als Einkommen nur das steuerlich zu erfassen, was auch tatsächlich am Markt erwirtschaftet wurde. Die entgeltliche Verwertung von Leistungen am Markt ist das gemeinsame, verbindende Element der Einkunftsquellen. Der (konsumierbare) Vermögenszuwachs, der ohne Teilnahme am Marktgeschehen erlangt worden ist, muss davon abgegrenzt werden. Erbschaften, Schenkungen, Vorteile aus der privaten Nutzung von Wirtschaftsgütern und Unterhaltszahlungen sind daher keine einkommensteuerbaren Einnahmen. Sollen sie erfasst werden, bedarf es entweder einer expliziten Durchbrechung des Prinzips oder einer eigenständigen Berücksichtigung außerhalb der Einkommensteuer. Das deutsche Steuerrecht basiert heute im Wesentlichen auf dem Markteinkommenskonzept. Das zeigt sich auch in der fehlenden Erfassung nicht realisierter Gewinne als Einkommen, was in Einklang mit dem Realisationsprinzip des § 252 Abs. 1 Nr. 4 HGB steht, das über § 5 Abs. 1 Satz 1 EStG auch für die Steuerbilanz gilt. Den Markterträgen stehen allerdings auch Aufwendungen gegenüber, so dass nur der tatsächlich erwirtschaftete Reinertrag die individuelle Leistungsfähigkeit widerspiegelt.

Im Rückblick zeigt sich die konkrete Ausgestaltung der Steuerbemessungsgrundlage als andauernder politischer Kompromiss anstelle eines geschlossenen theoretisch-konzeptionellen Vorgehens. Der Einkünftedualismus führt bis heute zu zahlreichen Abgrenzungsschwierigkeiten und Streitfällen.

In § 2 EStG ist das Einkommen im Grundsatz als synthetisches Einkommen definiert. Wir kennen derzeit sieben Einkunftsarten und differenzieren dabei Gewinn- und Überschusseinkünfte, die unterschiedlichen Ermittlungsrechnungen unterliegen. Das Einkommen, das aus unterschiedlichen Quellen verschiedener Einkunftsarten stammt, wird nach Berücksichtigung persönlicher Abzüge einem einheitlichen Steuertarif unterworfen. Diese Konzeption ist durch die Unternehmensteuerreform 2008 durchbrochen worden. Kapitaleinkünfte werden ab 2009 der Abgeltungsteuer unterworfen und unterliegen somit nicht mehr dem individuellen Einkommensteuertarif (Grundsatz). Damit gibt es eine differenzierte Besteuerung von Kapitaleinkommen auf der einen Seite und dem übrigen Einkommen auf der anderen Seite (**Duale Einkommensteuer**). Es ist 2018 geplant, die Abgeltungsteuer auf Zinserträge wieder abzuschaffen, für Dividendenerträge aber beizubehalten.

Den Tatbestand der derzeitig in Deutschland angewandten Einkommensteuerkonzeption zeigt Abb. 3.3 auf.

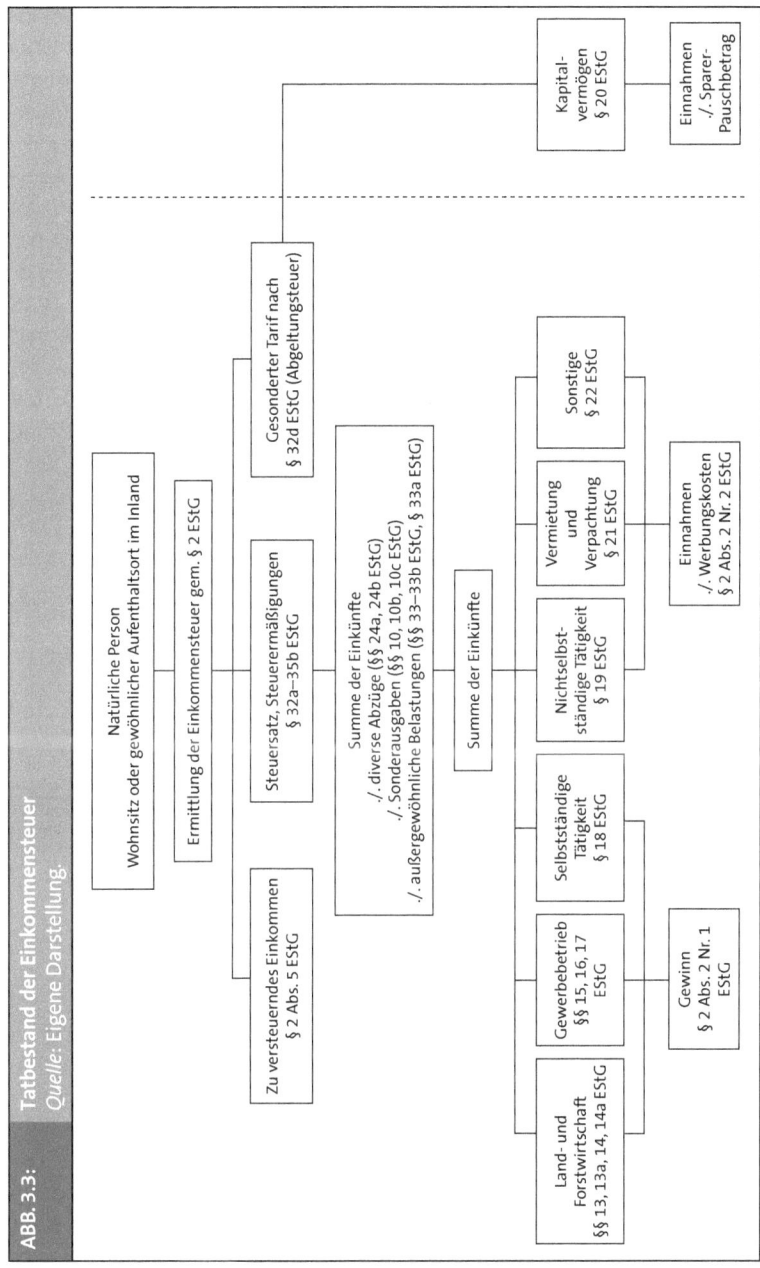

ABB. 3.3: **Tatbestand der Einkommensteuer**
Quelle: Eigene Darstellung.

Alle natürlichen Personen, die ihren Wohnsitz oder gewöhnlichen Aufenthaltsort im Inland haben, sind ohne Beachtung individueller Unterschiede nach § 1 Abs. 1 Satz 1 EStG unbeschränkt einkommensteuerpflichtig. Sie unterliegen gem. § 2 EStG mit ihrem gesamten zu versteuernden Einkommen (Bemessungsgrundlage) der Einkommensteuer. Neben dem Grundsatz der Individualbesteuerung kommt darin auch das Welteinkommensprinzip zum Ausdruck. Das dem Einkommensteuertarif zu unterwerfende zu versteuernde Einkommen ermittelt sich aus einer Reihe von Rechenschritten, die sich an den Ausführungen des § 2 EStG orientieren. Zunächst ergibt sich aus der Addition der sieben Einkunftsarten (Abs. 1) die Summe der Einkünfte. Einkünfte aus Land- und Forstwirtschaft (§§ 13 ff. EStG), Gewerbebetrieb (§§ 15 ff.) und selbständiger Arbeit (§ 18 EStG) zählen zu den Gewinneinkunftsarten. Einkünfte aus nichtselbständiger Arbeit (§ 19 EStG), Kapitalvermögen (§ 20 EStG), Vermietung und Verpachtung (§ 21 EStG) sowie sonstige Einkünfte i. S. d. § 22 EStG gehören zu den Überschusseinkunftsarten. Die Differenzierung ist u. a. durch die unterschiedlichen Methoden der Einkunftsermittlung für Gewinn- und Überschusseinkünfte bedeutsam (§ 2 Abs. 2 EStG).

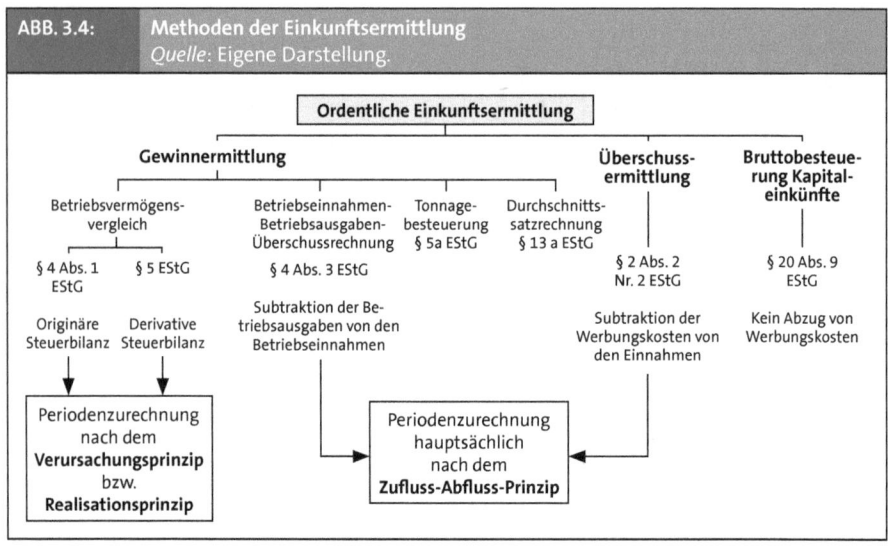

ABB. 3.4: **Methoden der Einkunftsermittlung**
Quelle: Eigene Darstellung.

In der Summe der Einkünfte sind grundsätzlich sowohl positive als auch negative Einkünfte zu saldieren. Diese Saldierung innerhalb der Steuerperiode heißt innerperiodischer Verlustausgleich (zum interperiodischen Verlustausgleich – dem Verlustabzug – s. Abschnitt 4.2.3.4). Näher betrachtet ist zwischen horizontalem und vertikalem Verlustausgleich zu unterscheiden. Als **horizontaler Verlustausgleich** wird die Verrechnung von positiven und negativen Einkünften innerhalb einer Einkunftsart bezeichnet. Beim **vertikalen Verlustausgleich** erfolgt eine Verrechnung von positiven und negativen Einkünften verschiedener Einkunftsarten. Der vertikale Verlustausgleich ist nur innerhalb der veranlagten Einkunftsarten möglich. Laufende Verluste aus Kapitalvermögen oder Verluste aus der Veräußerung von Kapitalanlagen, die mit dem gesonderten Tarif nach § 32d EStG besteuert werden, dürfen nicht mit positiven Einkünften anderer Einkunftsarten, sondern nur innerhalb der Einkünfte aus Kapitalanlagen verrechnet werden (§ 20 Abs. 6 Satz 2 EStG). Dieser **Verlusteinschluss** gilt sowohl für den Verlustausgleich als auch für den Verlustabzug nach § 10d EStG.

Die Summe der Einkünfte ist in Abs. 3 um diverse Abzüge zu kürzen. Das Ergebnis, der Gesamtbetrag der Einkünfte, wird nach Minderung durch Sonderausgaben und außergewöhnliche Belastungen (Abs. 4) zum Einkommen fortgerechnet. Das Einkommen, vermindert um diverse Freibeträge, wird in das zu **versteuernde Einkommen** (Abs. 5) überführt.

ABB. 3.5: Rechtfertigung des Abzugs bestimmter einkommensmindernder Beträge
Quelle: Eigene Darstellung.

Sechs der sieben Einkunftsarten sind stets in das zu versteuernde Einkommen einzubeziehen. Einkünfte aus Kapitalvermögen gem. § 20 EStG (Zinsen, Dividenden, Gewinne aus der Veräußerung von Kapitalanlagen) unterliegen im Grundsatz einem gesonderten Einkommensteuersatz von 25 % (zzgl. SolZ), welcher durch Einbehalt einer Kapitalertragsteuer mit abgeltender Wirkung erhoben wird (§ 32d EStG i.V.m. § 43 Abs. 5 Satz 1 EStG). Nur auf Antrag des Steuerpflichtigen (§ 32d Abs. 6 EStG) oder in bestimmten Fällen (§ 32d Abs. 2 EStG) sind die Einkünfte aus Kapitalvermögen in die Veranlagung einzubeziehen und dem individuellen Einkommensteuertarif zu unterwerfen.

Manchmal ist den Steuerpflichtigen gar nicht bewusst, dass sie mit ihren Aktivitäten auch der Einkommensteuer unterliegen. So kann die Teilnahme an Turnierpokerspielen als Gewerbebetrieb zu qualifizieren sein. Das Turnierpokerspiel (im Streitfall des BFH-Urteils v. 16.9.2015, X R 43/12, BStBl II 2016, S. 48 ff. [→XAAAF-08288] in den Varianten „Texas Hold'em" und „Omaha") ist nach einkommensteuerrechtlichen Maßstäben im Allgemeinen nicht als reines – und damit per se nicht steuerbares – Glücksspiel, sondern als Mischung aus Glücks- und Geschicklichkeitsspiel einzustufen. Die für die Bejahung eines Gewerbebetriebs erforderliche Abgrenzung zwischen einem „am Markt orientierten", einkommensteuerbaren Verhalten und einer nicht steuerbaren Tätigkeit muss stets anhand des konkret zu beurteilenden Einzelfalls vorgenommen werden. Sie wird sich praktisch in erster Linie nach den Kriterien der **Nachhaltigkeit** und der **Gewinnerzielungsabsicht** richten. Auch Aktivitäten als Ebay-Verkäufer, der Betrieb einer Photovoltaikanlage auf dem Dach des eigenen Wohnhauses oder die Mitwirkung an einer Fernsehshow (BFH Urt. v. 24.4.2012, IX R 6/10, BStBl II 2012, S. 581 [→KAAAE-11002]) können einkommensteuerlich relevant sein. Vermögensmehrungen, die keiner der sieben genannten Einkunftsarten zugeordnet werden können, unterliegen nicht der Einkommensteuer (z. B. Lottogewinne, Erbschaften, bestimmte Gewinne aus privaten Veräußerungsgeschäften). Ferner können den Einkunftsarten nur Aktivitäten zugeordnet werden, die keine „Liebhaberei" darstellen (zum Begriff der Liebhaberei s. Abschnitt 4.2.2.).

Der auf die Bemessungsgrundlage anzuwendende Einkommensteuertarif ist in § 32a EStG geregelt. Im Anschluss an einen Grundfreibetrag, der das steuerfreie Existenzminimum abdecken soll (2018: 9.000 €), findet ein Eingangssteuersatz von zurzeit 14 % Anwendung. Der Tarif ist linear-progressiv ausgestaltet und führt derzeit bis zu einer Maximalbelastung von 42 %. Bei Einkommen über 260.533 € bei Ledigen und über 521.066 € bei Verheirateten kommt ein Steuersatz von 45 % („**Reichensteuer**") zum Tragen (Tab. 3.1). Da Einkommenserhöhungen im Zeitverlauf oftmals lediglich die Inflation ausgleichen, kommt es bei Anwendung des unveränderten Tarifs zu einem Anstieg der Durchschnittsbelastung („**kalte Progression**"). Daher muss der Tarif regelmäßig überprüft und ggf. angepasst werden, was allerdings auch immer wieder politische Diskussionen auslöst.

TAB. 3.1:	Definitionsabschnitte des Einkommensteuertarifs 2018 *Quelle*: Eigene Darstellung.
Der Grenzsteuersatz beträgt in den Jahren ...	**2018**
... innerhalb des Grundfreibetrags:	bis 9.000 0 %
... in der ersten linear-progressiven Zone:	9.001 € - 13.996 € 14 % - 23,97 %
... in der zweiten linear-progressiven Zone:	13.997 € - 54.949 € 23,97 % - 42 %
... in der ersten oberen Proportionalzone:	54.950 € - 260.532 € 42 %
... in der zweiten oberen Proportionalzone:	ab 260.533 € 45 %

Die oben genannten fünf Tarifabschnitte lassen sich grafisch veranschaulichen
(Abb. 3.6). Die Grenzbelastung steigt nach der Nullzone mit zwei Progressionszonen zunächst steil an, flacht dann ab und erreicht mit 42 % ein erstes Plateau. Der Durchschnittssteuersatz steigt ebenfalls zunächst stark an und flacht dann ab, sodass eine
Annäherung an die Grenzbelastung erst bei sehr hohem Einkommen erfolgt. Die Grafik
bildet die zweite obere Proportionalzone ab 260.533 € Einkommen mit einer Grenzbelastung von 45 % nicht mehr ab.

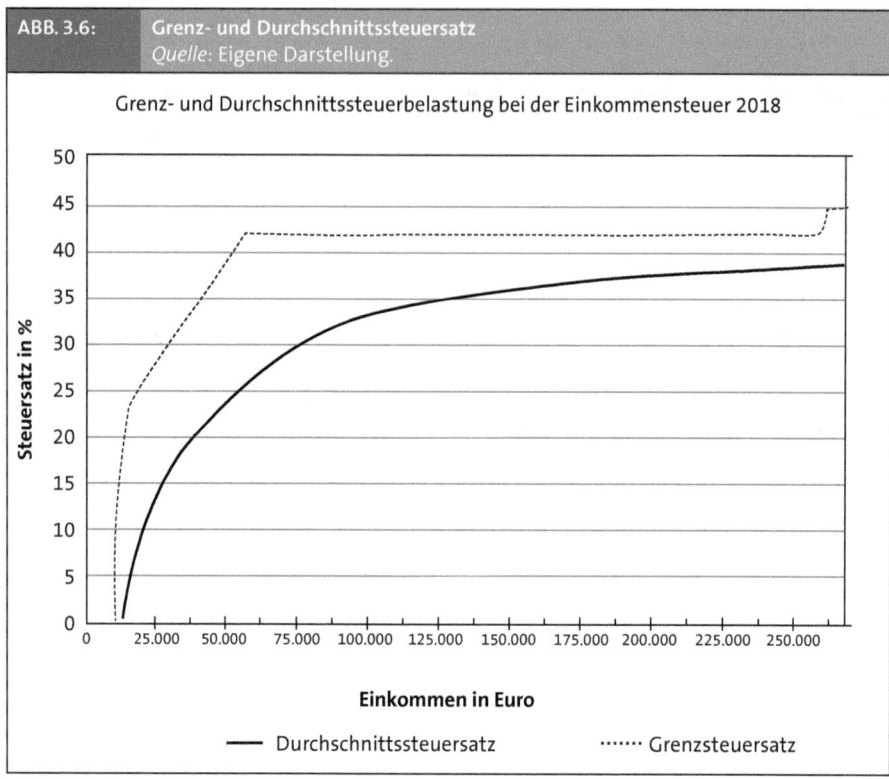

ABB. 3.6:   **Grenz- und Durchschnittssteuersatz**
Quelle: Eigene Darstellung.

Grenz- und Durchschnittssteuerbelastung bei der Einkommensteuer 2018

Einkommen in Euro

——— Durchschnittssteuersatz   ······· Grenzsteuersatz

Abb. 3.7 zeigt den Betrag der Steuerpflichtigen zum Einkommensteueraufkommen. Die Last ruht auf relativ wenigen starken Schultern. Die oberen 10 % der Steuerpflichtigen mit einem Einkommen ab 74.455 € tragen 54,5 % des Aufkommens an Einkommensteuer. Die Hälfte der Steuerpflichtigen mit einem Einkommen ab 27.246 € erbringen rd. 95 % des Aufkommens.

ABB. 3.7: Beitrag der Steuerpflichtigen zum Einkommensteueraufkommen 2016
Quelle: Eigene Darstellung in Anlehnung an *BMF* (Hrsg.): Datensammlung zur Steuerpolitik, 2016/2017, S. 23, Fortschreibung der Daten aus der Einkommensteuerstatistik 2010.

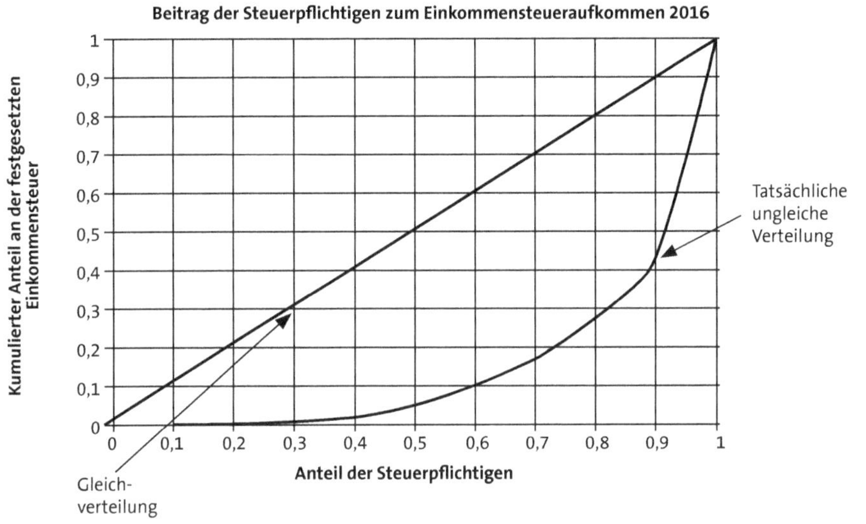

Beitrag der Steuerpflichtigen zum Einkommensteueraufkommen 2016

Kumulierter Anteil an der festgesetzten Einkommensteuer

Anteil der Steuerpflichtigen

Tatsächliche ungleiche Verteilung

Gleichverteilung

Hey, J., in: Tipke, K./Lang, J., Steuerrecht, 23. Aufl., Köln 2018, § 8.

Haberstock, L./Breithecker, V., Einführung in die Betriebswirtschaftliche Steuerlehre, 17. Aufl., Berlin 2017, S. 52–78.

Kraft, C./Kraft, G., Grundlagen der Unternehmensbesteuerung, 5. Aufl., Wiesbaden 2018, S. 21–142.

Kußmaul, H., Betriebswirtschaftliche Steuerlehre, 7. Aufl., München 2014, S. 265–352.

Rose, G./Watrin, C., Ertragsteuern, 21. Aufl., Berlin 2017, S. 31–205.

3.1.2 Körperschaftsteuer

Die Körperschaftsteuer belastet das periodische Einkommen, welches Körperschaften, Personenvereinigungen und Vermögensmassen (nachfolgend Körperschaften) am

Markt innerhalb eines Besteuerungszeitraums erwirtschaften, mit einem **proportionalen Tarif**. Die eigenständige Besteuerung der Körperschaften mit Körperschaftsteuer ist eine Folge des **Trennungsprinzips**, da der Gesetzgeber Körperschaften wie z. B. die AG (§ 1 Abs. 1 AktG) oder die GmbH (§ 13 Abs. 1 GmbHG) mit einer eigenständigen Rechtspersönlichkeit ausstattet. Diese Rechtsgebilde stellen steuerlich eigenständige Körperschaftsteuersubjekte dar und grenzen sich dadurch eindeutig von den Personengesellschaften ab, welche der Gesetzgeber ertragsteuerlich nicht als eigenständige und damit besteuerungswürdige Gebilde auslegt. Vielmehr wird bei der Besteuerung von Personengesellschaften aufgrund des Transparenzprinzips auf die Ebene der Gesellschafter durchgegriffen. Während die Einkommensteuer durch den zentralen Verweis des § 15 Abs. 1 Satz 1 Nr. 2 EStG als maßgebende Norm für die Besteuerung von Personengesellschaften fungiert, regelt spiegelbildlich dazu die Körperschaftsteuer die Besteuerung von Körperschaften.

Ebenso wie die Einkommensteuer gehört auch die Körperschaftsteuer zur Gruppe der **Personensteuern** und erfasst das von der Person, in diesem Fall der juristischen Person in Form einer Körperschaft, erzielte Einkommen. Der Umfang der persönlichen Steuerpflicht richtet sich danach, ob die betreffende Körperschaft beschränkt (§ 1 Abs. 1 KStG) oder unbeschränkt (§ 2 Nr. 1 und 2 KStG) körperschaftsteuerpflichtig ist. Diese grundsätzliche Differenzierung nimmt der Gesetzgeber einleitend in den §§ 1–7 KStG vor. Der Kreis an Körperschaften, welche unbeschränkt körperschaftsteuerpflichtig sind, besteht nach § 1 Abs. 1 KStG aus:

1. Kapitalgesellschaften (insbesondere SE, AG, KGaA, GmbH),

2. Genossenschaften einschließlich der Europäischen Genossenschaften,

3. Versicherungs- und Pensionsfondsvereinen auf Gegenseitigkeit,

4. sonstigen juristischen Personen des privaten Rechts,

5. nichtrechtsfähigen Vereinen, Anstalten, Stiftungen und anderen Zweckvermögen des privaten Rechts,

6. Betriebe gewerblicher Art von juristischen Personen des öffentlichen Rechts.

Körperschaften fallen unter den Anwenderkreis der unbeschränkten Körperschaftsteuerpflicht, wenn sie ihre Geschäftsleitung (§ 10 AO) oder ihren Sitz (§ 11 AO) im Inland haben. In einem solchen Fall bezieht sich die unbeschränkte Körperschaftsteuerpflicht dann auf alle im In- und Ausland erwirtschafteten Einkünfte (**Welteinkommensprinzip** i. S. d. § 1 Abs. 2 KStG). Die Anknüpfung der Körperschaftsteuerpflicht an die geografische Lage des Sitzes bzw. der Geschäftsleitung geht auf das **Prinzip der Sitzbesteuerung** zurück.

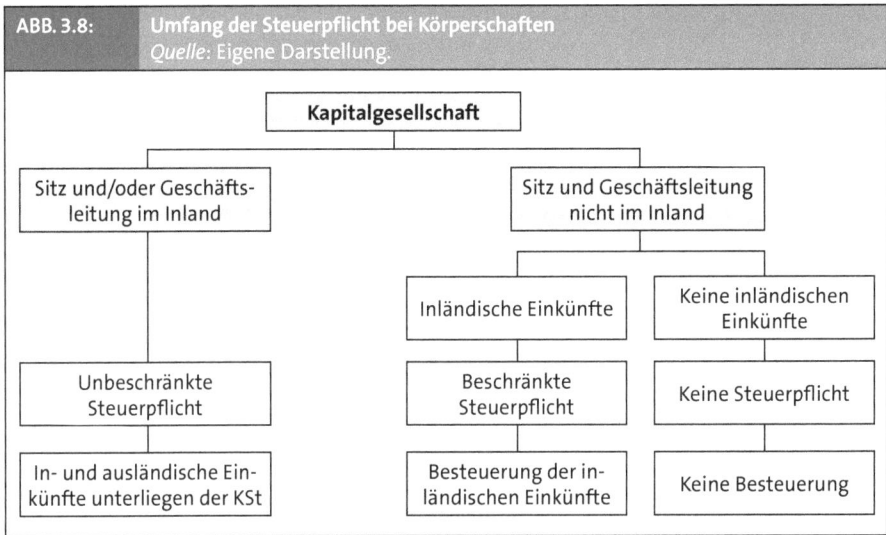

ABB. 3.8: **Umfang der Steuerpflicht bei Körperschaften**
Quelle: Eigene Darstellung.

Von den unbeschränkt steuerpflichtigen Körperschaften (§ 1 KStG) unterscheiden sich die beschränkt steuerpflichtigen Körperschaften (§ 2 KStG). Diese haben weder ihren Sitz noch ihre Geschäftsleitung im Inland (ausländische Körperschaften), erzielen aber steuerpflichtige inländische Einkünfte nach § 49 EStG. Die beschränkte Steuerpflicht bezieht sich ausschließlich auf diese inländischen Einkünfte (Quellenbesteuerung). Der Anwenderkreis der unter die beschränkte Steuerpflicht fallenden Körperschaften setzt sich wie folgt zusammen:

1. Körperschaften, Personenvereinigungen und Vermögensmassen, die weder Geschäftsleitung noch Sitz im Inland haben, und

2. sonstige Körperschaften, Personenvereinigungen und Vermögensmassen, die nicht unbeschränkt steuerpflichtig sind.

Körperschaften, die weder unbeschränkt noch beschränkt körperschaftsteuerpflichtig sind, unterliegen nicht der Körperschaftsteuer. Darüber hinaus befreit der Gesetzgeber in § 5 KStG jene Körperschaften von der Körperschaftsteuerpflicht, die es sich zur Aufgabe gemacht haben, die Wirtschafts- und Sozialstruktur in Deutschland durch die Verfolgung politischer, sozialer, volkswirtschaftlicher sowie verfahrenstechnischer Ziele zu fördern und damit Gemeinwohlinteressen zu verwirklichen. In den Genuss dieser Steuerbefreiung kommen vornehmlich juristische Personen des öffentlichen Rechts, da diese die Voraussetzungen erfüllen, nicht am allgemeinen Wirtschaftsleben teilzunehmen und nicht im Wettbewerb mit anderen voll steuerpflichtigen Körperschaften zu stehen. Aber auch Körperschaftsteuersubjekte wie politische Parteien (§ 5 Abs. 1 Nr. 7 KStG), gemeinnützige Körperschaften (§ 5 Abs. 1 Nr. 9 KStG) oder Pensions- und Unterstützungs-kassen (§ 5 Abs. 1 Nr. 3 KStG) erreicht der Vorteil der Steuerbefreiung.

Im Ergebnis sind Körperschaften nach dem Umfang ihrer Steuerpflicht in unbeschränkt und beschränkt steuerpflichtige Körperschaften zu unterteilen. Des Weiteren stellt der Gesetzgeber bestimmte Körperschaften von der Körperschaftsteuerpflicht frei, andere hingegen erfasst er erst gar nicht, weil diese weder ihren Sitz noch ihre Geschäftslei-tung im Inland haben noch inländische Einkünfte nach § 49 EStG erzielen.

Die folgende Abbildung geht vom Regelfall einer unbeschränkt steuerpflichtigen Kapi-talgesellschaft, etwa einer AG oder GmbH, im Inland aus und bildet die damit zusam-menhängenden steuerlichen Folgen ab.

ABB. 3.9: **Übersicht unbeschränkte Steuerpflicht bei Kapitalgesellschaften**
Quelle: Eigene Darstellung.

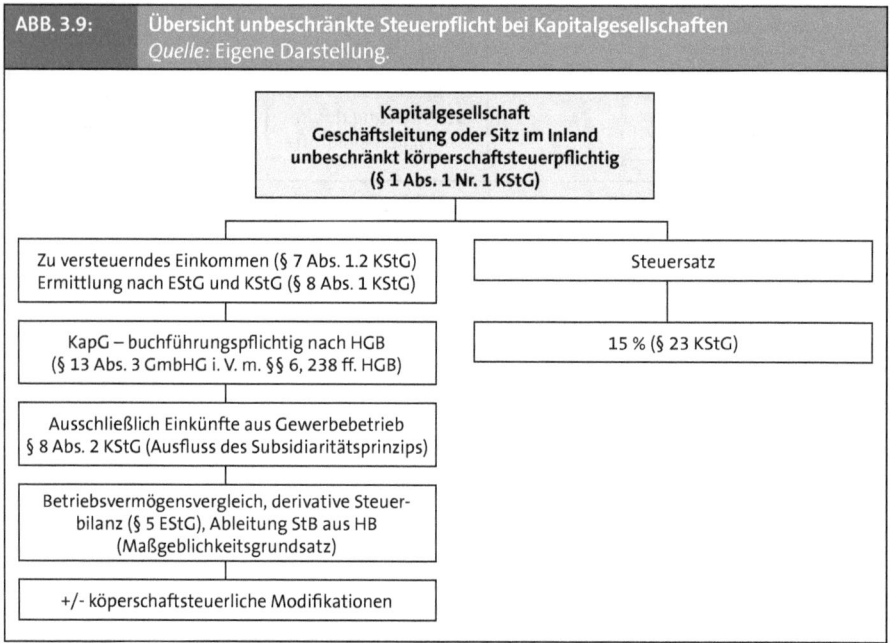

Die Körperschaftsteuer basiert auf der Bemessungsgrundlage „zu versteuerndes Ein-kommen", welches nach den Vorschriften des Einkommensteuergesetzes und des Kör-perschaftsteuergesetzes zu ermitteln ist (§ 8 Abs. 1 KStG). Kapitalgesellschaften sind als Formkaufleute buchführungspflichtig (vgl. §§ 6 und 238 ff. HGB) und sie beziehen ausschließlich Einkünfte aus Gewerbebetrieb (§ 8 Abs. 2 KStG). Auf der Grundlage eines Betriebsvermögensvergleichs ist das steuerliche Jahresergebnis zu ermitteln, welches in weiteren Schritten körperschaftsteuerlichen Modifikationen zu unterziehen ist. Be-steuert wird bei Kapitalgesellschaften das Wirtschaftsjahr, das mit dem Kalenderjahr übereinstimmen oder von ihm abweichen kann. Bei einem vom Kalenderjahr abweichenden Wirtschaftsjahr wird der Gewinn in dem Kalenderjahr besteuert, in dem das Wirtschaftsjahr endet (§ 7 Abs. 4 KStG). Die Einkommensermittlung richtet sich nach den Gewinnermittlungsvorschriften des Einkommensteuergesetzes hinsichtlich Ansatz und Bewertung von Wirtschaftsgütern und Passivposten.

Die Körperschaftsteuerpflicht beginnt mit der rechtlichen Existenz des Körperschaftsteuersubjektes, welche spätestens mit der Eintragung der betreffenden Körperschaft ins Handelsregister, einer behördlichen Erlaubnis/Genehmigung oder einer staatlichen Verleihung rechtskräftig ist.

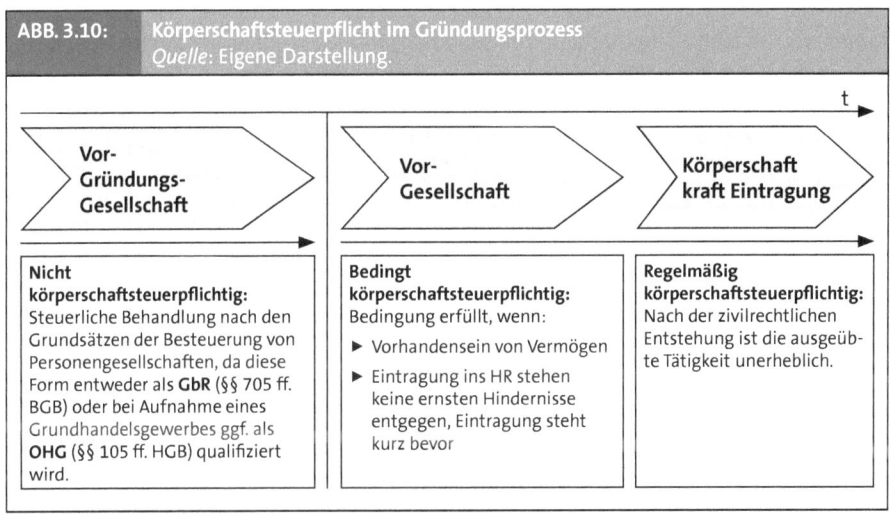

| ABB. 3.10: | Körperschaftsteuerpflicht im Gründungsprozess |
| | *Quelle*: Eigene Darstellung. |

Nimmt die Körperschaft vor Erlangung der Rechtsfähigkeit ihre Tätigkeit auf, hängt die Körperschaftsteuerpflicht davon ab, inwieweit die Gesellschaft in der Gründungsphase und die spätere juristische Person in ihrer Identität übereinstimmen, wobei die Rechtsprechung innerhalb der Gründungsphase zwischen Vor-Gründungs-Gesellschaft und Vor-Gesellschaft differenziert. Die Vor-Gründungs-Gesellschaft ist mit der Vor-Gesellschaft und späteren Körperschaft nicht identisch, wodurch sie i. d. R. als Personengesellschaft qualifiziert wird und nicht der Körperschaftsteuerpflicht unterliegt. Dagegen unterstellt die Rechtsprechung für die Vor-Gesellschaft regelmäßig die Identität mit der späteren juristischen Körperschaft, was die Körperschaftsteuerpflicht impliziert.

Die Körperschaftsteuerpflicht endet für Körperschaften, wenn diese nicht mehr aktiv am Markt tätig sind, also weder über eigene Vermögensgegenstände verfügen noch werbend den Markt bearbeiten. Solange die Körperschaft diese Aktivitäten jedoch nicht beendet, ist sie i. S. d. Körperschaftsteuergesetzes auch dann noch steuerpflichtig, wenn sie sich in der Abwicklungsphase – Löschung der Körperschaft aus dem betreffenden Handelsregister oder Rücknahme der staatlichen Genehmigung – befindet.

Die **Besteuerungskonzeption** der Körperschaftsteuer hat im Zeitablauf erhebliche Änderungen erfahren. Bis einschließlich 1976 war die Körperschaftsteuer als klassische Definitivsteuer mit einem gespaltenen Steuersatz konzipiert, der ausgeschüttete Gewinne niedriger belastete als thesaurierte Gewinne. Von 1977 bis zum Jahr 2000 galt das sog. Anrechnungsverfahren. Hier war die von der Körperschaft gezahlte Steuer auf die Steuer des Anteilseigners anrechenbar. Dieses Anrechnungsverfahren beseitigte die wirtschaftliche Doppelbesteuerung auf der Ebene des Anteilseigners, indem die Körperschaftsteuer bei der Ermittlung der Einkommensteuer voll anrechenbar war. Das Verfahren war jedoch kompliziert und missbrauchsanfällig, zudem bestanden erhebliche europarechtliche Bedenken. So hat der EuGH mit Urteil vom 6.3.2007 (RSC-292/04, DStR 2007, S.485 [→FAAAC-39375]) erkannt, dass das deutsche Anrechnungsverfahren nicht mit Gemeinschaftsrecht vereinbar ist. Die Begrenzung der Anrechnung von Körperschaftsteuer auf Dividenden von deutschen Kapitalgesellschaften verstieß nach Ansicht des Gerichts gegen den Grundsatz der Kapitalverkehrsfreiheit.

Seit 2001 gilt deshalb wieder ein klassisches Körperschaftsteuersystem, das eine reduzierte Dividendenbesteuerung auf der Ebene der natürlichen Person vorsieht („**Shareholder Relief**") und in den meisten europäischen Staaten realisiert ist. Private Kapitaleinnahmen unterliegen einem Steuersatz von 25 % mit abgeltender, d.h. definitiver Wirkung (zzgl. Solidaritätszuschlag). Wird die Beteiligung an der Kapitalgesellschaft im Betriebsvermögen gehalten, dann unterliegen die Erträge dem Teileinkünfteverfahren. Danach werden 60 % der Dividende erfasst (§ 3 Nr. 40 Buchst. a) EStG befreit 40 %). 60 % der dazugehörenden Aufwendungen sind nach § 3c Abs. 2 EStG abziehbar, was angesichts der steuerlichen Vorbelastung der Erträge systematisch nicht überzeugend ist. Tab. 3.2 zeigt Ihnen markante Unterschiede zwischen dem klassischen System und dem Anrechnungsverfahren, über die Sie weiter diskutieren können.

TAB. 3.2:	Klassisches System versus Vollanrechnungssystem *Quelle*: Eigene Darstellung.	
Vorteile: Klassisches System	**Vorteile: Anrechnungssystem**
► Neutralität im internationalen Bereich	► Neutralität im nationalen Bereich
– Gleichbehandlung von inländischen und ausländischen Investoren	– Gewinnverwendungsneutralität
	– Finanzierungsneutralität
– Gleichbehandlung von inländischen und ausländischen Gewinnen	(Rechtsformneutralität)
	– Gleichmäßigkeit der BesteuerungS
► Einfachheit	

Beachte jedoch:

► Vorteile eines Systems können durch das Zusammenwirken mit anderen Elementen des Steuersystems verloren gehen. So bleibt bspw. beim Anrechnungsverfahren die Neutralität im nationalen Bereich auf der Strecke, falls der Körperschaftsteuersatz für thesaurierte Gewinne nicht mit dem Einkommensteuerspitzensatz übereinstimmt.

► Nachteile können durch geeignete Maßnahmen im Steuersystem beseitigt werden. Zum Beispiel lässt sich beim Anrechnungsverfahren die fehlende Neutralität im internationalen Bereich durch unilaterale Maßnahmen ausmerzen.

Der **Wechsel der Körperschaftsteuersysteme** im Zeitablauf wirkt sich unmittelbar auf die festzusetzende Körperschaftsteuer aus. Sondervorschriften im Körperschaftsteuergesetz (§§ 36–40 KStG), explizit die Körperschaftsteuerminderung (§ 37 Abs. 2 KStG) und die Körperschaftsteuererhöhung (§ 38 Abs. 2 KStG), gewährleisten die Ausschüttung von steuerlich unterschiedlich belasteten Altgewinnen.

LITERATUR

Haberstock, L./Breithecker, V., Einführung in die Betriebswirtschaftliche Steuerlehre, 17. Aufl., Berlin 2016, S. 78–84.

Hey, J., in: Tipke, K./Lang, J., Steuerrecht, 2. Aufl., Köln 2018, § 11.

Kraft, C./Kraft, G., Grundlagen der Unternehmensbesteuerung, 5. Aufl., Wiesbaden 2018, S. 145–194.

Kußmaul, H., Betriebswirtschaftliche Steuerlehre, 7. Aufl., München 2014, S. 359–396.

Rose, G./Watrin, C., Ertragsteuern, 21. Aufl., Berlin 2017, S. 207–251.

Scheffler, W., Besteuerung von Unternehmen I, 13. Aufl., Heidelberg 2016, S. 195–266.

Schreiber, U., Besteuerung der Unternehmen, 4. Aufl., Heidelberg 2017, S. 85–101.

3.1.3 Gewerbesteuer

Die Gewerbesteuer ist eine **Realsteuer** (§ 3 Abs. 2 AO). Belastet wird das Steuergut „Gewerbebetrieb" losgelöst von den persönlichen Verhältnissen der Gewerbetreibenden. Dem Objektcharakter der Gewerbesteuer entspricht es, dass die periodische Erfolgsgröße, die Ausgangspunkt der Ermittlung der Bemessungsgrundlage ist, durch Hinzurechnungen und Kürzungen objektiviert wird. Die Gewerbesteuer ist seit der Unternehmensteuerreform 2008 keine Aufwandssteuer mehr. Sie mindert weder ihre eigene Bemessungsgrundlage noch die Bemessungsgrundlage der Einkommen- und Körperschaftsteuer (§ 4 Abs. 5b EStG). Auch die Gewerbesteuer ist eine **Veranlagungssteuer**, ihr Erhebungszeitraum ist das Kalenderjahr. Das Aufkommen ist 2008 um 21 % auf 32,42 Mrd. EUR zurückgegangen und hat sich erst 2011 wieder auf altem Niveau stabilisiert. Das Gewerbesteueraufkommen zeigt wesentlich stärkere Ausschläge als andere Steuerarten und ist schlechter prognostizierbar. Obwohl die Gewerbesteuer die wichtigste originäre Einnahmequelle der Gemeinden darstellt, steht die Realsteuer immer stärker in der Kritik. Die Steuer ist immer noch an klassischen Gewerbebetrieben mit Produktion oder Handel und nicht an der modernen Dienstleistungsgesellschaft und digitalen Ökonomie ausgerichtet, sodass die Qualifikation gewerblicher Tätigkeiten oftmals zweifelhaft ist. Klassische Branchengrenzen verschwinden, neue übergreifende Handlungsfelder und Kooperationen entstehen. Der Steuergegenstand in § 2 GewStG hat sich nicht angepasst. Auch die Gestaltung der Bemessungsgrundlage ist kritikwürdig. Infolge gewerbesteuerlicher Hinzurechnungen kommt es bei bestimmten Branchen zu erheblichen Bemessungsgrundlagenerhöhungen. Mit Beschluss vom 15. 2. 2016 – 1 BvL 8/12, BStBl II 2016, S. 557, hat das BVerfG die Verfassungsmäßigkeit der teilweisen Hinzurechnung von verausgabten Zinsen, Mieten und Pachten zum Gewinn aus Gewerbebetrieb festgestellt.

Bei in Großstädten ansässigen Kapitalgesellschaften ist die Gewerbesteuer vielfach zur dominierenden Steuerart geworden. Zugleich zeigt sich, dass nur etwa 5 % der Betriebe zu rd. 90 % des Aufkommens beitragen und nur ca. 40 % aller Gewerbebetriebe tatsächlich Gewerbesteuer zahlen. Wie die Gemeindefinanzkommission 2011 deutlich gemacht hat, ist eine grundlegende Reform auf absehbare Zeit politisch wohl nicht durchsetzbar. Der Anteil der Gewerbesteuer am Gesamtsteueraufkommen liegt derzeit bei rd. 7 % (vgl. Tab. 3.3).

TAB. 3.3:	Kassenmäßige Gewerbesteuereinnahmen und Gewerbesteueranteil am Gesamtaufkommen *Quelle*: BMF, Kassenmäßige Steuereinnahmen nach Steuerarten.						
	2010	2011	2012	2013	2014	2015	2016
Gewerbesteuer in Mrd. EUR	35,7	40,4	42,3	43,0	43,7	45,7	50,1
Gewerbesteuer in % des Steueraufkommens	6,1	7,0	7,1	7,1	6,8	6,8	7,1

Die Gewerbesteuer stellt auf erwirtschaftete Ergebnisse in Gewerbebetrieben ab (sachliche Steuerpflicht = Steuerobjekt), wobei hier **vier unterschiedliche Formen** von Gewerbebetrieben unterschieden werden. Im Mittelpunkt der Betrachtung steht der Gewerbebetrieb kraft gewerblicher Betätigung (§ 15 Abs. 2, Abs. 3 Nr. 1 EStG), der eine selbständige, nachhaltige, mit Gewinnerzielungsabsicht durchgeführte Beteiligung am allgemeinen wirtschaftlichen Verkehr beinhaltet, die weder land- und forstwirtschaftlich noch freiberuflich ausgerichtet ist und auch nicht dem Bereich der Vermögensverwaltung angehört. Diesem Grundtypus des Gewerbebetriebs steht der Gewerbebetrieb kraft gewerblicher Prägung zur Seite (§ 15 Abs. 3 Nr. 2 EStG), ebenso der Gewerbebetrieb kraft Rechtsform (§ 2 Abs. 2 GewStG) von Kapitalgesellschaften und Erwerbs- und Wirtschaftsgenossenschaften, bei denen eine Gewerbesteuerpflicht unabhängig von der Art der Betätigung besteht. Schließlich ist der Gewerbebetrieb kraft wirtschaftlichen Geschäftsbetriebs (§ 14 AO) zu nennen, der ebenfalls eine selbständige, nachhaltige Tätigkeit mit Einnahmeerzielungsabsicht voraussetzt, die keine Vermögensverwaltung und keine Land- und Forstwirtschaft darstellt und von sonstigen juristischen Personen des privaten Rechts (rechtsfähige Vereine, Stiftungen und Anstalten) oder von nicht rechtsfähigen Vereinen ausgeübt wird. Die Rechtsformabhängigkeit der Gewerbesteuer zeigt folgendes **Beispiel**:

Ein Apartmenthaus in Nähe der Bremer Universität weist 16 großzügig geschnittene Wohnungen auf und erfreut sich bei Studierenden und Gastwissenschaftlern großer Beliebtheit. Ist die natürliche Person M Eigentümer und Vermieter des Hauses, liegen Einkünfte aus Vermietung und Verpachtung (§ 21 Abs. 1 Satz 1 Nr. 1 EStG) vor, die nur von der Einkommensteuer erfasst werden. Vermietet hingegen die M-GmbH mit M als Alleingesellschafter das ihr gehörende Gebäude (Variante 1), fallen Körperschaftsteuer und Gewerbesteuer an. Als Gewerbebetrieb gilt stets und in vollem Umfang die Tätigkeit der Kapitalgesellschaft (§ 2 Abs. 2 Satz 1 GewStG). Ist die M-GmbH & Co.KG Eigentümerin und Vermieterin (Variante 2), liegt eine gewerblich-geprägte Personengesellschaft i. S. d. § 15 Abs. 3 Nr. 2 EStG vor, wenn die M-GmbH als alleinige Komplementärin zur Geschäftsführung befugt ist. Die Tätigkeit der Kommanditgesellschaft gilt dann stets und in vollem Umfang als Gewerbebetrieb mit der Folge, dass eine Gewerbesteuerpflicht besteht. Nach § 2 Abs. 1 Satz 2 GewStG ist Gewerbebetrieb ein gewerbliches Unternehmen i. S. des EStG. In Betracht kommen kann allerdings sowohl bei der GmbH (Variante 1) als auch bei der GmbH & Co.KG (Variante 2) die erweiterte Kürzung des Gewerbeertrags nach § 9 Nr. 1 Satz 2 GewStG, die jedoch an bestimmte Voraussetzungen geknüpft ist.

Steuerschuldner der Gewerbesteuer ist der Unternehmer (§ 5 Abs. 1 Satz 1 GewStG), für dessen Rechnung das Gewerbe betrieben wird (§ 5 Abs. 1 Satz 2 GewStG).

ABB. 3.11:	Gewerbebetriebe
	Quelle: Eigene Darstellung.

§ 2 Abs. 1 GewStG Gewerbebetrieb = gewerbliches Unternehmen i. S. d. EStG	
Gewerbebetrieb kraft gewerblicher Betätigung (§ 15 Abs. 2, 3 Nr. 1 EStG)	**Gewerbebetrieb kraft gewerblicher Prägung (§ 15 Abs. 3 Nr. 2 EStG)**

▸ Selbständigkeit
▸ Nachhaltigkeit
▸ Gewinnerzielungsabsicht
▸ Beteiligung am allg. wirtschaftlichen Verkehr
▸ Nicht:
  - Land und Forstwirt
  - Freiberufl. Tätigkeit
  - Vermögensverwaltung
	Als Gewerbebetrieb gilt im vollen Umfang die Tätigkeit einer Personengesellschaft, auch wenn diese nicht gewerblich tätig ist, sofern ausschließlich eine oder mehrere Kapitalgesellschaften persönlich haftende Gesellschafter und nur diese oder Personen, die nicht Gesellschafter sind, zur Geschäftsführung befugt sind.

§ 2 Abs. 2 GewStG	**§ 2 Abs. 3 GewStG**
Gewerbebetrieb kraft Rechtsform	**Gewerbebetrieb kraft wirtschaftlichen Geschäftsbetriebs (§ 14 AO)**
▸ Kapitalgesellschaften, Erwerbs-, Wirtschaftsgenossenschaften, Versicherungsvereine a. G. ▸ keine Organgesellschaft Gewerbesteuerpflicht unabhängig von der Art der Tätigkeit	Sonstige juristische Pers. des privaten Rechts (rechtsfähige Vereine, Stiftungen, Anstalten), nicht-rechtsfähige Vereine ▸ wirtschaftlicher Geschäftsbetrieb ▸ selbständige, nachhaltige Tätigkeit ▸ Einnahmeerzielungsabsicht (Gewinnerzielungsabsicht nicht erforderlich) ▸ keine Vermögensverwaltung ▸ keine Land- und Forstwirtschaft

Die Gewerbesteuer ist aufgrund ihrer Anknüpfung an gewerbliche Gewinne **sehr konjunkturabhängig**. Das Aufkommen unterliegt – wie bereits angeführt – deutlichen Schwankungen. Die Höhe der von einem inländischen Gewerbebetrieb zu zahlenden

Gewerbesteuer bemisst sich nach dem durch Hinzurechnungen und Kürzungen objektivierten Gewerbeertrag (Bemessungsgrundlage) und der im Gewerbesteuergesetz kodifizierten einheitlichen Steuermesszahl, multipliziert mit dem gemeindespezifischen Hebesatz (Tarif). Durch die Unternehmensteuerreform 2008 hat es erhebliche materielle Änderungen bei der Bemessungsgrundlage (Hinzurechnungen) und bei der Steuermesszahl (§ 11 Abs. 2 GewStG) gegeben. Der bis dahin geltende Staffeltarif für Personenunternehmen wurde abgeschafft. Die einheitliche Steuermesszahl liegt seitdem bei 3,5 %.

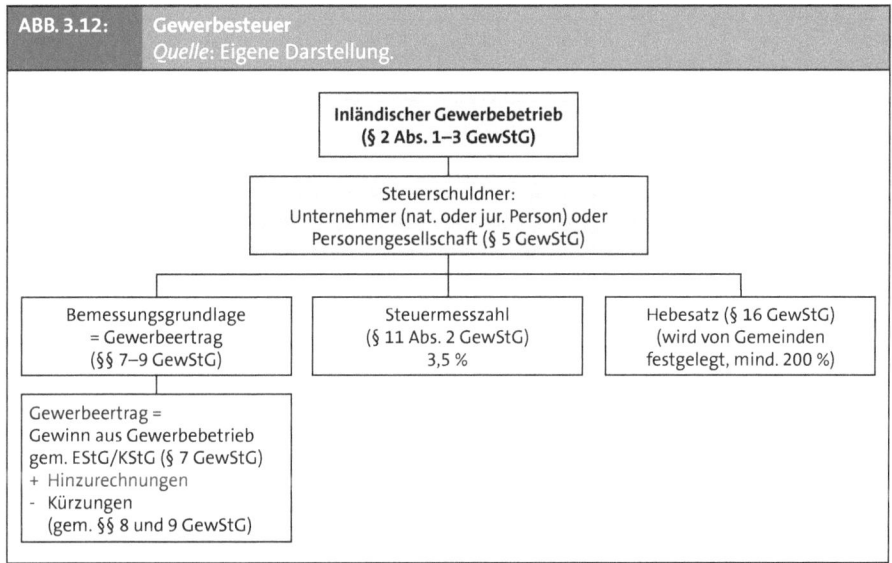

ABB. 3.12:   **Gewerbesteuer**
Quelle: Eigene Darstellung.

Die Kommunen können im Rahmen ihrer **Hebesatzautonomie** die Höhe der Gewerbesteuer weitgehend frei bestimmen. Der Mindesthebesatz nach § 16 Abs. 4 Satz 2 GewStG beträgt 200 %. Es ist bis zum 30. Juni eines Jahres möglich, den Hebesatz mit Wirkung vom Beginn des Jahres neu festzusetzen. Die nachfolgende Übersicht zeigt Hebesatzunterschiede unter bundesdeutschen Großstädten (Abb. 3.13) auf. Den Spitzenhebesatz bei der Gewebesteuer weist derzeit eine Gemeinde mit 12 Einwohnern in der Eifel (Dierfeld) aus, er beträgt 900 %. Unter den Großstädten ab 500.000 Einwohner haben München, Dortmund, Essen und Hannover bundesweit die höchsten Hebesätze (480–490 %). Daneben sind Oberhausen mit 550 % und Erftstadt sowie Herdecke mit jeweils 535 % Hebesatz zu nennen. Bremen hat befristet für die Jahre 2018 und 2019 den Hebesatz von 460 auf 470 % angehoben.

Im direkten Umland der Großstädte lassen sich **beachtliche Hebesatzdifferenzen** realisieren. Der Hebesatz von Grünwald (240 %) ermöglicht eine um 8,75 Prozentpunkte niedrigere Steuerbelastung als in München (17,15 ./. 8,4). Zwischen Frankfurt am Main (460 %) und Eschborn (330 %) besteht eine Belastungsdifferenz von 4,55 Prozentpunkten (alle Angaben für 2017). Das lädt zur Verlagerung von nicht standortgebundenen Aktivitäten ein.

ABB. 3.13:	Gewerbesteuerhebesätze in deutschen Großstädten (≥ 500.000 Einwohner) *Quelle*: DIHK, Realsteuerhebesätze 2017	
Rangfolge	**Stadt**	**Hebesatz 2017**
1.	München	490
2.	Dortmund	485
3.	Essen	480
4.	Hannover	480
5.	Köln	475
6.	Hamburg	470
7.	Leipzig	460
8.	Frankfurt a. M.	460
9.	Bremen	460
10.	Dresden	450
11.	Nürnberg	447
12.	Düsseldorf	440
13.	Stuttgart	420
14.	Berlin	410

LITERATUR

Kraft, C./Kraft, G., Grundlagen der Unternehmensbesteuerung, 5. Aufl., Wiesbaden 2018, S. 197–224.

Haberstock, L./Breithecker, V., Einführung in die Betriebswirtschaftliche Steuerlehre, 17. Aufl., Berlin 2016, S. 84–94.

Kußmaul, H., Betriebswirtschaftliche Steuerlehre, 7. Aufl., München 2014, S. 411–419.

Montag, H., in: Tipke, K./Lang, J., Steuerrecht, 23. Aufl., Köln 2018, § 12.

Rose, G./Watrin, C., Ertragsteuern, 21. Aufl., Berlin 2017, S. 253–283.

Scheffler, W., Besteuerung von Unternehmen I, 13. Aufl., Heidelberg 2016, S. 266–311.

3.2 Die Besteuerung von Verkehrsvorgängen

3.2.1 Umsatzsteuer

Die Umsatzsteuer erfasst Umsätze, die ein Unternehmer im Rahmen seines Unternehmens tätigt. Sie ist eine Verkehrssteuer, denn sie knüpft an wirtschaftliche Verkehrsvorgänge an. In ihrer Wirkung ist sie eine allgemeine Verbrauchsteuer, denn sie wird im Normalfall erst durch Leistungen an den Endverbraucher wirksam. Seit 1918 gibt es die Umsatzsteuer in Deutschland. 1968 fand die Umstellung auf das **Allphasennettoumsatzsteuersystem** mit Vorsteuerabzug statt, das eine kumulative Wirkung der Umsatzsteuer über verschiedene Produktions- und Vertriebsstufen hinweg vermeidet. Die Umsatzsteuer bezieht sich auf den Nettoverkaufspreis. Der Unternehmer kann die ihm von anderen Unternehmern in Rechnung gestellte Umsatzsteuer als Vorsteuer abziehen. Die Umsatzsteuer ist eine **indirekte Steuer**, denn der Unternehmer ist i. d. R. nur Steuerschuldner, nicht aber Steuerträger. Belastet werden soll der Endverbraucher mit Umsatzsteuer, technisch wäre die Erhebung dort aber extrem schwierig. Die Umsatzsteuer ist eine Veranlagungssteuer, Veranlagungszeitraum ist das Kalenderjahr. Der Unternehmer hat dabei die Steuer bzw. den Erstattungsanspruch selbst zu ermitteln (Selbstveranlagung).

Ein vereinfachtes Beispiel, an dem der Weg einer Ware über mehrere Handelsstufen zum Endverbraucher verfolgt wird, verdeutlicht das Prinzip: Händler A liefert an Händler B eine Ware für 100 € zzgl. 19 € Umsatzsteuer (19 % von 100 €). A zahlt 19 € Umsatzsteuer an das Finanzamt. In gleicher Höhe macht B gegenüber dem Finanzamt einen Vorsteuerabzug geltend. Veräußert B den Gegenstand für 140 € zzgl. 26,60 € Umsatzsteuer (19 % von 140 €) an den Händler C weiter, so hat B für diesen Umsatz 26,60 € Umsatzsteuer an das Finanzamt zu entrichten, während C in gleicher Höhe einen Vorsteuerabzug in Anspruch nimmt. Veräußert C diese Waren für 200 € zzgl. 38 € Umsatzsteuer (19 % von 200 €) an einen Endverbraucher, so hat er für den Umsatz 38 € Umsatzsteuer an das Finanzamt zu entrichten. Dieser Betrag verbleibt endgültig beim Fiskus. Abb. 3.15 macht deutlich, dass die Umsatzsteuer nur beim Absatz an einen Verbraucher realisiert wird.

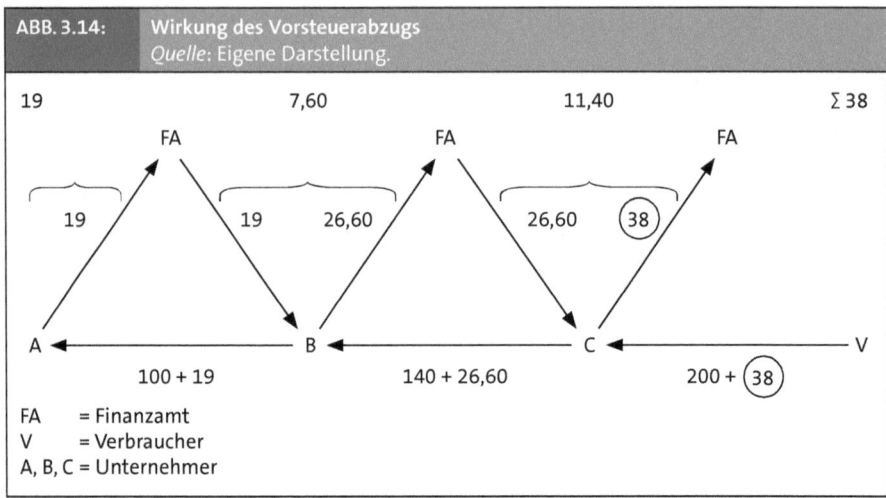

ABB. 3.14:   **Wirkung des Vorsteuerabzugs**
Quelle: Eigene Darstellung.

Zentraler Akteur bei der Umsatzsteuer ist der Unternehmer. **Unternehmer** können natürliche oder juristische Personen, Gesamthandsgemeinschaften oder andere Personenzusammenschlüsse sein. Unternehmer üben eine gewerbliche oder berufliche Tätigkeit aus. Das ist nach dem Gesetz **jede nachhaltige Tätigkeit zur Einnahmeerzielung** (§ 2 UStG). Die Betätigung des Unternehmers muss eine Beteiligung am allgemeinen Wirtschaftsverkehr darstellen und auch nachhaltig sein. Das heißt, sie muss tatsächlich wiederholt erfolgen oder es liegen einmalige Handlungen mit Wiederholungsabsicht vor. Der Unternehmer muss selbständig tätig werden. Das ist nach dem Innenverhältnis abzugrenzen und hinsichtlich der Freiheit nach Orts-, Zeit- und Inhaltsbestimmung festzulegen. Nach § 2 Abs. 1 Satz 2 UStG stellt ein Unternehmen die gesamte gewerbliche oder berufliche Tätigkeit des Unternehmers dar. Daraus folgt, dass jeder Unternehmer nur ein Unternehmen hat (**Grundsatz der Unternehmenseinheit**). Wechselseitige Leistungen zwischen Betrieben eines Unternehmers sind dann i. d. R. nicht steuerbare Innenumsätze.

Der Unternehmer wird tätig in Form der Ausführung von Umsätzen, die nach § 1 Abs. 1 UStG als Lieferungen und sonstige Leistungen bezeichnet werden, wobei der Begriff der sonstigen Leistung sehr weit gefasst ist und jedes Tun, Dulden und Unterlassen umfasst. Darüber hinaus werden die Einfuhr von Gegenständen und der innergemeinschaftliche Erwerb erfasst.

Im Rahmen der **Steuerbarkeit** von Umsätzen ist zu prüfen, ob Lieferungen und sonstige Leistungen des Unternehmers im Inland gegen Entgelt im Rahmen seines Unternehmens ausgeführt werden. Im Anschluss an die Steuerbarkeit ist zu prüfen, ob die ausgeführten Leistungen steuerpflichtig oder steuerfrei sind. § 4 UStG nennt eine ganze

Reihe sachlicher Steuerbefreiungen und kategorisiert diese in Steuerbefreiungen, bei denen der Vorsteuerabzug nicht ausgeschlossen ist, und solche, bei denen der Vorsteuerabzug absolut ausgeschlossen ist. Darüber hinaus gibt es Befreiungen mit Optionsmöglichkeit und Befreiungen, die bedingt zum Vorsteuerabzug berechtigen. Im Anschluss an die Prüfung von Steuerbarkeit und Steuerpflicht ist das Entgelt zu bestimmen (§ 10 UStG). **Entgelt** ist alles, was der Leistungsempfänger aufwendet, um die Leistung zu erhalten, jedoch abzgl. der Umsatzsteuer. Das Entgelt taucht in verschiedenen Formen auf. Zunächst ist die Gegenleistung in Geld die wohl häufigste anzutreffende Form des Entgelts einer Leistung, daneben gibt es aber Tauschvorgänge, tauschähnliche Umsätze oder die Hingabe an Zahlungs statt. Im Regelfall wird das vereinbarte Entgelt als Bemessungsgrundlage für die Umsatzsteuer herangezogen.

Die Besteuerung erfolgt zeitnah, in der Regel nach vereinbarten Entgelten, sodass auf den Zufluss der Gegenleistung nicht gewartet wird (§ 13 Abs. 1 Nr. 1 Buchst. a) UStG). Es findet somit eine **Soll-Besteuerung** statt, die zu Problemen führen kann, wenn es zu Zahlungsverzögerungen, -störungen und -ausfällen kommt. Die Besteuerung nach vereinnahmten Entgelten (**Ist-Besteuerung**, § 20 UStG), die erst bei Liquiditätszufluss erfolgt, ist jedoch nur in einem begrenzten Feld von Unternehmen abweichend möglich. Wählbar ist diese Besteuerungsform für Unternehmer,

▶ deren Gesamtumsatz im vorangegangenen Kalenderjahr nicht mehr als 500.000 € betragen hat,

▶ die von der Buchführungspflicht befreit sind oder

▶ soweit sie Umsätze aus einer Tätigkeit als Angehörige eines freien Berufs i. S. d. § 18 Abs. 1 Nr. 1 EStG erzielen.

Der **Regelsteuersatz** beträgt 19 % der Bemessungsgrundlage. Vergleicht man nur die Regelsteuersätze in der EU miteinander, so erkennt man eine z. T. sehr große Diskrepanz. Deutschland ist mit der Anhebung von 16 % auf 19 % zum 1. 1. 2007 damals nur in das Mittelfeld der Mitgliedstaaten aufgestiegen. Inzwischen liegen die meisten Regelsätze über 20 %. Die Umsatzsteuer wirkt regressiv, indem Haushalte mit geringerem Einkommen relativ stärker belastet werden als Haushalte mit höherem Einkommen. Änderungen des Steuersatzes führen zu hohen Aufkommensverlusten (1 %-Punkt Änderung beim Regelsteuersatz „kostet" ca. 11 Mrd. €).

Der ermäßigte Steuersatz beträgt 7 % und gilt für Lieferungen, diesen gleichgestellte unentgeltliche Wertabgaben, die Einführung und den innergemeinschaftlichen Erwerb von Gegenständen, die in der Anlage zum UStG bestimmt sind. Begünstigt sind bspw. fast alle Lebensmittel, Bücher, Zeitungen und Leistungen des Personennahverkehrs. Ob die Leistungen dem Regelsteuersatz oder ermäßigten Steuersatz unterliegen, kann im Einzelfall problematisch sein. Für die Bestimmung des Steuersatzes für Milchkaffee sind neben der Art der Milch (tierisch oder pflanzlich) auch der jeweilige Milchanteil und die Art der Zubereitung entscheidend. Beim Weihnachtsbaumverkauf können Steuersätze von 5,5 %, 7 %, 10,7 % und 19 % in Betracht kommen.

Die Steuersatzproblematik verdeutlicht ein anderes Beispiel. Die Abgabe von Speisen beim Verzehr an Ort und Stelle (Restaurationsumsatz) unterliegt dem allgemeinen Steuersatz, während Außer-Haus-Umsätze mit dem ermäßigten Steuersatz erfasst werden. Dies bringt erhebliche Abgrenzungsprobleme mit sich, insbesondere in Fast-Food-Unternehmen. Wird der Umsatz falsch erfasst, kommt der Vorteil bei unverändertem Abgabepreis ausschließlich dem Unternehmer zu. Wurde mit dem ermäßigten Steuersatz kalkuliert, obwohl der Regelsteuersatz zugrunde zu legen ist, hat dies eine Nachforderung des Fiskus von 9,4 % des Bruttoumsatzes zur Folge, die dann zulasten des Unternehmers geht. Tab. 3.5 verdeutlicht die Steuersatzunterschiede, die in der Europäischen Union weiterhin bestehen. Neben den Normalsätzen gibt es fast immer weitere Steuersätze und Steuerbefreiungen, die einem Nullsatz gleichkommen. Die Spannbreite bei den Normalsätzen reicht von 17 % (Luxemburg) über 25 % (Dänemark, Kroatien, Schweden) bis 27 % (Ungarn).

TAB. 3.4:	Umsatzsteuersätze in den Mitgliedstaaten zum 1.1.2018 in %			
	Quelle: EU-Kommission, taxud.c.1 (2018) EN, S. 3: List of VAT rates applied in the Member States (in %)			
Member States	Super-reduced Rate	Reduced Rate	Standard Rate	Parking Rate
Belgium	-	6 / 12	21	12
Bulgaria	-	9	20	-
Czech Republic	-	10 / 15	21	-
Denmark	-	-	25	-
Germany	-	7	19	-
Estonia	-	9	20	-
Ireland	4,8	9 / 13,5	23	13,5
Greece	-	6 / 13	24	-
Spain	4	10	21	-
France	2,1	5,5 / 10	20	-
Croatia	-	5 / 13	25	-
Italy	4	5 / 10	22	-
Cyprus	-	5 / 9	19	-
Latvia	-	12	21	-
Lithuania	-	5 / 9	21	-
Luxembourg	3	8	17	14
Hungary	-	5 / 18	27	-
Malta	-	5 / 7	18	-
Netherlands	-	6	21	-
Austria	-	10 / 13	20	13
Poland	-	5 / 8	23	-
Portugal	-	6 / 13	23	13
Romania	-	5 / 9	19	-
Slovenia	-	9,5	22	-
Slovakia	-	10	20	-
Finland	-	10 /14	24	-
Sweden	-	6 / 12	25	-
United Kingdom	-	5	20	-

In der EU ist das **Umsatzsteuersystem seit 1993 harmonisiert**. Während ansonsten grenzüberschreitende Lieferungen zwischen Unternehmern im Ursprungsland steuerfrei sind und im Bestimmungsland der Einfuhrumsatzsteuer unterliegen, kommt innerhalb der EU der Binnenmarkt zum Tragen. Es gilt zwar nach wie vor das oben skizzierte Bestimmungslandprinzip, doch müssen die erwerbenden Unternehmer ihre Warenkäufe in anderen EU-Ländern nicht mehr an der Grenze anmelden, sondern diese im Rahmen ihrer regulären Umsatzsteuervoranmeldungen als innergemeinschaftlichen Erwerb deklarieren. Die Ware wird mit dem Steuersatz des Empfängerlandes besteuert. Die Erwerbsteuer ist wie andere Vorsteuern abzugsfähig. Für Privatpersonen gilt im Unterschied zu B2B-Geschäften umsatzsteuerlich das sog. Ursprungslandprinzip. Die Umsatzsteuer fällt mit Kauf der Ware zu dem am Ursprung geltenden Steuersatz an. Eine wichtige Ausnahme gilt für den Erwerb von bestimmten Neufahrzeugen durch Privatpersonen; hier gilt dann das Bestimmungslandprinzip. Die gemeinschaftsrechtlichen Grundlagen sind in der Mehrwertsteuersystem-Richtlinie 2006/112/EG vom 28.11.2006 enthalten. Den neuen Herausforderungen durch technische Entwicklungen hat die EU 2015 mit dem sog. Mehrwertsteuerpaket Rechnung getragen, indem für digital erbrachte Dienstleistungen die Besteuerung am Wohnsitz des nicht unternehmerischen Leistungsempfängers erfolgt.

Der **Vorsteuerabzug** bezeichnet die Berechtigung des Unternehmers zum Abzug der Umsatzsteuer, die ihm von anderen Unternehmern für Leistungen seines Unternehmens in Rechnung gestellt worden sind. Vorsteuer kann von der eigenen geschuldeten Umsatzsteuer abgezogen werden, sodass vom Unternehmer nur die Differenz, die Zahllast, an den Fiskus abgeführt werden muss. Voraussetzung für den Vorsteuerabzug sind zum einen subjektiv die Unternehmereigenschaft i. S. d. § 2 UStG, zum anderen objektiv abziehbare Vorsteuern, die den Voraussetzungen des § 15 UStG genügen.

Zur Gruppe von Leistungen, bei denen der Vorsteuerabzug erhalten bleibt, gehören insbesondere Ausfuhrlieferungen und innergemeinschaftliche Lieferungen, bestimmte Umsätze für die Seeschifffahrt und die Luftfahrt sowie eine Reihe von sonstigen Leistungen, die mit Gegenständen der Ein-, Aus- und Durchfuhr zusammenhängen. Für die andere Gruppe von Befreiungen, bei denen der Vorsteuerabzug ausgeschlossen ist, zählen insbesondere die Kreditgewährung, die Vermietung von Grundstücken, bestimmte Leistungen der Ärzte und anderer Heilberufe, die Leistungen der gesetzlichen Sozialversicherungen, die Leistungen der meisten Krankenhäuser und Altenheime, die Umsätze blinder Unternehmer, die Leistungen der Verbände der freien Wohlfahrtspflege, die Leistungen der Privatschulen, Theater, Orchester, Museen, Tierparks sowie die Leistungen der jugendfördernden Einrichtungen.

Das Besteuerungsverfahren folgt – wie bereits ausgeführt – im Allgemeinen dem Prinzip der Soll-Besteuerung. Die Umsatzsteuer ist danach nach vereinbarten Entgelten zu ermitteln. Die Umsatzsteuer entsteht mit Ablauf des Voranmeldungszeitraums, in dem die Leistung ausgeführt wurde. Die Verrechnung der Vorsteuer mit der Steuer wird im Rahmen der monatlich oder vierteljährlich von den Unternehmern abzugebenden Voranmeldungen vorgenommen. Hat z. B. ein Unternehmer im Voranmeldungszeitraum Januar 2018 Umsätze i. H. v. 100.000 € ausgeführt, die dem Regelsteuersatz unterliegen, und hat er im gleichen Zeitraum selbst Rechnungen über empfangene Leistungen erhalten, in denen Vorsteuerbeträge von insgesamt 12.500 € ausgewiesen sind, so errechnet sich seine Zahllast für den Voranmeldungszeitraum Januar 2018 wie folgt:

Gesamtbetrag der Entgelte	100.000 €
hierauf 19 % Umsatzsteuer	19.000 €
abziehbare Vorsteuer	12.500 €
an das Finanzamt zu zahlen	6.500 €

Der Unternehmer hat unterjährig Voranmeldungen der Umsatzsteuer abzugeben. Den errechneten Betrag hat er als Vorauszahlung an das Finanzamt zu entrichten. Für Unternehmer gilt grundsätzlich ein **monatlicher Voranmeldungszeitraum**. Für Unternehmer, die ihre berufliche oder gewerbliche Tätigkeit aufnehmen, gilt im laufenden und folgenden Kalenderjahr ebenfalls ein monatlicher Voranmeldungszeitraum.

Nach Ablauf des Kalenderjahres hat der Unternehmer eine Steuererklärung abzugeben, in der er die Steuer ebenfalls selbst berechnen muss (**Selbstveranlagung**). Die Steuererklärung steht einer Steuerfestsetzung unter Vorbehalt der Nachprüfung gleich. Das Finanzamt setzt die Steuer nur dann durch einen Steuerbescheid fest, wenn es dabei von der in der Steuererklärung errechneten Steuer abweicht.

Die Abführung der Umsatzsteuer an das Finanzamt führt zu einem Abfluss liquider Mittel, auch in den Fällen, in denen die Kundenforderungen noch nicht eingegangen sind (negativer Liquiditätseffekt). Abweichend von der Soll-Besteuerung ist ausnahmsweise die Ist-Besteuerung (§ 20 UStG) möglich, deren Voraussetzungen bereits genannt wurden. Wählt der Unternehmer die Ist-Besteuerung, so entsteht die Umsatzsteuer abweichend mit Ablauf des Voranmeldungszeitraums, in dem die Entgelte vereinnahmt worden sind. Hier entsteht also ein Gleichlauf zwischen der Begleichung der Kundenforderung und der Entrichtung der Steuer an den Fiskus. Die Umsatzsteuer muss generell sehr zeitnah an die Finanzverwaltung abgeführt werden. Innerhalb von zehn Tagen nach Ablauf des Voranmeldungszeitraums ist eine Steuererklärung (auf Voranmeldung) abzugeben, in der der Unternehmer die Zahllast (Steuer minus Vorsteuer) selbst berechnet hat. Nur bei kleinen Unternehmen gibt es Ausnahmen.

Die Umsatzsteuer ist – wie bereits erläutert – grundsätzlich nach dem **Sollprinzip** konzipiert. Sie entsteht bei Ausführung der Leistung ohne Rücksicht auf den Zeitpunkt der Vereinnahmung der Gegenleistung. Auch die Abziehbarkeit der in Rechnung gestellten Vorsteuer folgt diesem Grundsatz (vgl. §§ 13 Abs. 1 Nr. 1 Buchst. a, 15 Abs. 1 Nr. 1 Satz 1 UStG). Dies beruht auf der am Regelfall orientierten Erwartung des Gesetzes, der Leistungsempfänger werde die Forderung des Leistenden befriedigen und damit das betragsmäßige Gleichgewicht von Vorsteuerabzug und Umsatzsteuerschuld herstellen. **Änderungen der Bemessungsgrundlage** werden von § 17 UStG erfasst, sodass sich die Umsatzbesteuerung (letztlich) auf den Umfang der tatsächlich vereinnahmten Gegenleistung beschränkt. Nach § 17 Abs. 2 Nr. 1 Satz 1 i. V. m. Abs. 1 der Vorschrift haben der leistende Unternehmer den für seine Leistung geschuldeten Umsatzsteuerbetrag und der Leistungsempfänger den entsprechenden Vorsteuerabzug zu berichtigen, wenn das vereinbarte Entgelt für die steuerpflichtige Lieferung uneinbringlich geworden ist. Das Gesetz definiert den Begriff der Uneinbringlichkeit nicht; es geht allerdings davon aus, dass trotz Uneinbringlichkeit noch Zahlungen eingehen können. Denn nach Satz 2 der Vorschrift sind der Umsatzsteuerbetrag und der Vorsteuerabzug erneut zu berichtigen, wenn das Entgelt nachträglich vereinnahmt wird.

Der Begriff der Uneinbringlichkeit ist mit Rücksicht auf den Zweck der Vorschrift auszulegen. „Uneinbringlich" ist eine Forderung nicht schon, wenn der Leistungsempfänger die Zahlung nach Fälligkeit verzögert, sondern erst, wenn der Anspruch auf Entrichtung des Entgelts nicht erfüllt wird und bei objektiver Betrachtung damit zu rechnen ist, dass der Leistende die Entgeltforderung (ganz oder teilweise) jedenfalls auf absehbare Zeit nicht durchsetzen kann. Diese Voraussetzungen liegen auch vor, wenn und ggf. soweit der Leistungsempfänger das Bestehen dieser Forderung ganz oder teilweise substantiiert bestreitet und damit erklärt, dass er die Forderung (ganz oder teilweise) nicht bezahlen werde.

Die Umsatzsteuer ist in der Vergangenheit stark verändert worden, auch mit Blick auf ihre Missbrauchsanfälligkeit. Der Bundesrechnungshof hat bereits im Jahr 2000 über das Problem des sog. **Karussellbetrugs** berichtet und auf den erheblichen finanziellen Schaden hingewiesen. Das gemeinsame Umsatzsteuersystem im Binnenmarkt ist anfällig für betrügerische Handlungen. Das genaue Ausmaß ist schwer zu bestimmen. Schätzungen gehen derzeit von bis zu 160 Mrd. € jährlich in der EU aus. Umfangreiche Ausfälle sollen auch im Strom- und Gashandel und beim Handel mit Emissionszertifikaten vorliegen.

Die Funktionsweise eines der bisher aufgedeckten Umsatzsteuerkarusselle war folgende (s. a. Abb. 3.16): Ein inländischer Unternehmer (U 1) liefert kleine, aber hochpreisige Wirtschaftsgüter, wie z. B. Smartphones oder Computerchips, in einen anderen Staat der Europäischen Union. Diese Lieferung ist als innergemeinschaftliche Lieferung umsatzsteuerfrei. Über einen oder mehrere Vertragspartner im Ausland (U 2) gelangt die Ware wiederum ins Inland, wo als erstes Unternehmen hinter der Grenze ein Scheinunternehmen (B) auftritt. Für dieses ist die Ware per saldo ebenfalls umsatzsteuerfrei. Der Scheinunternehmer liefert die Ware weiter, meist über Zwischenhändler, bis sie wieder das ursprüngliche Unternehmen (U 1) erreicht. Der Scheinunternehmer hat von Anfang an vor, die Umsatzsteuer aus der Lieferung im Inland zu hinterziehen. Deshalb kann er seinen bezahlten Nettopreis als Bruttopreis behandeln, und in der Lieferkette entsprechend weiter verrechnen. Er verschwindet vom Markt, sobald er seinen Zweck erfüllt und mehrere Rechnungen über i. d. R. Millionenbeträge ausgestellt hat.

Nun sind zwei gleich schädliche Alternativen denkbar: Entweder der Scheinunternehmer (bzw. der Hintermann) nimmt die von seinem Abnehmer erhaltene Umsatzsteuer entgegen und setzt sich mit dem Geld ins Ausland ab, oder die Umsatzsteuer wird dazu verwendet, den Preis des Produkts für ruinösen Wettbewerb zu ermäßigen. Ein solcher Kreislauf ist mit derselben Ware mehrfach denkbar, sodass der Preis ggf. weiter sinken kann. Ebenso sind Fälle bekannt, in denen keine Ware geliefert, sondern ausschließlich die Rechnung ausgestellt wurde.

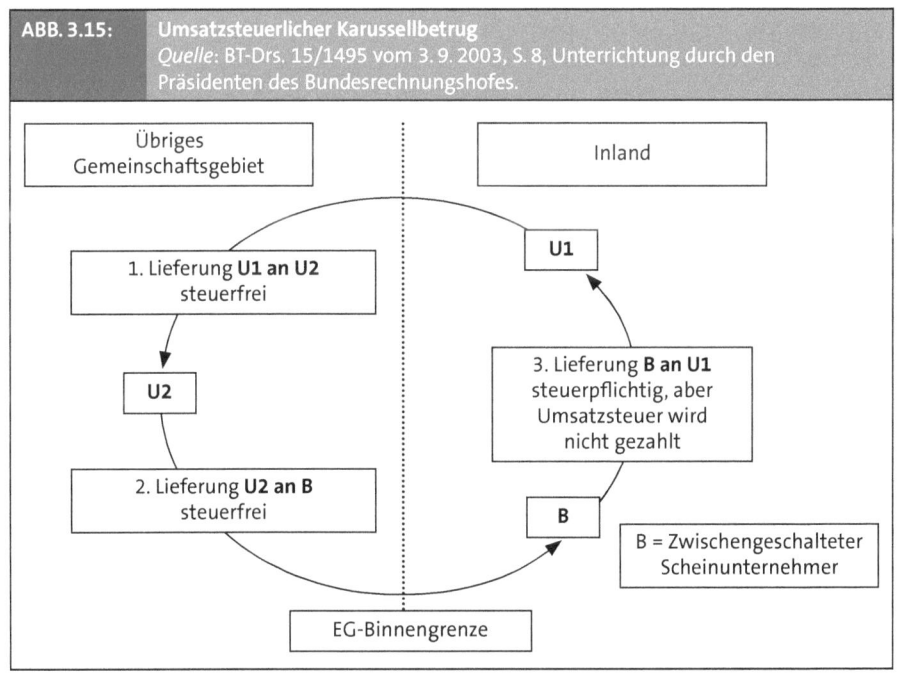

ABB. 3.15: **Umsatzsteuerlicher Karussellbetrug**
Quelle: BT-Drs. 15/1495 vom 3. 9. 2003, S. 8, Unterrichtung durch den Präsidenten des Bundesrechnungshofes.

Die Steuerverwaltungen in der EU haben verschiedene Maßnahmen ergriffen, um dem Umsatzsteuerbetrug entgegenzuwirken. Neben präventiven Prüfungen bei der Vergabe von USt-IdNrn. kommen die IT-gestützte Gewinnung und Analyse von Prüfhinweisen und der verstärkte Informationsaustausch zwischen den Finanzbehörden in Betracht. Mit der zentralen Datenbank ZAUBER werden Umsatzsteuer-Betrugsfälle durch das Bundeszentralamt für Steuern ausgewertet und gesammelt sowie Risikoprofile entwickelt. Mit USLO – UmsatzSteuerLänderOnline – werden die Erwerbsdaten überprüft. Die Umsatzsteuererstattung kann von einer Sicherheitsleistung abhängig gemacht werden (§ 18f UStG). Es gibt eigene Haftungs-, Ordnungswidrigkeits- und Strafbestimmungen (§§ 25b, 26b u. 26c UStG). Im Rahmen der Umsatzsteuer-Nachschau (§ 27b UStG) kann die Finanzbehörde Sachverhaltsfeststellungen ohne vorherige Ankündigung treffen. Für besonders betrugsanfällige Umsätze kommt das **Reverse-Charge-Verfahren** in Betracht. Dabei behält nicht der leistende Unternehmer die Umsatzsteuer ein und führt sie ab, sondern die Steuerschuld wird auf den Leistungsempfänger übertragen, der auch die Steuer anmelden muss. Der Leistungsempfänger kann die von ihm geschuldete Umsatzsteuer als Vorsteuer geltend machen, wenn die Leistung für sein Unternehmen bezogen und sie zur Ausführung von Umsätzen verwendet wird, die den Vorsteuerabzug nicht ausschließen. Im deutschen UStG ist das Reverse-Charge-Verfahren in § 13b UStG verankert.

3.2.2 Grunderwerbsteuer

Die Grunderwerbsteuer erfasst als **spezielle Verkehrsteuer** Rechtsvorgänge mit inländischen Grundstücken. Ihr Haupttatbestand besteht in der Übereignung von Grundstücken, soweit diese darauf gerichtet sind, das Eigentum am Grundstück oder eine eigentümerähnliche Position zu erlangen (insbesondere Grundstückskaufverträge). Daneben gibt es weitere Neben- oder Ersatztatbestände (Erlangung wirtschaftlicher Verfügungsmacht, umfassende Anteilsübertragung). Der Gesetzgeber versucht mit den Sondertatbeständen steuervermeidenden Gestaltungen gezielt entgegenzuwirken (vgl. § 1 Abs. 3, 3a GrEStG).

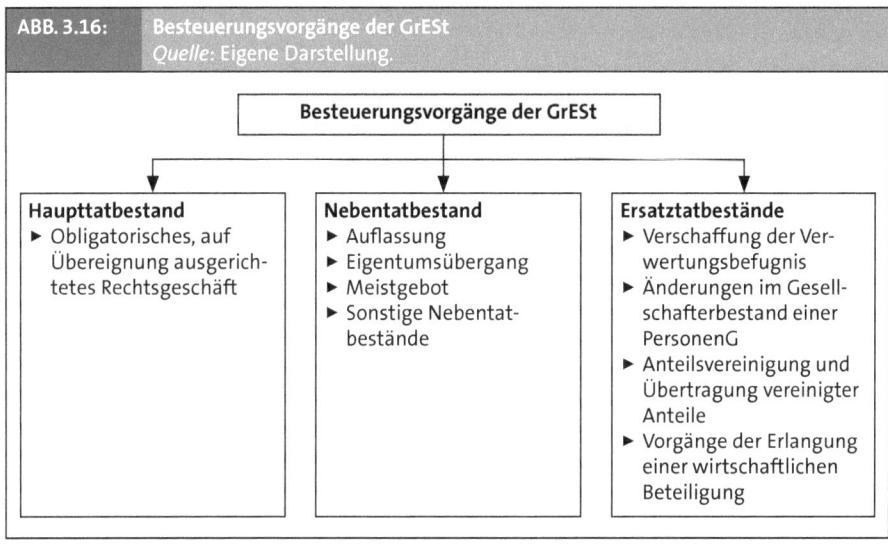

ABB. 3.16: Besteuerungsvorgänge der GrESt
Quelle: Eigene Darstellung.

Die Grunderwerbsteuer ist mit der Umsatzsteuer vergleichbar aufgebaut. Zunächst wird der sachliche Gegenstand skizziert, die Steuerbarkeit geprüft, sodann sind Steuerbefreiungen zu erkunden. Die Bemessungsgrundlage ist im Normalfall der Kaufpreis, ansonsten der Grundstückswert, der sich nach den Regeln des Bewertungsgesetzes (§§ 138 ff. BewG) ergibt. Die Grunderwerbsteuer kennzeichnet ein linearer Steuertarif. Das materielle Gewicht der GrESt hat sich im Laufe der Zeit stark verändert. Der allgemeine Grunderwerbsteuersatz beträgt zwar 3,5 v. H. der Bemessungsgrundlage und ist auf volle Euro nach unten abzurunden. Seit dem 01. 09. 2006 haben aber die Bundesländer gem. Art. 105 Abs. 2a Satz 2 GG die Befugnis erhalten, die Höhe des Steuersatzes selbst zu bestimmen. Von dieser Regelung haben fast alle Bundesländer Gebrauch gemacht. 6,5 % erheben inzwischen Brandenburg, Nordrhein-Westfalen, das Saarland, Thüringen und Schleswig-Holstein. Zum Vergleich: Bremen und Niedersachsen haben derzeit ein Steuerniveau von 5 %, Bayern und Sachsen liegen unverändert bei 3,5 %. Die Steuersatzdynamik spiegelt sich im Steueraufkommen wider: Während 2009 ein Aufkommen von 4,86 Mrd. € erzielt wurde, betrugen die Steuereinnahmen 2017 schon 13,41 Mrd. €., was aber auch auf die Immobilienpreisentwicklung zurückzuführen ist. Die Grunderwerbsteuer gewinnt aber neben der Erhöhung der Steuersätze auch durch die Ausweitung der gesellschaftsrechtlichen Grunderwerbsteuertatbestände („Share Deals") zunehmend an Bedeutung.

TAB. 3.5:	Grunderwerbsteuersätze in den Bundesländern (Stand 1.1.2018) *Quelle*: Eigene Darstellung.	
Bundesland	**Grunderwerbsteuersatz in %**	**Gültig seit**
Baden-Württemberg	5,00	5.11.2011
Bayern	3,50	
Berlin	6,00	1.1.2014
Brandenburg	6,50	1.7.2015
Bremen	5,00	1.1.2014
Hamburg	4,50	1.1.2009
Hessen	6,00	1.8.2014
Mecklenburg-Vorpommern	5,00	1.7.2012
Niedersachsen	5,00	1.1.2014
Nordrhein-Westfalen	6,50	1.1.2015
Rheinland-Pfalz	5,00	1.3.2012
Saarland	6,50	1.1.2015
Sachsen	3,50	
Sachsen-Anhalt	5,00	1.3.2012
Schleswig-Holstein	6,50	1.1.2014
Thüringen	6,50	7.4.2017

Von der Grunderwerbsteuer sind **befreit**:

► der Erwerb eines zum Nachlass gehörenden Grundstücks durch Miterben zwecks Teilung des Nachlasses,

► der Grundstückserwerb durch den Ehegatten/eingetragenen Lebenspartner,

► der Erwerb durch Personen, die mit dem Veräußerer in gerader Linie verwandt sind,

► der Erwerb eines geringwertigen Grundstücks (2.500 € Freigrenze),

► der Grundstückserwerb von Todes wegen und Grundstücksschenkungen i. S. d. ErbStG,

► bestimmte konzerninterne Transfers (§ 6a GrEStG).

In einzelnen Fällen kann eine **Doppelbelastung** mit Umsatzsteuer und Grunderwerbsteuer entstehen. Im Grundsatz ist diese durch die Steuerbefreiung nach § 4 Nr. 9 UStG ausgeschlossen. Allerdings besteht die umsatzsteuerliche Möglichkeit einer Option, sodass dann zwei Verkehrsteuern auf einem Vorgang lasten, was aber den Vorteil des

Vorsteuerabzugs mit sich bringt. Die Grunderwerbsteuer selbst wird im Rahmen der Bilanzierung als Anschaffungsnebenkosten qualifiziert und ist damit aktivierungspflichtiger Bestandteil der Anschaffungskosten. Soweit die GrESt auf das Gebäude entfällt, tritt die Steuerwirksamkeit erst pro rata über den Abschreibungszeitraum ein. Der Anteil der GrESt für den Grund und Boden ist bis zum Abgang festgeschrieben.

Steuerschuldner der Grunderwerbsteuer sind nach Gesetz die am Erwerbsvorgang Beteiligten (also i. d. R. Veräußerer und Erwerber), wobei aber regelmäßig vertraglich festgelegt wird, dass nur der Erwerber die Belastung trägt.

Die **Konzernklausel** des § 6a GrEStG gilt für Erwerbsvorgänge, die nach dem 31. 12. 2009 verwirklicht werden. Damit werden Grundstücksübergänge bei Umwandlungsvorgängen unter bestimmten Voraussetzungen von der Grunderwerbsteuer ausgenommen. Begünstigt werden Vorgänge i. S. d. § 1 Abs. 1 Nr. 1–3 UmwG, also Verschmelzung, Spaltung und Vermögensübertragung. Voraussetzung ist, dass an dem Umwandlungsvorgang ausschließlich ein herrschendes Unternehmen und eine oder mehrere von diesem herrschenden Unternehmen abhängige Gesellschaften oder mehrere von einem herrschenden Unternehmen abhängige Gesellschaften beteiligt sind. Herrschendes Unternehmen kann eine natürliche oder juristische Person oder eine Personengesellschaft sein, die nach Auffassung der Finanzverwaltung selbst Unternehmer im umsatzsteuerlichen Sinne ist. Eine reine Finanzholding scheidet damit aus. Abhängig ist eine Personen- oder Kapitalgesellschaft, an deren Kapital das herrschende Unternehmen innerhalb von fünf Jahren vor dem Rechtsvorgang und fünf Jahren nach dem Rechtsvorgang unmittelbar oder mittelbar oder teils unmittelbar, teils mittelbar zu mindestens 95 vom Hundert ununterbrochen beteiligt ist. Stichtag für die Berechnung der fünfjährigen Vorbehaltensfrist ist die Eintragung der Umwandlung im Register. Die Nachbehaltensfrist beträgt ebenfalls fünf Jahre. Sie ist nicht eingehalten, wenn die Mindestbeteiligungsquote unterschritten wird oder nicht mehr besteht. Eine schädliche Änderung des Beteiligungsverhältnisses ist nach § 19 Abs. 2 Nr. 4a GrEStG anzuzeigen. Der BFH hat Zweifel, ob eine grunderwerbsteuerrechtliche Begünstigung des nationalen Rechts gegen das Beihilfeverbot des Unionsrechts verstößt und deshalb angewendet werden darf. Mit Beschluss vom 30. 5. 2017, II R 62/14, BStBl II 2017, S. 916 [→JAAAG-47398], hat er daher dem Gerichtshof der Europäischen Union (EuGH) im Rahmen eines sog. Vorabentscheidungsersuchens die Frage vorgelegt, ob die für die Grunderwerbsteuer geltende Steuervergünstigung bei Umstrukturierungen im Konzern nach § 6a des Grunderwerbsteuergesetzes (GrEStG) eine unionsrechtlich verbotene Beihilfe darstellt.

LITERATUR

Englisch, J., in: Tipke, K./Lang, J., Steuerrecht, 23. Aufl., Köln 2018, § 17.

Haberstock, L./Breithecker, V., Einführung in die Betriebswirtschaftliche Steuerlehre, 17. Aufl., Berlin 2016, S. 97–110.

Kraft, C./Kraft, G., Grundlagen der Unternehmensbesteuerung, 5. Aufl., Wiesbaden 2018, S. 315–377.

Kußmaul, H., Betriebswirtschaftliche Steuerlehre, 7. Aufl., München 2014, S. 422–452.

Rose, G./Watrin, C., Umsatzsteuer, 18. Aufl., Berlin 2013.

3.2.3 Erbschaft- und Schenkungsteuer

Die Erbschaft- und Schenkungsteuer ist eine Steuer, die als Personensteuer zu kennzeichnen ist und den Erbfall bzw. die Schenkung auf der Ebene des Empfängers erfasst. Die Erbschaftsteuer ist als **Erbanfallsteuer** konzipiert, sie ist keine Nachlasssteuer. Das bedeutet, dass der Nachlass nicht als Gesamtheit, sondern der jeweilige individuelle Vermögensanfall bei den Erben/Beschenkten erfasst wird. Der Einbezug von Schenkungen erfolgt zur Vermeidung von steuerorientierten Sachverhaltsgestaltungen im Wege der vorweggenommenen Erbfolge. Erfasst wird im Rahmen der Steuer die Bereicherung beim Erben bzw. beim Beschenkten jeweils unter Berücksichtigung persönlicher Beziehungen zum Erblasser bzw. Schenker.

Das Erbschaftsteuerrecht orientiert sich in den Begriffen und Vorgängen weitgehend am Erbrecht des BGB. Es bewirkt eine Belastung des ruhenden Vermögens unabhängig von der Ertragssituation. Deshalb steht die Erbschaftsteuer seit geraumer Zeit stark in der Kritik. Die Bewertung bei den einzelnen Vermögenskategorien erfolgt derzeit noch höchst unterschiedlich. Es lässt sich eine starke Privilegierung der Übertragung von Betriebsvermögen erkennen. Das Bundesverfassungsgericht hat mit Beschluss vom 7. 11. 2006, I BvL 10/02, DStR 2007, S. 235 [→GAAAC-36599]) festgestellt, dass die damalige Tarifvorschrift des Erbschaftsteuergesetzes mit dem Gleichheitssatz des Art. 3 Abs. 1 GG unvereinbar war. Die Anwendung eines einheitlichen Tarifs auf die Bemessungsgrundlage entsprach nicht den Anforderungen des Gleichheitssatzes. Daraus folgte, dass die Bewertungsregeln für Betriebsvermögen, für Anteile an Kapitalgesellschaften, für Grundvermögen und land- und forstwirtschaftliches Vermögen neu gefasst werden mussten. Bei Vorliegen ausreichender Gemeinwohlgründe könnten nach Ansicht des Bundesverfassungsgerichts in einem zweiten Schritt vom Gesetzgeber

Verschonungsregeln geschaffen werden. Der Gesetzgeber ist dem Auftrag mit dem Erbschaftsteuerreformgesetz vom 24.12.2008 (BGBl I S.3018) nachgekommen und verschonte den Transfer von Unternehmensvermögen in großem Umfang. Durch das Gesetz zur Anpassung des Erbschaftsteuer- und Schenkungsteuergesetzes an die Rechtsprechung des BVerfG vom 4.11.2016, BGBl I, S.2464, wurde das Erbschaftsteuerrecht 2016 rückwirkend zum 1.Juli erneut geändert. Zuvor hatte das BVerfG mit Urteil v. 17.12.2014, 1 BvL 21/12, BStBl II 2015, S.50 [→AAAAE-81469] die Verfassungswidrigkeit des ErbStG aufgrund der Privilegierung des Betriebsvermögens festgestellt und den Gesetzgeber zu einer Änderung verpflichtet.

Neben den realen Erwerben von Todes wegen und den Schenkungen unter Lebenden erfasst das Erbschaftsteuergesetz auch fiktive Erwerbe. Vermögen von **Familienstiftungen** wird im Abstand von 30 Jahren periodisch der Erbschaftsteuer unterzogen (Erbersatzsteuer, auch Ersatzerbschaftsteuer genannt). Eine Familienstiftung ist stets gegeben, wenn nach ihrer Satzung der Stifter, seine Angehörigen und deren Abkömmlinge zu mehr als der Hälfte bezugs- oder anfallsberechtigt (Destinatäre) sind. Darüber hinaus liegt eine Familienstiftung auch vor, wenn die genannten Destinatäre zu mehr als einem Viertel bezugs- oder anfallsberechtigt sind und zusätzliche Merkmale ein „wesentliches Familieninteresse" (bspw. wesentlicher Einfluss auf die Geschäftsführung) belegen.

Der Steuertatbestand des § 1 Abs.1 Nr.4 ErbStG ist darauf ausgerichtet, bestimmtes Stiftungsvermögen, das keinem natürlichen Generationenwechsel unterliegt, zu erfassen. Mit dem 30-jährigen Erhebungsturnus wird ein Generationenwechsel fingiert. Familienstiftungen mit Inlandsvermögen, deren Geschäftsleitung und Sitz im Ausland liegt, unterliegen nicht der Erbersatzsteuer. Die EU-Rechtskonformität ist deshalb fraglich. Das BVerfG hat 2011 hingegen die Verfassungsmäßigkeit der Erbersatzsteuer bestätigt. Für die Bewertung des Vermögens gelten auch im Fall der Familienstiftung die allgemeinen Regeln des ErbStG, auch die Steuerbefreiungstatbestände des § 13 finden Berücksichtigung. Nach der „Zwei-Kind-Fiktion" des § 15 Abs.2 Satz 3 ErbStG wird die Steuer nach Abzug eines doppelten Freibetrags von 400.000 € (§ 16 Abs.1 Nr.2 ErbStG) und durch Anwendung der Steuerklasse I (7–30 % progressiv, § 19 Abs.1 ErbStG) für die Hälfte des steuerpflichtigen Vermögens ermittelt. Steuerschuldner ist die Familienstiftung. Sie kann die Verrentung der Steuerschuld wählen (§ 24 ErbStG). Dann ist die Steuer in dreißig gleichen jährlichen Teilbeträgen unter Berücksichtigung eines Zinssatzes von 5,5 % zu entrichten, was in der Niedrigzinsphase regelmäßig nicht vorteilhaft sein dürfte.

Zweckzuwendungen unterliegen ebenfalls der Erbschaftsteuer. Das sind Zuwendungen von Todes wegen oder freigiebige Zuwendungen unter Lebenden, die mit der Auflage verbunden sind, zugunsten eines bestimmten Zwecks verwendet zu werden

(§ 1 Abs. 1 Nr. 3 ErbStG, § 8 ErbStG). Denkbar ist die Bezugnahme auf einen bestimmten Personenkreis (z. B. Hilfsbedürftige einer Gemeinde) oder auf einen bestimmten unpersönlichen Zweck (z. B. kirchliche, karitative Aufgaben).

Nimmt man nun wieder die üblichen Erbfälle oder Schenkungen in den Blick, ist der steuerpflichtige Erwerb, die **Bereicherung des Erwerbers** zu bestimmen, soweit sie nicht steuerfrei ist. Der Erwerber unterliegt mit seinem steuerpflichtigen Erwerb (§ 10 ErbStG) im Zeitpunkt der Entstehung der Steuer (§ 11 ErbStG). Die Bewertung richtet sich nach § 12 ErbStG und im Übrigen nach den Vorschriften des Bewertungsgesetzes. Wir beschränken uns hier auf die Erfassung des Unternehmensvermögens. Die Besteuerung des Betriebsvermögens soll rechtsformunabhängig durchgeführt werden. Die Ausrichtung erfolgt dabei am **gemeinen Wert** (§ 9 BewG), der in erster Linie aus Verkäufen abgeleitet wird, die weniger als ein Jahr zurückliegen. Andernfalls ist der gemeine Wert anhand der Ertragsaussichten zu schätzen. Dabei soll eine Methode angewendet werden, die ein Erwerber für die Bestimmung des Kaufpreises zugrunde legen würde. Für nicht-notierte Anteile an Kapitalgesellschaften und für Betriebsvermögen von Personenunternehmen ist das sog. **vereinfachte Ertragswertverfahren** vorgesehen, das den zukünftig nachhaltig erzielbaren Jahresertrag kapitalisiert (§ 200 BewG). Zugrunde liegt ein einphasiges Barwertkalkül, das von einer unendlichen konstanten Rente ausgeht und damit ein Unternehmen im Gleichgewichtszustand mit unendlicher Lebensdauer unterstellt.

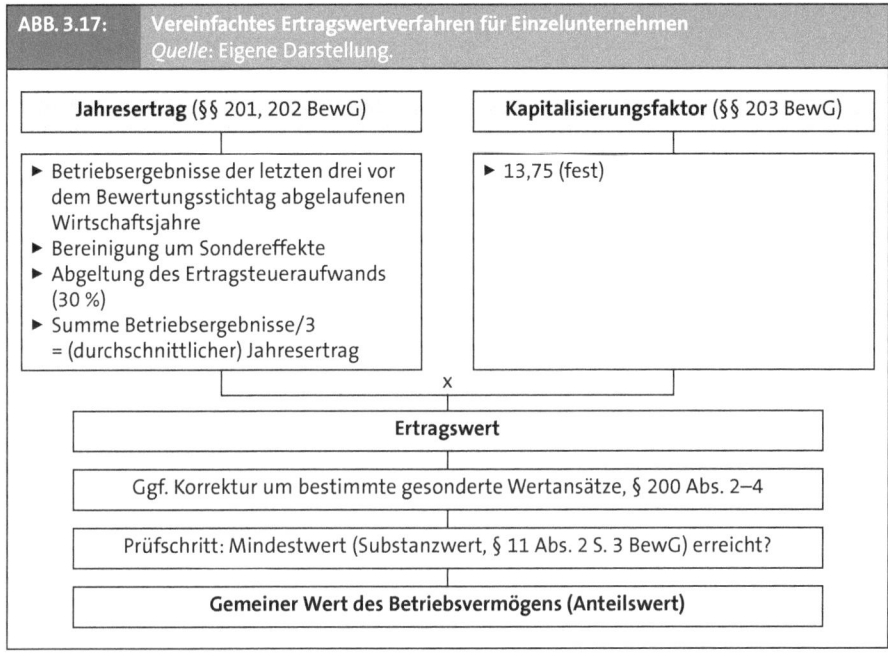

ABB. 3.17: Vereinfachtes Ertragswertverfahren für Einzelunternehmen
Quelle: Eigene Darstellung.

Jahresertrag (§§ 201, 202 BewG)	Kapitalisierungsfaktor (§§ 203 BewG)
▶ Betriebsergebnisse der letzten drei vor dem Bewertungsstichtag abgelaufenen Wirtschaftsjahre ▶ Bereinigung um Sondereffekte ▶ Abgeltung des Ertragsteueraufwands (30 %) ▶ Summe Betriebsergebnisse/3 = (durchschnittlicher) Jahresertrag	▶ 13,75 (fest)

x

Ertragswert

Ggf. Korrektur um bestimmte gesonderte Wertansätze, § 200 Abs. 2–4

Prüfschritt: Mindestwert (Substanzwert, § 11 Abs. 2 S. 3 BewG) erreicht?

Gemeiner Wert des Betriebsvermögens (Anteilswert)

Die Ermittlung des Jahresertrags erfolgt unter Rückgriff auf die in den letzten drei Jahren erzielten Ergebnisse (§ 201 BewG). Das Gesetz sieht im Einbezug des in der Vergangenheit tatsächlich erzielten Durchschnittsertrags eine Beurteilungsgrundlage für den zukünftig nachhaltig zu erzielenden Jahresertrag. Hat sich der Charakter des Unternehmens im Dreijahreszeitraum nach dem Gesamtbild der Verhältnisse nachhaltig verändert oder ist das Unternehmen neu entstanden, ist von einem entsprechend verkürzten Ermittlungszeitraum auszugehen. Zur Ermittlung des Betriebsergebnisses ist von dem Gewinn i. S. d. § 4 Abs. 1 Satz 1 EStG auszugehen (Ausgangswert) und durch Hinzurechnungen und Kürzungen zu modifizieren (§ 202 BewG).

Der Kapitalisierungsfaktor beträgt nach § 203 Abs. 1 BewG einheitlich 13,75. Das BMF wird ermächtigt, diesen Faktor durch Rechtsverordnung an die Entwicklung der Zinsstrukturdaten anzupassen. Bei einem solch hohen Multiplikator oder bei rückläufigen aktuellen Ergebnissen wird man **alternative Unternehmensbewertungsmethoden** (vgl. IDW S 1, Discounted Cash-Flow-Verfahren oder Ertragswertverfahren) in Betracht ziehen. Der einheitliche Kapitalisierungsfaktor berücksichtigt nicht unternehmensindividuelle Umstände und die konkrete Marktsituation. Legt man beispielsweise bei einem durchschnittlichen Gewinn der letzten drei Jahre von 2 Mio. € und den Kapitalisierungsfaktor von 13,75 zugrunde, so beträgt der erbschaftsteuerlich relevante

Unternehmenswert nach dem vereinfachten Ertragswertverfahren 27,5 Mio. €, was in der Realität vielfach zu hoch sein dürfte. Empirische Untersuchungen zeigen für die Vergangenheit, dass das vereinfachte Ertragswertverfahren oftmals zu überhöhten Werten führt. Daher werden in diesen Fällen aufwändige Wertgutachten nach anerkannten Unternehmensbewertungsverfahren notwendig sein, um zu einer realistischeren Bewertung zu gelangen. Sind nicht betriebsnotwendiges Vermögen, Beteiligungen an anderen Gesellschaften oder „junge Wirtschaftsgüter" vorhanden, so ist deren jeweiliger gemeiner Wert dem Betriebsvermögenswert noch hinzuzurechnen (§ 200 Abs. 2 u. 4 BewG).

Die Übertragung von Unternehmensvermögen wird – im Anschluss an die Bewertung – einem komplexen Begünstigungskonzept unterworfen, das bei Vorliegen bestimmter Voraussetzungen prozentuale Abschläge und Abzugsbeträge vorsieht. Bei kumulativen Entnahme-, Abfindungs- und Verfügungsbeschränkungen in Familienunternehmen erfolgt ein Wertabschlag von bis zu 30 % des begünstigten Vermögens (§ 13a Abs. 9 ErbStG). Unter den zahlreichen Voraussetzungen ist besonders hervorzuheben, dass die Bedingungen in den Gesellschaftsverträgen zwei Jahre vor und 20 Jahre nach der Übertragung verankert sein müssen. Das ist eine in der Praxis nur schwer erreichbare Einschränkung.

Generell wird das Unternehmensvermögen um Verwaltungsvermögen mit Ausnahme des unschädlichen Teils bereinigt. So löst der Gesetzgeber die schwierige Aufgabe, zwischen produktivem Vermögen und Vermögen, das der Vermögensverwaltung dient, zu unterscheiden. Zunächst betrachten wir das Begünstigungsregime für Unternehmensvermögen bis 26 Mio. €. Durch Inanspruchnahme der **Optionsverschonung** kann solches Betriebsvermögen gänzlich steuerfrei (also zu 100 %) übertragen werden. Bei Anwendung der **Regelverschonung** beträgt die Begünstigung dann 85 %. Nach §§ 13a und 13b ErbStG wird die Vergünstigung gewährt, wenn die Lohnsummenklausel (§ 13a Abs. 3 und 10 ErbStG) und die Behaltensfrist (§ 13a Abs. 6 und 10 ErbStG) erfüllt werden. Der nach Anwendung dieser Befreiungen verbleibende Teil des begünstigten Vermögens bleibt bis zu einem Betrag von 150.000 EUR (der bei Erwerben von mehr als 150.000 EUR abschmilzt) steuerfrei (sog. Abzugsbetrag, geregelt in § 13a Abs. 2 ErbStG). Die Inanspruchnahme der Regelverschonung wird an die Erhaltung einer Mindestlohnsumme von 400 % geknüpft. Außerdem ist eine fünfjährige Behaltensfrist zu beachten. Bei Unternehmen mit weniger als 16 Beschäftigten kommen reduzierte Grenzen in Betracht. Die erbschaft- und schenkungsteuerlichen Begünstigungen sollen dem Erhalt von kleinen und mittelständischen Unternehmen und deren Arbeitsplätzen dienen.

Bei der Optionsverschonung, bei der eine volle Steuerbefreiung gewährt wird, ist Voraussetzung, dass im begünstigten Vermögen nicht mehr als 20 % Verwaltungsvermögen enthalten sind. Die weiteren Voraussetzungen – Mindestlohnsumme von 700 %

und die siebenjährige Behaltensfrist – sind ebenfalls zu beachten. Auch hier gibt es niedrigere Hürden für Unternehmen mit wenigen Beschäftigten.

Bei Großerwerben (> 26 Mio. EUR) verringern sich die Abschläge nach § 13a Abs. 1 oder 10 ErbStG auf Antrag des Erwerbers um jeweils einen Prozentpunkt für jede volle 750.000 €, die der Wert des begünstigten Vermögens den Betrag von 26 Mio. € übersteigt (§ 13c ErbStG). Die Regelverschonung entfällt damit, wenn das Vermögen 89,75 Mio. € übersteigt. Die Optionsverschonung entfällt ab einem Betrag von 90 Mio. €. Da es bei der Erbschaftsteuer auf die individuelle Bereicherung ankommt, wird das Unternehmensvermögen in solchen Fällen auf mehrere Erwerber übertragen. Außerdem gibt es eine Verschonungsbedarfsprüfung nach § 28a ErbStG. Auf Antrag erfolgt eine Freistellung von der ErbSt, wenn diese nachweislich nicht aus dem verfügbaren Vermögen beglichen werden kann.

ABB. 3.18:	Optionsverschonung und Regelverschonung *Quelle:* Eigene Darstellung.	
	Regelverschonung **(85 %)**	**Verschonungsoption** **(100 %)**
Behaltensfrist	5 Jahre (§ 13a Abs. 6 ErbStG)	7 Jahre (§ 13a Abs. 10 Nr. 6 ErbStG)
Mindestlohnsumme/ **Lohnsummenfrist/** **Staffelung nach Mit-** **arbeiterzahl (MA)**	250 %/5 Jahre/5-10 Mit- arbeiter (MA) 300 %/5 Jahre/11-15 MA 400 %/5 Jahre/ab 16 MA (§ 13a Abs. 3 Satz 1 und Satz 4 Nr. 1 u. 2 ErbStG)	500 %/7 Jahre/5-10 MA 565 %/7 Jahre/11-15 MA 700 %/7 Jahre/ab 16 MA (§ 13a Abs. 10 Nr. 1 bis 5 ErbStG)
Verwaltungsvermö- **gensgrenze**	–	max. 20 % (§ 13a Abs. 10 Satz 2 ErbStG)
Abzugsbetrag	abschmelzender Freibetrag 150.000 € (§ 13a Abs. 2 i. V .m. § 13b Abs. 4 ErbStG)	–

Die weitere Ermittlung der übrigen Bemessungsgrundlagenteile ist von sachlichen (§ 13 ErbStG) und persönlichen Freibeträgen (§ 16 ErbStG) abhängig, die nach Steuerklassen differenziert ausgestaltet sind.

Den Steuerklassen gehören nach § 15 Abs. 1 ErbStG an:

▶ **Steuerklasse I**

1. der Ehegatte und der Lebenspartner,

2. die Kinder und Stiefkinder,

3. die Abkömmlinge der unter 2. genannten Kinder und Stiefkinder,

4. die Eltern und Voreltern bei Erwerben von Todes wegen;

▶ **Steuerklasse II**

1. die Eltern und Voreltern, soweit sie nicht zur Steuerklasse I gehören,

2. die Geschwister,

3. die Abkömmlinge ersten Grades von Geschwistern,

4. die Stiefeltern,

5. die Schwiegerkinder,

6. die Schwiegereltern,

7. der geschiedene Ehegatte und der Lebenspartner einer aufgehobenen Lebenspartnerschaft;

▶ **Steuerklasse III**

alle übrigen Erwerber und die Zweckzuwendungen.

Sachliche Freibeträge gelten beispielsweise für Hausrat, andere bewegliche körperliche Gegenstände, für Kulturgüter und für das Familienheim bei Übergang im Erbfall auf den überlebenden Ehegatten/Lebenspartner.

Persönliche Freibeträge stehen dem Erwerber zu. Mehrere innerhalb von zehn Jahren von derselben Person anfallende Vermögensvorteile werden nach § 14 ErbStG in der Weise zusammengerechnet, dass dem letzten Erwerb die früheren Erwerbe nach ihrem früheren Wert zugerechnet werden. Von der Steuer für den Gesamtbetrag wird die Steuer abgezogen, die für die früheren Erwerbe nach den persönlichen Verhältnissen des Erwerbers und auf der Grundlage der geltenden Vorschriften zur Zeit des letzten Erwerbs zu erheben gewesen wäre.

ABB. 3.19:	Steuerklassenbezogene Freibeträge *Quelle*: Eigene Darstellung.	
Steuerklasse I	Ehegatte/Lebenspartner	500.000 €
	Kinder und Stiefkinder	400.000 €
	Enkel	200.000 €
	Sonstige Personen der Steuerklasse I, z. B. Eltern und Großeltern (im Erbfall)	100.000 €
Steuerklasse II	Eltern und Großeltern (bei Schenkung) Geschwister Nichten und Neffen Stiefeltern Schwiegersohn, Schwiegertochter Schwiegereltern Geschiedener Ehepartner/Lebenspartner einer aufgehobenen Lebenspartnerschaft	20.000 €
Steuerklasse III	Sonstige	20.000 €

§ 17 ErbStG sieht besondere Versorgungsfreibeträge für den überlebenden Ehegatten/ Lebenspartner und für Kinder bis zum vollendeten 27. Lebensjahr vor, die nur für Erwerbe von Todes wegen gelten und sich um steuerfreie Versorgungsbezüge ermäßigen.

Der Erbschaftsteuertarif ist doppelt progressiv ausgestaltet. Zum einen ist der Steuersatz abhängig vom Wert des übertragenen Vermögens, zum anderen von der anzuwendenden Steuerklasse (§ 19 Abs. 1 ErbStG). Beim Erwerb von Betriebsvermögen, Betrieben der Land- und Forstwirtschaft und von Anteilen an Kapitalgesellschaften kommt eine Tarifbegrenzung in Betracht (§ 19a ErbStG).

ABB. 3.20:	Erbschaftsteuertarif *Quelle*: Eigene Darstellung.		
Wert des steuerpflichtigen Erwerbs (§ 10 ErbStG) bis einschl. ... €	Prozentsatz in der Steuerklasse		
	I	II	III
75.000	7	15	30
300.000	11	20	30
600.000	15	25	30
6.000.000	19	30	30
13.000.000	23	35	50
26.000.000	27	40	50
über 26.000.000	30	43	50

Die Steuerschuld entsteht bei Erwerben von Todes wegen grundsätzlich mit dem Tod des Erblassers, bei Schenkungen unter Lebenden im Zeitpunkt der Ausführung der Schenkung (§ 9 Abs. 1 Nr. 1 u. 2 ErbStG). Steuerschuldner ist der Erwerber, bei einer Schenkung auch der Schenker, bei einer Zweckzuwendung der mit der Ausführung der Zuwendung Beschwerte (§ 20 Abs. 1 ErbStG). Hat der Schenker die Entrichtung der vom Beschenkten geschuldeten Steuer selbst übernommen oder einem anderen auferlegt, gilt nach § 10 Abs. 2 ErbStG als Erwerb der Betrag, der sich bei einer Zusammenrechnung des Erwerbs nach Absatz 1 mit der aus ihm errechneten Steuer ergibt. Da der Vorteil der Steuerübernahme für den Beschenkten jedoch höher ist, kann dies eine sinnvolle Gestaltung sein.

LITERATUR

Haberstock, L./Breithecker, V., Einführung in die Betriebswirtschaftliche Steuerlehre, 17. Aufl., Berlin 2016, S. 91–94.

Kraft, C./Kraft, G., Grundlagen der Unternehmensbesteuerung, 5. Aufl., Wiesbaden 2018, S. 259–304, 315–366.

Kußmaul, H., Betriebswirtschaftliche Steuerlehre, 7. Aufl., München 2014, S. 411–419.

Seer, R., in: Tipke, K./Lang, J., Steuerrecht, 23. Aufl., Köln 2018, § 15.

Kapitel 4: Die laufende Besteuerung einzelner Unternehmen

4.1 Die Gewerbesteuer bei Personenunternehmen und Kapitalgesellschaften

4.1.1 Ermittlung des Gewerbeertrags

Sowohl Einzelunternehmen als auch Personen- und Kapitalgesellschaften können nach § 5 Abs. 1 GewStG Steuerschuldner (Steuersubjekt) der Gewerbesteuer sein. Im Folgenden wird daher auf die Ermittlung der Gewerbesteuer als gemeinsames Element der Besteuerung von Personenunternehmen und Kapitalgesellschaften eingegangen.

Die Gewerbesteuer wurde bereits als Objektsteuer für Unternehmen gekennzeichnet. Die Bemessungsgrundlage der Gewerbesteuer, der Gewerbeertrag (§ 6 GewStG), ermittelt sich nach folgendem Schema.

ABB. 4.1:	Schema zur Ermittlung des maßgebenden Gewerbeertrags *Quelle*: Eigene Darstellung.
	Ausgangsgröße (§ 7 GewStG): Gewerblicher Gewinn/Verlust nach einkommen- und körperschaftsteuerlichen Regeln
+	**Hinzurechnungen** (§ 8 GewStG)
-	**Kürzungen** (§ 9 GewStG)
=	**maßgebender Gewerbeertrag** (vor Verlustabzug)

▶ Ausgangsgröße

Die Gewerbesteuer basiert auf dem unternehmerischen Erfolg, der als Jahresüberschuss ermittelt worden ist und sich unter Berücksichtigung steuerrechtlicher Vorschriften als Steuerbilanzgewinn zeigt (Ausgangsgröße). Die Ausgangsgröße kann auch negativ sein. Die Ergebnisse der Einkommen- bzw. Körperschaftsteuerveranlagung sind für die Gewerbesteuer zwar nicht bindend. Der Gewinn ist für die Gewerbesteuer selbständig zu ermitteln. In der praktischen Durchführung werden die Ergebnisse dieser Veranlagungen jedoch regelmäßig für die Gewerbesteuer übernommen.

▶ Hinzurechnungen und Kürzungen

Bei der Ermittlung des Gewerbeertrags werden Hinzurechnungen und Kürzungen gem. §§ 8 und 9 GewStG berücksichtigt. Diese Modifikationen dienen zum einen der Umsetzung des Objektcharakters der Gewerbesteuer, des Weiteren der Sicherung des Inlandscharakters der Steuer, der Vermeidung einer Doppelbelastung mit zwei Objektsteuern oder der Vermeidung einer gewerbesteuerlichen Nichterfassung. Darüber hinaus gibt es sozial- und wirtschaftspolitische Ziele und haushaltspolitische Erwägungen für gewerbesteuerliche Modifikationen. Tab. 4.1 zeigt Ihnen die nach den verschiedenen Zwecken geordneten Hinzurechnungs- und Kürzungstatbestände, die anschließend im Einzelnen erläutert werden. Die wirtschaftliche Bedeutung der Hinzurechnungs- und Kürzungsvorschriften liegt in der Erhöhung bzw. Minderung der Gewerbesteuerbelastung.

TAB. 4.1:	Gründe für Hinzurechnungen und Kürzungen *Quelle*: Eigene Darstellung.		
Umsetzung des Objektcharakters	**Sicherung des Inlandscharakters**	**Vermeidung einer Doppelbelastung mit Objektsteuern bzw. gewerbesteuerliche Nichterfassung**	**Sozial- und wirtschaftspolitische Ziele sowie haushaltspolitische Gründe**
Hinzurechnungen (§ 8)			
§ 8 Nr. 1 Hinzurechnungen von Finanzierungsaufwendungen (insbesondere Zinsen, Gewinnanteile von typischen stillen Gesellschaftern, Mieten, Leasingraten, Lizenzen)	**§ 8 Nr. 8** Verluste aus der Beteiligung an einer ausländischen Personengesellschaft	**§ 8 Nr. 8** Verluste aus der Beteiligung an einer inländischen Personengesellschaft	**§ 8 Nr. 5** Dividenden, bei denen das gewerbesteuerliche Schachtelprivileg nicht erfüllt ist
§ 8 Nr. 4 Gewinnanteile und Geschäftsführervergütung von Komplementären einer KGaA	**§ 8 Nr. 12** Als Betriebsausgaben abgezogene ausländische Steuern	**§ 8 Nr. 10** Ausschüttungsbedingte Teilwertabschreibungen	**§ 8 Nr. 9** Zuwendungen (Spenden) i. S. d. § 9 KStG
Kürzungen (§ 9)			
	§ 9 Nr. 2 Gewinne aus der Beteiligung an einer ausländischen Personengesellschaft	**§ 9 Nr. 1** Grundstückserträge (i. d. R. in pauschalierter Form)	**§ 9 Nr. 5** Abziehbare Spenden

§ 9 Nr. 3 Auf ausländische Betriebsstätten entfallender Gewerbeertrag	§ 9 Nr. 2 Gewinne aus der Beteiligung an einer inländischen Personengesellschaft	
§ 9 Nr. 7, 8 Gewinne aus der Beteiligung an einer ausländischen Kapitalgesellschaft	§ 9 Nr. 2a Gewinne aus Anteilen an einer inländischen Kapitalgesellschaft	
	§ 9 Nr. 2b Gewinne aus der Beteiligung an einer (inländischen) KGaA	

► **Hinzurechnungen von Finanzierungsaufwendungen (§ 8 Nr. 1 GewStG)**

Bei der Hinzurechnung von Finanzierungsaufwendungen werden nicht nur Zinsen aus langfristigen Finanzierungen einbezogen, sondern auch kurzfristige Finanzierungssachverhalte. Des Weiteren werden fiktive Zinsanteile hinzugerechnet, die aus Miet-, Pacht- und Leasingverhältnissen oder der zeitlich befristeten Überlassung von Rechten resultieren. Die Summe der solchermaßen ermittelten Zinsen und zinsähnlichen Beträge wird gekürzt um einen Freibetrag von 100.000 €. Der verbleibende Betrag unterliegt zu 25 % der Hinzurechnung zur Gewerbesteuerbemessungsgrundlage.

Dieser abschließende Katalog von Hinzurechnungstatbeständen i. S. d. § 8 Nr. 1 GewStG führt im Ergebnis zu einer Ungleichbehandlung der Vergütungen unterschiedlicher Finanzierungsformen im Rahmen der Gewerbesteuer. Bei den einzelnen Finanzierungsarten wird auf unterschiedliche Weise die Vergütung in den Gewerbeertrag einbezogen (s. Tab. 4.2).

ABB. 4.2:	Finanzierungsaufwendungen gem. § 8 Nr. 1 GewStG *Quelle*: Eigene Darstellung.
§ 8 Nr. 1 GewStG	
	Zinsen aller Art, auch kurzfristig, jedoch ohne gewöhnliche Skonti, Boni u. Ä. (auch zwischen verbundenen Unternehmen)
+	Ertragsanteil aus Renten
+	Gewinnanteile stiller Gesellschafter
+	20 % der Miet-/Pacht-/Leasingzahlungen für bewegliche Wirtschaftsgüter
+	50 % der Miet-/Pacht-/Leasingzahlungen für unbewegliche Wirtschaftsgüter
+	25 % der Aufwendungen für die zeitlich befristete Überlassung von Rechten
=	**Summe der Zinsen und zinsähnliche Beträge**
-	Freibetrag 100.000 €
=	**verbleibender Betrag**
·	25 %
=	**Hinzurechnungsbetrag**

TAB. 4.2:	Unterschiede in der Berücksichtigung der Vergütung im Rahmen des Gewerbeertrags *Quelle*: Eigene Darstellung.
Finanzierungsart	**Umfang des Einbezugs der Vergütung in den Gewerbeertrag**
Eigenfinanzierung (Gewinn)	In vollem Umfang im Gewerbeertrag enthalten
Darlehen (Zinsen)	Zu 25 % im Gewerbeertrag enthalten
Typische stille Gesellschaft (Gewinnanteil)	Zu 25 % im Gewerbeertrag enthalten
Sachdarlehen (Mietvertrag über bewegliches Wirtschaftsgut des Anlagevermögens: Miete)	Zu 5 % (= $^1/_4$ von 20 %) im Gewerbeertrag enthalten; kein Abzug der Abschreibungen auf das Wirtschaftsgut
Sachdarlehen (Mietvertrag über unbewegliches Wirtschaftsgut, insbesondere Gebäude: Miete)	Zu 12,5 % (= $^1/_4$ von 50 %) im Gewerbeertrag enthalten; kein Abzug der Abschreibungen auf das Wirtschaftsgut; kein Abzug der Grundstückserträge (1,2 % des um 40 % erhöhten Einheitswerts des Grundstücks)

► **Gewinnanteile persönlich haftender Gesellschafter einer KGaA (§ 8 Nr. 4 GewStG)**

Bezüge, die an persönlich haftende Gesellschafter einer Kommanditgesellschaf auf Aktien auf ihre nicht auf das Grundkapital gemachten Einlagen oder als Vergütung an die Geschäftsführung verteilt worden sind, sind dem Gewinn aus Gewerbebetrieb ebenfalls hinzuzurechnen (§ 8 Nr. 4 GewStG). Die Vorschrift bezweckt wie § 8 Nr. 1 GewStG die Ermittlung eines objektiven Gewerbeertrags und berücksichtigt die Tatsache, dass die KGaA ertragsteuerlich sowohl Elemente einer Kapitalgesellschaft als auch einer Personengesellschaft aufweist (BFH, Urteil vom 4. 5. 1965, I 186/64 U, BStBl III 1965, S. 418). Sie ist demnach einerseits der Körperschaftsteuer unterworfen, andererseits darf sie den Teil des Gewinns, der auf Vergütungen an persönlich haftende Gesellschafter entfällt, nach § 9 Abs. 1 Nr. 1 KStG bei der Ermittlung des Einkommens abziehen. Diese Bezüge persönlich haftender Gesellschafter sind somit nicht in der Ausgangsgröße (körperschaftsteuerliches Einkommen) zur Ermittlung des Gewerbeertrags enthalten. Die Hinzurechnungsvorschrift des § 8 Nr. 4 GewStG stellt sicher, dass diese Gewinne dennoch der Gewerbesteuer unterliegen.

► **Gewinnanteile aus Kapitalgesellschaftsbeteiligungen (§ 8 Nr. 5 GewStG)**
Eine weitere Hinzurechnungsvorschrift betrifft die nach § 3 Nr. 40 EStG oder § 8b Abs. 1 KStG bei der Ermittlung der Ausgangsgröße außer Ansatz gebliebenen Gewinnanteile (Dividenden) aus Anteilen an Körperschaften, soweit sie nicht die Voraussetzungen des § 9 Nr. 2a oder 7 GewStG erfüllen. Grundsätzlich sind das Teileinkünfteverfahren und das Freistellungsverfahren auch für die Ermittlung des Gewerbeertrags anzuwenden. Werden die Voraussetzungen des § 9 Nr. 2a und 7 GewStG, nach denen die Beteiligung zu Beginn des Erhebungszeitraums mindestens 15 % betragen muss, nicht erfüllt, so verlangt § 8 Nr. 5 GewStG eine Hinzurechnung dieser außer Ansatz gebliebenen Beträge. Im Ergebnis beschränkt die Vorschrift die Begünstigung gewerbesteuerlich auf Schachtelerträge. Erträge aus sog. Streubesitz werden diskriminiert.

► **Verlustanteile aus Mitunternehmergemeinschaften (§ 8 Nr. 8 GewStG)**
§ 8 Nr. 8 GewStG ordnet die Hinzurechnung der Anteile am Verlust von in- und ausländischen Personengesellschaften an. Zweck dieser Vorschrift ist die Vermeidung einer gewerbesteuerlich doppelten Erfassung der Verluste von Mitunternehmerschaften für den Fall, dass die Beteiligung an einer Personengesellschaft zum Betriebsvermögen des Gesellschafters gehört. Der Verlustanteil am Ergebnis der Personengesellschaft wird im Wege der einheitlichen Gewinnfeststellung anteilig den Gesellschaftern zugerechnet und mindert die Ausgangsgröße für die Ermittlung des Ertrags des Gewerbebetriebs des Gesellschafters. Diese Position wird durch die Hinzurechnungsvorschrift des § 8 Nr. 8 GewStG für die Berechnung der Gewerbesteuer des Gewerbebetriebs des Gesellschafters neutralisiert. Die Vorschrift korrespondiert mit der Kürzungsvorschrift des § 9 Nr. 2 GewStG.

► **Zuwendungen (Spenden) i. S. d. § 9 Abs. 1 Nr. 2 KStG (§ 8 Nr. 9 GewStG)**
Die abziehbaren Ausgaben i. S. d. § 9 Abs. 1 Nr. 2 KStG (Spenden) sind dem Gewinn ebenfalls hinzuzurechnen. § 8 Nr. 9 GewStG dient der Gleichstellung von einkommen- und körperschaftsteuerpflichtigen Gewerbetreibenden. Nach § 9 Abs. 1 Nr. 2 KStG können körperschaftsteuerpflichtige Ausgaben zur Förderung mildtätiger, kirchlicher, religiöser, wissenschaftlicher und als besonders förderungswürdig anerkannter kultureller

Zwecke bei der körperschaftsteuerlichen Einkommensermittlung abziehen. Die Ausgangsgröße zur Ermittlung des Gewerbeertrags ist damit gemindert. Bei einkommensteuerpflichtigen Gewerbetreibenden sind entsprechende Ausgaben nur als Sonderausgaben nach § 10b EStG abziehbar. Sie mindern den einkommensteuerlichen Gewinn, die Ausgangsgröße zur Ermittlung des Gewerbeertrags, nicht. Körperschaftsteuerpflichtige Gewerbetreibende wären demnach ohne die Hinzurechnungsvorschrift des § 8 Nr. 9 GewStG gewerbesteuerlich gegenüber einkommensteuerpflichtigen Gewerbetreibenden bevorteilt. Die als Betriebsausgaben abgezogenen und hinzugerechneten Spenden sind anschließend nach § 9 Nr. 5 GewStG einheitlich mit bestimmten Höchstbeträgen von der Summe des Gewinns und der Hinzurechnungen zu kürzen.

▶ **Ausschüttungsbedingte Teilwertabschreibungen (§ 8 Nr. 10 GewStG)**

Die Hinzurechnungsvorschrift des § 8 Nr. 10 GewStG soll nach Vorstellung des Gesetzgebers ein Gegenstück zum sog. gewerbesteuerrechtlichen Schachtelprivileg darstellen. Nach § 9 Nr. 2a, 7 und 8 GewStG werden bei der Ermittlung des Gewerbeertrags die Gewinne aus Anteilen von bestimmten Körperschaften gekürzt, sofern mindestens eine Beteiligung von 15 % an der Körperschaft besteht. Nimmt der Anteilsinhaber aufgrund der Gewinnausschüttung eine Teilwertabschreibung vor, so wird die daraus folgende Gewinnminderung bei dem Anteilseigner ebenso neutralisiert wie der Ertrag aus der Ausschüttung nach § 9 Nr. 2a, 7 und 8 GewStG. Entsprechend werden Gewinnminderungen, die aus der Veräußerung oder Entnahme des Anteils an einer Körperschaft oder bei Auflösung oder Herabsetzung des Kapitals der Körperschaft entstanden und auf Gewinnausschüttungen zurückzuführen sind, bei dem Anteilseigner hinzugerechnet.

▶ **Ausländische Steuern (§ 8 Nr. 12 GewStG)**

Die letzte Hinzurechnungsvorschrift sieht die Hinzurechnung ausländischer Steuern vor, sofern die ausländischen Einkünfte nicht im Gewinn enthalten sind oder bei der Gewerbeertragsermittlung vom Gewinn gekürzt werden. Zweck dieser Vorschrift ist die Vermeidung von mehrfachen nicht gerechtfertigten Minderungen der Gewerbesteuerbemessungsgrundlage durch ausländische Steuern. Ausländische Steuern werden unter bestimmten Voraussetzungen entweder auf die inländische Einkommensteuer bzw. Körperschaftsteuer angerechnet (§ 34c Abs. 1 EStG bzw. § 26 Abs. 1 KStG) oder auf Antrag bei der Ermittlung der Einkünfte abgezogen (§ 34c Abs. 2 und 3 EStG ggf. i. V. m. § 26 Abs. 6 KStG). Nur im Fall des Abzugs mindern die ausländischen Steuern als Betriebsausgabe den Gewinn und damit die gewerbesteuerliche Ausgangsgröße. Diese Minderung ist aber nicht gerechtfertigt, soweit sich die abgezogenen ausländischen Steuern auf Gewinnanteile beziehen, die bei Ermittlung des Gewerbeertrags außer Ansatz gelassen oder nach § 9 gekürzt werden. Deswegen sind sie dem Gewinn wieder hinzuzurechnen. Ausländische Steuern, die nach § 34c Abs. 1 EStG auf die Einkommensteuer angerechnet werden, wirken sich hingegen nicht auf den Gewerbeertrag aus und werden daher von der Hinzurechnung nicht erfasst.

Während die wesentlichen Hinzurechnungsvorschriften (vgl. insbesondere den Katalog des § 8 Nr. 1 GewStG, aber auch § 8 Nr. 4 GewStG) durch den Objektcharakter der Gewerbesteuer begründet sind, beabsichtigen die Kürzungsvorschriften in der Mehrzahl die Befreiung von der Gewerbesteuer. Dadurch soll zum einen die Sicherung des Inlandscharakters gewährleistet und andererseits die doppelte Erfassung mit mehreren Realsteuern vermieden werden. Folgende Kürzungstatbestände sind derzeitig im deutschen Steuerrecht zu beachten.

▶ **Kürzung des Grundbesitzes (§ 9 Nr. 1 GewStG)**

Die Kürzungsvorschrift des § 9 Nr. 1 GewStG, die 1,2 % vom Einheitswert eines zum Betriebsvermögen des Unternehmers gehörenden und nicht von der Grundsteuer befreiten Grundbesitzes von der Summe des Gewinns und der Hinzurechnungen kürzt, bezweckt, dass der Grundbesitz nicht sowohl von der Grundsteuer als auch der Gewerbesteuer belastet wird. Neben der Vermeidung der Belastung mit zwei Realsteuern wird die Kürzungsvorschrift des § 9 Nr. 1 GewStG mit der Angleichung des mit eigenem Grundbesitz ausgestatteten Betriebs an den mit fremdem Grundbesitz wirtschaftenden Betrieb begründet. Während der Betrieb mit fremdem Grundbesitz die gezahlten Miet- und Pachtzahlungen voll abziehen kann, entrichtet der Betrieb mit eigenem Grundbesitz keine als Betriebsausgaben anzuerkennenden Miet- und Pachtzahlungen, die seinen Gewinn mindern. Bemessungsgrundlage der pauschalisierenden Angleichung sind bei Grundstücken 140 % des auf den Wertverhältnissen vom 1. 1. 1964 beruhenden Einheitswerts (§ 121a BewG). Nach § 9 Nr. 1 Satz 2 GewStG können grundstücksverwaltende Unternehmen auf Antrag die erweiterte Kürzung in Anspruch nehmen. Dies betrifft Unternehmen, die ausschließlich eigenen Grundbesitz oder daneben eigenes Kapitalvermögen verwalten und nutzen oder daneben Wohnungsbauten betreuen oder bestimmte Wohnimmobilien errichten und veräußern. Dann wird der Gewerbeertrag anstelle von 1,2 % des Einheitswerts um den Teil gekürzt, der auf die Verwaltung des eigenen Grundbesitzes entfällt, was im Idealfall zu einer vollständigen Entlastung von der Gewerbesteuer führt.

▶ **Gewinnanteile aus Mitunternehmergemeinschaften (§ 9 Nr. 2 GewStG)**

Analog zu § 8 Nr. 8 GewStG ordnet § 9 Nr. 2 GewStG die Kürzung der Anteile am Gewinn von in- und ausländischen Personengesellschaften an, bei der die Gesellschafter als (Mit-)Unternehmer des Gewerbebetriebs anzusehen sind, wenn die Gewinnanteile bei der Ermittlung der Ausgangsgröße angesetzt worden sind. Zweck der Vorschrift ist es, eine doppelte gewerbesteuerliche Erfassung der Gewinne einer Personengesellschaft zu vermeiden. Bei ausländischen Personengesellschaften ist die Kürzung nur möglich, wenn sie ihrer Struktur nach mit einer Personengesellschaft nach deutschem Recht vergleichbar sind. Im Einzelnen gelten die Ausführungen zu § 8 Nr. 8 GewStG entsprechend.

▶ **Gewinnanteile aus inländischen Kapitalgesellschaftsbeteiligungen (§ 9 Nr. 2a GewStG)**

Neben Gewinnanteilen aus Mitunternehmerschaften können auch die Gewinne aus Anteilen inländischer Kapitalgesellschaften die Ausgangsgröße der Gewerbeertragsermittlung, den steuerlichen Gewinn, erhöht haben. Um eine doppelte Belastung ausgeschütteter Gewinne beim Anteilseigner und der Kapitalgesellschaft mit Gewerbesteuer zu vermeiden, ist gem. § 9 Nr. 2a GewStG eine Kürzung bei dem Anteilseigner vorzunehmen, sofern dieser mit mindestens 15 % am Grund- oder Stammkapital der Kapitalgesellschaft beteiligt ist (gewerbesteuerliches Schachtelprivileg). Die ausgeschütteten Gewinnanteile müssen im Gewinn des Anteilseigners enthalten sein. Daher ist keine Kürzung für den Teil des einkommen- bzw. körperschaftsteuerlichen Einkommens vorzunehmen, der durch Anwendung des Teileinkünfteverfahrens (§ 20 Abs. 1 Nr. 1 i.V.m. § 3 Nr. 40d EStG) oder des § 8b Abs. 1 KStG steuerfrei ist. Dem Gedankengang des § 3c EStG folgend, ist der Kürzungsbetrag jedoch um im unmittelbaren Zusammenhang mit Gewinnanteilen stehende Aufwendungen zu mindern. Nach § 8 Abs. 5 KStG nicht abziehbare Betriebsausgaben (5 %) sind gem. § 9 Nr. 2a Satz 4 GewStG keine Gewinne i. S. v. Abs. 1 und daher nicht zu kürzen.

▶ **Gewinnanteile des persönlich haftenden Gesellschafters der KGaA (§ 9 Nr. 2b GewStG)**

Die Kürzungsvorschrift des § 9 Nr. 2b GewStG betrifft Gewerbetreibende, die als Komplementär an einer KGaA beteiligt sind. Im Gewerbebetrieb der KGaA sind die an persönlich haftende Gesellschafter nicht auf das Grundkapital geleisteten Einlagen oder Vergütungen für die Geschäftsführung bei der Ermittlung des Gewerbeertrags gem. § 8 Nr. 4 GewStG dem Gewinn hinzuzurechnen. Um eine Doppelerfassung bei der Gewerbesteuer zu vermeiden, sind sie im Gewerbebetrieb des persönlich haftenden Gesellschafters abzuziehen, wenn sie bei ihm bei der Ermittlung des Gewinns (§ 7 GewStG) angesetzt worden sind.

▶ **Erträge aus ausländischen Betriebstätten (§ 9 Nr. 3 GewStG)**

Grundsätzlich unterliegt ein Gewerbebetrieb der Gewerbesteuer nur, soweit er im Inland betrieben wird (§ 2 Abs. 1 Satz 1 GewStG). Insofern hat die Kürzung der Erträge aus ausländischen Betriebstätten gem. § 9 Nr. 3 GewStG wohl nur klarstellenden Charakter. Die Vorschrift dient der Sicherung des Inlandscharakters der Gewerbesteuer.

▶ **Spenden (§ 9 Nr. 5 GewStG)**

Nachdem aus Gleichstellungsgründen dem nach einkommen- bzw. körperschaftsteuerlichen Grundsätzen ermittelten Gewinn (Ausgangsgröße) gem. § 8 Nr. 9 GewStG zunächst die Ausgaben i. S. d. § 9 Abs. 1 Nr. 2 KStG (Spenden) hinzugerechnet worden und damit sämtliche Spenden in der Summe aus Gewinn und Hinzurechnungen enthalten sind, stellt § 9 Nr. 5 GewStG einen an § 10b EStG orientierten gewerbesteuerlichen Abzugskatalog für Spenden auf. Gewerbesteuerlich abzuziehen sind nach Nr. 5 Satz 1 die aus den Mitteln des Gewerbebetriebs geleisteten Zuwendungen (Spenden und Mitgliedsbeiträge) zur Förderung steuerbegünstigter Zwecke i. S. d. §§ 52 bis 54 AO an eine inländische juristische Person des öffentlichen Rechts oder an eine inländische öffentliche Dienststelle oder an eine nach § 5 Abs. 1 Nr. 9 des Körperschaftsteuergesetzes steuerbefreite Körperschaft, Personenvereinigung oder Vermögensmasse. Die Kürzung ist begrenzt auf insgesamt 20 % des um die Hinzurechnungen nach § 8 Nr. 9 erhöhten Gewinns aus Gewerbebetrieb (§ 7 GewStG) oder 4 Promille der Summe der gesamten Umsätze und der im Wirtschaftsjahr aufgewendeten Löhne und Gehälter. Bei Überschreitung der Höchstsätze nach Satz 1 kann die Kürzung im Rahmen der Höchstsätze in den folgenden Erhebungszeiträumen vorgenommen werden. Darüber hinaus gilt für Einzelunternehmer und Personengesellschaften die erweiterte Kürzungsvorschrift des § 9 Nr. 5 Satz 9 GewStG.

► **Gewinnanteile aus ausländischen Kapitalgesellschaftsbeteiligungen (§ 9 Nr. 7, 8 GewStG)**

Eine weitere gewerbesteuerliche Kürzung gewährt § 9 Nr. 7 GewStG für Gewinnanteile bestimmter ausländischer Kapitalgesellschaften. Dazu muss der Gewerbetreibende seit Beginn des Erhebungszeitraums ununterbrochen zu mindestens 15 % am Nennkapital der ausländischen Kapitalgesellschaft beteiligt sein. § 9 Nr. 8 GewStG reduziert die Kürzung für Gewinnanteile an ausländischen Kapitalgesellschaften, für deren Dividenden ein Doppelbesteuerungsabkommen ab einer bestimmten Beteiligungshöhe (i. d. R. 25 %) eine Steuerbefreiung vorsieht, auf ebenfalls 15 %. Ist in einem Abkommen zur Vermeidung der Doppelbesteuerung eine niedrigere Mindestbeteiligungsgrenze vereinbart, so ist diese maßgebend.

LITERATUR

Glanegger, P./Güroff, G., GewStG, 9. Aufl., München 2016, §§ 8, 9 GewStG.

Breithecker, V., Einführung in die Betriebswirtschaftliche Steuerlehre, 17. Aufl., Berlin 2016, S. 84–91.

Knobbe-Keuk, B., Bilanz- und Unternehmenssteuerrecht, 9. Aufl., Köln 1993, § 21.

Kraft, C./Kraft, G., Grundlagen der Unternehmensbesteuerung, 5. Aufl., Wiesbaden 2018, S. 201–216.

Kußmaul, H., Betriebswirtschaftliche Steuerlehre, 7. Aufl., München 2014, S. 399–408.

Rose, G./Watrin, C., Ertragsteuern, 21. Aufl., Berlin 2017, S. 253–277.

4.1.2 Ermittlung der Gewerbesteuer

Ist ein positiver Gewerbeertrag (vor Verlustabzug) aus dem einkommen- bzw. körperschaftsteuerlichen Gewinn unter Berücksichtigung von Hinzurechnungen und Kürzungen ermittelt worden, so stellt dieser den Ausgangspunkt für die Berechnung der Gewerbesteuer dar.

ABB. 4.3:	Ermittlung der Gewerbesteuer *Quelle*: Eigene Darstellung.
	Maßgebender Gewerbeertrag (vor Verlustabzug)
-	**Gewerbeverlustabzug aus Vorjahren** (§ 10a GewStG)
-	**Abrundung auf volle 100 €** (§ 11 Abs. 1 GewStG)
-	**Freibetrag** (§ 11 Abs. 1 GewStG) 24.500 € bei natürlichen **Personen** und Personengesellschaften 5.000 € bei bestimmten **Unternehmen** i. S. d. § 11 Abs. 1 Nr. 2 GewStG
=	**Gewerbeertrag**
•	**Steuermesszahl** (§ 11 Abs. 2 GewStG) (einheitlich: 3,5 %)
=	**Steuermessbetrag**
	Ggf. Zerlegung des Steuermessbetrags (§§ 28 ff. GewStG)
•	**Hebesatz** (§ 16 GewStG; Mindesthebesatz = 200 %)
=	**Gewerbesteuer**

▶ **Gewerbeverlustabzug aus Vorjahren und Abrundung auf volle 100 €**

Im ersten Berechnungsschritt ist ein evtl. vorhandener Gewerbeverlust aus Vorjahren von dem maßgebenden Gewerbeertrag abzuziehen. Verluste werden im Rahmen der Gewerbesteuer allerdings nur eingeschränkt berücksichtigt. Zum einen werden Verluste nur wirksam innerhalb des jeweils betroffenen Gewerbebetriebs. Das heißt, es erfolgt keine Verrechnung des negativen Gewerbeertrags eines anderen Gewerbebetriebs ein und desselben Unternehmers. Der Grund dafür liegt im Objektsteuercharakter der Gewerbesteuer. Zum anderen können Verluste nicht zurückgetragen, sondern nur in die Zukunft vorgetragen werden. Der Gewerbeverlust ist gesondert festzustellen (§ 10a GewStG).

Voraussetzungen für die Berücksichtigung eines Gewerbeverlusts sind die Grundsätze der Unternehmensgleichheit und der Unternehmergleichheit. Unternehmensidentität liegt vor, wenn der Betrieb, der den Verlust erwirtschaftet hat, nach dem Gesamtbild der wesentlichen Merkmale mit dem Betrieb identisch ist, in dem der Verlust verrechnet werden soll. Bei Kapitalgesellschaften ist zusätzlich § 8c KStG zu prüfen (s. Abschnitt 6.3.2). Zum anderen ist Unternehmergleichheit gefordert, sodass bei einer Änderung der am Unternehmen beteiligten Personenunternehmer der Verlustabzug lediglich soweit zugestanden wird, als er auf den Unternehmer entfällt, bei dem er entstanden ist. Letzteres ist eine sehr stark zu kritisierende Sichtweise des geltenden Rechts, die wohl kaum mit dem Objektsteuercharakter der Gewerbesteuer zu vereinbaren ist.

Sind Unternehmens- und Unternehmeridentität gewahrt, ist der Verlustvortrag quantitativ begrenzt. Unbeschränkt abziehbar sind Verluste bis zu 1 Mio. €. Darüber hinaus sind Verluste beschränkt abziehbar bis zu 60 % des verbleibenden Gewerbeertrags (§ 10a GewStG, sog. Mindestbesteuerung).

Der ggf. durch einen abzugsfähigen Gewerbeverlust aus Vorjahren geminderte maßgebende Gewerbeertrag ist anschließend auf volle 100 € abzurunden (§ 11 Abs. 1 GewStG).

► **Freibetrag und Steuermesszahl**

Durch die Anwendung einer vereinheitlichten Steuermesszahl von 3,5 % ist die Berechnung der Gewerbesteuer für Personen- und Kapitalgesellschaften weitgehend identisch. Personengesellschaften können allerdings einen Freibetrag von 24.500 € vom maßgebenden Gewerbeertrag abziehen, wohingegen für Kapitalgesellschaften nur in den Fällen des § 11 Abs. 1 Satz 3 Nr. 2 GewStG ein Freibetrag von 5.000 € besteht.

► **Zerlegung des Steuermessbetrags (§§ 28 ff. GewStG)**

Das Ergebnis der Multiplikation von Gewerbeertrag und Steuermesszahl, der Steuermessbetrag, ist unter bestimmten Voraussetzungen in Anteile zu zerlegen und verschiedenen Gemeinden zuzuteilen. Der Zerlegungsmaßstab richtet sich gem. § 29 Abs. 1 GewStG nach dem Verhältnis der Summe der gezahlten Arbeitslöhne, die an die bei allen Betriebsstätten (§ 28 GewStG) beschäftigten Arbeitnehmer gezahlt worden sind, zu den Arbeitslöhnen, die an die bei den Betriebsstätten der einzelnen Gemeinden beschäftigten Arbeitnehmer gezahlt worden sind.

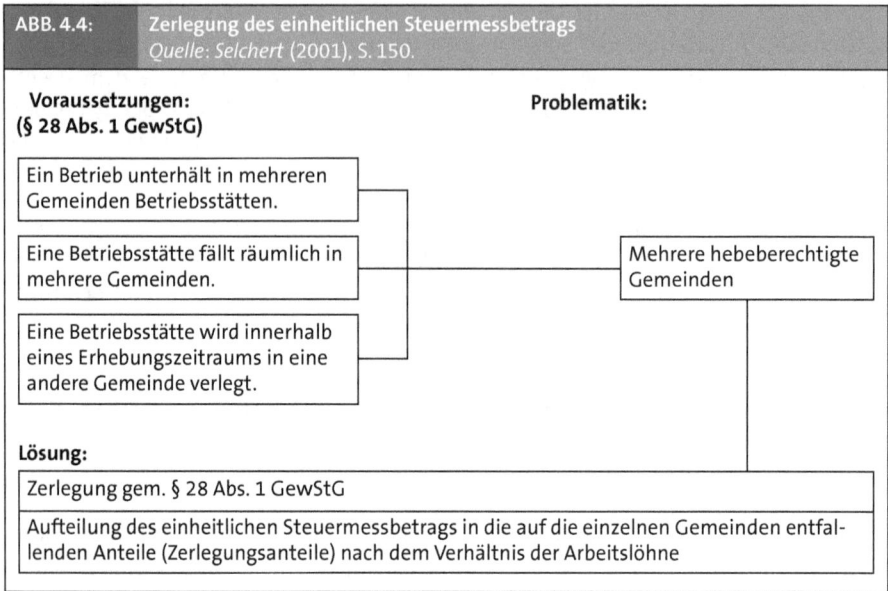

ABB. 4.4:   Zerlegung des einheitlichen Steuermessbetrags
Quelle: Selchert (2001), S. 150.

Voraussetzungen: **Problematik:**
(§ 28 Abs. 1 GewStG)

Ein Betrieb unterhält in mehreren
Gemeinden Betriebsstätten.

Eine Betriebsstätte fällt räumlich in   Mehrere hebeberechtigte
mehrere Gemeinden.   Gemeinden

Eine Betriebsstätte wird innerhalb
eines Erhebungszeitraums in eine
andere Gemeinde verlegt.

Lösung:

Zerlegung gem. § 28 Abs. 1 GewStG

Aufteilung des einheitlichen Steuermessbetrags in die auf die einzelnen Gemeinden entfallenden Anteile (Zerlegungsanteile) nach dem Verhältnis der Arbeitslöhne

► Hebesatz (§ 16 GewStG)

Die Höhe der Gewerbesteuer ergibt sich durch Multiplikation des ggf. zerlegten Steuermessbetrags mit einem gemeindespezifischen Hebesatz, welcher einen in Prozent ausgedrückten Vervielfältiger darstellt. Die Hebesätze variieren in Deutschland derzeit, wie in Abschnitt 3.1.3 beschrieben, im Wesentlichen zwischen 200 % (Mindesthebesatz gem. § 16 Abs. 4 Satz 2 GewStG) und 550 % (Oberhausen).

Die Gewerbesteuer kann seit den Veränderungen der Unternehmensteuerreform 2008 bei Kapitalgesellschaften zur dominierenden Unternehmensteuer werden. Das liegt an den tarifären Änderungen im Bereich der Körperschaftsteuer und den Modifikationen im gewerbesteuerlichen Bereich. Des Weiteren ergeben sich aufgrund der Änderungen bei den gewerbesteuerlichen Hinzurechnungen und Kürzungen für Unternehmen, die überwiegend und langfristig mit Fremdkapital arbeiten, Vorteile gegenüber der Rechtslage vor dem Jahr 2008 (bis 2008: Hinzurechnung von 50 % der Schuldzinsen, ab 2008: 25 % Hinzurechnung und Freibetrag von 100.000 €). Das Gegenteil gilt für Unternehmen, die erhebliche Miet-, Pacht- und Leasingaufwendungen aufweisen (z. B. Betriebsaufspaltungen). Personenunternehmen sind von Erhöhungen der Gewerbesteuer für den Betrieb grundsätzlich weniger betroffen als Kapitalgesellschaften, weil eine Anrechnung der Gewerbesteuer auf die Einkommensteuer erfolgt.

Breithecker, V., Einführung in die Betriebswirtschaftliche Steuerlehre, 17. Aufl., Berlin 2016, S. 84–91.

Kraft, C./Kraft, G., Grundlagen der Unternehmensbesteuerung, 5. Aufl., Wiesbaden 2018, S. 221 ff.

Kußmaul, H., Betriebswirtschaftliche Steuerlehre, 7. Aufl., München 2014, S. 408–410.

Selchert, F. W., Grundlagen der Betriebswirtschaftlichen Steuerlehre, 5. Aufl., München 2001, S. 139–151.

4.1.3 Pauschale Anrechnung der Gewerbesteuer auf die Einkommensteuer (§ 35 EStG)

Dem Postulat einer restformneutralen Besteuerung folgend, ist eine Kompensation der Gewerbesteuer für einkommensteuerpflichtige Personen notwendig. Umgesetzt wird dies durch die pauschalisierte Gewerbesteueranrechnung nach § 35 EStG. Danach sind Einzelunternehmer, Gesellschafter von Personalgesellschaften, atypisch stille Gesellschafter und persönlich haftende Gesellschafter von KGaA berechtigt, den (anteiligen) Gewerbesteuermessbetrag i. H. des 3,8-fachen auf die Einkommensteuer anzurechnen. Körperschaften als Gesellschafter bleibt diese Anrechnung verwehrt.

Die Norm ist strikt periodenbezogen und die Ermäßigung in vielfacher Hinsicht begrenzt. Es findet keine Erstattung von Anrechnungsüberhängen statt. Ziel der Norm ist die Gleichbehandlung von gewerblichen und nicht gewerblichen Einkünften sowie eine Angleichung der Steuerbelastungen von Personenunternehmen einerseits und Kapitalgesellschaften andererseits. Ob die Norm allerdings zu einer Vereinfachung des Besteuerungssystems beigetragen hat, muss bezweifelt werden. Stark kritikwürdig ist die pauschale Anrechnung einer Objektsteuer auf eine Personensteuer.

Beschränkt ist die Anrechnung auf das Minimum aus dem (anteiligen) 3,8-fachen des Gewerbesteuermessbetrags, gezahlter (anteiliger) Gewerbesteuer, auf gewerbliche Einkünfte entfallender Einkommensteuer (Ermäßigungshöchstbetrag) und gesamter Einkommensteuer.

ABB. 4.5:	Begrenzung der pauschalisierten Gewerbesteueranrechnung gem. § 35 EStG
	Quelle: Blaufus/Hechtner/Hundsdoerfer, BB 2008, S. 80.

$$\text{ESt-Ermäßigung} = \text{Minimum aus} \begin{cases} \rightarrow \text{Anrechnungsbetrag} = 3{,}8 \cdot 3{,}5\,\% \cdot \text{GewE} \\ \rightarrow \text{GewSt} = \text{Hebesatz} \cdot 3{,}5\,\% \cdot \text{GewE} \\ \rightarrow \text{anteilige ESt} = \dfrac{gE + \min(aE^+ + aE^-;\,0)}{gE + aE} \\ \qquad\qquad\qquad\quad \cdot\ S(gE + aE - \text{Abzüge}) \\ \rightarrow \text{ESt} = S(gE + aE - \text{Abzüge}) \end{cases}$$

GewE   : Gewerbeertrag
gE   : nach § 35 EStG begünstigte Einkünfte
aE   : andere, nicht nach § 35 EStG begünstigte Einkünfte
Abzüge : private Abzüge (z. B. Sonderausgaben, außergewöhnliche Belastungen)

BEISPIEL: ➤ Ein gewerblich tätiger Einzelunternehmer erzielt im Jahr 2018 Einkünfte aus Gewerbebetrieb i. H. v. 150.000 €. Der Gewerbesteuermessbetrag des entsprechenden Veranlagungszeitraums betrage 5.250 €, der individuelle Einkommensteuersatz des Einzelunternehmers 40 %. Darüber hinaus sind weitere Einkünfte i. H. v. 80.000 € und Sonderausgaben i. H. v. 10.000 € zu berücksichtigen.

Die tarifliche Einkommensteuer beziffert sich damit vor einer möglichen Anrechnung der Gewerbesteuer nach § 35 EStG auf 88.000 €. Gewerbesteuer wurde bei einem Hebesatz von 440 % i. H. v. 23.100 € entrichtet. Die Einkommensteuerermäßigung ist als Minimum der folgenden Beträge zu errechnen:

Anrechnungsbetrag:	$3{,}8 \cdot$ Gewerbesteuermessbetrag	= 19.950 €
Gezahlte GewSt:	$440\,\% \cdot$ Gewerbesteuermessbetrag	= 23.100 €
Anteilige ESt:	$\dfrac{150.000}{150.000 + 80.000} \cdot 0{,}4 \cdot (150.000 + 80.000 - 10.000)$	= 57.391 €
Einkommensteuer:	$0{,}4 \cdot (150.000 + 80.000 - 10.000)$	= 88.000 €

Der Einzelunternehmer kann 19.950 € von seiner zu zahlenden Einkommensteuer abziehen.

Im Beispiel erfolgt keine vollständige Anrechnung der gezahlten Gewerbesteuer. Begrenzender Faktor ist der maximale Anrechnungsbetrag i. H. des 3,8-fachen des Gewerbesteuermessbetrags. Diese Begrenzung greift, sobald der anzuwendende Gewerbesteuerhebesatz 380 % übersteigt. Bis zu einem Hebesatz von 380 % (inkl. Solidaritätszuschlagseffekt: ca. 400 %) erfolgt – sofern auch die übrigen Begrenzungen keine Anwendung finden – eine vollständige Anrechnung der Gewerbesteuer auf die Einkommensteuer. Nach diesen Fällen stellt die Gewerbesteuer keine effektive Steuerbelastung dar.

LITERATUR

Blaufus, K./Hechtner, F./Hundsdoerfer, J., Die Gewerbesteuerkompensation nach § 35 EStG im Jahressteuergesetz 2008, BB 2008, S. 80–88.

Breithecker, V., Einführung in die Betriebswirtschaftliche Steuerlehre, 17. Aufl., Berlin 2016, S. 849–91.

Kraft, C./Kraft, G., Grundlagen der Unternehmensbesteuerung, 5. Aufl., Wiesbaden 2018, S. 222–224.

Rose, G./Watrin, C., Ertragsteuern, 21. Aufl., Berlin 2017, S. 279–280.

4.2 Erfolgs- und Einkommensermittlung bei Personenunternehmen

4.2.1 Überblick über erfasste Rechtsformen

Im Rahmen der Erfassung gewerblicher Einkünfte werden Aktivitäten von Einzelunternehmern und Personengesellschaftern der Einkommensteuer unterworfen. Der **Einzelunternehmer** ist Steuersubjekt im Rahmen seiner einzelgewerblichen Tätigkeit (§ 15 Abs. 1 Satz 1 Nr. 1 EStG). Die Aktivitäten von Gesellschaftern einer Personengesellschaft, die gewerblich tätig ist, werden unter § 15 Abs. 1 Satz 1 Nr. 2 EStG erfasst. Die Gesellschaft als solche unterliegt weder der Körperschaftsteuer (vgl. § 1 KStG) noch der Einkommensteuer (§ 1 EStG beschränkt die Einkommensteuerpflicht auf natürliche Personen), sie ist hier lediglich Subjekt der Gewinnermittlung und Gewinnerzielung. Der Gesellschafter ist Subjekt der Einkunftserzielung und erzielt Einkünfte aus Gewerbebetrieb (Transparenzprinzip). Neben den traditionell im Mittelpunkt stehenden **Personenhandelsgesellschaften** der OHG (§§ 105 ff. HGB) und der KG (§ 161 ff. HGB) stehen auch gewerblich tätige BGB-Gesellschaften (§ 705 ff. BGB) und die sog. atypisch stille Gesellschaft (§ 233 ff. HGB) im Mittelpunkt der Betrachtung. Während die typisch stille Gesellschaft zu Einkünften aus Kapitalvermögen beim Überlassenden (stiller Gesellschafter) führt, kommt es bei der atypisch stillen Gesellschaft aufgrund der besonderen Konstellation zu einer gewerblichen Mitunternehmerschaft. Des Weiteren erzielen die persönlich haftenden Gesellschafter einer KGaA (§ 15 Abs. 1 Nr. 3 EStG) sowie Kapitalgesellschaften als Gesellschafter einer gewerblich geprägten Personengesellschaft stets gewerbliche Einkünfte. Einen Überblick über gewerbliche Einkünfte aus laufender Geschäftstätigkeit und einmaligen Vorgängen gibt Abb. 4.6.

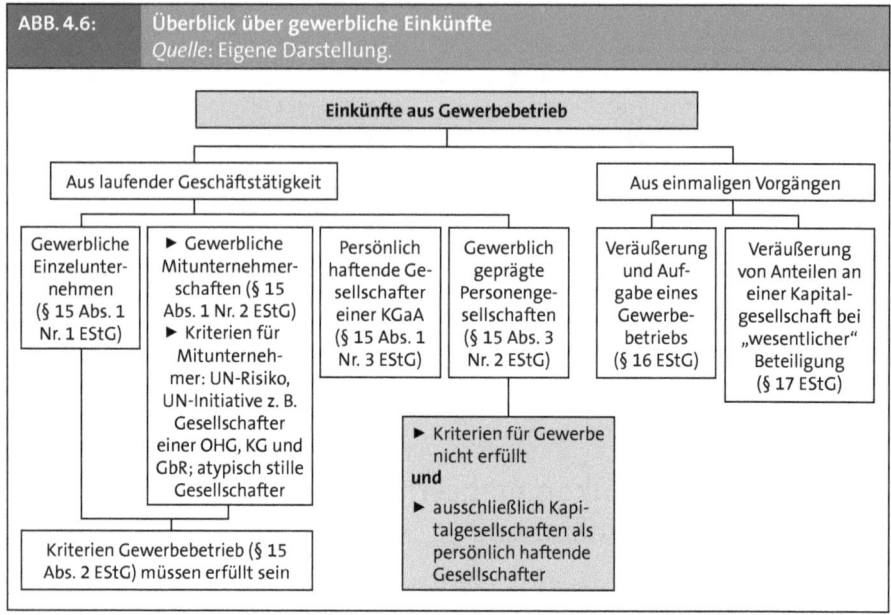

ABB. 4.6:   Überblick über gewerbliche Einkünfte
Quelle: Eigene Darstellung.

4.2.2 Einkünfte aus gewerblichen Einzelunternehmen

Die Kriterien für die Annahme eines Gewerbebetriebs gibt § 15 Abs. 2 EStG vor. Dies sind die Selbständigkeit, die Nachhaltigkeit, die Gewinnerzielungsabsicht, die Beteiligung am allgemeinen wirtschaftlichen Verkehr als Positivvoraussetzungen sowie der Ausschluss land- und forstwirtschaftlicher Betätigung, selbständiger Arbeit und privater Vermögensverwaltung.

Selbständigkeit bedeutet die Tätigkeit auf eigene Rechnung (Unternehmerrisiko) und Gefahr (Unternehmerinitiative). Bei der **Nachhaltigkeit** muss die Tätigkeit auf Wiederholung ausgerichtet sein. Die **Gewinnerzielungsabsicht** kann Nebenzweck sein, sie muss aber vorhanden sein, um gewerbliche Einkünfte gegenüber steuerlich nicht relevanten Betätigungen (**Liebhaberei**) abzugrenzen. Das ist insbesondere der Fall, wenn eine Aktivität über einen gewissen Zeitraum Verluste verursacht. Hier wird von Seiten der Finanzverwaltung gefordert, dass eine in die Zukunft gerichtete und auf Dauer angelegte Gewinnprognose erfolgt. Die Betrachtung wendet sich dabei ab von der Abschnittsbesteuerung und versucht zu beurteilen, ob der Betrieb in der Totalbetrachtung nach seiner Wesensart und der Art seiner Bewirtschaftung geeignet ist, mit Gewinn zu arbeiten. Wird dies ausgeschlossen, so liegen steuerlich nicht relevante Liebhabereiaktivitäten vor. Beispiele für mögliche Liebhaberei sind: Vercharterung einer Segelyacht (BFH, Urteil v. 14. 4. 2000, BFH/NV 2000, S. 1333), Ferienwohnung (BFH, Urteil v. 25. 6. 1991, IX R 163/84, BStBl II 1992, S. 23), Pferdezucht (BFH, Urteil v. 27. 1. 2000, IV R 33/99, BStBl II 2000, S. 227), Erfindungen (BFH, Urteil v. 14. 3. 1985, IV R 8/84, BStBl II 1985, S. 424), Privatjagd (BFH, Urteil v. 19. 11. 1957, I 95/57 U, BStBl II 1958, S. 27). Die **Beteiligung am allgemeinen wirtschaftlichen Verkehr** bedeutet die nachhaltige Teilnahme am Leistungs- und Güteraustausch mit Gewinnerzielungsabsicht.

Für Aufsehen sorgte in diesem Zusammenhang zuletzt ein Urteil des BFH vom 16. 09. 2015, X R 43/12, BStBl II 2016, S. 48. Gegenstand des Verfahrens war die Frage, ob Gewinne aus Pokerturnieren gewerbliche Einkünfte darstellen können. Grundsätzlich sind Gewinne aus reinen Glücksspielen in Deutschland steuerfrei. Die Rechtsprechung hatte das Vorliegen des Tatbestandsmerkmals Beteiligung am allgemeinen wirtschaftlichen Verkehr mit Gewinnerzielungsabsicht bislang stets verneint. Dieses Merkmal verlangt, dass eine Tätigkeit am Markt gegen Entgelt und für Dritte äußerlich erkennbar angeboten wird. Der BFH hat nunmehr jedoch entschieden, dass die Gewinne aus Turnierpokerspielen als Einkünfte aus Gewerbebetrieb einkommensteuerbar sind. Eine Beteiligung am wirtschaftlichen Verkehr liege vor, da der Steuerpflichtige durch seine Teilnahme an Pokerturnieren eine Tätigkeit am Markt gegen Entgelt für Dritte äußerlich erkennbar anbietet.

Die Abgrenzungen gewerblicher Betätigungen zu land- und forstwirtschaftlichen Betätigungen und zur selbständigen Arbeit i. S. d. § 18 EStG können im Einzelfall problematisch sein. Begründet ist dies dadurch, dass § 15 Abs. 2 EStG einen Merkmalkatalog enthält, der den Begriff des Gewerbebetriebs festzulegen scheint. Allerdings erfolgt die Interpretation des Begriffs Gewerbebetrieb tatsächlich als **Typusbegriff**. Die Abgrenzung der Einkunftsarten wird hauptsächlich durch Tätigkeitsbilder determiniert. Demnach kann die Rechtsfolge nicht allein durch Subsumtion unter die Begriffsmerkmale des § 15 Abs. 2 EStG gewonnen werden. Die typologische Interpretation stellt auf das Gesamtbild der Betätigung und die Verkehrsauffassung ab. Dementsprechend geht es bei der Abgrenzung der freiberuflichen Tätigkeit i. S. d. § 18 Abs. 1 Nr. 1 EStG zur gewerblichen Tätigkeit um die Zuordnung zu einem bestimmten Tätigkeitsinhalt (wissenschaftlich, künstlerisch, schriftstellerisch, unterrichtend tätig) oder zu einem bestimmten Katalogberuf (Ärzte, Rechtsanwälte, Notare, Wirtschaftsprüfer, Steuerberater, beratende Volks- und Betriebswirte, Ingenieure, Architekten, Journalisten). Berufssportler, Makler, Fotografen, die weder künstlerisch noch journalistisch tätig sind, üben hingegen ein Gewerbe aus. Die Abgrenzung zur Land- und Forstwirtschaft erfolgt ebenfalls nach dem durch das Berufsbild bedingten Einkünftehistorismus. Grundsätzlich steht bei den Einkünften aus Gewerbebetrieb der Typus des Unternehmers im Vordergrund (Unternehmerrisiko und -initiative).

Die Betätigung darf sich schließlich nicht als **private Vermögensverwaltung** darstellen. Hierbei ist die Abgrenzung insbesondere dann problematisch, wenn Vermögen nicht dauerhaft gehalten wird, sondern die Veräußerung von Vermögenskomponenten einen beachtlichen Umfang annimmt. Die Rechtsprechung bejaht eine Vermögensverwaltung, wenn Vermögen zu einer regelmäßig längerfristigen Erhaltung und Fruchtziehung aus der erhaltenen Substanz angelegt wird. Tritt hingegen die Umschichtung von Vermögen, z. B. durch Grundstückshandel, und deren Verwertung als Vermögenssubstanz in den Vordergrund, so nimmt die Rechtsprechung einen Gewerbebetrieb an. Sie hat hier im Verhältnis zur Vermietung und Verpachtung über einen längeren Zeitraum die sog. Drei-Objekt-Grenze abgesteckt: Vermögensverwaltung liegt stets vor, solange nicht mehr als drei Objekte veräußert werden. Wird diese Grenze überschritten, so sind zwei Fristen von ausschlaggebender Bedeutung. Bei einer Veräußerung innerhalb von fünf Jahren nach Anschaffung wird regelmäßig gewerblicher Grundstückshandel angenommen. Bei Überschreitung dieser Frist wird nur unter besonderen Umständen eine Gewerblichkeit angenommen (z. B. berufsnahe Tätigkeit als Architekt oder Makler). Liegt ein Zeitraum von mindestens zehn Jahren zwischen Anschaffung und Veräußerung bebauter Grundstücke, ist kein gewerblicher Grundstückshandel anzunehmen.

Daumke, M., Grundriss des deutschen Steuerrechts, 7. Aufl., Berlin 2015, S. 156 ff.

Hey, J., in: Tipke, K./Lang, J. Steuerrecht, 23. Aufl., Köln 2018, § 8.

Kraft, C./Kraft, G., Grundlagen der Unternehmensbesteuerung, 5. Aufl., Wiesbaden 2018, S. 225–231.

4.2.3 Die laufende Erfolgs- und Einkommensermittlung von Einzelunternehmen

4.2.3.1 Ermittlung der Einkünfte

Gewerblich tätige Einzelunternehmer ermitteln für Zwecke der Einkommensteuer aus dem Gewinn des Einzelunternehmens die Einkünfte aus Gewerbebetrieb. Diese werden mit weiteren Einkünften des Einzelunternehmers zur Summe der Einkünfte zusammengefasst (vgl. Abschnitt 3.1.1). Die Einkommensteuerbelastung des Einzelunternehmers hängt damit nicht ausschließlich von der gewerblichen Tätigkeit ab, sondern ergibt sich aus den weiteren Einkünften sowie den persönlichen Verhältnissen des Unternehmers (z. B. Freibeträge, Sonderausgaben, außergewöhnliche Belastungen).

Der Gewinn des Einzelunternehmens ist grundsätzlich durch einen Betriebsvermögens-vergleich nach § 5 Abs. 1 EStG zu ermitteln, sofern der Gewerbetreibende nach § 140 oder § 141 AO buchführungspflichtig ist oder freiwillig Bücher führt. Nach § 140 AO hat derjenige, der nach anderen Gesetzen als den Steuergesetzen Bücher und Aufzeich-nungen zu führen hat, die für die Besteuerung von Bedeutung sind, diese Verpflichtun-gen auch für steuerliche Zwecke zu erfüllen. Dies gilt insbesondere für die nach han-delsrechtlichen Vorschriften buchführungspflichtigen Kaufleute (§ 1 HGB). Gewer-betreibende, die die dort genannten Voraussetzungen nicht erfüllen, müssen nach § 141 AO eine Buchhaltung einrichten, wenn sie Umsätze von mehr als 600.000 € oder einen Gewinn von mehr als 60.000 € im Kalenderjahr erzielen. Ist für den Einzelunter-nehmer weder § 140 AO noch § 141 AO anzuwenden und führt dieser nicht freiwillig Bücher, sind seine Einkünfte aus der Gegenüberstellung von Betriebseinnahmen und Betriebsausgaben nach § 4 Abs. 3 EStG zu ermitteln. Eine Gewinnermittlung nach § 4 Abs. 1 EStG ist für Gewerbetreibende ausgeschlossen.

ABB. 4.7:	Betriebsvermögensvergleich *Quelle*: Eigene Darstellung.	
	Betriebsvermögen am Schluss des Wirtschaftsjahres	
-	Betriebsvermögen zu Beginn des Wirtschaftsjahres	
+	Entnahmen	
-	Einlagen	
=	**Gewinn/Verlust**	

§ 5 Abs. 1 Satz 1 EStG bestimmt, dass der Betriebsvermögensvergleich (auch) für ein-kommensteuerliche Zwecke nach den handelsrechtlichen Grundsätzen ordnungsmäßi-ger Buchführung durchzuführen ist (**Maßgeblichkeitsprinzip**), sofern nicht im Rahmen der Ausübung eines steuerlichen Wahlrechts ein anderer Ansatz gewählt wird. Dieser Grundsatz der Maßgeblichkeit gilt auch nach dem BilMoG mit gewissen Einschränkun-gen. Zum einen ist Voraussetzung für die Ausübung steuerlicher Wahlrechte, dass die Wirtschaftsgüter, die in der steuerlichen Gewinnermittlung nicht mit den handels-rechtlichen Werten angesetzt werden, in besondere laufend zu führende Verzeichnisse aufgenommen werden (§ 5 Abs. 1 Sätze 2 und 3 EStG). Zum anderen nimmt die Anzahl an Vorschriften, die explizit eine abweichende steuerliche Bewertung erzwingen, stetig zu (Durchbrechung der Maßgeblichkeit, § 5 Abs. 1a–7 EStG).

Ferner gelten handelsrechtliche Ansatzwahlrechte nicht entsprechend für die steuerli-che Gewinnermittlung, sofern nicht steuerliche Vorschriften ein gleichartiges Wahl-recht einräumen. So ist in der Steuerbilanz zu aktivieren, was handelsrechtlich aktiviert werden darf. Hingegen ist die Passivierung in der Steuerbilanz unzulässig, wenn han-delsrechtlich ein Passivierungswahlrecht besteht. Wichtig innerhalb der steuerlichen

Gewinnermittlung sind die Wirkungsweisen des Maßgeblichkeitsprinzips. Einige Beispiele sollen dies verdeutlichen:

BEISPIEL 1: Rückstellungen für Gewährleistungen ohne rechtliche Verpflichtung

Handelsrecht:	Steuerrecht:
Zwingende Vorschrift	Keine Vorschrift
Passivierungspflicht als ungewisse Verbindlichkeit (§ 249 Abs. 1 Satz 2 Nr. 2 HGB)	→ Gleichfalls Passivierungspflicht

BEISPIEL 2: Pensionsrückstellungen

Handelsrecht:	Steuerrecht:
Ansatzgebot (ungewisse Verbindlichkeit gem. § 249 Abs. 1 Satz 1 HGB)	Ansatzwahlrecht gem. § 6a Abs. 1 EStG → Nach der Rechtsprechung gilt ein Passivierungsgebot

BEISPIEL 3: Rückstellungen für drohende Verluste aus schwebenden Geschäften

Handelsrecht:	Steuerrecht:
Passivierungspflicht gem. § 249 Abs. 1 Satz. 1 HGB	Passivierungsverbot gem. § 5 Abs. 4a EStG
	→ Durchbrechung der Maßgeblichkeit

Neben den bilanziellen einkommensteuerrechtlichen Modifikationen, mit denen das Steuerbilanzergebnis zu ermitteln ist, bestimmt das Einkommensteuergesetz außerbilanzielle einkommensteuerrechtliche Modifikationen, welche auf der Basis des Steuerbilanzergebnisses den steuerlichen Gewinn bzw. Verlust i. S. d. § 2 Abs. 2 Nr. 1 EStG festlegen. Zu diesen außerbilanziellen Korrekturen zählen steuerfreie Betriebseinnahmen (§§ 3, 16 Abs. 4 EStG), nichtabziehbare Betriebsausgaben (§ 4 Abs. 5 Nr. 1–13 EStG; § 4h EStG i. V. m. § 8a KStG) sowie Ausgaben in Zusammenhang mit steuerfreien Einnahmen (§ 3c EStG). Auf spezielle steuerliche Ansatz- und Bewertungsrechte wird hier nicht näher eingegangen. Lediglich die Zinsschranke als Verstoß gegen das objektive Nettoprinzip wird in Abschnitt 5.2 erläutert.

Die Gewinndefinition durch einen Betriebsvermögensvergleich zeigt auf, dass die Abgrenzung zwischen dem Betriebsvermögen des gewerblichen Einzelunternehmers und dessen Privatvermögen in doppelter Hinsicht notwendig ist. Zum einen wirken sich Wertänderungen im Betriebsvermögen unmittelbar auf die Höhe des Gewinns aus, während Wertveränderungen im Privatvermögen i. d. R. keine steuerliche Auswirkung auf die Höhe der Einkünfte haben. Zum anderen erfolgt bei einem Wechsel der Zuordnung eines Wirtschaftsguts zwischen Betriebs- und Privatvermögen die Erfassung als Einlage oder Entnahme.

Schuldrechtliche Verträge zwischen dem Einzelunternehmen und dem Unternehmer sind bereits zivilrechtlich nicht möglich. Damit können auch steuerlich Dienst-, Miet-, und Darlehensverträge nur mit Dritten bestehen. Sämtliche Wertänderungen der dem Betriebsvermögen zurechenbaren Wirtschaftsgüter sind im Rahmen der Einkünfte aus Gewerbebetrieb beim Unternehmer der Einkommensteuer zu unterwerfen.

4.2.3.2　Betriebsvermögen

Das Betriebsvermögen bildet die Grundlage für die Ermittlung der Einkünfte durch Bestandsvergleich. Allerdings wird der Begriff vom Gesetz verwendet, ohne ihn zu definieren (§§ 4 Abs. 1, 5 Abs. 1, 6 Abs. 1 EStG). Grundsätzliche Voraussetzungen für die Eigenschaft des Betriebsvermögens beim Einzelunternehmen sind das juristische und das wirtschaftliche Eigentum des Einzelunternehmers. Ob ein Wirtschaftsgut einem Betrieb zugerechnet wird oder Privatvermögen darstellt, bestimmt sich anschließend im Einzelfall danach, ob ein sachlicher betrieblicher Zusammenhang und eine persönliche Zurechnung gegeben sind. Der Begriff Betriebsvermögen lässt sich demnach definieren als die Summe aller im Eigentum des Unternehmers stehenden Wirtschaftsgüter (persönliche Zurechnung), die in einem tatsächlichen oder wirtschaftlichen Zusammenhang mit dem Betrieb stehen (betrieblicher Zusammenhang). Wie der betriebliche Zusammenhang im Einzelfall auszulegen ist, ist nicht abschließend geklärt. Bei Einzelunternehmern ist dafür zunächst danach zu unterscheiden, ob das Wirtschaftsgut nur einem Zweck dient (einheitlich genutztes Wirtschaftsgut) oder ob ein Wirtschaftsgut sowohl für unternehmerische als auch für private Zwecke genutzt wird (gemischt genutztes Wirtschaftsgut).

Bei **einheitlich genutzten Wirtschaftsgütern** geht die Rechtsprechung derzeit von einer Dreiteilung in notwendiges Betriebsvermögen, gewillkürtes Betriebsvermögen und notwendiges Privatvermögen aus.

Dem **notwendigen Betriebsvermögen** werden alle Wirtschaftsgüter zugerechnet, die ausschließlich und unmittelbar für eigenbetriebliche Zwecke des Steuerpflichtigen genutzt werden oder objektiv erkennbar zum Einsatz im Betrieb bestimmt sind. Dies gilt auch dann, wenn sie nicht in Buchführung und Bilanzen ausgewiesen sind. (R 4.2 Abs. 1 Satz 1 und 2 EStR). Sämtliche Wertveränderungen des notwendigen Betriebsvermögens sowie der Wechsel zwischen Privatvermögen und notwendigem Betriebsvermögen fließen in die Gewinnermittlung des Einzelunternehmens ein.

Wirtschaftsgüter, die in einem gewissen objektiven Zusammenhang mit dem Betrieb stehen und ihn zu fördern bestimmt und geeignet sind, können bei der Gewinnermittlung nach Betriebsvermögensvergleich in vollem Umfang als **gewillkürtes Betriebs-**

vermögen ausgewiesen werden (R 4.2 Abs. 1 Satz 3 EStR). Gewillkürtes Betriebsvermögen beeinflusst den Gewinn wie notwendiges Betriebsvermögen.

Dienen Wirtschaftsgüter ausschließlich privaten Zwecken, gehören sie in vollem Umfang zum **notwendigen Privatvermögen** und sind nicht in die Gewinnermittlung des Einzelunternehmens einzubeziehen.

Bei beweglichen und unbeweglichen **gemischt genutzten Wirtschaftsgütern** erfolgt die Zuordnung zum Betriebs- oder Privatvermögen nach unterschiedlichen Kriterien. Unbewegliche Wirtschaftsgüter (Gebäude) werden entsprechend ihrer Nutzungsart in bis zu vier Kategorien aufgeteilt:

► **Eigenbetrieblich genutzte Gebäudeteile** sind notwendiges Betriebsvermögen. Beträgt der Wert des eigenbetrieblich genutzten Gebäudeteils dabei weniger als 20 % des gemeinen Werts des gesamten Grundstücks und nicht mehr als 20.500 €, kann dieser Teil auch als Privatvermögen behandelt werden (§ 8 EStDV).

► **Fremdbetrieblich oder zu fremden Wohnzwecken genutzte Gebäudeteile** können als gewillkürtes Betriebsvermögen ausgewiesen werden, sofern die Grundstücksteile in einem gewissen objektiv erkennbaren Zusammenhang mit dem Betrieb stehen und ihn zu fördern bestimmt sind.

► **Zu eigenen Wohnzwecken genutzte Gebäudeteile** sind grundsätzlich notwendiges Privatvermögen.

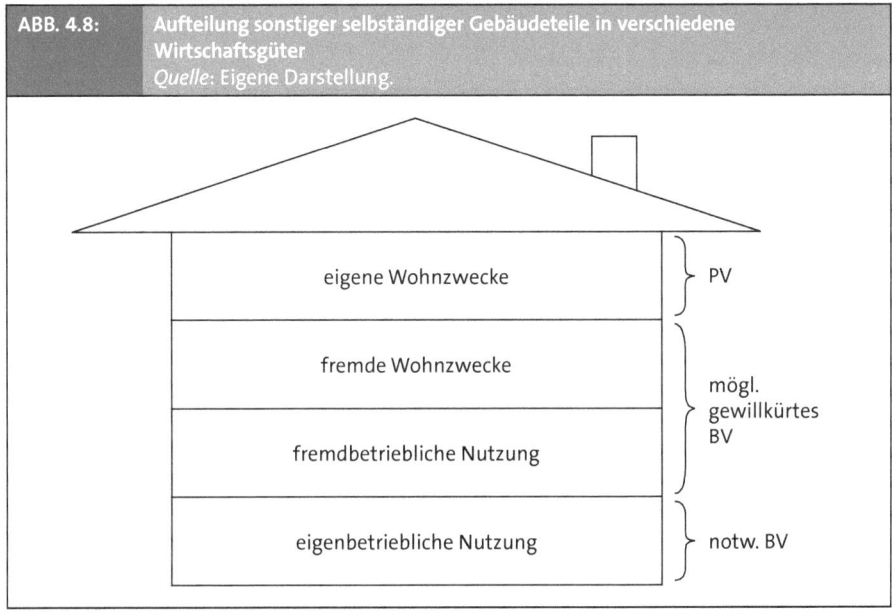

ABB. 4.8:   **Aufteilung sonstiger selbständiger Gebäudeteile in verschiedene Wirtschaftsgüter**
Quelle: Eigene Darstellung.

Gemäß R 4.2 Abs. 1 EStR werden gemischt genutzte bewegliche Wirtschaftsgüter nicht nach dem Umfang ihrer Nutzung aufgeteilt, sondern stellen stets in vollem Umfang Betriebs- oder Privatvermögen dar. Wenn das Wirtschaftsgut zu mehr als 50 % betrieblich genutzt wird, wird es dem notwendigen Betriebsvermögen zugerechnet. Bei einer betrieblichen Nutzung zwischen 10 % und 50 % kann eine Widmung als gewillkürtes Betriebsvermögen oder Privatvermögen vorgenommen werden. Eine betriebliche Nutzung von unter 10 % führt dazu, dass das Wirtschaftsgut zwangsläufig dem Privatvermögen zuzuordnen ist.

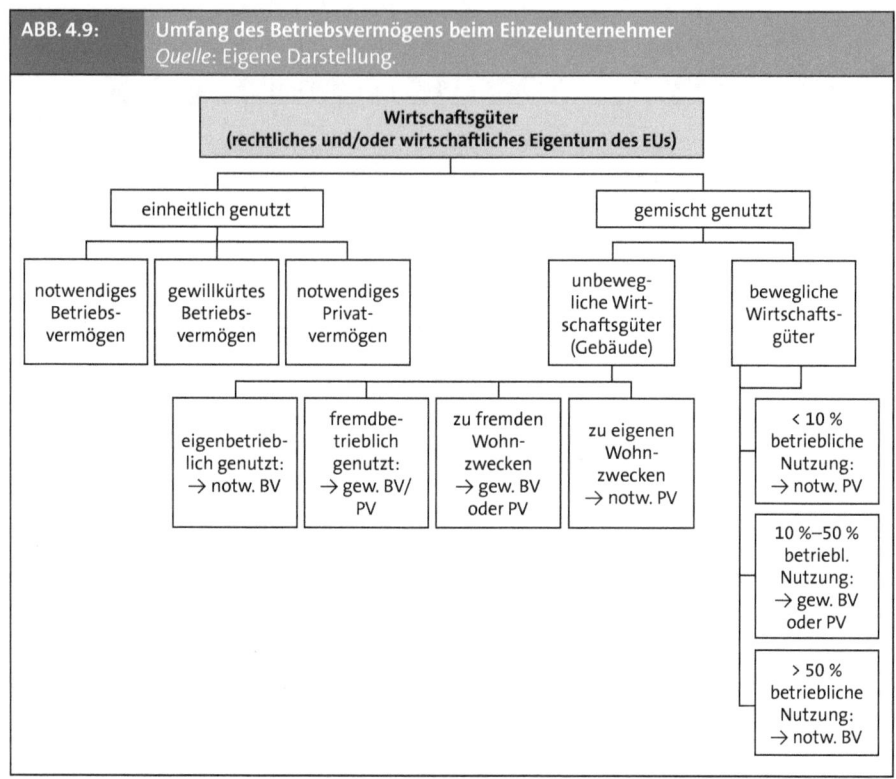

ABB. 4.9:   **Umfang des Betriebsvermögens beim Einzelunternehmer**
Quelle: Eigene Darstellung.

4.2.3.3   Entnahmen und Einlagen

Entnahmen sind gem. § 4 Abs. 1 Satz 2 EStG alle Wirtschaftsgüter (Barentnahmen, Sachentnahmen, Nutzungsentnahmen, Leistungsentnahmen), die der Einzelunternehmer im Laufe des Wirtschaftsjahres für sich, seinen Haushalt oder andere betriebsfremde Zwecke entnimmt. Eine Einlage liegt gem. § 4 Abs. 1 Satz 8 EStG vor, wenn der Einzelunternehmer im Laufe des Wirtschaftsjahres dem Betrieb Wirtschaftsgüter in Form von Bareinzahlungen oder sonstigen Wirtschaftsgütern zuführt.

Durch die Korrektur des Betriebsergebnisses um Entnahmen und Einlagen soll sichergestellt werden, dass der Gewinnausweis ausschließlich durch betriebliche Geschäftsvorfälle beeinflusst wird. Ohne Korrektur um die Einlage würde ein Betriebsvermögenszuwachs auch durch die betriebliche Widmung von steuerfrei gebildetem oder versteuertem Privatvermögen als Gewinn erfasst werden. Vice versa würde ohne Korrektur um die Entnahme betriebsfremder Verwendung von Betriebsvermögen der Gewinn um betrieblich erwirtschaftete Gewinne gekürzt werden. Zu bewerten sind Entnahmen und Einlagen grundsätzlich zum Teilwert (§ 6 Abs. 1 Nr. 4 und 5 EStG). In Ausnahmefällen werden die Einlagen jedoch mit den niedrigeren Anschaffungs- oder Herstellungskosten angesetzt (s. Abschnitt 6.1).

4.2.3.4 Die Ermittlung der Einkommensteuer für Einzelunternehmer

Der Einzelunternehmer ist Einkommensteuersubjekt im Rahmen seiner einzelgewerblichen Tätigkeit (§ 15 Abs. 1 Satz 1 Nr. 1 EStG). Die Erfassung der Einkünfte aus Gewerbebetrieb ist unabhängig davon, ob der Einzelunternehmer den Gewinn entnimmt, und erfolgt in dem Jahr, in dem das Wirtschaftsjahr des Einzelunternehmens endet (§ 4a Abs. 2 Nr. 2 EStG). Stimmt das **Wirtschaftsjahr** mit dem Kalenderjahr überein, ist dies der 31.12. des betreffenden Jahres.

Erwirtschaftet das Einzelunternehmen einen Verlust, wird dieser dem Einzelunternehmer ebenfalls zugerechnet und kann mit anderen Einkünften des Unternehmers im Rahmen des **innerperiodischen Verlustausgleichs** verrechnet werden (s. Abschnitt 3.1.1). Sofern Verluste innerhalb eines Veranlagungszeitraums nicht vollständig ausgeglichen werden, besteht gem. § 10d EStG die Möglichkeit eines interperiodischen Verlustausgleichs, dem sog. Verlustabzug. Dabei können Verluste gem. § 10d Abs. 1 Satz 1 EStG mit positiven Einkünften aus dem Vorjahr bis zu einem Betrag von 1 Mio. € (Verlustrücktrag) oder begrenzt durch die sog. Mindestbesteuerung des § 10d Abs. 2 Satz 1 EStG mit den positiven Einkünften der kommenden Jahre (Verlustvortrag) verrechnet werden.

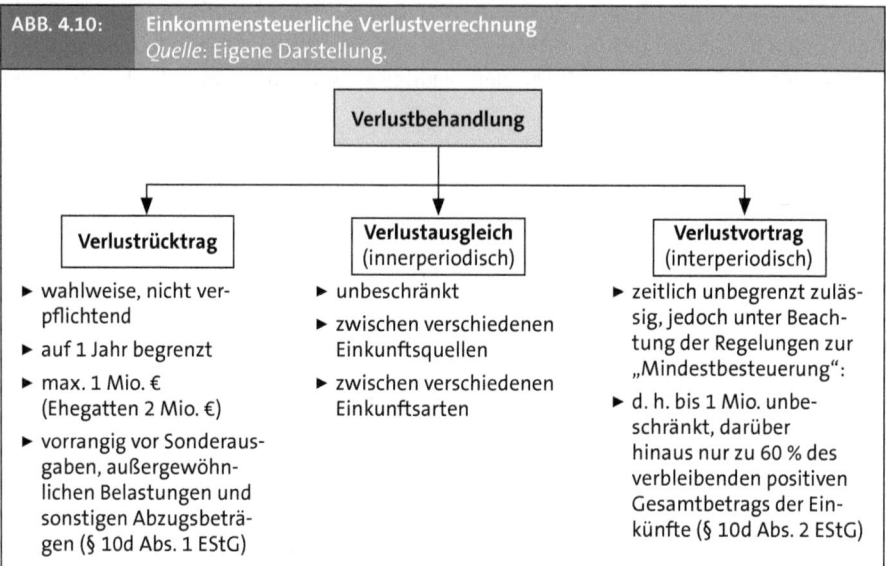

ABB. 4.10: Einkommensteuerliche Verlustverrechnung
Quelle: Eigene Darstellung.

Verlustbehandlung

Verlustrücktrag
- ▶ wahlweise, nicht verpflichtend
- ▶ auf 1 Jahr begrenzt
- ▶ max. 1 Mio. € (Ehegatten 2 Mio. €)
- ▶ vorrangig vor Sonderausgaben, außergewöhnlichen Belastungen und sonstigen Abzugsbeträgen (§ 10d Abs. 1 EStG)

Verlustausgleich (innerperiodisch)
- ▶ unbeschränkt
- ▶ zwischen verschiedenen Einkunftsquellen
- ▶ zwischen verschiedenen Einkunftsarten

Verlustvortrag (interperiodisch)
- ▶ zeitlich unbegrenzt zulässig, jedoch unter Beachtung der Regelungen zur „Mindestbesteuerung":
- ▶ d. h. bis 1 Mio. unbeschränkt, darüber hinaus nur zu 60 % des verbleibenden positiven Gesamtbetrags der Einkünfte (§ 10d Abs. 2 EStG)

Die Einschränkung des Verlustvortrags durch den 40 %-igen Sockelbetrag für 1 Mio. € übersteigende Beträge führt nicht nur zu einer zeitlichen Streckung des Verlustabzugs (Zeiteffekte, ggf. Tarifeffekte), sondern erhält bei Auflösung des Unternehmens Definitivcharakter. Nicht zuletzt aufgrund dieser Aspekte ist die Verfassungsmäßigkeit des § 10d EStG im Schrifttum streitig. Der BFH hat jedoch sowohl für die Körperschaftsteuer als auch für die Gewerbesteuer entschieden, dass die Mindestbesteuerung in ihrer Grundkonzeption einer zeitlichen Streckung des Verlustvortrags nicht gegen Verfassungsrecht verstößt (BFH-Urteil v. 22. 8. 2012, I R 9/11, BStBl II 2013, S. 512 und BFH-Urteil v. 20. 9. 2012, IV R 36/10, BStBl II 2013, S. 498).

ABB. 4.11:	Wirkungsweise der Mindestbesteuerung
	Quelle: Eigene Darstellung.

Unternehmen 1 ohne Mindestgewinnbesteuerung (Beträge in €)

Jahr	1	2	3	4	5	Insgesamt
Gewinn/ Verlust	- 8.000.000	2.000.000	2.000.000	2.000.000	2.000.000	0
Verlust- vortrag	-	- 8.000.000	- 6.000.000	- 4.000.000	- 2.000.000	-
Verbleiben- der Verlust- vortrag	- 8.000.000	- 6.000.000	- 4.000.000	- 2.000.000	0	-
zu ver- steuerndes Einkommen	0	0	0	0	0	0
KSt + GewSt + SolZ (31,1 %)	0	0	0	0	0	0

Unternehmen 2 mit Mindestgewinnbesteuerung (Beträge in €)

Jahr	1	2	3	4	5	Insgesamt
Gewinn/ Verlust	- 8.000.000	2.000.000	2.000.000	2.000.000	2.000.000	0
Verlust- vortrag	-	- 8.000.000	- 6.400.000	- 4.800.000	- 3.200.000	-
zu ver- steuerndes Einkommen	0	400.000	400.000	400.000	400.000	1.600.000
Verbleiben- der Verlust- vortrag	- 8.000.000	- 6.400.000	- 4.800.000	- 3.200.000	- 1.600.000	-
KSt + GewSt + SolZ (31,1 %)	0	124.400	124.400	124.400	124.400	497.600
Darlehen zur Finan- zierung der Steuern	0	124.400	248.800	373.200	497.600	-

Liquiditätsentzug: ca. 0,5 Millionen Euro

123

BEISPIEL: A (ledig) hat einen Einzelhandelsbetrieb und ein Hotel. Im Veranlagungszeitraum 2018 erwirtschaftet er

► mit dem Einzelhandelsbetrieb einen Gewinn i. H. v. 1.260.000 €,

► mit dem Hotel einen Verlust i. H. v. 4.380.000 €.

Im gleichen Zeitraum erzielt A positive Einkünfte aus Vermietung und Verpachtung i. H. v. 120.000 €.

Im Veranlagungszeitraum 2017 hatte der Gesamtbetrag der Einkünfte 1.600.000 € betragen.

Im Veranlagungszeitraum 2019 beträgt der Gesamtbetrag der Einkünfte 2.500.000 €. Des Weiteren bestehen im Veranlagungszeitraum 2019 Sonderausgaben i. H. v. 10.000 € und außergewöhnliche Belastungen i. H. v. 2.000 €.

LÖSUNG:

2018:

Einkünfte aus Gewerbebetrieb:	1.260.000 €
	- 4.380.000 €
Einkünfte aus V&V:	+ 120.000 €
Gesamtbetrag der Einkünfte:	- 3.000.000 €

2017:

Gesamtbetrag der Einkünfte:	1.600.000 €
Verlustrücktrag:	- 1.000.000 €
Zu versteuerndes Einkommen:	600.000 €

2019:

Gesamtbetrag der Einkünfte:	2.500.000 €
Verlustvortrag:	-1.900.000 €
Sonderausgaben/ Außergewöhnliche Belastungen:	- 12.000 €
Zu versteuerndes Einkommen:	588.000 €

Ermittlung des Verlustvortrags für 2019:

Zur Verlustverrechnung nutzbarer Betrag: 3 Mio. € - 1 Mio. € (Verlustrücktrag 2017):	2.000.000 €
Davon unbeschränkt abzugsfähig (§ 10d Abs. 2 Satz 1 EStG):	- 1.000.000 €
Davon Mindestbesteuerung (§ 10d Abs. 2 Satz 1 EStG): 60 % · 2,5 Mio. - 1 Mio.):	- 900.000 €
Verbleibender Verlustvortrag für 2020:	100.000€

Wie das Beispiel verdeutlicht, werden Einkünfte aus dem Einzelunternehmen bei dem Einzelunternehmer nach dessen persönlichen Verhältnissen zusammen mit weiteren Einkünften und unter Beachtung der inner- und interperiodischen Verlustverrechnung der Einkommensteuer unterworfen. Durch § 2 Abs. 1 Satz 2 GewStG ist ein gewerbliches Unternehmen i. S. d. § 15 Abs. 1 Satz 1 Nr. 1 EStG gleichzeitig Steuergegenstand der Gewerbesteuer. Die Steuerermäßigung des § 35 EStG sieht als Kompensation für die zu entrichtende Gewerbesteuer eine pauschale Anrechnung des 3,8-fachen des für das Unternehmen festgesetzten Gewerbesteuermessbetrags auf die Einkommensteuer des Einzelunternehmers vor (zur Anrechnung der Gewerbesteuer im Rahmen des § 35 EStG, s. Abschnitt 4.1.3).

Von der Verlustverrechnung ausgenommen sind allerdings Verluste aus Steuerstundungsmodellen. Gemäß § 15b Abs. 1 EStG dürfen Verluste im Zusammenhang mit Steuerstundungsmodellen weder mit Einkünften aus Gewerbebetrieb noch mit anderen Einkünften ausgeglichen werden; sie dürfen auch nicht nach § 10d EStG abgezogen werden. Ein Steuerstundungsmodell liegt vor, wenn aufgrund einer modellhaften Gestaltung steuerliche Vorteile in Form negativer Einkünfte erzielt werden (§ 15 Abs. 2 EStG). Derartig erzielte Verluste sind gesondert festzustellen. Sie mindern die Einkünfte des Steuerpflichtigen in folgenden Jahren aus derselben Einkunftsquelle.

LITERATUR

Heinicke, W., in: Schmidt, L. (Hrsg.), Einkommensteuergesetz, 37. Aufl., München 2018, § 10d.

Jacobs, O. H./Scheffler, W./Spengel, C. (Hrsg.), Unternehmensbesteuerung und Rechtsform, 5. Aufl., München 2015, S. 133 ff.

Kraft, C./Kraft, G., Grundlagen der Unternehmensbesteuerung, 5. Aufl., Wiesbaden 2018, S. 227–231.

Schreiber, U., Besteuerung der Unternehmen, 4. Aufl., Wiesbaden 2017, S. 59 ff.

4.2.5　Einkünfte aus gewerblichen Mitunternehmerschaften

Neben den skizzierten einzelgewerblichen Betätigungen stellt die Betätigung in gewerblichen Mitunternehmerschaften Einkünfte aus Gewerbebetrieb dar. Mitunternehmerschaften können zum einen originär gewerblich tätig sein (§ 15 Abs. 1 Satz 1 Nr. 2 EStG). Die Qualifikation von Einkünften nach § 15 Abs. 1 Satz 1 Nr. 2 EStG ist im Wesentlichen davon abhängig, ob der steuerpflichtige Gesellschafter die Merkmale eines Mitunternehmers erfüllt. Zunächst kann nach Rechtsprechung des BFH Mitunternehmer nur sein, wer zivilrechtlich Gesellschafter einer Personengesellschaft ist oder in Ausnahmefällen eine diesem vergleichbare Stellung einnimmt. Zumeist ist eine zivilrechtliche Personengesellschaft gegeben. Aber auch wirtschaftlich vergleichbare

Rechtsgemeinschaften wie die Erbengemeinschaft, die eheliche Gütergemeinschaft, soweit ein Gewerbebetrieb zum Gesamtgut gehört, und bestimmte Bruchteilsgemeinschaften (§ 741 BGB) können hier hinzugerechnet werden. Die Mitunternehmerstellung des Gesellschafters ergibt sich, nachdem die zivilrechtliche Gesellschafterstellung bejaht worden ist, aus zwei wesentlichen Kriterien. Erstens muss **Mitunternehmerrisiko** vorliegen und zweitens **Mitunternehmerinitiative** gegeben sein. Mitunternehmerrisiko liegt vor bei einer Teilnahme am Erfolg oder Misserfolg des unternehmerischen Engagements als Beteiligung am Gewinn oder Verlust und an den stillen Reserven. Mitunternehmerinitiative meint die Teilhabe an unternehmerischen Entscheidungen; mindestens Kontrollrechte müssen gegeben sein. Darüber hinaus müssen Mitwirkungsrechte eingeräumt werden, zumindest muss Kommanditistenstatus erreicht sein.

Eine Besonderheit stellen die persönlich haftenden Gesellschafter einer KGaA dar. Trotz handelsrechtlicher Qualifikation der KGaA als Kapitalgesellschaft sind sie als Mitunternehmer anzusehen und erzielen originäre Einkünfte aus Gewerbebetrieb (§ 15 Abs. 1 Nr. 3 EStG).

Neben den in § 15 Abs. 1 EStG erläuterten Tätigkeiten führen nach § 15 Abs. 3 EStG weitere nicht originär gewerbliche Tätigkeiten zu gewerblichen Einkünften. Nach § 15 Abs. 3 Nr. 1 EStG ist die Tätigkeit einer Personengesellschaft insgesamt als gewerblich zu beurteilen, wenn die Gesellschaft nur zu einem geringfügigen Teil auch eine Tätigkeit i. S. d. § 15 Abs. 1 Satz 1 Nr. 1 i. V. m. § 15 Abs. 2 EStG ausübt (**Abfärbetheorie**). So liegt beispielsweise ein Gewerbebetrieb im Ganzen vor, wenn bei einer ursprünglich freiberuflichen Praxisgemeinschaft von Ärzten die entgeltliche Abgabe von Medikamenten erfolgt.

Nach § 15 Abs. 3 Nr. 2 EStG erzielt auch die sog. gewerblich geprägte Mitunternehmerschaft gewerbliche Einkünfte. Sind an einer land- und forstwirtschaftlich, freiberuflich oder vermögensverwaltend tätigen Personengesellschaft ausschließlich Kapitalgesellschaften als persönlich haftende Gesellschafter beteiligt, so gilt die Tätigkeit dieser Personengesellschaft stets in vollem Umfang als gewerbliche, wenn nur diese oder Personen, die nicht Gesellschafter sind, zur Geschäftsführung befugt sind (**Geprägetheorie**).

LITERATUR

Hennrichs, J., in: Tipke, K./Lang, J., Steuerrecht, 23. Aufl., Köln 2018, § 10.

Jacobs, O. H./Scheffler, W./Spengel, C. (Hrsg), Unternehmensbesteuerung und Rechtsform, 5. Aufl., München 2015, S. 228 ff.

Knobbe-Keuk, B., Bilanz- und Unternehmenssteuerrecht, 9. Aufl., Köln 1993, S. 361 ff.

Kraft, C./Kraft, G., Grundlagen der Unternehmensbesteuerung, 5. Aufl., Wiesbaden 2018, S. 233–235.

Rose, G./Watrin, C., Ertragsteuern, 21. Aufl., Berlin 2017, S. 136–138.

4.2.6 Die laufende Erfolgs- und Einkommensermittlung von Personengesellschaften

4.2.6.1 Die Mitunternehmerkonzeption (zweistufige Gewinnermittlung)

Liegt eine Mitunternehmerschaft vor, so bewirkt dies eine Teilrechtsfähigkeit der Personengesellschaft hinsichtlich Einkünfteerzielung und -ermittlung. Die Personengesellschaft ist zwar weder selbst einkommensteuer- noch körperschaftsteuerpflichtig, es findet bei ihr aber eine sog. zweistufige Gewinnermittlung statt. Der von der Personengesellschaft erwirtschaftete Erfolg resultiert aus der Gesamthandsbilanz der Gesellschaft und wird um die Ergebnisse der Ergänzungsbilanzen der Gesellschafter auf der ersten Stufe ergänzt. Sodann werden Ergebnisse aus den Sonderbilanzen der Gesellschafter einbezogen und in der zweiten Stufe der Gesamtgewinn der Mitunternehmerschaft errechnet. Die Gesamtbilanz ist nach h. M. durch Addition der Steuerbilanz nebst Ergänzungsbilanzen mit den Sonderbilanzen der einzelnen Gesellschafter einheitlich nach § 5 EStG zu ermitteln (**additive Gewinnermittlung**). Dieser Gesamtgewinn unterliegt einerseits der Gewerbesteuer (er ist die Ausgangsgröße zur Ermittlung des Gewerbeertrags nach § 7 GewStG). Zum anderen wird der Gesamtgewinn auf die einzelnen Mitunternehmer aufgeteilt und unterliegt dort der Einkommen- oder Körperschaftsteuer.

ABB. 4.12:	Gewinnermittlung bei gewerblich tätigen Mitunternehmerschaften *Quelle*: Eigene Darstellung.
	Ergebnis aus Gesamthandsbilanz der Gesellschaft
+	Ergebnisse aus Ergänzungsbilanzen der Gesellschafter
=	**Ergebnis der 1. Stufe**
+	Ergebnisse aus Sonderbilanzen der Gesellschafter
=	**Gesamtgewinn der Mitunternehmerschaft (Ergebnis der 2. Stufe)**
	(Ausgangsgröße für die Ermittlung des Gewerbeertrags nach § 7 GewStG)

4.2.6.2 Die erste Stufe der Gewinnermittlung

Unter Beachtung vorrangiger steuerlicher Bilanzierungs- und Bewertungsvorschriften (§ 4–7i EStG) ist zunächst aus der Handelsbilanz der Gewinn bzw. Verlust der Personengesellschaft (Gesamthandsbilanz) zu ermitteln. Personenhandelsgesellschaften (OHG, KG) sind gem. § 6 Abs. 1 HGB grundsätzlich Kaufleute kraft Rechtsform und demnach nach handelsrechtlichen Vorschriften verpflichtet, Bücher zu führen. § 140 AO überträgt diese Verpflichtung für die Steuerbilanz. Gewerblich tätige GbR sind nach § 141 AO verpflichtet, Bücher zu führen, sofern sie die dort genannten Größenkriterien erfüllen. Die Gewinnermittlungsmethode ist demnach bei einer Personengesellschaft in der gleichen Weise wie bei einem Einzelunternehmen zu ermitteln.

In der **Gesamthandsbilanz** werden zivilrechtlich wirksame Vertragsbeziehungen zwischen Gesellschafter und Gesellschaft steuerrechtlich anerkannt. Das sich in der Gesamthandsbilanz ergebende Ergebnis wird nach Maßgabe des allgemeinen Gewinn- und Verlustverteilungsschlüssels den einzelnen Gesellschaftern zugerechnet (Gewinnanteil i. S. d. § 15 Abs. 1 Satz 1 Nr. 2 erster Halbsatz EStG). Da eine Personengesellschaft keine Privatsphäre aufweist, kann sie auch kein Privatvermögen besitzen. Gewillkürtes Betriebsvermögen kann also nicht vorliegen. Alle der Gesellschaft gehörende Wirtschaftsgüter stellen notwendiges Betriebsvermögen dar.

Auf der ersten Gewinnermittlungsstufe werden dem Gesamthandsergebnis die Ergebnisse der **Ergänzungsbilanzen** der einzelnen Gesellschafter hinzugerechnet. Ergänzungsbilanzen sind der ersten Stufe der Gewinnermittlung zuzuordnen, da sie sich auf Wirtschaftsgüter des Gesamthandsvermögens beziehen. Es werden keine eigenständigen Wirtschaftsgüter abgebildet. Ergänzungsbilanzen bei Personengesellschaften erfassen reine Bewertungsdifferenzen. Bewertungsdifferenzen können vorliegen zwischen den Buchwerten von Wirtschaftsgütern des Gesamthandsvermögens und den steuerlich anzusetzenden, fortgeführten Anschaffungs- oder Herstellungskosten für die entsprechenden Wirtschaftsgüter beim Gesellschafter. Ergänzungsbilanzen werden zum einen dadurch verursacht, dass nicht alle Gesellschafter einer Personengesellschaft die Voraussetzungen für personenbezogene Steuervergünstigungen erfüllen. Ein Beispiel hierfür bildet die sog. gesellschafterbezogene Betrachtungsweise im Falle der Reinvestitionsbegünstigung gem. § 6b EStG. Eine noch wichtigere Ursache bilden Erwerbs- und Einbringungsvorgänge, bei denen für den Anteil an einer Personengesellschaft ein höheres Entgelt gezahlt wird, als die Summe der anteiligen Buchwerte der Wirtschaftsgüter des Gesamthandsvermögens entspricht. Darin liegt auch eine stark zu kritisierende gesellschafterbezogene Betrachtungsweise des deutschen Steuerrechts, die dazu führt, dass eine Beteiligung an einer Personengesellschaft steuerlich als Asset Deal interpretiert wird und somit die gezahlten stillen Reserven in Form von Wertdifferenzen in die Ergänzungsbilanz gelangen und dort abgeschrieben werden können. Der Beteiligungskauf bei Personengesellschaften stellt sich somit steuerlich günstiger dar, da im Gegensatz zum Anteilskauf an Kapitalgesellschaften erworbene stille Reserven in den Ergänzungsbilanzen abgeschrieben werden können.

BEISPIEL: An der X-OHG sind die Gesellschafter A, B und C beteiligt. Gesellschafter C veräußert seinen Anteil im Wege der Sonderrechtsnachfolge zu einem Preis von 1,5 Mio. € an den neueintretenden D. Gesellschafter C war an der OHG zu 50 % beteiligt; sein Kapitalkonto betrug 1 Mio. €. Die Gesamthandsbilanz der X-OHG sieht vor Austritt des Gesellschafters C wie folgt aus:

Gesamthandsbilanz 31. 12. 2018 vor Austritt von C
X-OHG

	Mio. €		Mio. €
Anlagevermögen:		Eigenkapital	
Maschinen	2,0	A	0,4
Umlaufvermögen:		B	0,6
Vorräte	0,8	C	1,0
Übriges	0,1	Verbindlichkeiten ggü. Banken	0,9
	2,9		2,9

Nach Austritt des C und Neueintritt des D im Wege der Sonderrechtsnachfolge ändert sich die Gesamthandsbilanz nur geringfügig:

Gesamthandsbilanz 31. 12. 2018 nach Austritt von C
X-OHG

	Mio. €		Mio. €
Anlagevermögen:		Eigenkapital	
Maschinen	2,0	A	0,4
Umlaufvermögen:		B	0,6
Vorräte	0,8	D	1,0
Übriges	0,1	Verbindlichkeiten ggü. Banken	0,9
	2,9		2,9

Gesellschafter D hat aufgrund der Unterschiede in der Bewertung des Gesamthandsvermögens in der Bilanz der Personengesellschaft und den Anschaffungskosten seines Gesellschaftsanteils eine Ergänzungsbilanz zum Zeitpunkt des Anteilserwerbs aufzustellen. In der Ergänzungsbilanz ist der Mehrbetrag der Anschaffungskosten im Vergleich zum Buchwert der Steuerbilanz der Gesellschaft anzusetzen. Zunächst sind dafür die anteiligen stillen Reserven in der Ergänzungsbilanz des D bis zum Teilwert der Wirtschaftsgüter der Gesamthandsbilanz aufzudecken. Der verbleibende Differenzbetrag wird als derivativer Firmenwert in der Ergänzungsbilanz aktiviert. Die von D abgegoltenen anteiligen stillen Reserven verteilen sich im Beispiel zu 0,2 Mio. € auf Maschinen und zu 0,1 Mio. € auf Vorräte.

Steuerliche Ergänzungsbilanz 31. 12. 2018 für D
(Eröffnungsbilanz)

	Mio. €		Mio. €
Anlagevermögen:		Eigenkapital	
Maschinen	0,2	Mehrkapital D	0,5
Firmenwert	0,2		
Umlaufvermögen:			
Vorräte	0,1		
	0,5		0,5

Auf Grundlage einer vom Zivilrecht abweichenden Bruchteilsbetrachtung sind die Werte der einzelnen Wirtschaftsgüter in den Ergänzungsbilanzen in den Folgejahren aufzustocken. Im Beispiel stellen sich die steuerliche Ergänzungsbilanz bzw. die steuerliche Gewinn- und Verlustrechnung für das Jahr 2019 wie folgt dar.

Steuerliche Ergänzungs-Gewinn und Verlustrechnung 2019 für D

	T €		T €
Wareneinsatz:			
Aufpreis Vorräte	100	Verlust	163
Abschreibungen:			
Maschinen (4 J)	50		
Maschinen (15 J)	13		
	163		163

Steuerliche Ergänzungsbilanz 31. 12. 2019 für D
X-OHG

	T €		T €
Anlagevermögen:		Eigenkapital	
Maschinen	150	Mehrkapital D	
Firmenwert	187	Stand 1. 1. 2019	500
		Verlust 2019	163
		Stand 31. 12. 2019	337
	337		337

Für das Jahr 2019 geht in die Gewinnermittlung der OHG nicht nur der Gewinn/Verlust aus der Gesamthand ein, sondern zusätzlich auf erster Stufe auch das Ergebnis der Ergänzungsbilanz des Gesellschafters D (-163.000 €). Soweit der aufgestockte Mehrbetrag nicht durch erhöhte Abschreibungen während der Dauer der Beteiligung des D an der X-OHG verbraucht wird (z. B. bei unbebauten Grundstücken), mindert er als Teil der (fortgeführten) Anschaffungskosten den Gewinn des D bei einer späteren Veräußerung seiner Beteiligung.

4.2.6.3 Die zweite Stufe der Gewinnermittlung

In die Gewinnermittlung der Mitunternehmerschaft werden auf der zweiten Stufe die Ergebnisse etwaiger Sonderbilanzen einbezogen. In **Sonderbilanzen** werden erfasst:

► Entgelte aus Rechtsbeziehungen zwischen Gesellschafter und Gesellschaft (Sondervergütungen, § 15 Abs. 1 Satz 1 Nr. 2 zweiter Halbsatz EStG),

► Aufwand und Ertrag aktiver und passiver Wirtschaftsgüter des dem einzelnen Mitunternehmer gehörenden Sonderbetriebsvermögens,

► sonstige Sonderbetriebseinnahmen und -ausgaben,

► etwaige Gewinne bzw. Verluste aus der Veräußerung des Mitunternehmeranteils i. S. v. § 16 Abs. 1 Nr. 2 EStG.

Damit umfasst das Betriebsvermögen von Personengesellschaften nicht nur die Wirtschaftsgüter, die zum Gesamthandvermögen der Mitunternehmer gehören, sondern auch diejenigen Wirtschaftsgüter, die einem, mehreren oder allen Mitunternehmern gehören und dem Betrieb der Personengesellschaft unmittelbar dienen (**Sonderbetriebsvermögen I**) oder unmittelbar zur Begründung der Beteiligung des Mitunternehmers an der Personengesellschaft eingesetzt werden (**Sonderbetriebsvermögen II**). Die den Rechtsbeziehungen zugrundeliegenden Wirtschaftsgüter, beispielsweise Grundstücke bei der Vermietung, sind als positives Sonderbetriebsvermögen des Mitunternehmers Teil des Betriebsvermögens der Mitunternehmerschaft. Damit zusammenhängende Verpflichtungen bilden negatives Sonderbetriebsvermögen. Dem liegt der von *Woerner* (BB 1974, S. 592–598) vorgestellte Beitragsgedanke und die von *Döllerer* (DStZ 1974, S. 211–220) entwickelte Idee der Erfassung einer wirtschaftlichen Einheit zugrunde.

Im Einzelnen kann die mehrstufige Gewinnermittlung bei Personengesellschaften problematisch sein. Dies betrifft nicht so sehr das Gesamthandvermögen. Zum Gesamthandvermögen gehören gem. § 718 BGB die Beiträge der Gesellschafter, die durch die Geschäftsführung für die Gesellschaft erworbenen Gegenstände und das, was aufgrund eines zum Gesellschaftsvermögen gehörenden Rechts oder als Ersatz für die Zerstörung, Beschädigung oder Entziehung eines zu dem Gesellschaftsvermögen gehörenden Gegenstandes erworben wird. Das Gesamthandvermögen bildet notwendiges Betriebsvermögen der Personengesellschaft und wird deshalb stets einbezogen. Gewillkürtes Betriebsvermögen ist, wie bereits dargelegt, nicht denkbar.

Das Sonderbetriebsvermögen hingegen lässt sich differenzieren in gewillkürtes und notwendiges Sonderbetriebsvermögen. Notwendiges Sonderbetriebsvermögen I stellen Wirtschaftsgüter dar, die einem, mehreren oder allen Mitunternehmern gehören, aber unmittelbar für betriebliche Zwecke genutzt werden. Wirtschaftsgüter, die in einem unmittelbaren wirtschaftlichen Zusammenhang mit der Beteiligung des Mitunternehmers an der Personengesellschaft stehen, sind als notwendiges Sonderbetriebsvermögen II zu deklarieren. Auch Verbindlichkeiten eines Mitunternehmers können dem notwendigen Sonderbetriebsvermögen zuzuordnen sein. Gewillkürtes Sonderbetriebsvermögen sind Wirtschaftsgüter, die objektiv geeignet sind, dem Betrieb der Personengesellschaft zu dienen (gewillkürtes Sonderbetriebsvermögen I), oder aber die Beteiligung des Gesellschafters stärken (gewillkürtes Sonderbetriebsvermögen II) und in der Buchführung als Betriebsvermögen ausgewiesen werden.

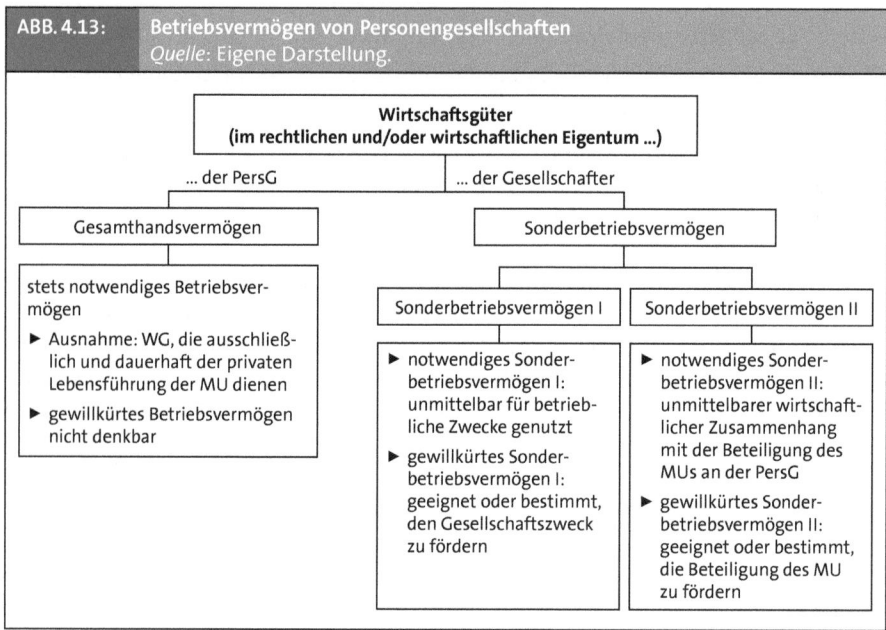

ABB. 4.13: **Betriebsvermögen von Personengesellschaften**
Quelle: Eigene Darstellung.

BEISPIEL: An der D KG sind der Komplementär D zu 50 % und die Kommanditisten E bzw. F zu 10 % bzw. 40 % am Kapital und Gewinn beteiligt. Der Gewinn der KG beträgt nach handelsrechtlicher Abschlussrechnung inkl. Korrekturen nach §§ 4–7i EStG 100.000 € (Gesamthandsgewinn). Ergänzungsbilanzen seien nicht vorhanden. Die Gewinnermittlung auf der zweiten Stufe der gewerblich tätigen KG vollzieht sich wie folgt:

			Gesamt
Komplementär D			
Gewinnanteil		50.000 €	
+ Sonderbilanzergebnis:			
Geschäftsführergehalt	60.000 €		
− Aufwendungen in Zusammenhang mit der Tätigkeit (nicht von der Personengesellschaft ersetzte Kosten)	1.000 €	59.000 €	
Steuerlicher Gewinn des D aus Gewerbebetrieb		109.000 €	**109.000 €**
Kommanditist E			
Gewinnanteil		10.000 €	
+ Sonderbilanzergebnis:			
Miete für an K vermietete Werkhalle	40.000 €		
− Sonderbetriebsausgaben für Werkhalle (Afa, Grundsteuer, Reparaturen) im Rahmen von SBV I	48.000 €	-8.000 €	
Steuerlicher Gewinn des E aus Gewerbebetrieb		2.000 €	**2.000 €**
Kommanditist F			
Gewinnanteil		40.000 €	
+ Sonderbilanzergebnis:			
Zinseinnahmen für Darlehen an KG	9.000 €		
− Sonderbetriebsausgaben (Zinsausgaben wegen Darlehensfinanzierung des Erwerbs der KG-Beteiligung) i. R. d. SBV II	4.000 €	5.000 €	
Steuerlicher Gewinn des F aus Gewerbebetrieb		45.000 €	45.000 €
Gesamtgewinn der Mitunternehmerschaft			156.000 €

Im Beispiel wird ersichtlich, dass die zivilrechtlich wirksamen und daher im Gesamthandsgewinn der Mitunternehmerschaft auch steuerlich erfolgswirksam erfassten Darlehens- und Mietverträge zwischen Gesellschaft und Gesellschafter im Rahmen der Sonderbilanzergebnisse dem Gesamthandsgewinn wieder hinzugerechnet werden. Im Ergebnis entfalten bei Personengesellschaften Verträge mit Gesellschaftern bei der Ermittlung des Gesamtgewinns der Mitunternehmerschaft keine steuerliche Wirkung. Durch diese Zuordnung der Sondervergütungen zu den gewerblichen Einkünften wird die steuerliche Behandlung des Gesellschafters einer Personengesellschaft an die steuerliche Behandlung eines Einzelunternehmers angenähert, der mangels zivilrechtlicher Gültigkeit keine steuerwirksamen Verträge mit sich selbst abschließen kann.

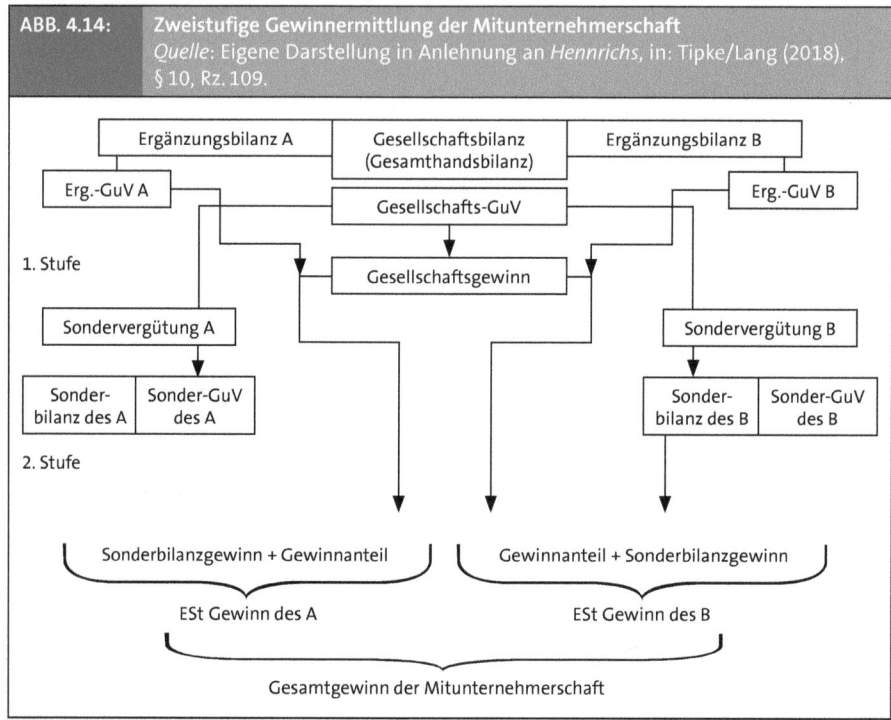

ABB. 4.14: **Zweistufige Gewinnermittlung der Mitunternehmerschaft**
Quelle: Eigene Darstellung in Anlehnung an *Hennrichs*, in: Tipke/Lang (2018), § 10, Rz. 109.

Der Gesamtgewinn der Mitunternehmerschaft ist die Ausgangsgröße für die Berechnung der Gewerbesteuer (§ 7 GewStG). Ergebnisauswirkungen, die aus Ergänzungs- und Sonderbilanzen einzelner Gesellschafter resultieren, verteilen sich gewerbesteuerlich nicht verursachungsgerecht. Vielmehr werden sie auf Gesellschaftsebene nach dem allgemeinen Gewinnverteilungsschlüssel allen Gesellschaftern auferlegt (sog. fremdbestimmte Steuerwirkungen).

4.2.6.4 Die Ermittlung der Einkommensteuer für die Personengesellschafter

Einkommensteuerlich wird der erwirtschaftete Erfolg allerdings unmittelbar anteilig den Gesellschaftern zugerechnet. Sie erzielen wie Einzelunternehmer unabhängig davon, ob der Gewinn entnommen oder thesauriert wird, i. H. ihres anteiligen Gewinns Einkünfte aus Gewerbebetrieb. Eine Thesaurierung auf Gesellschaftsebene findet steuerlich keine Berücksichtigung. Die erste Stufe der Gewinnermittlung bildet den Gewinnanteil des Gesellschafters. Dabei wird neben dem quotal zu verteilenden Gesamthandsgewinn für jeden Gesellschafter sein Ergänzungsbilanzergebnis miterfasst. Auf der zweiten Stufe kommen ausschließlich auf den einzelnen Gesellschafter und Einkommensteuerschuldner bezogene Tatbestandverwirklichungen hinzu. Die zweite Stufe der Gewinnermittlung erfasst den außerhalb des Gesamthandsbereichs erwirtschafteten Teil der Einkünfte des einzelnen Mitunternehmers (Sonderbetriebsvermögen und Sondervergütungen).

LITERATUR

Hennrichs, J., in: Tipke, K./Lang, J., Steuerrecht, 23. Aufl., Köln 2018, § 10.

Jacobs, O. H./Scheffler, W./Spengel, C. (Hrsg.), Unternehmensbesteuerung und Rechtsform, 5. Aufl., München 2015, S. 228 ff.

Kraft, C./Kraft, G., Grundlagen der Unternehmensbesteuerung, 5. Aufl., Wiesbaden 2018, S. 236–248.

Kußmaul, H., Betriebswirtschaftliche Steuerlehre, 7. Aufl., München 2014, S. 481–495.

Niehus, U./Wilke, H., Die Besteuerung von Personengesellschaften, 7. Aufl., Stuttgart 2015.

Zimmermann, R. u. a., Die Personengesellschaft im Steuerrecht, 12. Aufl., Achim 2017.

4.2.8 Thesaurierungsbegünstigung

Mit der Thesaurierungsbegünstigung nach § 34a EStG durchbricht der Gesetzgeber ansatzweise die zuvor skizzierte Besteuerung nach dem Transparenzprinzip und nähert die Besteuerung der Einzelunternehmen und Personengesellschaften auf Antrag der Besteuerung von Kapitalgesellschaften an. So wird nunmehr auch im Einkommensteuerrecht zwischen Thesaurierung und Ausschüttung differenziert.

Mit dem Wahlrecht zur Tarifbegünstigung nicht entnommener Gewinne verfolgt der Steuergesetzgeber die **Herstellung der Belastungsneutralität** zwischen Personen- und Kapitalgesellschaften auf Gesellschaftsebene. Nach der Gesetzesbegründung soll der Anreiz zum Verzicht auf die private Verwendung von Gewinnen die Eigenkapitalbasis der Unternehmen nachhaltig stärken, Investitionsmöglichkeiten verbessern und die Fremdkapitalquote der Unternehmen mittelfristig senken. Zwar können Einzelunternehmer oder Mitunternehmer auch weiterhin thesaurierte Gewinne der Normalversteuerung unterwerfen. § 34a EStG gewährt allerdings nunmehr die Möglichkeit, zur (teilweisen) Thesaurierungsbesteuerung zu optieren.

Auf gesonderten Antrag eines Einzelunternehmers oder Mitunternehmers kommt gem. § 34a Abs. 1 Satz 1 EStG für im zu versteuernden Einkommen enthaltene nicht entnommene Gewinne aus Gewinneinkunftsarten ein **starrer proportionaler Steuersatz** von 28,25 % (zzgl. Solidaritätszuschlag) zur Anwendung. Bei dem nicht entnommenen Gewinn des Betriebs oder des Mitunternehmeranteils handelt es sich nach § 34 Abs. 2 EStG um den nach § 4 Abs. 1 Satz 1 oder § 5 EStG ermittelten Gewinn, vermindert um den positiven Saldo der Entnahmen und Einlagen des Wirtschaftsjahres (Nettoentnahme). In dem nach dem Betriebsvermögensvergleich ermittelten maßgeblichen Gewinn sind Gewinne i. S. d. § 18 Abs. 1 Nr. 4 EStG sowie Veräußerungsgewinne, für die der Freibetrag des § 16 Abs. 4 EStG oder die Tarifbegünstigung nach § 34 Abs. 3 EStG anzuwenden ist, nicht enthalten (§ 34a Abs. 1 Satz 1 2. Halbsatz EStG). Außerbilanzielle Hinzurechnungen oder Kürzungen beeinflussen den maßgeblichen Gewinn i. S. d. § 34a Abs. 2 EStG nicht. Es ist allein der Steuerbilanzgewinn maßgeblich.

Da der nicht entnommene Gewinn i. S. d. § 34a Abs. 2 EStG einen den Betrag einer Nettoentnahme übersteigenden Gewinn darstellt, ergibt sich eine **Verwendungsreihenfolge** für die laufenden Gewinne eines Wirtschaftsjahres. Die Nettoentnahme des laufenden Wirtschaftsjahres gilt als vorrangig entnommen und unterliegt dem regulären Einkommensteuertarif. Dabei mindert die Nettoentnahme zunächst die im Steuerbilanzgewinn enthaltenen steuerfreien Gewinnanteile, sodass die Steuerfreiheit nicht durch den ermäßigten Steuertarif des § 34a EStG ausgehöhlt wird (BMF, Schreiben v. 11. 8. 2008, BMF IV C 6-S 2290-a/07/10001, BStBl I 2008 S. 838, Rz. 17). Im umgekehrten Fall, einer Nettoeinlage, bleibt der maßgebliche Gewinn i. S. d. § 34a Abs. 2 EStG unberührt.

ABB. 4.15: Thesaurierungsbegünstigung nach § 34a EStG
Quelle: Eigene Darstellung in Anlehnung an *Dinkelbach* (2017), S. 290.

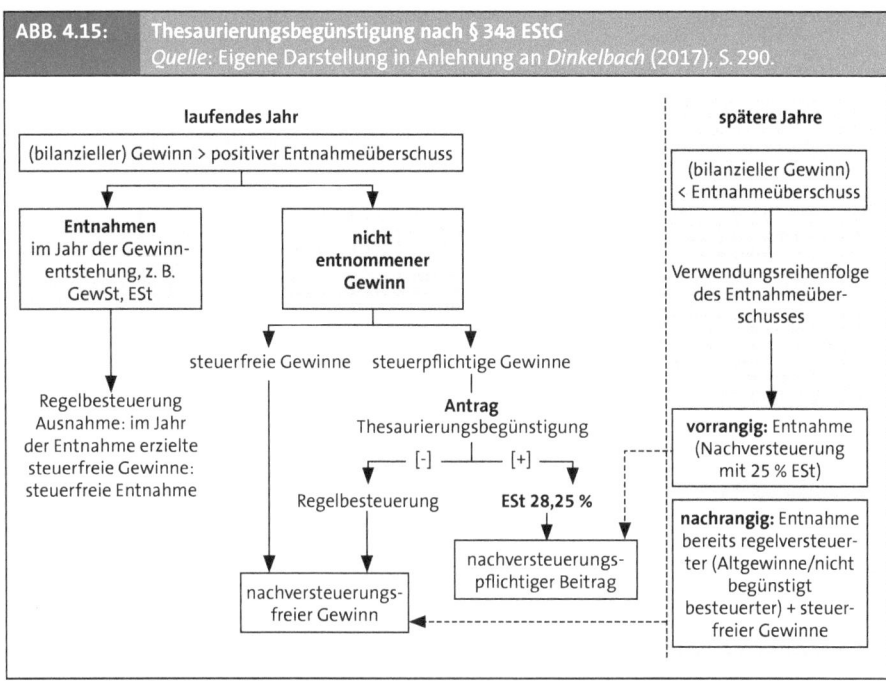

Nach herrschender Meinung sind tatsächlich verausgabte Beträge, wie insbesondere die auf Gesellschaftsebene anfallende Gewerbesteuer, aufgrund ihrer nicht länger gegebenen Entnahmefähigkeit nicht im nicht entnommenen Gewinn des § 34a Abs. 2 EStG enthalten (ebenso FG Münster v. 19. 02. 2014, 9 K 511/14 F, EFG 2014, S. 1201). Damit entspricht die jeweilige Gewerbesteuer einer Entnahme und führt beim (Mit-)Unternehmer zu einer regulären Einkommensteuerbelastung. Wird angenommen, dass der zur Entrichtung der Einkommensteuerschuld notwendige Betrag ebenfalls entnommen wird, ergibt sich in einer Beispielrechnung mit einem steuerlichen Gewinn von 100, einem individuellen Spitzensteuersatz von 45 % und einem gewerbesteuerlichen Hebesatz von 400 % ein Thesaurierungssteuersatz i. H. v. 36,17 %.

TAB. 4.3:	Beispielrechnung im Thesaurierungszeitpunkt *Quelle:* Eigene Darstellung in Anlehnung an *Kleineidam/Liebchen*, DB 2007, S. 410.		
		Thesaurierungs- besteuerung	Normalbesteue- rung
Thesaurierung in t_0			
1. Gewinn vor Steuern	100,00		
2. Gewerbesteuer	-14,00		
3. Einkommensteuer	-21,01		
4. Solidaritätszuschlag	-1,16		
5. Anteiliger Gewinn Normal- besteuerung	36,17		
6. Thesaurierungsvolumen	63,83		
7. Gewerbesteuer	-14,00		
8. Einkommensteuer (45 %) auf 5.			-16,28
9. Einkommensteuer (28,25 %) auf 6.		-18,03	
10. Einkommensteuer 8. + 9.	-34,31		
11. Ermäßigung nach § 35 EStG	13,30		
12. Verbleibende Einkommensteuer	-21,01		
13. Solidaritätszuschlag auf 12.	-1,16		
14. Gesamtsteuerbelastung 7. + 12. + 13.	-36,17		

Bei der späteren Entnahme des Thesaurierungsvolumens unterliegt der zunächst zum begünstigten Steuersatz besteuerte nicht entnommene Gewinn (Begünstigungsbetrag) nach § 34a Abs. 4 EStG einer 25 %-igen **Nachversteuerung** (zzgl. Solidaritätszuschlag). Der nachversteuerungspflichtige Begünstigungsbetrag ist jährlich zum Ende eines Veranlagungszeitraums gesondert festzustellen und fortzuschreiben (§ 34a Abs. 3 Satz 3 EStG). Daher wird dem Nachversteuerungsbetrag eines Veranlagungszeitraums der nachversteuerungspflichtige Betrag des Vorjahres hinzugezogen. Abgezogen wird nach § 34a Abs. 3 Satz 2 EStG hingegen die ermäßigte Einkommensteuer auf den Begünstigungsbetrag, der auf diese entfallende Solidaritätszuschlag sowie im Falle einer Nachversteuerung der Nachversteuerungsbetrag i. S. d. § 34a Abs. 4 EStG. Eine Nachversteuerung ist durchzuführen, sofern der positive Saldo der Entnahmen und Einlagen eines Wirtschaftsjahres den Steuerbilanzgewinn übersteigt (§ 34a Abs. 4 Satz 1 EStG). In Fortführung der vorherigen Beispielrechnung ergibt sich folgende Nachversteuerung bzw. Gesamtsteuerbelastung bei späterer Entnahme des Thesaurierungsvolumens i. H. v. 63,83 %.

TAB. 4.4:	Beispielrechnung im Nachversteuerungszeitpunkt Quelle: Eigene Darstellung in Anlehnung an Kleineidam/Liebchen, DB 2007, S. 410.		
		Thesaurierungs- besteuerung	Nachversteue- rung
Nachversteuerung in T_n			
1.	Entnahme des Vorjahres- Thesaurierungsvolumens (Begünstigungsbetrag)	63,83	
2.	ermäßigte Einkommensteuer (28,25 %) zzgl. Solidaritätszuschlag auf 1.		-19,02
3.	Nachversteuerungspflichtiger Betrag	44,81	
4.	Einkommensteuer (25 %) zzgl. Solidaritätszuschlag auf 3.		-11,82
5.	Gesamtsteuerbelastung 4. + 14. der vorherigen Tabelle	47,99	

Bei der Beurteilung, ob und inwieweit die Inanspruchnahme der Thesaurierungsbegünstigung im Einzelfall zur steuerlichen Vorteilhaftigkeit führt, ist der Zinseffekt der zeitlich später anfallenden Nachversteuerung sowie der individuelle Einkommensteuersatz des (Mit-)Unternehmers zu berücksichtigen. Die Steuerbelastung im Nichtthesaurierungsfall ist der Thesaurierungsbesteuerung samt Nachversteuerungsbelastung gegenüberzustellen. Anhand des Kapitalwertmodells ist sodann zu errechnen, über welchen Zeitraum die Nachversteuerung zu vermeiden ist. Im Idealfall übersteigt die im Thesaurierungszeitraum erwirtschaftete Verzinsung die Differenz zwischen der zur Thesaurierungsbelastung hinzuzurechnenden Nachversteuerung und der Steuerbelastung im Nichtthesaurierungsfall. Dabei ist zu beachten, dass das Kapitalwertmodell in Abhängigkeit des gewählten Zinssatzes zu unterschiedlichen Zeiträumen führt.

LITERATUR

Kleineidam, H.-J./Liebchen, D., Die Mär von der Steuerentlastung durch die Unternehmensteuerreform 2008, DB 2007, S. 409–412.

Kußmaul, H., Betriebswirtschaftliche Steuerlehre, 7. Aufl., München/Wien 2014, S. 338–348.

Kraft, C./Kraft, G., Grundlagen der Unternehmensbesteuerung, 5. Aufl., Wiesbaden 2018, S. 134–137, 228–231.

Lausterer, M./Jetter, J. I., in: Blumenberg, J./Benz, S., Die Unternehmensteuerreform 2008, Köln 2007, S. 9–31.

Rödder, T., Unternehmensteuerreformgesetz 2008, DStR 2007, Beihefter zu Heft 40, S. 3–6.

Rogall, M., in: Schaumburg, H./Rödder, T., Unternehmensteuerreform 2008, München 2007, S. 409–446.

4.2.9 Besonderheiten bei Familiengesellschaften

Der Ausdruck Familiengesellschaft bezeichnet keine konkrete zivil- oder steuerrechtliche Unternehmensform. Vielmehr sind solche Gesellschaften durch einen familiär verbundenen Gesellschafterstamm charakterisiert. Gesellschafter können Ehegatten, minder- und volljährige Kinder oder sonstige Angehörige i. S. d. § 15 AO sein. Die Gesellschaft kann in Form einer OHG, KG, GmbH, AG, GmbH & Co. KG, Betriebsaufspaltung oder stillen Gesellschaft betrieben werden. In der Praxis besonders bedeutsam ist die Beteiligung von Familienangehörigen als Kommanditist, Anteilseigner einer Kapitalgesellschaft oder als (typisch) stiller Gesellschafter. Neben diesen gesellschaftsrechtlichen Verbindungen kann die **familiäre Verbundenheit** auch durch schuldrechtliche Verträge (Miet-, Pacht-, Darlehensverträge) zwischen Gesellschaft und Angehörigen bestehen. Die folgenden Ausführungen orientieren sich an dem Fall der Beteiligung von Angehörigen als Kommanditist einer KG.

Die Motive zur Konstruktion einer Familiengesellschaft können sehr vielfältig sein. Nicht zuletzt spielen steuerliche Gründe eine Rolle. So können durch die Aufteilung von Einkünften Steuervorteile im Bereich der Einkommensteuer erzielt werden, indem die Einkommensteuerprogression gemindert wird. **Erbschaftsteuerliche Steuervorteile** können bei Vermögensübertragungen im Wege der vorweggenommenen Erbfolge durch das mehrmalige Ausnutzen von Freibeträgen generiert werden.

Weil durch Familiengesellschaften steuerliche Vorteile erzielt werden können und bei den Gesellschaftern der Grundsatz des natürlichen Interessensgegensatzes wie bei Gesellschaftsverhältnissen zwischen Fremden nicht angenommen werden kann, sondern gleichgerichtete wirtschaftliche Interessen vermutet werden müssen, ist es selbstverständlich, dass die Familiengesellschaft bzw. die schuldrechtlichen Verträge nicht in jedem Fall steuerrechtlich anerkannt werden können – insbesondere dann nicht, wenn als alleiniger Zweck die Steuerersparnis offensichtlich ist. Allerdings kann das Bestreben, eine Minderung der Steuerbelastung zu erreichen, nicht notwendigerweise zu einer Nichtanerkennung der Vertragsbeziehungen zwischen Angehörigen führen. Der **Grundsatz der Vertragsfreiheit** gilt auch im Steuerrecht. Daher sind alle bürgerlichrechtlichen Verträge steuerlich anzuerkennen. Damit die Verträge bei Familiengesellschaften anerkannt werden, müssen sie zudem formal einwandfrei sein. Das heißt, der Gesellschaftsvertrag muss ernsthaft gewollt sein und tatsächlich durchgeführt werden, er muss zivilrechtlich wirksam und verbunden mit bestimmten Rechten sein. Die Voraussetzung der zivilrechtlichen Wirksamkeit des Gesellschaftsvertrags ist eine Besonderheit von Familiengesellschaften, da bei Verträgen zwischen fremden Dritten nach § 41 Abs. 1 Satz 1 AO die Unwirksamkeit eines Rechtsgeschäfts unbeachtlich ist, wenn die Beteiligten das wirtschaftliche Ergebnis bestehen lassen. Der Grundsatz der Gestaltungsfreiheit hat seine Grenzen im Gestaltungsmissbrauch des § 42 AO. Die Steuerpflicht darf nicht durch Missbrauch von Formen oder Gestaltungsmöglichkeiten umgangen werden. Darüber hinaus ist für die steuerliche Anerkennung von Verträgen zwischen Angehörigen der Vergleich mit denjenigen zwischen fremden Dritten entscheidend.

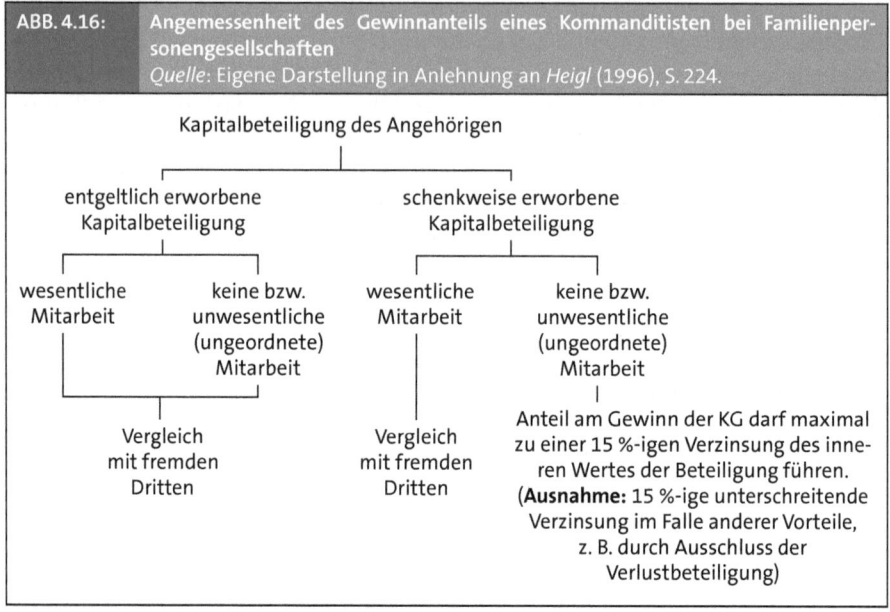

ABB. 4.16:   Angemessenheit des Gewinnanteils eines Kommanditisten bei Familienpersonengesellschaften
Quelle: Eigene Darstellung in Anlehnung an *Heigl* (1996), S. 224.

Hannes, F./Kuhn, T./Brückmann, M., Familienunternehmen, Wiesbaden 2008.

Jacobs, O. H./Scheffler, W./Spengel, C. (Hrsg.), Unternehmensbesteuerung und Rechtsform, 5. Aufl., München 2015, S. 356–378.

Kußmaul, H., Betriebswirtschaftliche Steuerlehre, 7. Aufl., München/Wien 2014, S. 578–586.

Niemeier, G. u. a., Einkommensteuer, 23. Aufl., Achim 2014, S. 820–828.

Schulze zur Wiesche, D., Vereinbarungen unter Familienangehörigen und ihre steuerlichen Folgen, 9. Aufl., Baden-Baden 2006.

Kapitel 5: Die laufende Erfolgs- und Einkommensermittlung bei Kapitalgesellschaften

5.1 Überblick

Wird die unternehmerische Tätigkeit im Inland in der Rechtsform einer Kapitalgesellschaft (insbesondere Aktiengesellschaft, Kommanditgesellschaft auf Aktien, Gesellschaft mit beschränkter Haftung) ausgeübt, ergeben sich bei der für steuerliche Zwecke durchzuführenden Erfolgs- und Einkommensermittlung einige Besonderheiten im Vergleich zu jener bei Personengesellschaften (s. Abschnitt 4.2). Die sich daraus ableitenden unterschiedlichen steuerlichen Belastungen sind Folge einer – trotz vielfacher Reformvorhaben weiterhin vorhandenen – rechtsformabhängigen Unternehmensbesteuerung. Ursache hierfür ist die Anwendung verschiedener Besteuerungskonzeptionen bei der Besteuerung von Unternehmen. Während bei der Besteuerung von Einzelunternehmen und Personengesellschaften das Transparenzprinzip zur Anwendung kommt, erfolgt die Besteuerung von Kapitalgesellschaften nach dem **Trennungsprinzip**. Letzteres erkennt eine Kapitalgesellschaft als eigenständiges Steuerrechtssubjekt an, das mit der Körperschaftsteuer einer besonderen Steuerart unterliegt.

Die körperschaftsteuerliche Tarifbelastung einer Kapitalgesellschaft berechnet sich vereinfacht durch Multiplikation des Körperschaftsteuersatzes – nach § 23 Abs. 1 KStG 15 % – mit der körperschaftsteuerlichen Bemessungsgrundlage, dem zu versteuernden Einkommen. Diese Größe ermittelt sich ausgehend von dem nach handelsrechtlichen Vorschriften berechneten Jahresüberschuss/Jahresfehlbetrag insbesondere dadurch, dass steuerliche Vorschriften eine von der handelsrechtlichen Erfassung abweichende Behandlung von bestimmten Aufwendungen und Erträgen vorschreiben. In der Folge ergeben sich steuerlich teilweise oder vollständig nicht abziehbare Betriebsausgaben sowie teilweise oder vollständig steuerfreie Erträge. Das handelsrechtliche Ergebnis wird innerhalb der steuerlichen Gewinnermittlung folglich um Aufwendungen und Erträge verschiedener Geschäftsvorfälle (Tatbestände) korrigiert (modifiziert). Rechtsgrundlage hierfür bilden sowohl die Vorschriften des Einkommensteuergesetzes – diese kommen über § 8 Abs. 1 KStG auch bei Kapitalgesellschaften zur Anwendung – als auch jene des Körperschaftsteuergesetzes.

Im Einzelnen kann die Ermittlung des zu versteuernden Einkommens anhand der nachfolgenden Abb. 5.1 nachvollzogen werden. Diese stellt aus Gründen der Übersichtlichkeit die **wesentlichen Modifikationen** innerhalb der steuerlichen Einkommensermittlung dar. Sondertatbestände wie eine Berichtigung von Einkünften nach § 1 AStG (insbesondere für nicht fremdüblich ausgestaltete Verrechnungspreise bei grenzüberschreitenden gruppeninternen Geschäftsbeziehungen oder als Folge einer Funktionsverlagerung), Hinzurechnungen und Kürzungen bei ausländischen Einkünften u. a. nach § 26 KStG oder § 2a Abs. 1 EStG sowie Hinzurechnungen und Kürzungen bei Umwandlungen u. a. nach § 4 Abs. 6, 7 UmwStG werden im Folgenden ausgeklammert.

Im Weiteren werden die wesentlichen, innerhalb der Einkommensermittlung von Kapitalgesellschaften zu berücksichtigenden Modifikationen schrittweise erläutert. Dabei stehen die besonderen Vorschriften des Körperschaftsteuerrechts im Mittelpunkt. Auf die relevanten einkommensteuerlichen Regelungen wurde bereits in Abschnitt 4.2 eingegangen.

ABB. 5.1:	Ermittlung des zu versteuernden Einkommens bei Kapitalgesellschaften *Quelle*: Eigene Darstellung in Anlehnung an R 7.1 KStR.	
	Betriebsvermögen am Schluss des WJ	
-	Betriebsvermögen am Schluss des vorangegangenen WJ	
+	Offene Gewinnausschüttungen	
-	Kapitalzuführungen	
=	**Jahresüberschuss/Jahresfehlbetrag lt. Handelsbilanz**	
+/-	*Bilanzielle Modifikationen auf der Grundlage des EStG (§ 6 bis 7i EStG)*	
=	**Steuerbilanzergebnis (beachte auch § 60 Abs. 2 EStDV)**	
+/-	*Außerbilanzielle Modifikationen auf der Grundlage des EStG*	
	-	Steuerfreie Betriebseinnahmen (§ 3 EStG)
	+	Nichtabziehbare Betriebsausgaben (§ 4 Abs. 5–8 EStG; § 4h EStG i. V. m. 8a KStG)
	+	Ausgaben in Zusammenhang mit steuerfreien Einnahmen (§ 3c EStG)
+/-	*Außerbilanzielle Modifikationen auf der Grundlage des KStG*	
	Bedingt durch das Gesellschaftsverhältnis	
	+	Verdeckte Gewinnausschüttungen (§ 8 Abs. 3 Satz 2 KStG)
	-	Verdeckte Einlagen (§ 8 Abs. 3 Satz 3 bis 6 KStG)
	Bedingt durch das Körperschaftsteuersystem	
	-	Beteiligungserträge von anderen Kapitalgesellschaften (§ 8b Abs. 1 KStG)
	-	Veräußerungsgewinne aus Beteiligungen an anderen Kapitalgesellschaften (§ 8b Abs. 2 KStG)
	+	Gewinnminderungen aus Beteiligungen an anderen Kapitalgesellschaften (§ 8b Abs. 3 KStG)

+	Ausgaben in Zusammenhang mit steuerfreien Einnahmen (§ 3c EStG, § 8b Abs. 5 KStG)	
	Bedingt durch die Natur der juristischen Person	
+	Zuwendungen (§ 9 Abs. 1 Nr. 2 KStG)	
+	Nicht abzugsfähige Aufwendungen (§ 10 KStG)	
=	**Steuerlicher Gewinn**	
-	Abziehbare Zuwendungen (§ 9 Abs. 1 Nr. 2 KStG)	
-	Einkommen, welches dem Organträger zuzurechnen ist (§§ 14 ff. KStG)	
+	Einkommen einer Organgesellschaft (§ 14 ff. KStG)	
=	**Gesamtbetrag der Einkünfte i. S. d § 10d EStG**	
-	Verlustabzug (§ 10d EStG)	
=	**(Zu versteuerndes) Einkommen**	

Kaminski, B./Strunk, G., Besteuerung unternehmerischer Tätigkeit, 2. Aufl., Wiesbaden 2017, S. 186 ff.

Kraft, C./Kraft, G., Grundlagen der Unternehmensbesteuerung, 5. Aufl., Wiesbaden 2018, S. 153–158, 251–258.

Kußmaul, H., Betriebswirtschaftliche Steuerlehre, 7. Aufl., München/Wien 2014, S. 478–481, 495–496.

Scheffler, W., Besteuerung von Unternehmen I, 13. Aufl., Heidelberg 2016, S. 195 ff.

Schreiber, U., Besteuerung der Unternehmen, 4. Aufl., Berlin 2017, S. 85 ff.

5.1.1 Ermittlung des Steuerbilanzergebnisses

Bei der Ermittlung des zu versteuernden Einkommens wird in einem ersten Schritt durch steuerbilanzielle Modifikationen vom handelsrechtlichen Jahresüberschuss/Jahresfehlbetrag (§ 275 HGB) auf das Steuerbilanzergebnis übergeleitet. Das handelsrechtliche Ergebnis ist Ausgangspunkt der körperschaftsteuerlichen Einkommensermittlung, weil im Inland unbeschränkt körperschaftsteuerpflichtige Kapitalgesellschaften – also solche mit Sitz und/oder Geschäftsleitung im Inland – einerseits nach § 8 Abs. 2 KStG ausschließlich Einkünfte aus Gewerbebetrieb erzielen. Andererseits haben Kapitalgesellschaften den steuerlichen Gewinn durch Betriebsvermögensvergleich (Bilanzierung) zu ermitteln. Dabei ist nach § 5 Abs. 1 Satz 1 EStG in der Steuerbilanz grundsätzlich das Betriebsvermögen anzusetzen, das nach den handelsrechtlichen Grundsätzen ordnungsgemäßer Buchführung auszuweisen ist (**Maßgeblichkeitsgrundsatz**).

Inwieweit dem Maßgeblichkeitsgrundsatz bei der Erfassung von Geschäftsvorfällen in der Steuerbilanz zu folgen oder eine von der Handelsbilanz abweichende Bilanzierung vorzunehmen ist (§ 5 Abs. 1 Satz 1 Halbsatz 2 EStG; § 5 Abs. 6 EStG), richtet sich nach den im Einkommensteuerrecht kodifizierten steuerlichen Ansatz- und Bewertungsvorschriften (sog. einkommensteuerliche Modifikationen nach §§ 6–7i EStG). Einzig diese können der Grund für Differenzen zwischen den handelsrechtlichen Wertansätzen von Vermögensgegenständen, Schulden und Rechnungsabgrenzungsposten und ihren steuerlichen Wertansätzen sein. Für sich daraus ergebende Steuerbelastungen, die sich im Zeitablauf wieder umkehren, ist nach § 274 Abs. 1 Satz 1 HGB in der Handelsbilanz eine passive latente Steuer abzugrenzen. Im Gegensatz dazu kann für eine sich insgesamt ergebende Steuerentlastung nach § 274 Abs. 1 Satz 2 HGB eine aktive latente Steuer gebildet werden (Wahlrecht).

Abweichungen zwischen der handelsrechtlichen und steuerrechtlichen Bilanzierung können sich grundsätzlich beim Ansatz, bei der Bewertung und beim Ausweis ergeben (Abschnitt 4.2.3.1).

Sind Geschäftsvorfälle steuerlich abweichend zu bilanzieren, hat der Steuerpflichtige nach § 60 Abs. 2 Satz 1 EStDV die Pflicht, von den handelsrechtlichen Wertansätzen auf die steuerlichen Wertansätze überzuleiten (**Steuerliche Überleitungsrechnung**). Alternativ kann der Steuerpflichtige gem. § 60 Abs. 2 Satz 2 EStDV eine eigenständige Steuerbilanz erstellen. Beide Darstellungsformen bilden das Steuerbilanzergebnis einer Kapitalgesellschaft ab.

5.1.2 Ermittlung des steuerlichen Gewinns (Verlusts)

Neben bilanziellen Modifikationen (s. Abschnitt 5.1.1) sind im Rahmen der Einkommensermittlung einer Kapitalgesellschaft außerbilanzielle Modifikationen zu berücksichtigen, um ausgehend vom Steuerbilanzergebnis den steuerlichen Gewinn zu berechnen. Die entsprechenden außerbilanziellen Modifikationen gehen nach § 8 Abs. 1 Satz 1 KStG sowohl auf Vorschriften des Einkommensteuergesetzes als auch auf Regelungen des Körperschaftsteuergesetzes zurück. Aus dem Einkommensteuerrecht sind insbesondere die folgenden Normen zu berücksichtigen:

► Steuerfreie Betriebseinnahmen (§ 3 EStG),

► Einschränkungen beim Betriebsausgabenabzug (§ 3c EStG),

▶ Nicht abziehbare Betriebsausgaben (§ 4 Abs. 5 EStG; § 4h EStG).

Da Tatbestandsvoraussetzungen und Rechtsfolgen der einkommensteuerlichen Vorschriften bereits an anderer Stelle näher erläutert wurden (s. Abschnitt 4.2 ff.), widmet sich dieses Kapitel ausschließlich den körperschaftsteuerlichen Besonderheiten. Diese lassen sich wie folgt systematisieren:

▶ Modifikationen bedingt durch das Gesellschaftsverhältnis (s. Abschnitt 5.3),

▶ Modifikationen bedingt durch das Körperschaftsteuersystem (s. Abschnitt 5.4),

▶ Modifikationen bedingt durch die Natur der juristischen Person (s. Abschnitt 5.5).

Bevor die körperschaftsteuerlichen Modifikationen im Einzelnen näher erläutert werden, wird mit der Zinsschranke nachfolgend ein besonderes steuerliches Rechtsinstitut aus dem Bereich der außerbilanziellen Modifikationen des Einkommensteuergesetzes hinsichtlich des Grundtatbestands und der darauf aufbauenden körperschaftsteuerlichen Besonderheiten beschrieben.

5.2 Zinsschranke

5.2.1 Grundtatbestand

Die Zinsschranke zielt darauf ab, den Abzug von Zinsaufwendungen im Rahmen der steuerlichen Einkommensermittlung zu begrenzen. In welchem Umfang Zinsaufwendungen als Betriebsausgabe steuerlich abzugsfähig sind, hängt einerseits von der Höhe der Zinserträge, andererseits von der Höhe des verrechenbaren EBITDA (Earnings before interest, taxes, depreciation and amortization) ab. Das verrechenbare EBITDA ermittelt sich dabei durch Multiplikation von 30 % mit dem um bestimmte Beträge wie z. B. die Zinsaufwendungen angepassten maßgeblichen Gewinn. Die die Zinserträge übersteigenden Zinsaufwendungen (negativer Zinssaldo) sind dann in Höhe des verrechenbaren EBITDA als Betriebsausgabe abzugsfähig.

Die Zinsschranke zielt vor allem auf Unternehmen ab, die in hohem Maße über ausländische (Konzern-)Gesellschaften fremdfinanziert sind. Ohne entsprechende Regelung könnten Unternehmen die mit ihrer überhöhten Fremdkapitalausstattung zusammenhängenden Zinsaufwendungen im Inland unbegrenzt von der steuerlichen Bemessungsgrundlage als Betriebsausgabe abziehen. Dies würde steuerlich nicht gewollte Anreize für einen hohen Anteil an Fremdkapital schaffen. Die derzeitige Regelung ist allerdings sehr restriktiv und unterliegt vielfältiger Kritik. Zudem wurde dem Bundesverfassungsgericht bereits die Frage vorgelegt, ob die Zinsschranke verfassungsgemäß ausgestaltet ist (s. BVerfG, 2 BvL 1/16, anhängiges Verfahren).

Der Grundtatbestand der Zinsschranke ist im Einkommensteuergesetz (§ 4h EStG) geregelt. Die in Rede stehende Vorschrift wird in § 8a KStG um Bestimmungen ergänzt, die der Gesellschafter-Fremdfinanzierung bei Kapitalgesellschaften Rechnung tragen.

Die eingangs aufgezeigte Begrenzung des Abzugs von Finanzierungsaufwendungen in Abhängigkeit der Höhe vorhandener Zinserträge und des erzielten Gewinns (verrechenbaren EBITDA) gilt nicht für jeden Sachverhalt. Mit der nachfolgend erläuterten Freigrenze, der Konzern-Klausel (Stand-alone-Klausel) und der Eigenkapital-Escape-Klausel hat der Gesetzgeber drei Ausnahmen von der Zinsschranke geschaffen. Greift eine dieser Ausnahmeregelungen, so kommt die Zinsschranke bei dem betreffenden Unternehmen nicht zur Anwendung. Im Ergebnis ist dann der vollständige Abzug des Zinsaufwands möglich.

1) Freigrenze i. H. v. 3 Mio. €

Beträgt der Nettozinsaufwand (= negativer Zinssaldo) weniger als 3 Mio. €, ist die Zinsschranke gemäß § 4h Abs. 2 Satz 1 Buchst. a EStG nicht anzuwenden.

2) Konzern-Klausel (Stand-alone-Klausel)

Gehören Betriebe nicht zu einem Konzern, sind die Zinsaufwendungen des jeweiligen Betriebs in voller Höhe nach § 4h Abs. 2 Satz 1 Buchst. b EStG als Betriebsausgabe abzugsfähig. Da der Gesetzgeber in diesem Zusammenhang von einem erweiterten Konzernbegriff ausgeht, erhält die Regelung eine bedeutende Einschränkung. So gehört nach dem Wortlaut der Gesetzesbegründung zum Unternehmensteuerreformgesetz 2008 schon dann ein Betrieb zu einem Konzern, wenn i. S. d. IAS 27 ein Beherrschungsverhältnis besteht, d. h. die Finanz- und Geschäftspolitik des Betriebs mit einem oder mehreren anderen Betrieben einheitlich bestimmt werden kann (s. BT-Drs. 16/4841 v. 27. 3. 2007, S. 50).

3) Eigenkapital-Escape-Klausel

Unterschreitet die Eigenkapitalquote der betrachteten Konzerngesellschaft (des Betriebs) bzw. des relevanten Organkreises die Eigenkapitalquote des gesamten Konzerns nicht um mehr als 2 %, sind sämtliche Zinsaufwendungen des betreffenden Betriebs nach § 4h Abs. 2 Satz 1 Buchst. c EStG als Betriebsausgabe abzugsfähig. Maßgebender Zeitpunkt für diesen Eigenkapitalvergleich ist der vorangegangene Abschlussstichtag. Des Weiteren müssen die für den Eigenkapitalvergleich herangezogenen Jahresabschlüsse grundsätzlich nach internationalen Rechnungslegungsstandards (IFRS) erstellt worden sein. Damit gebietet der Gesetzgeber den internationalen Rechnungslegungsstandards Einzug ins deutsche Unternehmensteuerrecht. Nur wenn kein Konzernabschluss nach IFRS zu erstellen ist, ist auf einen entsprechenden Konzernabschluss nach HGB abzustellen.

Zinsaufwendungen, die eine Gesellschaft aufgrund der Zinsschrankenregelung im Jahr der Entstehung steuerlich nicht als Betriebsausgabe berücksichtigen darf, sind vorzutragen (**Zinsvortrag**). Diese mindern in späteren Jahren das steuerliche Ergebnis. Der Zinsvortrag wirkt sich allerdings nur auf den Zinssaldo aus, nicht aber auf den maßgeblichen Gewinn. Trotz der Möglichkeit des Zinsvortrags ist die spätere Berücksichtigung entsprechender Aufwendungen nicht zwingend sichergestellt. Überträgt beispielsweise ein Unternehmer seinen Betrieb als Ganzes oder gibt er diesen vollständig auf, fällt ein vorhandener Zinsvortrag gem. § 4h Abs. 5 Satz 1 EStG weg. Scheidet demgegenüber lediglich ein Unternehmer aus einer Mitunternehmerschaft aus, geht der vorhandene Zinsvortrag quotal unter (§ 4h Abs. 5 Satz 2 EStG). Zudem kann ein vorhandener Zinsvortrag im Rahmen eines schädlichen Gesellschafterwechsels i. S. v. § 8c KStG untergehen (§ 4h Abs. 5 Satz 3 EStG)

Die Zinsschranke wirkt sich insbesondere auf ertragsschwache Unternehmen mit einer hohen Fremdfinanzierungsquote negativ aus, da diese Unternehmen einerseits hohe Zinsaufwendungen leisten. Andererseits verfügen die betreffenden Unternehmen über ein geringes verrechenbares EBITDA, das wiederum für die Höhe der abzugsfähigen Zinsaufwendungen maßgeblich ist.

Die folgende Abb. 5.2 stellt das Prüfungsschema der Zinsschranke überblickartig dar:

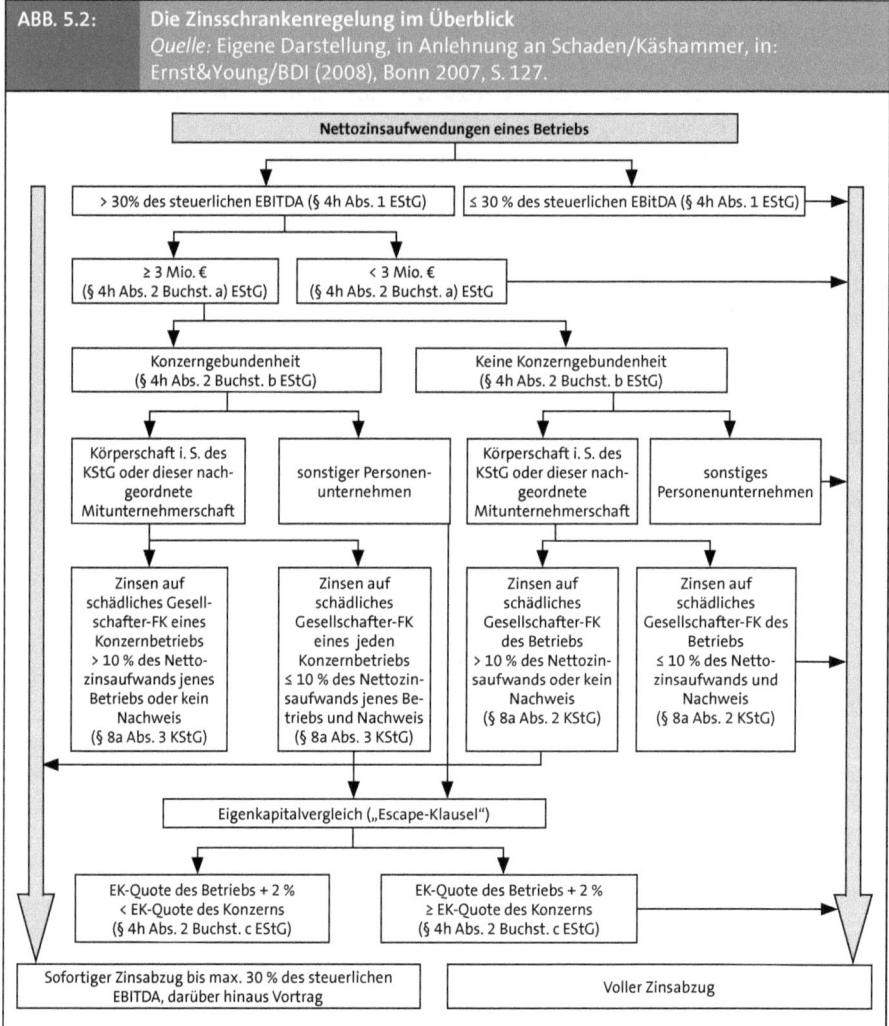

ABB. 5.2: **Die Zinsschrankenregelung im Überblick**
Quelle: Eigene Darstellung, in Anlehnung an Schaden/Käshammer, in: Ernst&Young/BDI (2008), Bonn 2007, S. 127.

5.2.2 Körperschaftsteuerliche Besonderheiten

Das Körperschaftsteuergesetz bindet über die einkommensteuerlichen Regelungen hinaus in § 8a KStG spezielle Regelungen zur Gesellschafterfremdfinanzierung in die

Zinsschranke ein. Letztlich wurde die vormals in § 8a KStG a. F. geregelte Gesellschafter-fremdfinanzierung durch die Zinsschranke ersetzt. Die Nachfolgeregelung ist mit der Vorgängerregelung allerdings nur noch bedingt vergleichbar, da sich die Zinsschranke auf alle Rechtsformen und jedweden Finanzierungsaufwand (auch Bankdarlehen) erstreckt und damit viel restriktiver wirkt als die Altregelung (§ 8a KStG a. F.).

Wie bereits an anderer Stelle erläutert (s. o. Abschnitt 5.2.1), hängt die Höhe der steuer-lich abzugsfähigen Zinsaufwendungen einerseits von der Höhe der Zinserträge, ande-rerseits vom verrechenbaren EBITDA ab. Abweichend von den Vorschriften des Einkom-mensteuerrechts berechnet sich die Höhe des verrechenbaren EBITDA im Körperschaft-steuerrecht nicht auf der Grundlage des um bestimmte Aufwendungen und Erträge korrigierten maßgeblichen Gewinns. Bei Körperschaften tritt nach § 8a Abs. 1 Satz 1 KStG an die Stelle des maßgeblichen Gewinns das maßgebliche Einkommen. Mit der veränderten Bezugsgröße wird insbesondere sichergestellt, dass körperschaftsteuerli-che Rechtsinstitute wie die verdeckte Gewinnausschüttung (s. Abschnitt 5.3.2) bei An-wendung der Zinsschranke entsprechend berücksichtigt werden.

Darüber hinaus schränkt das Körperschaftsteuerrecht mit Blick auf eine nicht gewollte (übermäßige) Gesellschafterfremdfinanzierung in § 8a KStG zwei im Einkommensteu-ergesetz kodifizierte Ausnahmen von der Anwendung der Zinsschranke – die „**Konzern-Klausel**" (§ 4h Abs. 2 Satz 1 Buchst. b) EStG) und die „**Eigenkapital-Escape-Klausel**" (§ 4h Abs. 2 Satz 1 Buchst. c) EStG) – wieder ein. Im Ergebnis kann sich bei Vorhandensein ei-nes negativen Zinssaldos von mindestens 3 Mio. € und Vorliegen einer schädlichen Ge-sellschafterfremdfinanzierung weder eine konzernunabhängige auf die eine (§ 4h Abs. 2 Satz 1 Buchst. b) EStG) noch eine konzernabhängige Kapitalgesellschaft auf die andere (§ 4h Abs. 2 Satz 1 Buchst. c) EStG) der beiden vorgenannten Ausnahmen von der Zinsschranke berufen. Dies ergibt sich im Einzelnen wie folgt:

Die in § 4h Abs. 2 Satz 1 Buchst. b) EStG kodifizierte Ausnahme von der Zinsschranke, wonach Betriebe, die nicht oder nur anteilmäßig zu einem Konzern gehören, nicht un-ter die Zinsschrankenregelung fallen, greift nach § 8a Abs. 2 KStG bei Kapitalgesell-schaften nur, wenn bei diesen die Vergütungen an einen zu einem schädlichen Per-sonenkreis zählenden Fremdkapitalgeber nicht mehr als 10 % des negativen Zinssaldos betragen. Der schädliche Personenkreis setzt sich dabei wie folgt zusammen:

▶ Anteilseigner, der zu mehr als einem Viertel unmittelbar oder mittelbar am Grund- oder Stammkapital beteiligt sind,

▶ Person, die dem o. g. Anteilseigner nahesteht (§ 1 Abs. 2 AStG) oder

▶ Dritter, der auf den zu mehr als einem Viertel am Grund- oder Stammkapital betei-ligten Anteilseigner oder eine diesem nahestehende Person zurückgreifen kann.

Nachfolgendes Beispiel verdeutlicht, inwiefern diese strikte Haltung bei der Gesellschafterfremdfinanzierung gegenüber dem zuvor genannten schädlichen Personenkreis bei hohen Zinserträgen zu ungerechtfertigten Ergebnissen führen kann:

BEISPIEL: ► Schädliche Gesellschafterfremdfinanzierung i. S. d. Zinsschranke

Eine GmbH erhält Darlehen von Banken und von einem ihrer Gesellschafter. Die GmbH zahlt an die Banken jährlich Zinsen i. H. v. 10 Mio. €. An den Gesellschafter werden Zinsen i. H. v. 1 Mio. € gezahlt. Infolge der Finanzierung einer nachgeordneten Tochterkapitalgesellschaft erzielt die GmbH Zinseinnahmen i. H. v. 8 Mio. €.

Wegen des negativen Zinssaldos von 3 Mio. € ist die Zinsschranke grundsätzlich anwendbar. Von der in § 4h Abs. 2 Satz 1 Buchst. b) EStG kodifizierten Ausnahme, wonach die Zinsschranke nicht greift, weil die GmbH nicht einem Konzern angehört, kann hier kein Gebrauch gemacht werden, da die an den Gesellschafter gezahlten Zinsen ein Drittel des negativen Zinssaldos betragen.

Analog zu konzernunabhängigen Kapitalgesellschaften können sich auch konzernabhängige Kapitalgesellschaften bei Vorhandensein eines negativen Zinssaldos von mindestens 3 Mio. € und Vorliegen einer schädlichen Gesellschafterfremdfinanzierung nur unter ganz engen Voraussetzungen auf die für sie verbleibende Ausnahme von der Zinsschranke – die in § 4h Abs. 2 Satz 1 Buchst. c) EStG geregelte „Eigenkapital-Escape-Klausel" – berufen. Dies ist nach § 8a Abs. 3 KStG dann der Fall, wenn die Vergütungen für Fremdkapital der Körperschaft oder eines anderen demselben Konzern zugehörenden Rechtsträgers an einen schädlichen Fremdkapitalgeber nicht mehr als 10 % der die Zinserträge übersteigenden Zinsaufwendungen des Rechtsträgers i. S. d. § 4h Abs. 3 EStG betragen. Dabei zählen zum Kreis der schädlichen Fremdkapitalgeber die folgenden Personen:

► Gesellschafter, der zu mehr als einem Viertel unmittelbar oder mittelbar am Kapital einer konzernzugehörigen Gesellschaft beteiligt ist,

► Person, die dem o. g. Gesellschafter nahesteht (§ 1 Abs. 2 AStG) oder

► Dritter, der auf den zu mehr als einem Viertel am Kapital beteiligten Gesellschafter oder eine diesem nahestehende Person zurückgreifen kann.

Stammt ein Fremdkapitalgeber aus dem o. g. schädlichen Personenkreis, ist zu prüfen, ob die nach § 8a Abs. 3 KStG für die Anwendung der Zinsschranke maßgebliche 10 %-Grenze überschritten wurde. Die Überprüfung kann dabei auf folgender Grundlage erfolgen:

$$\text{Vergütungen an einen schädlichen Fremdkapitalgeber} \geq \frac{\text{Negativer Zinssaldo}}{10}$$

Sind die Vergütungen an einen Fremdkapitalgeber größer als 10 % des negativen Zinssaldos, liegt eine schädliche Gesellschafterfremdfinanzierung vor, die nach dem Gesetzeswortlaut dazu führt, dass der gesamte Konzern „infiziert" ist; d. h., die Zinsschranke kommt bei allen Konzerngesellschaften zur Anwendung. Diese strikte Haltung wirkt sich insbesondere auf Gesellschaften großer Konzerne negativ aus, da diese oftmals nicht wissen, ob sie von irgendeiner Konzerngesellschaft bereits negativ beeinflusst („infiziert") wurden. Aus diesem Grund besteht das Risiko, dass die Inanspruchnahme der Ausnahme von der Zinsschranke nach § 4h Abs. 2 Satz 1 Buchst. c) EStG nachträglich aufgrund von § 8a Abs. 3 KStG im Rahmen einer Betriebsprüfung versagt wird. Folglich bedarf es in Konzernen und sich ständig ändernden Finanzierungsstrukturen stets einer strengen Überwachung der Einhaltung der Voraussetzungen für die Ausnahme von der Zinsschranke. Gegenüber dem Finanzamt trägt sowohl im Falle von § 8a Abs. 2 KStG als auch bei § 8a Abs. 3 KStG die jeweilige Konzerngesellschaft die Nachweispflicht.

Anknüpfend an die Ausführungen zu den körperschaftsteuerlichen Besonderheiten der Zinsschranke werden im Folgenden auf der Grundlage der einleitend dargestellten Systematisierung der körperschaftsteuerlichen Modifikationen (s. Abschnitt 5.1) zunächst die durch das Gesellschaftsverhältnis bedingten körperschaftsteuerlichen Modifikationen erläutert.

LITERATUR

Blumenberg, J./Lechner, F., in: Blumenberg, J./Benz, S., Unternehmensteuerreform 2008, Köln 2007, S. 146–171.

Breithecker, V., Einführung in die Betriebswirtschaftliche Steuerlehre, 17. Aufl., Berlin 2016, S. 235–240.

Hey, J., in: Tipke, K./Lang, J., Steuerrecht, 23. Aufl., Köln 2018, § 11 Rz. 49 ff.

Kußmaul, H., Betriebswirtschaftliche Steuerlehre, 7. Aufl., München 2014, S. 362–377.

Rose, G./Watrin, C., Ertragsteuern, 21. Aufl., Berlin 2017, S. 211–217.

Schaden, M./Käshammer, D., in: Ernst&Young/BDI, Die Unternehmensteuerreform 2008, Bonn 2007, S. 135–142.

Stangl, I./Hageböke, J., in: Schaumburg, H./Rödder, T., Unternehmensteuerreform 2008, München 2007, S. 493–510.

5.3 Modifikationen bedingt durch das Gesellschaftsverhältnis

5.3.1 Überblick und Abgrenzung

Kapitalgesellschaften stellen – wie bereits erläutert – eigenständige Steuerrechtssubjekte dar, die mit der Körperschaftsteuer einer eigenen Steuerart unterliegen. Die bei der Besteuerung zur Anwendung kommende Besteuerungskonzeption ist das sog. **Trennungsprinzip**. Danach ist für steuerliche Zwecke stets zwischen der Ebene der Gesellschaft und derjenigen ihrer Gesellschafter zu trennen. Es wird folglich nicht – wie bei Personengesellschaften der Fall (Transparenzprinzip) – auf die Ebene der einzelnen Gesellschafter durchgegriffen.

Die Besteuerung der Kapitalgesellschaften zielt darauf ab, die Leistungsfähigkeit der Gesellschaft zu erfassen. Diese findet ihren Ausdruck grundsätzlich in Vermögensveränderungen, die sich einerseits aus der geschäftlichen Teilnahme am Markt ergeben. Andererseits können sich Geschäfte mit Gesellschaftern auf die Vermögenssituation einer Kapitalgesellschaft auswirken. Letzteres ist der Fall, weil infolge des Trennungsprinzips zivilrechtliche Leistungsbeziehungen zwischen einer Kapitalgesellschaft und ihren Gesellschaftern auch steuerlich anerkannt werden. Mangels Vorliegen gegensätzlicher wirtschaftlicher Interessen werden solche Rechtsgeschäfte oftmals jedoch nicht wie unter fremden Dritten üblich abgeschlossen. Aus diesem Grund gilt es stets zu überprüfen, ob entsprechende Geschäfte auf das Gesellschaftsverhältnis zurückgehen und deshalb nicht fremdüblich ausgestaltet sind. Denn dadurch käme es zu einer ungerechtfertigten Vermögensverschiebung zwischen der betrieblichen und der nicht betrieblichen (privaten) Sphäre eines Gesellschafters, die steuerlich nicht zulässig ist.

Da Gesellschafter mit ihrer Kapitalgesellschaft oftmals **umfangreiche Leistungstransfers** (Geschäftsführungsverträge, Darlehensverträge, Miet- und Pachtverträge, Pensionszusagen etc.) vereinbaren, die nicht selten die körperschaftsteuerliche Bemessungsgrundlage erheblich mindern, kommt dem Gesellschaftsverhältnis im Rahmen der körperschaftsteuerlichen Einkommensermittlung besondere Bedeutung zu. Im Zentrum der Betrachtung steht dabei die Frage, wie der mit dem Leistungstransfer zusammenhängende Aufwand oder Ertrag auf Ebene der Gesellschaft steuerlich zu behandeln ist. Hierbei kommt der Angemessenheit der Vergütung – wie oben bereits erläutert – eine entscheidende Rolle zu.

Im Ergebnis kann es sich bei einem Leistungstransfer zwischen einer Gesellschaft und ihrem Gesellschafter, bei dem ein unangemessener Vermögensvorteil auf den Gesellschafter oder die Gesellschaft übergeht, um eine verdeckte Gewinnausschüttung (Vorteil an den Gesellschafter) oder eine verdeckte Einlage (Vorteil an die Gesellschaft) handeln.

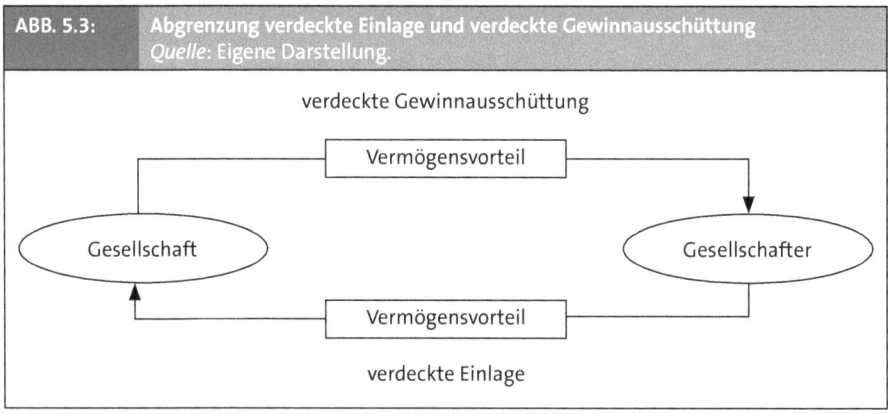

ABB. 5.3: Abgrenzung verdeckte Einlage und verdeckte Gewinnausschüttung
Quelle: Eigene Darstellung.

5.3.2 Verdeckte Gewinnausschüttung

Nach § 8 Abs. 3 Satz 1 KStG ist es für die Ermittlung des Einkommens grundsätzlich ohne Bedeutung, ob das erzielte Einkommen verteilt wird. Die Einkommensermittlung wird folglich durch Vorgänge der Einkommensverwendung nicht beeinflusst. Aus diesem Grund mindern offene und verdeckte Gewinnausschüttungen als Teil der Einkommensverwendung das Einkommen einer Kapitalgesellschaft nicht. Vielmehr sind derartige Vorgänge erst im Nachgang zur Ermittlung des zu versteuernden Einkommens auf Basis des um Ertragsteuern reduzierten handelsrechtlichen Jahresüberschusses zu berücksichtigen.

Verdeckte Gewinnausschüttungen sind im Rahmen der Einkommensermittlung gem. § 8 Abs. 3 Satz 2 KStG **außerbilanziell** durch eine entsprechende Hinzurechnung zu korrigieren. Sie erhöhen das Einkommen der Gesellschaft. Bevor es dazu allerdings kommt, müssen entsprechende Sachverhalte auf Gesellschaftsebene zunächst identifiziert werden. Dafür gilt es bei einem Geschäft zwischen einer Kapitalgesellschaft und ihrem Gesellschafter insbesondere die Frage zu beantworten, ob dieses dem Grunde und/oder der Höhe nach **durch das Gesellschaftsverhältnis veranlasst** sein kann (H 8.5, III. KStR). Ist dies der Fall – dem Geschäft liegen dann nicht fremdübliche Bedingungen zugrunde – sind die einleitend aufgezeigten Rechtsfolgen der verdeckten Gewinnausschüttung zu ziehen. Ansonsten würde der in der Handelsbilanz (Steuerbilanz) der Gesellschaft erfasste Aufwand auch steuerlich als Betriebsausgabe behandelt werden. Eine derartige Einkommensminderung lässt der Gesetzgeber allerdings nur zu, wenn das Geschäft mit dem Gesellschafter als fremdüblich einzustufen ist. Dann handelt es sich nämlich um eine betrieblich veranlasste Vermögensänderung, für die keine Einkommenskorrektur erforderlich ist.

Die Finanzverwaltung geht in Anlehnung an die Rechtsprechung des BFH in R 8.5 KStR vom Vorliegen einer verdeckten Gewinnausschüttung aus, wenn es sich bei einem Geschäftsvorfall um

▶ eine Vermögensminderung oder verhinderte Vermögensmehrung handelt,

▶ die durch das Gesellschaftsverhältnis veranlasst ist,

▶ sich auf die Höhe des Unterschiedsbetrags i. S. d. § 4 Abs. 1 Satz 1 EStG auswirkt und

▶ nicht auf einem den gesellschaftsrechtlichen Vorschriften entsprechenden Gewinnverwendungsbeschluss beruht.

Nach der Rechtsprechung des BFH muss die Vermögensminderung oder verhinderte Vermögensmehrung zudem geeignet sein, beim Gesellschafter einen Bezug i. S. d. § 20 Abs. 1 Nr. 1 Satz 2 EStG auszulösen (s. BFH, Urt. v. 7. 8. 2002, IR 2/02, BStBl. II 2004, S. 131).

Die einzelnen o. g. Kriterien einer verdeckten Gewinnausschüttung werden nachfolgend näher erläutert.

Das Kriterium der **Vermögensminderung** ist regelmäßig erfüllt, wenn es bei der Kapitalgesellschaft zu einem Vermögensabfluss in der Steuerbilanz kommt. Dies ist der Fall, wenn in der Steuerbilanz aus dem Geschäft mit einem Gesellschafter ein entsprechender Aufwand zu berücksichtigen ist. Im Gegensatz dazu fehlt es beim Merkmal der **verhinderten Vermögensmehrung** auf Gesellschaftsebene an einem entsprechenden Ertrag in der Steuerbilanz. Von einer verhinderten Vermögensmehrung ist beispielsweise auszugehen, wenn für eine Leistung an einen Gesellschafter aufgrund eines besonderen Preisnachlasses oder eines unangemessen hohen Rabattes ein zu geringer Preis berechnet wird oder der Gesellschafter der Kapitalgesellschaft Waren entnimmt, ohne dafür eine Gegenleistung – ein Entgelt –zu zahlen.

BEISPIEL: ▶ Verhinderte Vermögensmehrung

Die A-GmbH gewährt ihrem zu 40 % beteiligten Gesellschafter A für die Anschaffung eines für Vermietungszwecke erworbenen Einfamilienhauses ein Darlehen von 300.000 €. Obgleich ein Darlehenszins von 6 % p. a. zwischen fremden Dritten als angemessen anzusehen wäre, verlangt die A-GmbH von ihrem Gesellschafter lediglich 4 % p. a.

LÖSUNG: ▶ Auf Ebene der A-GmbH liegt eine verhinderte Vermögensmehrung i. H. v. 6.000 € (= 300.000 € · 2 % Zinsdifferenz) vor. Diese geht annahmegemäß auf das Gesellschaftsverhältnis zurück, hat sich auf die Höhe des Unterschiedsbetrags i. S. d. § 4 Abs. 1 Satz 1 EStG ausgewirkt und beruht nicht auf einem offenen Gewinnverwendungsbeschluss. In Höhe der vorliegenden verdeckten Gewinnausschüttung erzielt A Einkünfte aus Kapitalvermögen nach § 20 Abs. 1 Nr. 1 Satz 2 EStG. Aufgrund der Zurechnung der nicht gezahlten Zinsen als Kapitaleinkünfte kann A diese als Werbungskosten i. S. d. § 9 Abs. 1 Satz 3 Nr. 1 EStG bei den Einkünften aus Vermietung und Verpachtung abziehen.

Von einer **Veranlassung durch das Gesellschaftsverhältnis** ist immer dann auszugehen, wenn ein ordentlicher und gewissenhafter Geschäftsleiter die betreffende Vermögensänderung gegenüber einer Person, die nicht Gesellschafter ist, unter sonst gleichen Umständen nicht hingenommen hätte (H 8.5, III KStR). Diese durch einen Fremdvergleich zu überprüfende Voraussetzung der verdeckten Gewinnausschüttung sorgt in der Praxis oftmals für große Schwierigkeiten, da das zwischen Gesellschaft und Gesellschafter abgeschlossene Geschäft regelmäßig nur bedingt vergleichbar ist. Aus diesem Grund lässt sich auch nicht eindeutig beantworten, ob ein solches Geschäft als angemessen anzusehen ist und deshalb nicht auf das Gesellschaftsverhältnis zurückgeht. In der Praxis sind es aufgrund der besonderen Bedingungen des Einzelfalls für gewöhnlich Bandbreiten, innerhalb derer der Steuerpflichtige die Angemessenheit der Leistungsvergütung mit der Finanzverwaltung argumentiert.

BEISPIEL: ▶ **Beurteilungskriterien zur Festlegung der Angemessenheit**

Ist ein Gesellschafter auch gleichzeitig für diese als Geschäftsführer tätig, können geeignete Beurteilungskriterien für die Angemessenheit seiner Gesamtbezüge u. a. die Art und der Umfang der ausgeübten Tätigkeit, die künftigen Ertragsaussichten des Unternehmens, das Verhältnis des Geschäftsführergehalts zum Gesamtgewinn und zur Eigenkapitalverzinsung sein. Aber auch die Höhe der Zahlungen vergleichbarer Unternehmen an ihre Gesellschafter-Geschäftsführer sind zu berücksichtigende Aspekte bei der Frage der Angemessenheit (s. BMF, Schreiben v. 14. 10. 2002, IV A 2 – S 2742 – 62/02, BStBl. I 2002, S. 972).

Bei einem *beherrschenden Gesellschafter* (dieser verfügt im Regelfall über die Mehrheit der Stimmrechte) ist eine Veranlassung durch das Gesellschaftsverhältnis bereits dann anzunehmen, wenn Vereinbarungen zwischen diesem und der Gesellschaft nicht im Vorhinein klar und eindeutig getroffen worden sind. Es dürfen insbesondere keine Zweifel daran bestehen – der Gesellschafter ist hier in der Nachweispflicht –, ob und in welcher Höhe für eine bestimmte Leistung ein Entgelt gezahlt werden soll. Anderenfalls ist die entsprechende Leistung der Gesellschaft nicht als schuldrechtlich begründet anzusehen. Unabhängig von der Frage der Angemessenheit der Leistung liegt in solchen Fällen stets eine verdeckte Gewinnausschüttung vor.

Die Finanzverwaltung geht von einer Veranlassung durch das Gesellschaftsverhältnis selbst dann aus, wenn die Vermögensminderung oder verhinderte Vermögensmehrung zugunsten einer dem Gesellschafter nahestehenden Person erfolgt. Hierunter fallen sowohl Beziehungen familienrechtlicher (u. a. Ehegatte, Kinder), gesellschaftsrechtlicher (u. a. Tochtergesellschaft), schuldrechtlicher als auch rein tatsächlicher Art. Ergibt sich daraus die Annahme einer verdeckten Gewinnausschüttung, so ist diese nicht der nahestehenden Person, sondern dem Gesellschafter selbst zuzurechnen.

Weitere Voraussetzung für die Annahme einer verdeckten Gewinnausschüttung ist, dass sich die durch das Gesellschaftsverhältnis begründete Vermögensminderung oder verhinderte Vermögensmehrung auf die **Höhe des Unterschiedsbetrags i. S. d. § 4 Abs. 1 Satz 1 EStG** ausgewirkt hat. Als Unterschiedsbetrag i. S. d. § 4 Abs. 1 Satz 1 EStG ist dabei die Differenz zwischen dem Betriebsvermögen am Ende des Wirtschaftsjahres und dem Betriebsvermögen am Ende des vorangegangenen Wirtschaftsjahres zu verstehen. Eine Auswirkung auf diese Größe tritt für gewöhnlich immer dann ein, wenn auf Ebene der Gesellschaft die vorstehend erläuterten Kriterien der Vermögensminderung und verhinderten Vermögensmehrung zu bejahen sind. Da diese alternativ anzuwendenden Merkmale eine Grundvoraussetzung für die Annahme einer verdeckten Gewinnausschüttung darstellen, wird die Frage nach der Auswirkung auf den Unterschiedsbetrag im hier verstandenen Sinne nicht tiefergehend erläutert.

Abschließende Voraussetzung für die Annahme einer verdeckten Gewinnausschüttung ist das **Nicht-Vorliegen eines Gewinnverwendungsbeschlusses**. Die (verdeckte) Ausschüttung des Gewinns darf folglich nicht im Rahmen einer Gesellschafterversammlung vereinbart worden sein. Dadurch wird die verdeckte Gewinnausschüttung einerseits von einer offenen Gewinnausschüttung sowie andererseits von einer Vorabausschüttung abgegrenzt. Diese beiden Formen bedürfen im Vergleich zur verdeckten Gewinnausschüttung keiner außerbilanziellen Korrektur, weil sie bereits innerhalb der Gewinnermittlung (durch Betriebsvermögensvergleich) berücksichtigt worden sind.

Liegen sämtliche Voraussetzungen für die Annahme einer verdeckten Gewinnausschüttung vor, darf diese nach § 8 Abs. 3 Satz 2 KStG **das Einkommen einer Kapitalgesellschaft nicht mindern**. Aus diesem Grund sind verdeckte Gewinnausschüttungen bei der Ermittlung der körperschaftsteuerlichen Bemessungsgrundlage zu identifizieren, offenzulegen und dem Einkommen der Gesellschaft außerbilanziell wieder hinzuzurechnen. Hiervon sind insbesondere die folgenden Sachverhalte betroffen:

► Ein Gesellschafter liefert an seine Gesellschaft Waren zu ungewöhnlich hohen Preisen

► Ein Gesellschafter bezieht von seiner Gesellschaft Waren und erhält nicht marktübliche Preisnachlässe und Rabatte

► Ein Gesellschafter gewährt seiner Gesellschaft ein Darlehen zu einem äußerst hohen Zinssatz

► Ein Gesellschafter erhält von seiner Gesellschaft ein Darlehen zu einem äußerst geringen Zinssatz (oder auch zinslos)

► Ein Gesellschafter erhält von seiner Gesellschaft eine unangemessen hohe Pensionszusage (Beurteilungskriterien: Ernsthaftigkeit, Erdienbarkeit, Finanzierbarkeit und Angemessenheit)

► Ein Gesellschafter mietet von seiner Gesellschaft ein Wohnhaus zu einem Mietzins an, der weit unter dem der ortsüblichen Monatsmiete liegt

Neben den in diesem Abschnitt erläuterten Tatbestandsvoraussetzungen sind vor allem die von einer verdeckten Gewinnausschüttung ausgehende, nachfolgend dargestellte Wirkung und Rechtsfolge auf Gesellschafts- und Gesellschafterebene von besonderer Bedeutung.

Wirkung und Rechtsfolge einer verdeckten Gewinnausschüttung auf Gesellschaftsebene

Die verdeckte Gewinnausschüttung ist ein körperschaftsteuerliches Rechtsinstitut. Aus diesem Grund beziehen sich die Wirkungen des „Verdeckens" und des (nachträglichen) „Aufdeckens" in erster Linie auf die körperschaftsteuerliche Bemessungsgrundlage. Daneben ergeben sich mittelbare Auswirkungen auf den Solidaritätszuschlag (Annexsteuer) und die Gewerbesteuer, da die Gewerbesteuer in § 7 Satz 1 GewStG an die körperschaftsteuerlichen Vorschriften anknüpft. Beide Größen sind im Zuge einer verdeckten Gewinnausschüttung ebenfalls zu gering bemessen.

Im Zeitpunkt des „Verdeckens" wirkt sich zunächst der durch die verdeckte Gewinnausschüttung ausgelöste Mehraufwand (Vermögensminderung) oder nicht gebuchte Ertrag (verhinderte Vermögensmehrung) unmittelbar mindernd auf die körperschaftsteuerliche Bemessungsgrundlage, das zu versteuernde Einkommen, aus. Die Folge ist eine zu geringe Körperschaftsteuerbelastung, die im Ergebnis dazu führt, dass das (steuerliche) Eigenkapital falsch dargestellt ist.

Die wesentliche Rechtsfolge einer verdeckten Gewinnausschüttung auf Ebene der Gesellschaft ergibt sich aus § 8 Abs. 3 Satz 2 KStG. Danach **mindern verdeckte Gewinnausschüttungen das Einkommen nicht**. Aus diesem Grund ist bei der Annahme einer verdeckten Gewinnausschüttung („Aufdecken") die unzulässige Einkommensminderung durch eine außerbilanzielle Hinzurechnung wieder zu erhöhen. Für die betreffende Einkommenskorrektur ist dabei derjenige Betrag maßgebend, der im laufenden Wirtschaftsjahr das Einkommen tatsächlich reduziert hat. Resultiert die verdeckte Gewinnausschüttung aus der Hingabe von Wirtschaftsgütern, bemisst sich der Ansatz der verdeckten Gewinnausschüttung nach dem gemeinen Wert. Bei Nutzungsüberlassungen ist für die Bemessung der verdeckten Gewinnausschüttung von der erzielbaren Vergütung auszugehen.

Durch die außerbilanzielle Hinzurechnung der verdeckten Gewinnausschüttung erhöht sich das zu versteuernde Einkommen der Gesellschaft um den Teil des Aufwands, der in Zusammenhang mit der Leistungsbeziehung des Gesellschafters unzulässigerweise als Betriebsausgabe behandelt worden ist. Dies hat nicht nur eine nachträgliche Erhöhung der Körperschaftsteuer, sondern auch einen entsprechenden Anstieg des Solidaritätszuschlags und der Gewerbesteuer zur Folge. Zudem wird in Höhe des unangemessenen Teils der Leistungsvergütung eine Gewinnausschüttung an den Gesellschafter angenommen (s. u.).

Neben der außerbilanziellen Hinzurechnung ist die verdeckte Gewinnausschüttung im Wirtschaftsjahr des Vermögensabflusses auf Ebene der Gesellschaft als Leistung i. S. d. § 27 Abs. 1 Satz 3 KStG zu erfassen. Dadurch kann es sich unter gewissen, hier aus Wesentlichkeitsgründen nicht näher betrachteten Voraussetzungen ergeben, dass es sich bei einer verdeckten Gewinnausschüttung um eine nicht steuerbare Einlagenrückgewähr handelt.

Abschließend ist darauf hinzuweisen, dass bei verdeckten Gewinnausschüttungen in aller Regel auf die Erhebung von Kapitalertragsteuer (§ 43 EStG) verzichtet wird.

Wirkung und Rechtsfolge einer verdeckten Gewinnausschüttung auf Gesellschafterebene

Die Wirkung einer verdeckten Gewinnausschüttung auf Gesellschafterebene hängt insbesondere davon ab, ob der betreffende Gesellschafter seine Anteile an der Kapitalgesellschaft im Privatvermögen oder im Betriebsvermögen (Einzelunternehmen, Personengesellschaft oder Kapitalgesellschaft) hält.

Bei Anteilen im Privatvermögen hat eine verdeckte Gewinnausschüttung regelmäßig zur Folge, dass die unangemessene Vermögenszuwendung beim Gesellschafter unter einer falschen Einkunftsart erfasst worden ist. Beispielsweise sind im Falle einer zu hohen Gehaltszahlung an einen geschäftsführenden Gesellschafter anstelle von Einkünften aus Kapitalvermögen (§ 20 EStG) oftmals solche aus nichtselbständiger Arbeit (§ 19 EStG) erfasst worden. Die falsche Erfassung bei einer Einkunftsart gilt es im Zuge einer verdeckten Gewinnausschüttung zu korrigieren, indem die betreffenden Einkünfte als solche aus Kapitalvermögen i. S. v. § 20 Abs. 1 Nr. 1 Satz 2 EStG qualifiziert werden mit der Folge, dass auf diese die Abgeltungsteuer (mögliche Ausnahmen werden hier ausgeblendet) zur Anwendung kommt.

> **BEISPIEL:** ▸ **Verdeckte Gewinnausschüttung bei Gehaltszahlung**
>
> A ist geschäftsführender Gesellschafter der B-GmbH. Die Geschäftsanteile an der B-GmbH hält A als natürliche Person in seinem Privatvermögen. Für seine Tätigkeit als Geschäftsführer erhält A in 2013 ein Geschäftsführergehalt von 150.000 €. Im Branchenvergleich wird der Größe des Unternehmens entsprechend ein Geschäftsführergehalt von 100.000 € als angemessen angesehen.

> **LÖSUNG:** ▸ Auf Ebene der B-GmbH liegt eine verdeckte Gewinnausschüttung i. H. v. 50.000 € vor. Diese ist dem Einkommen der B-GmbH nach § 8 Abs. 3 Satz 2 KStG außerbilanziell wieder hinzuzurechnen. Ferner hat A den als verdeckte Gewinnausschüttung zu qualifizierenden Gehaltsbestandteil i. H. v. 50.000 € nach § 20 Abs. 1 Nr. 1 Satz 2 EStG unter den Einkünften aus Kapitalvermögen – bisher als Einkünfte aus nichtselbständiger Arbeit (§ 19 EStG) deklariert – zu erfas-

sen (Umqualifizierung von Einkünften). Im Ergebnis erzielt A dadurch Einkünfte aus nichtselbständiger Arbeit (§ 19 EStG) i. H. v. 100.000 € und Einkünfte aus Kapitalvermögen (§ 20 EStG) i. H. v. 50.000 €.

Im vorstehenden Beispiel ist der eigentliche Grund für das „Verdecken" der überhöhten Gehaltszahlung die dadurch mögliche Berücksichtigung zu hoher Aufwendungen auf Gesellschaftsebene. Die verdeckte Gewinnausschüttung führt folglich zu einer vergleichsweise niedrigeren Gesamtsteuerbelastung. Der positive Steuereffekt lässt sich im Einzelnen aus der nachfolgenden Abbildung ableiten.

ABB. 5.4:	Gesamtsteuerbelastung bei der Umqualifizierung einer Leistungsvergütung
	Quelle: Eigene Darstellung.

Variante	A Leistungsvergütung „verdeckt" als Aufwand		B Leistungsvergütung „aufgedeckt" als vGA	
Körperschaft				
Gewinn (vor Steuern u. Vergütung)	100,00		100,00	
abzgl. Leistungsvergütung	50,00		50,00	
zzgl. Korrektur (vGA)	—		50,00	
Gewinn (vor Steuern)	50,00		100,00	
abzgl. GewSt	- 7,00	**7,00**	- 14,00	**14,00**
abzgl. KSt	- 7,50	**7,50**	- 15,00	**15,00**
Gewinn nach Steuern	35,50		71,00	
Keine Ausschüttung des Gewinns, lediglich Aufdeckung vGA				
Anteilseigner				
Stpfl. Eink. aus Kapitalvermögen	0,00 / 50,00		50,00 / 0,00	**12,50**
Stpfl. Eink. aus nichtselbst. Arbeit	22,50	21,00	0,00	
Einkommensteuer 45 %				
Gesamtsteuerbelastung		**35,50**		**41,50**

Obiges Beispiel stellt heraus, inwieweit sich die Gesamtsteuerbelastung in Folge der Aufdeckung einer verdeckten Gewinnausschüttung erhöht. Die Belastungsfolgen verdeutlichen insbesondere die steuerlichen Vorteile der verdeckten Gewinnausschüttung. Im Ergebnis gehen diese auf die Berücksichtigung des unangemessenen Teils der Leistungsvergütung als Betriebsausgabe zurück. In obigem Beispiel ergibt sich dadurch auf

Ebene der Gesellschaft eine Steuerersparnis von 14,50 (29,00–14,50). Obwohl sich dieser Effekt auf Ebene des betreffenden Gesellschafters wieder umkehrt, wird der auf Ebene der Gesellschaft durch eine verdeckte Gewinnausschüttung erzielte steuerliche Vorteil dadurch nicht aufgebraucht.

Liegen die Anteile an einer Kapitalgesellschaft demgegenüber nicht im Privatvermögen, sondern im Betriebsvermögen eines Einzelunternehmens oder einer Personengesellschaft, findet die Subsidiaritätsklausel des § 20 Abs. 8 EStG Anwendung. Danach ist eine verdeckte Gewinnausschüttung nicht den Einkünften aus Kapitalvermögen zuzurechnen, sondern den Einkünften aus Gewerbebetrieb (§ 15 EStG). Dies hat zur Folge, dass die verdeckte Gewinnausschüttung auf Gesellschafterebene dem Teileinkünfteverfahren (§ 3 Nr. 40 Buchst. d) EStG) unterliegt; d. h. die Beteiligungserträge sind nur zu 60 % steuerpflichtig. Korrespondierend dazu können auf Gesellschafterebene auch nur 60 % der mit der Beteiligung an der Kapitalgesellschaft in wirtschaftlichem Zusammenhang stehenden Aufwendungen als Betriebsausgabe berücksichtigt werden (§ 3c Abs. 2 EStG).

Ist demgegenüber eine Kapitalgesellschaft Empfänger einer verdeckten Gewinnausschüttung, greift auf Gesellschafterebene die 95 %-ige Freistellung dieser Bezüge aus der Beteiligung nach § 8b Abs. 1 KStG i. V. m. § 8b Abs. 5 KStG. Zur Dividendenfreistellung kommt es allerdings nicht, wenn die Beteiligung zu Beginn des Kalenderjahres unmittelbar weniger als 10 % des Grund- oder Stammkapitals beträgt (s. Abschnitt 5.4.2).

Entscheiden sich die Gesellschafter einer Kapitalgesellschaft im Rahmen der Offenlegung einer verdeckten Gewinnausschüttung für die Rückgängigmachung des betreffenden Sachverhalts, führt die Rückgewähr der verdeckten Gewinnausschüttung regelmäßig zur Annahme einer Einlage des Gesellschafters (s. H 8.9 – Rückgewähr einer verdeckten Gewinnausschüttung – KStH). Die Rückgewähr ist steuerlich als ein neuer Vorgang zu werten, der weder die Einkommensminderung bei der Kapitalgesellschaft noch den Zufluss des Vorteils beim Gesellschafter ausgleicht.

Erfolgt die Zahlung eines überhöhten Entgelts demgegenüber nicht an den Gesellschafter selbst, sondern an eine diesem nahestehende Person, kann über die verdeckte Gewinnausschüttung an den Gesellschafter hinaus unter bestimmten Umständen eine freigebige Zuwendung des betreffenden Gesellschafters an die ihm nahestehende Person anzunehmen sein, die der Schenkungsteuer unterliegt (s. BFH, Urteile v. 13. 9. 2017 II R 42/16, II R 54/15 und II R 32/16, BStBl. II 2018, S. 299, 292 und 296; gleich lautender Ländererlass der obersten Finanzbehörden v. 20. 4. 2018, BStBl. I 2018, S. 632).

5.3.3 Verdeckte Einlage

Führt der Gesellschafter einer Kapitalgesellschaft dieser außerhalb der gesellschafts-rechtlichen Einlagen einen einlagefähigen Vermögensvorteil zu, gilt es grundsätzlich zu prüfen, ob das betreffende Geschäft wie unter fremden Dritten üblich abgeschlossen wurde oder aber eine – jedenfalls teilweise – im Gesellschaftsverhältnis begründete Vorteilsgewährung des Gesellschafters an die Gesellschaft vorliegt. Da der unangemessene Teil der Leistung nicht der betrieblichen Leistungsfähigkeit der Gesellschaft zuzuordnen ist, schreibt der Gesetzgeber in § 8 Abs. 3 Satz 3 KStG eine Einkommenskorrektur in Form der verdeckten Einlage vor.

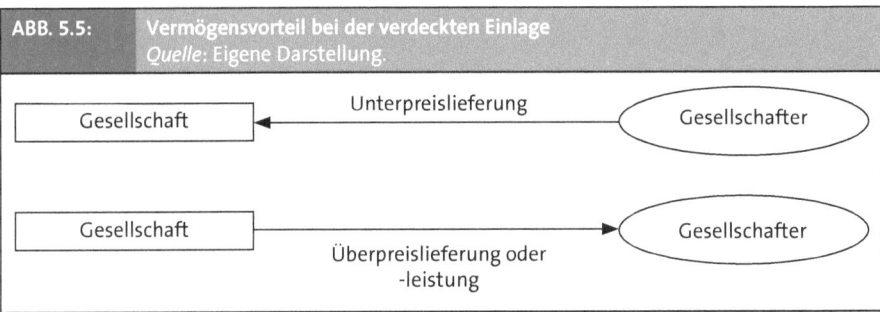

ABB. 5.5:   **Vermögensvorteil bei der verdeckten Einlage**
Quelle: Eigene Darstellung.

Eine gesetzliche Definition zum Begriff der verdeckten Einlage existiert nicht. Lediglich in den Körperschaftsteuer-Richtlinien (R 8.9 KStR) werden die aus der Rechtsprechung des BFH hervorgehenden Tatbestandsmerkmale einer verdeckten Einlage durch die Finanzverwaltung anerkannt. Danach liegt eine verdeckte Einlage vor, wenn

▶ ein Gesellschafter oder eine diesem nahestehende Person

▶ der Körperschaft außerhalb der gesellschaftsrechtlichen Einlagen einen

▶ einlagefähigen Vermögensvorteil zuwendet und

▶ diese Zuwendung durch das Gesellschaftsverhältnis veranlasst ist.

Die einzelnen o. g. Kriterien einer verdeckten Einlage werden nachfolgend näher erläutert.

Als **Gesellschafter** ist jemand anzusehen, dem im Gesellschaftsvertrag eine zivilrechtliche Gesellschafterstellung eingeräumt worden ist. Die Bestimmung einer diesem Gesellschafter „nahestehenden Person" erfolgt demgegenüber auf der Grundlage von § 1 Abs. 2 AStG. Danach können – analog zur verdeckten Gewinnausschüttung – sowohl Beziehungen familienrechtlicher (u. a. Ehegatte, Kinder), gesellschaftsrechtlicher (u. a. Tochtergesellschaft), schuldrechtlicher als auch rein tatsächlicher Art ein „Nahestehen" im hier verstandenen Sinne begründen.

Das Kriterium „**außerhalb der gesellschaftsrechtlichen Einlagen**" gilt als erfüllt, wenn die betreffende Einlage nicht entgeltlich gegen Gewährung von Gesellschaftsrechten erfolgt ist: Einer verdeckten Einlage darf keine Gegenleistung gegenüberstehen. Nur insoweit kann es sich um eine verdeckte Einlage handeln.

Das darüber hinaus geforderte Merkmal eines „**einlagefähigen Vermögensvorteils**" liegt vor, wenn der zugeführte Vermögensvorteil auf Ebene der Gesellschaft zum Ansatz bzw. zur Erhöhung eines Aktivpostens oder zum Wegfall bzw. zur Minderung eines Passivpostens führt (H 8.9 – Einlagefähiger Vermögensvorteil – KStH). Diese die Bilanz betreffende Voraussetzung ist u. a. bei den nachfolgenden Geschäftsvorfällen erfüllt:

▶ Der Gesellschafter verkauft an seine Kapitalgesellschaft Waren zu unangemessen niedrigen Preisen;

▶ Der Gesellschafter verzichtet zugunsten seiner Gesellschaft auf eine ihm zustehende werthaltige Forderung,

▶ Der Gesellschafter verzichtet aus Gründen des Gesellschaftsverhältnisses auf einen bestehenden Anspruch aus einer Pensionszusage.

Vorstehende Beispiele verdeutlichen, dass der Leistung des Gesellschafters keine entsprechende Gegenleistung der Kapitalgesellschaft (z. B. Gesellschaftsrechte) gegenübersteht. Bezogen auf die Gegenleistung lehnt die Rechtsprechung auch die mit der verdeckten Einlage verbundene Wertsteigerung der bisherigen Anteile des Gesellschafters ab. Hierbei handelt es sich lediglich um eine Reflexwirkung (s. BFH-Urteil v. 27. 7. 1988, I R 147/83, BStBl. II 1989, S. 271).

Handelt es sich bei dem von Seiten des Gesellschafters zugeführten Vermögensvorteil demgegenüber um einen Nutzungs- oder Gebrauchsvorteil, liegt keine verdeckte Einlage vor. Ein derartiger Vorteil kann mangels Bilanzierbarkeit nicht Gegenstand einer verdeckten Einlage sein (H 8.9 – Nutzungsvorteile – KStH). Gegenstand einer verdeckten Einlage können nur materielle oder immaterielle Wirtschaftsgüter (z. B. ein nicht entgeltlich erworbener Firmenwert) sein.

BEISPIEL: ▶ Nutzungs- und Gebrauchsvorteil

A ist geschäftsführender Gesellschafter der B-GmbH und gewährt seiner Gesellschaft ein zinsloses Darlehen i. H. v. 1 Mio. €. Der marktübliche Zinssatz für eine vergleichbare Darlehensgewährung von einem unabhängigen Dritten liegt bei 6 % p. a.

LÖSUNG: ▶ Der vom Gesellschafter A gewährte Vermögensvorteil in Form der Zinslosigkeit des Darlehens i. H. v. 60.000 € ist nicht einlagefähig, weil es sich dabei um einen Nutzungs- und Gebrauchsvorteil handelt. Es liegt keine verdeckte Einlage vor, weshalb sich das Einkommen der Gesellschaft nicht nach § 8 Abs. 3 Satz 3 KStG außerbilanziell mindert.

Im Ergebnis unterscheiden sich die bei der verdeckten Einlage geforderten Einlagevoraussetzungen nicht von denen der offenen Einlage. So kann ein Gesellschafter auch nur das verdeckt einlegen, was er offen gegen Gewährung von Gesellschaftsrechten in die Kapitalgesellschaft einlegen kann. Im Vergleich zur offenen Einlage kommt es bei der verdeckten Einlage innerhalb der Ermittlung des zu versteuernden Einkommens allerdings zu einer (außerbilanziellen) Korrektur. Diese geht darauf zurück, dass die handelsrechtliche und steuerliche Erfassung einer verdeckten Einlage voneinander abweichen.

Handelsbilanziell bildet die Kapitalgesellschaft den von ihrem Gesellschafter erhaltenen bilanziellen Vermögensvorteil – entsprechend der fehlenden subjektiven Voraussetzung einer Leistung „in das Eigenkapital" (§ 272 Abs. 2 Nr. 4 HGB) – in der Gewinn- und Verlustrechnung als laufenden Ertrag ab. Dies ist möglich, weil das Handelsrecht die Unterbewertung von Sacheinlagen mit dem niedrigeren Wert, einem Zwischenwert oder dem Verkehrswert zulässt. Innerhalb der steuerlichen Gewinnermittlung ist die erfolgswirksame Erfassung einer verdeckten Einlage nach § 8 Abs. 3 Satz 3 KStG unzulässig. Danach erhöhen verdeckte Einlagen das Einkommen nicht.

Bildet die Kapitalgesellschaft demgegenüber die von einem Gesellschafter gewährte Einlage korrekterweise schon in der Handelsbilanz erfolgsneutral im Eigenkapital ab, handelt es sich um eine offene Einlage. Diese müsste die Gesellschaft gegen das gezeichnete Kapital (§ 272 Abs. 1 HGB; bei einer GmbH Stammkapital) buchen, würde sie ihrem Gesellschafter als Gegenleistung Anteilsrechte gewähren. Würde der Gesellschafter seiner Gesellschaft die Einlage demgegenüber zur freien Verfügung überlassen, hätte die Gesellschaft diese in der Kapitalrücklage (§ 272 Abs. 2 HGB) zu erfassen.

Im Einzelnen qualifiziert das Handelsrecht die **folgenden Sachverhalte** als „offene" Einlagen:

► Einzahlungen auf das Nennkapital,

► von den Anteilseignern eingezahltes Ausgabeaufgeld (Agio, § 272 Abs. 2 Nr. 1 HGB),

► Zuzahlungen der Gesellschafter gegen Gewährung eines Vorzugs für ihre Anteile (§ 272 Abs. 2 Nr. 3 HGB),

► andere Zuzahlungen, die die Anteilseigner in das Eigenkapital leisten (§ 272 Abs. 2 Nr. 4 HGB, insbesondere Nachschüsse der Gesellschafter bei der GmbH, §§ 26, 27 GmbHG).

Abschließende Voraussetzung für das Vorliegen einer verdeckten Einlage ist, dass die Zuwendung des Gesellschafters auf das **Gesellschaftsverhältnis** zurückgeht. Dies ist grundsätzlich der Fall, wenn ein Nichtgesellschafter bei der Anwendung der Sorgfalt eines ordentlichen Kaufmanns der Gesellschaft den Vermögensvorteil nicht eingeräumt hätte (H 8.9 – Gesellschaftsrechtliche Veranlassung – KStH). Die gesellschaftsrechtliche Veranlassung wird folglich – analog zur verdeckten Gewinnausschüttung – durch einen Fremdvergleich überprüft.

Neben den vorstehend erläuterten Tatbestandsvoraussetzungen für die Annahme einer verdeckten Einlage sind die Wirkung und Rechtsfolge dieser auf Gesellschafts- und Gesellschafterebene von besonderer Bedeutung. Diese werden nachfolgend im Einzelnen dargestellt:

▶ **Wirkung und Rechtsfolge einer verdeckten Einlage auf Gesellschaftsebene**

Sind die o. g. Voraussetzungen für die Annahme einer verdeckten Einlage erfüllt, ist in einem ersten Schritt die bilanzielle Erfassung der Einlage vorzunehmen. Diese erfolgt nach Auffassung des IDW (s. IDW, HFA 2/1996 i. d. F. 2013, Tz. 2.2.) erfolgswirksam durch Buchung eines entsprechenden Ertrags. Abweichend davon ist grundsätzlich aber auch – hiervon wird vorliegend allerdings nicht ausgegangen – die Abbildung der verdeckten Einlage in der Kapitalrücklage i. S. v. § 272 Abs. 2 Nr. 4 HGB möglich.

Die erfolgswirksame Erfassung einer verdeckten Einlage in der Handelsbilanz wird aufgrund des in § 5 Abs. 1 Satz 1 EStG kodifizierten Maßgeblichkeitsgrundsatzes in der Steuerbilanz zunächst nachvollzogen mit der Folge, dass die verdeckte Einlage den Steuerbilanzgewinn der Gesellschaft erhöht. Damit sich diese Erhöhung nicht auch auf das zu versteuernde Einkommen der Gesellschaft auswirkt, bedarf es für körperschaftsteuerliche Zwecke auf Ebene der Gesellschaft einer entsprechenden außerbilanziellen Korrektur. Diese zentrale Rechtsfolge einer verdeckten Einlage sorgt im Ergebnis dafür, dass eine verdeckte Einlage das Einkommen einer Kapitalgesellschaft entsprechend der Vorschrift des § 8 Abs. 3 Satz 3 KStG nicht erhöht.

Die Bewertung einer verdeckten Einlage hat nach R 8.9 KStR mit dem Teilwert zu erfolgen. Dabei ist zu beachten, dass Wirtschaftsgüter unter gewissen Voraussetzungen höchstens mit den Anschaffungs- oder Herstellungskosten anzusetzen sind. Dies ist nach § 8 Abs. 1 KStG i. V. m. § 6 Abs. 1 Nr. 5 Satz 1 Buchst. a) und c) EStG der Fall, wenn das zugeführte Wirtschaftsgut

▶ innerhalb der letzten drei Jahre vor dem Zeitpunkt der Zuführung angeschafft oder hergestellt worden ist oder

▶ ein Wirtschaftsgut i. S. d. § 20 Abs. 2 EStG darstellt (für Einlagen nach dem 31. 12. 2008).

Die in § 6 Abs. 1 Nr. 5 Satz 1 Buchst. b) EStG vorgesehene Bewertung von Anteilen an Kapitalgesellschaften i. S. v. § 17 EStG mit den Anschaffungskosten kommt im Rahmen einer verdeckten Einlage nicht zur Anwendung, weil die verdeckte Einlage von Anteilen i. S. d. § 17 EStG auf Ebene des Einlegenden einer Veräußerung gleichgestellt wird und dadurch ohnehin sämtliche in den Anteilen enthaltenen stillen Reserven aufgedeckt werden (§ 17 Abs. 1 Satz 2 EStG).

Weitere Rechtsfolge der verdeckten Einlage auf Gesellschaftsebene ist, dass die dadurch ausgelöste Vermögensmehrung als nicht in das Nennkapital geleistete Einlage nach § 27 Abs. 1 Satz 2 KStG auf dem steuerlichen Einlagekonto zu erfassen ist. Diese auf der Ebene einer Kapitalgesellschaft vorzunehmende steuerliche Sonderbehandlung von Einlagen ist notwendig, da die Rückgewähr von auf dem steuerlichen Einlagekonto erfassten Beträgen an den Gesellschafter nicht der Besteuerung unterliegt.

► **Wirkung und Rechtsfolge einer verdeckten Einlage auf Gesellschafterebene**

Eine verdeckte Einlage hat für den Gesellschafter eine Stärkung seiner Beteiligung an der Kapitalgesellschaft zur Folge, da er dieser einen Vermögensvorteil zugewendet hat. Dem steht auf Ebene des Gesellschafters ein Vermögensabfluss gegenüber. Der durch diesen beim Gesellschafter entstandene Aufwand führt steuerlich zu nachträglichen Anschaffungskosten auf seine Beteiligung an der Kapitalgesellschaft. Die hierfür maßgebliche Rechtsgrundlage hängt einerseits davon ab, ob der Gesellschafter seine Anteile an der Kapitalgesellschaft im Privatvermögen oder im Betriebsvermögen hält. Andererseits ist von Bedeutung, ob der betreffende einlagefähige Vermögensvorteil aus dem Privatvermögen oder aus dem Betriebsvermögen zugewendet wird. Die vier Fallvarianten und deren steuerliche Rechtsfolgen werden nachfolgend kurz skizziert.

► **Beteiligung im Privatvermögen / Wirtschaftsgut im Privatvermögen (Fall 1):** Es liegt eine verdeckte Einlage aus dem Privatvermögen vor. Dieser Vorgang unterliegt für gewöhnlich der Besteuerung, weil eine verdeckte Einlage aus dem Privatvermögen einer Veräußerung des Wirtschaftsguts gleichgestellt wird (§ 20 Abs. 2 Satz 2 EStG, § 17 Abs. 1 Satz 2 EStG, § 23 Abs. 1 Satz 5 Nr. 2 EStG). Es kommt zur Aufdeckung und Besteuerung der stillen Reserven.

► **Beteiligung im Privatvermögen / Wirtschaftsgut im Betriebsvermögen (Fall 2):** Es liegt eine verdeckte Einlage aus dem Privatvermögen vor, bei der es zu einer nach § 6 Abs. 1 Nr. 4 EStG mit dem Teilwert zu bewertenden Zwangsentnahme i. S. v. § 4 Abs. 1 Satz 2 EStG aus dem Betriebsvermögen kommt. Mögliche in dem betreffenden Wirtschaftsgut ruhende stille Reserven werden aufgedeckt und der Besteuerung unterworfen.

► **Beteiligung im Betriebsvermögen / Wirtschaftsgut im Betriebsvermögen (Fall 3):** Es liegt eine verdeckte Einlage aus dem Betriebsvermögen vor, bei der sich nach § 6 Abs. 6 Satz 2 EStG die Anschaffungskosten der Beteiligung an der Kapitalgesellschaft um den Teilwert des eingelegten Wirtschaftsguts erhöhen. Es kommt folglich zur Aufdeckung und Besteuerung der in dem Wirtschaftsgut ruhenden stillen Reserven. Besonderheiten sind zu beachten, wenn sich das einzulegende Wirtschaftsgut in einem anderen Betriebsvermögen als die Beteiligung befindet: Bevor das Wirtschaftsgut auf die Zielgesellschaft übertragen werden kann, erfolgt (unter Beteiligung von Personengesellschaften) in einem ersten Schritt eine nach § 6 Abs. 5 Satz 1 EStG mit dem Buchwert zu bewertende Überführung des Wirtschaftsguts in das Betriebsvermögen, in der auch die Beteiligung bilanziert wird. Bei der sich daran anschließenden Übertragung des Wirtschaftsguts von der die Beteiligung haltenden Gesellschaft auf die Zielgesellschaft kommt es dann zur Bewertung mit dem Teilwert und zur Aufdeckung der stillen Reserven. Die Anschaffungskosten der Beteiligung erhöhen sich entsprechend. Abweichend hiervon kann es zu einer Bewertung mit den Anschaffungskosten kommen, wenn das betreffende Wirtschaftsgut innerhalb von drei Jahren nach der Anschaffung bzw. Herstellung verdeckt eingelegt wird. In diesen Fällen erhöhen sich die Anschaffungskosten der Beteiligung um den Einlagewert i. S. v. § 6 Abs. 6 Satz 3 EStG.

▶ **Beteiligung im Betriebsvermögen / Wirtschaftsgut im Privatvermögen (Fall 4):** Es liegt eine verdeckte Einlage aus dem Betriebsvermögen vor. Vorab wird allerdings eine verdeckte Einlage des Wirtschaftsguts aus dem Privatvermögen in das Betriebsvermögen, in dem auch die Beteiligung bilanziert wird, angenommen. Möglich ist in diesem Zusammenhang auch die Annahme einer Veräußerung (§ 23 Abs. 1 Satz 5 Nr. 1 EStG).

Die o. g. Fälle lassen erkennen, dass das eingelegte Wirtschaftsgut grundsätzlich der Beteiligung folgt. Die in dem einzulegenden Wirtschaftsgut ruhenden stillen Reserven werden in Abhängigkeit der Beteiligung dabei regelmäßig entweder im Privat- oder im Betriebsvermögen aufgedeckt.

LITERATUR

Janssen, B., Verdeckte Gewinnausschüttungen, 12. Aufl., Herne 2017.

Kohlhepp, R., Verdeckte Gewinnausschüttung, 2. Aufl., Wiesbaden 2016.

Kraft, C./Kraft, G., Grundlagen der Unternehmensbesteuerung, 5. Aufl., Wiesbaden 2018, S. 178–183.

Kußmaul, H., Betriebswirtschaftliche Steuerlehre, 7. Aufl., München 2014, S. 365–368.

Rose, G./Watrin, C., Ertragsteuern, 21. Aufl., Berlin 2017, S. 213–216, 228–235.

Roser, F., in: Gosch, D. (Hrsg.), KStG, 3. Aufl., München 2015, § 8, Rz. 105 ff.

Schulte, W., in: Erle, B./Sauter, T. (Hrsg.), KStG, 3. Aufl., Heidelberg 2010, § 8, Rn. 70–314.

5.4 Modifikationen bedingt durch das Körperschaftsteuersystem

5.4.1 Vorbemerkung

Das Körperschaftsteuersystem folgt dem **Prinzip der Einmalbesteuerung**. Danach sollen von einer Kapitalgesellschaft erwirtschaftete Gewinne mindestens einmal, aber auch nur höchstens einmal der Besteuerung mit Körperschaftsteuer unterliegen. Folglich darf (sollte) es zu keiner Doppelbesteuerung eines Gewinns mit Körperschaftsteuer kommen. Die Einhaltung dieser Forderung ist dem Körperschaftsteuerrecht allerdings nicht systemimmanent, sondern muss durch entsprechende Regelungen herbeigeführt werden. Maßgebliche Rechtsgrundlage hierfür ist der Anwendungsbereich des § 8b KStG. Diese Norm regelt insbesondere die Steuerfreistellung von Bezügen und Gewinnen, die bereits auf Ebene einer anderen Kapitalgesellschaft der Besteuerung mit Körperschaftsteuer unterlegen haben. Daneben legt die Vorschrift die Nichtabzugsfähigkeit von Gewinnminderungen (Aufwendungen) fest, die in Zusammenhang mit steuerfreien Erträgen i. S. v. § 8b KStG stehen.

Der Gesetzgeber hat § 8b KStG durch das Standortsicherungsgesetz vom 13. 9. 1993 (BGBl I 1993, S. 1569) mit der Intention eingeführt, den Holdingstandort Deutschland steuerlich zu fördern. Zu Zeiten des bis Ende 2000 anzuwendenden körperschaftsteuerlichen Anrechnungsverfahrens, welches eine Doppelbesteuerung von Gewinnen bereits systemseitig ausschloss, erfüllte die Norm den Zweck einer reinen steuerlichen Fördermaßnahme (Steuervergünstigung) ohne jedwede Einschränkung. Mit Einführung des Steuersenkungsgesetzes vom 23. 10. 2000 (BGBl I 2000, S. 1433) wandelte sich die Vorschrift des § 8b KStG allerdings zu einer systembedingten Voraussetzung. Der Gesetzgeber schaffte nämlich das Anrechnungsverfahren zugunsten des Teileinkünfteverfahrens ab und nahm damit einen tiefgreifenden Einschnitt in das Körperschaftsteuersystem vor. Seitdem wird nicht mehr zwischen einem Thesaurierungssteuersatz auf der einen und einem Ausschüttungssteuersatz auf der anderen Seite differenziert. Vielmehr kommt auf Ebene einer Kapitalgesellschaft ein definitiver Körperschaftsteuersatz von aktuell 15 % (vor 2008: 25 %) zur Anwendung. Ohne die Vorschriften des § 8b KStG würde es dadurch systembedingt zu einer Mehrfachbelastung von Gewinnen mit Körperschaftsteuer kommen.

Vor diesem Hintergrund setzt sich der folgende Abschnitt einerseits mit den Tatbestandsvoraussetzungen und Rechtsfolgen des § 8b KStG auseinander. Andererseits werden die Auswirkungen der Norm auf die Einkommensermittlung näher beleuchtet.

5.4.2 Freistellung von Dividenden und Veräußerungsgewinnen aus Anteilen nach § 8b KStG

In sachlicher Hinsicht bezieht sich § 8b KStG in erster Linie auf Gewinne aus einer Beteiligung an einer anderen Kapitalgesellschaft (Abs. 1) sowie aus der Veräußerung eines Anteils an einer anderen Kapitalgesellschaft (Abs. 2). Derartige Gewinnbestandteile werden von der Körperschaftsteuer befreit, indem sie im Rahmen der körperschaftsteuerlichen Einkommensermittlung vollständig außer Ansatz bleiben.

Die vorstehend genannten Freistellungen werden nach § 8b Abs. 6 KStG auch dann gewährt, wenn eine Kapitalgesellschaft entsprechende Gewinne mittelbar über eine Mitunternehmerschaft (auch mehrstufige Mitunternehmerschaft) erzielt. Für die Anwendung des § 8b KStG wird in einem solchen Fall durch die betreffende Mitunternehmerschaft durchgegriffen (Transparenzprinzip). Dies gilt gleichermaßen für Gewinne aus der Veräußerung von Anteilen an einer Mitunternehmerschaft, soweit diese auf eine Beteiligung der Mitunternehmerschaft an einer Körperschaft entfallen. Nachfolgende Abbildung stellt den Anwendungsbereich des § 8b KStG in seinen Grundzügen dar:

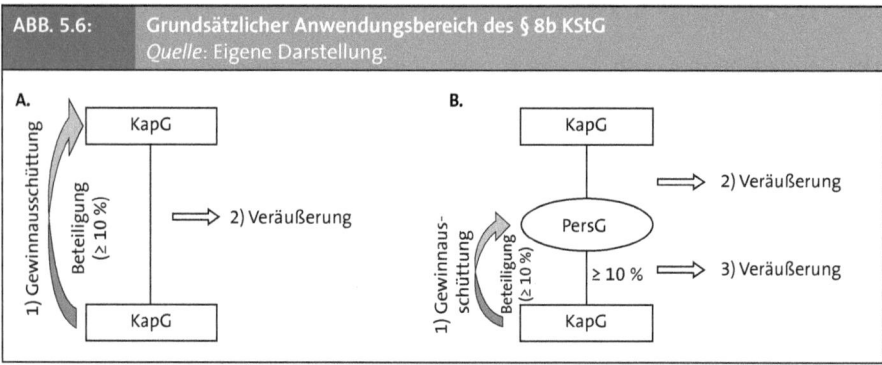

ABB. 5.6: **Grundsätzlicher Anwendungsbereich des § 8b KStG**
Quelle: Eigene Darstellung.

Im weiteren Verlauf werden die in Abb. 5.6 unter A.1) und A.2) dargestellten Geschäftsvorfälle und deren körperschaftsteuerliche Behandlung näher beschrieben. Die entsprechenden Erläuterungen gelten sinngemäß auch für die in Abb. 5.6 unter B.1) bis B.3) aufgezeigten Sondertatbestände. Allerdings sind bei der Zwischenschaltung eine Personengesellschaft und der Anwendung von § 8b Abs. 6 KStG Besonderheiten zu beachten, die hier nicht weiter vertieft werden. Sowieso handelt es sich nachfolgend aufgrund der vielfältigen Besonderheiten des § 8b KStG nicht um eine abschließende Beschreibung. Vielmehr geht es darum, die wesentlichen Grundzüge des § 8b KStG darzulegen.

Freistellung von Dividendenerträgen

Erhält eine Kapitalgesellschaft Beteiligungserträge (Dividenden) von einer anderen in- oder ausländischen Kapitalgesellschaft – dies können sowohl offene als auch verdeckte

Gewinnausschüttungen sein –, bleiben diese Bezüge bei der Ermittlung des zu versteuernden Einkommens in Summe zu 95 % außer Ansatz (Dividendenfreistellung).

Seit dem Veranlagungszeitraum 2014 gilt die o. g. Steuerfreistellung nur noch, soweit die betreffende Gewinnausschüttung das Einkommen der leistenden Kapitalgesellschaft nicht gemindert hat. Anderenfalls würden die ausgeschütteten Gewinne gar nicht der Körperschaftsteuer unterliegen. Ferner wird in § 8b Abs. 4 KStG für Gewinne, die nach dem 28. 2. 2013 zufließen, festgeschrieben, dass diese nur noch dann von § 8b Abs. 1 KStG erfasst werden, wenn zu Beginn des Kalenderjahres eine Mindestbeteiligungsquote an der ausschüttenden Kapitalgesellschaft von mindestens 10 % besteht. Streubesitzdividenden (Dividenden aus einer Beteiligung < 10 %) unterliegen demgegenüber in voller Höhe der Besteuerung mit Körperschaftsteuer.

Alle übrigen Beteiligungserträge (Dividenden aus einer Beteiligung ≥ 10 %) bleiben aufgrund der Vorschrift des § 8b Abs. 1 KStG bei der Ermittlung des zu versteuernden Einkommens einer Kapitalgesellschaft vollständig (100 %) außer Ansatz. Konkret kommt es im Rahmen der Einkommensermittlung in einem ersten Schritt zu einer außerbilanziellen Kürzung der entsprechenden Bezüge. Losgelöst davon stellen die Gewinnausschüttungen handelsrechtlich auch weiterhin Beteiligungserträge dar, die den Jahresüberschuss der Gesellschaft erhöhen. Die erfolgswirksame handelsrechtliche Abbildung ist sogar eine Voraussetzung für die steuerliche Korrektur. Denn steuerlich kann letztlich nur derjenige Geschäftsvorfall durch eine außerbilanzielle Kürzung außer Ansatz bleiben, der bereits handelsrechtlich erfasst wurde. Ansonsten würde sich eine Korrektur erübrigen.

Dass sich in Summe für die Beteiligungserträge lediglich eine Steuerfreistellung von 95 % ergibt, liegt an der Vorschrift des § 8b Abs. 5 Satz 1 KStG. Nach dieser Norm gelten 5 % der Bezüge i. S. d. § 8b Abs. 1 KStG als Ausgaben, die nicht als Betriebsausgaben abgezogen werden dürfen. Aus diesem Grund sind innerhalb der Einkommensermittlung in einem zweiten Schritt 5 % der Bezüge i. S. d. § 8b Abs. 1 KStG dem Einkommen wieder hinzuzurechnen. Hierbei handelt es sich um ein fiktives Betriebsausgabenabzugsverbot.

Im Gegensatz zu den fiktiven Betriebsausgaben mindern tatsächlich angefallene Betriebsausgaben das Einkommen einer Kapitalgesellschaft. Diese Rechtsfolge ergibt sich aus § 8b Abs. 5 Satz 2 KStG. Darin ist explizit geregelt, dass § 3c EStG – danach sind Aufwendungen, die in wirtschaftlichem Zusammenhang mit steuerfreien Einnahmen stehen, nicht als Betriebsausgaben abzugsfähig – nicht zur Anwendung kommt. Folglich sind tatsächlich angefallene Aufwendungen, die in wirtschaftlichem Zusammenhang mit der Beteiligung stehen, auch steuerrechtlich als Betriebsausgabe zu behandeln. Hierdurch kommt es im Rahmen der Einkommensermittlung zu keiner Korrektur entsprechender Aufwendungen.

BEISPIEL: ▶ Steuerfreistellung von Dividendeneinnahmen

Die A-GmbH erzielt Dividendeneinnahmen aus ihrer 20 %-igen Beteiligung an der B-AG i. H. v. 150.000 €. Gleichzeitig entstehen der A-GmbH in wirtschaftlichem Zusammenhang mit der Beteiligung an der B-AG tatsächliche Aufwendungen i. H. v. 10.000 €.

LÖSUNG: ▶ Auf Ebene der A-GmbH bleiben nach § 8b Abs. 1 KStG zunächst 100 % der Bezüge von der B-AG, also 150.000 €, bei der Ermittlung des Einkommens außer Ansatz (Schritt 1). Sodann werden 5 % der soeben in Abzug gebrachten Erträge, also 7.500 €, als fiktive Aufwendungen dem steuerlichen Einkommen wieder hinzugerechnet (Schritt 2). Im Ergebnis kommt es dadurch zu einer außerbilanziellen Kürzung um 142.500 € (142.500 € = 150.000 - (150.000 · 0,05)). Ferner bewirkt § 8b Abs. 5 Satz 2 KStG, dass die A-GmbH ihre tatsächlichen, in wirtschaftlichem Zusammenhang mit den steuerfreien Erträgen stehenden Aufwendungen i. H. v. 10.000 € (weiterhin) als Betriebsausgabe behandeln darf (§ 3c EStG kommt nicht zur Anwendung). Die Aufwendungen müssen im Rahmen der Einkommensermittlung folglich nicht korrigiert werden.

Obgleich die tatsächlich anfallenden Aufwendungen im Beispielfall gem. § 8b Abs. 5 Satz 2 KStG als Betriebsausgaben abzugsfähig sind, ist es unter gewissen Voraussetzungen denkbar, dass der Betriebsausgabenabzug aufgrund anderer steuerlicher Vorschriften nicht zulässig ist. Dies ist beispielsweise für die aus der Fremdfinanzierung der Beteiligung an einer Kapitalgesellschaft entstehenden Zinsaufwendungen der Fall, sollte die Zinsschranke zur Anwendung kommen. Anderenfalls würde der Gesetzgeber den Steuerpflichtigen gleich doppelt bestrafen, sofern neben dem Verbot des Betriebsausgabenabzugs der Zinsaufwendungen auch noch die Regelung des § 8b Abs. 5 Satz 1 KStG (fiktives Betriebsausgabenabzugsverbot) zur Anwendung käme.

Eine weitere mögliche negative Folgewirkung des fiktiven Betriebsausgabenabzugsverbots lässt sich unter dem Begriff **„Kaskadeneffekt"** zusammenfassen. Der Kaskadeneffekt beschreibt die mehrfache Belastung von fiktiven, nach § 8b Abs. 5 KStG nicht abzugsfähigen Betriebsausgaben auf verschiedenen Gesellschaftsebenen innerhalb einer Beteiligungskette mit Ertragsteuern (Körperschaft- und Gewerbesteuer). Dieser in Konzernstrukturen einsetzende Effekt ist umso gravierender, je größer die Anzahl der daran beteiligten Kapitalgesellschaften ist.

TAB. 5.1:	Kaskadeneffekt des § 8b Abs. 5 KStG bei mehrstufigen Konzernen *Quelle*: Eigene Berechnung in Anlehnung an *Kaminski/Strunk*, BB 2004, S. 691.		
Ebene	Gewinn/ Dividendenzufluss	Steuerbelastung infolge der fiktiv nicht abzugs- fähigen BA	Verbleibender Gewinn (max. Ausschüttungs- volumen)
0	100,00	—	100,00
1	100,00	1,50	98,50
2	98,50	1,48	97,02

3	97,02	1,46	95,56
4	95,56	1,43	94,13
5	94,13	1,41	92,72
6	92,72	1,40	91,32
7	91,32	1,37	89,95
8	89,95	1,35	88,60

Ausschlaggebend für den Kaskadeneffekt ist letztendlich, dass die aus § 8b Abs. 5 Satz 1 KStG hervorgehende Fiktion des Betriebsausgabenabzugsverbots im Rahmen einer Gewinnausschüttung in einer Beteiligungskette auf jeder Beteiligungsstufe eines Konzerns zur Anwendung kommt.

Die vorstehend erläuterten Rechtsfolgen des § 8b Abs. 1 und 5 KStG ergeben sich – wie eingangs dieses Abschnitts bereits aufgezeigt – nach § 8b Abs. 4 KStG auf Gesellschafterebene nur, wenn die entsprechenden Beteiligungserträge von einer mindestens 10 %-igen Beteiligung an einer anderen Kapitalgesellschaft stammen. Anderenfalls handelt es sich um eine sog. **Streubesitzdividende**, die in voller Höhe der Besteuerung mit Körperschaftsteuer unterliegt. Für diese ist auch eine Besteuerung nach dem Teileinkünfteverfahren mit der Folge, dass lediglich 60 % der Beteiligungserträge der Besteuerung unterliegen, nicht vorgesehen, da die Rechtsfolgen des § 3 Nr. 40 Satz 1 Buchst. d) Satz 1 EStG von denen des § 8b KStG (lex specialis) verdrängt werden.

Gemäß § 8b Abs. 4 Satz 6 KStG liegt eine Beteiligung von mindestens 10 % auch dann zu Beginn eines Jahres vor, wenn diese von einer Kapitalgesellschaft unterjährig erworben wurde (Rückbeziehungsfiktion). Nach Auffassung der Finanzverwaltung (s. OFD Frankfurt/M., Schreiben v. 2. 12. 2013, S 2750a A – 19 – St 52, DStR 2014, S. 427) gilt die Rückbeziehungsfiktion aber ausschließlich für den Erwerb eines Anteilspakets von mindestens 10 % durch einen einzelnen Erwerbsvorgang. Zudem hat die Regelung so die Finanzverwaltung keine Auswirkung auf die Behandlung von Anteilen, die zum Beginn des Kalenderjahres bereits bestanden. Die Rückbeziehungsfiktion ist auch nicht anzuwenden, wenn im laufenden Kalenderjahr durch verschiedene Erwerbsvorgänge jeweils Anteile von weniger als 10 % erworben werden, die Erwerbe insgesamt aber die Grenze von 10 % erreichen.

BEISPIEL: Unterjähriger Anteilserwerb

Beteiligung					§ 8b KStG	Steuerfrei
01.01.	Erwerb 1	Erwerb 2	Erwerb 3	Verkauf		
Keine	11 %	-		-	+	Nur Erwerb 1
4 %	7 %	-		-	-	Nein

4 %	11 %	-		-	+	Nur Erwerb 1
Keine	1.4.: 20 %	1.6.: 7 %	1.9.: 4 %	-	+/-	Nur Erwerb 1
Keine	Von A 5 %	Von B 5 %		-	-	Nein
Keine	15 %			10 %	+	5 % (15 % - 10 %)

Die durch die Einführung der Regelung zur steuerlichen Behandlung von Streubesitzdividenden ausgelösten Belastungsfolgen werden nachfolgend anhand eines Beispiels dargestellt.

BEISPIEL: Streubesitzdividende

Die A-GmbH ist mit 8 % am Kapital der B-GmbH beteiligt. Der von der B-GmbH im Geschäftsjahr erwirtschaftete Gewinn vor Steuern von 1.250.000 € wird nach Besteuerung auf Gesellschaftsebene anteilig an die Gesellschafter ausgeschüttet. Die A-GmbH schüttet den von der B-GmbH erhaltenen Gewinn direkt an ihren Gesellschafter, die natürliche Person A, weiter aus.

Die Besteuerungsfolgen durch die Besteuerung von Streubesitzdividenden stellen sich im o. g. Beispiel im Einzelnen wie folgt dar:

TAB. 5.2:	Besteuerung von Streubesitzdividenden *Quelle*: Eigene Darstellung in Anlehnung an *Förster/Ott*, in: Steuerforum 2014, Thema D, S. 7.	
	Alte Rechtslage	**Neue Rechtslage**
B-GmbH		
Anteiliger Gewinn (8 % · 1.250.000 €)	100.000	100.000
- KSt/SolZ/GewSt (29,83 %)	- 29.825	- 29.825
= Gewinn nach Steuern	70.175	70.175
A-GmbH		
Bruttodividende	70.175	70.175
- GewSt (14,79 %); KSt, SolZ, GewSt (29,83 %)	- 10.380	- 20.930
= Dividende nach Steuern	59.795	49.245
Gesellschafter A		
Bruttodividende	59.795	49.245
- ESt/SolZ (26,375 %)	- 15.771	- 12.988
= Dividende nach Steuern	44.024	36.257
Gesamtsteuerbelastung Auf Ebene der B-GmbH Auf Ebene des A	40,20 % 55,98 %	50,76 % 63,74 %

Mit der Einführung der Regelung für Streubesitzdividenden steigt auf Ebene der B-GmbH die Gesamtsteuerbelastung um 10,56 % (= 50,76 % - 40,20 %) an. Für A erhöht sich im Falle einer Weiterausschüttung der Gewinne die Steuerbelastung im Vergleich zur Altregelung um 7,76 % (= 63,74 % - 55,98 %). Hierbei gilt es allerdings mindernd zu berücksichtigen, dass für mit Streubesitzdividenden in wirtschaftlichem Zusammenhang stehende Aufwendungen das in § 8b Abs. 5 KStG geregelte Abzugsverbot nicht anzuwenden ist.

Freistellung von Gewinnen aus der Veräußerung von Anteilen an anderen Kapitalgesellschaften

Neben Dividendenerträgen werden in § 8b KStG auch Gewinne aus der Veräußerung eines Anteils an einer inländischen oder ausländischen Kapitalgesellschaft in Summe zu 95 % von der Besteuerung mit Körperschaftsteuer ausgenommen (§ 86 Abs. 2 KStG). Eine den o. g. Streubesitzdividenden vergleichbare Ausnahmeregelung von der Steuerfreistellung (§ 8b Abs. 4 KStG) existiert für Veräußerungsgewinne bislang nicht, d. h., die hier diskutierte Anwendung der Steuerfreistellung nach § 8b Abs. 2 KStG hängt von keiner Beteiligungshöhe ab.

Unter den Anwendungsbereich des § 8b Abs. 2 KStG fallen nicht nur Veräußerungsgewinne, sondern auch Gewinne aus der Auflösung einer Kapitalgesellschaft, einer Kapitalherabsetzung oder einer Wertaufholung i. S. v. § 6 Abs. 1 Nr. 2 Satz 3 EStG. Zudem werden Gewinne aus einer verdeckten Einlage oder solche aus der Anwendung des § 21 Abs. 2 UmwStG von dieser Regelung erfasst. Darüber hinaus fällt auch ein von § 8b KStG erfasster Organträger bei der Veräußerung einer Organgesellschaft unter die hier in Rede stehende Vorschrift.

Bei Vorliegen eines vorstehend genannten Tatbestands werden die betreffenden Veräußerungsgewinne im Rahmen der Einkommensermittlung in einem ersten Schritt vollständig (100 %) **außerbilanziell in Abzug** gebracht. Dass in Summe dann allerdings nur 95 % der Gewinne von der Körperschaftsteuer freigestellt werden, liegt an dem fiktiven Betriebsausgabenabzugsverbot des § 8b Abs. 3 Satz 1 KStG. Danach gelten – analog zu § 8b Abs. 5 Satz 1 KStG – 5 % der Veräußerungsgewinne als Ausgaben, die nicht als Betriebsausgaben abgezogen werden dürfen. Aus diesem Grund kommt es in einem zweiten Schritt zu einer entsprechenden außerbilanziellen Hinzurechnung dieser fiktiven Aufwendungen. Dadurch erhöht sich das Einkommen der Kapitalgesellschaft um 5 % der nach § 8b Abs. 2 KStG steuerfrei bleibenden Gewinne. Im Gegensatz dazu sind die mit der Beteiligung in wirtschaftlichem Zusammenhang stehenden tatsächlichen Aufwendungen nicht außerbilanziell zu korrigieren, da nach § 8b Abs. 3 Satz 2 KStG die in § 3c EStG festgelegte Einschränkung beim Betriebsausgabenabzug nicht zu berücksichtigen ist. Tatsächliche Aufwendungen sind grundsätzlich sowohl handelsrechtlich als auch steuerrechtlich als Betriebsausgabe zu behandeln. Der Betriebsausgabenabzug wird jedoch durch das Körperschaftsteuerrecht in vielen Fällen versagt.

Als Folge der Steuerfreiheit von Veräußerungsgewinnen aus Anteilen an anderen Kapitalgesellschaften schränkt der Gesetzgeber in § 8b Abs. 3 Satz 3 KStG die steuerliche Berücksichtigung von in Zusammenhang mit solchen steuerfreien Veräußerungsgewinnen stehenden **Gewinnminderungen** ein. Hiervon betroffen sind insbesondere Gewinnminderungen (s. BMF, Schreiben v. 28. 4. 2003, IV A2 – S 2750a – 7/03, DStR 2003, S. 881, Tz. 26):

▶ durch den Ansatz des niedrigeren Teilwerts,

▶ durch einen im Rahmen der Veräußerung erzielten Veräußerungsverlust,

▶ bei Auflösung der Gesellschaft,

▶ bei Herabsetzung des Nennkapitals,

▶ bei Anwendung des § 21 Abs. 2 UmwStG.

Für sämtliche der vorstehend genannten Gewinnminderungen erfolgt die entsprechende Korrektur, die im Ergebnis zur steuerlichen Nichtanerkennung der betreffenden Aufwendungen führt, durch eine außerbilanzielle Hinzurechnung im Rahmen der körperschaftsteuerlichen Einkommensermittlung.

BEISPIEL: ▶ **Gewinnminderung** (Quelle: *BMF*, Schreiben v. 28. 4. 2003, IV A2 – S 2750a – 7/03, DStR 2003, S. 881, Tz. 26)

Die A-GmbH veräußert Anteile an der T-GmbH für 200 an ihren Anteilseigner. Die ursprünglichen Anschaffungskosten der Anteile haben 500 betragen. Der Buchwert der Anteile beträgt 500 und der Teilwert (gemeiner Wert) 300.

LÖSUNG: ▶

Veräußerungserlös		200
Buchwert		-500
		-300
Verdeckte Gewinnausschüttung (§ 8 Abs. 3 Satz 2 KStG)		
Wert der Anteile	300	
Gegenleistung	-200	
		+100
Verlust		-200
Anwendung § 8b Abs. 2 KStG		+200
Steuerpflichtiger Veräußerungsgewinn		0

Der sich eigentlich ergebende Veräußerungsverlust von -200 ist für steuerliche Zwecke durch eine außerbilanzielle Hinzurechnung des handelsrechtlich zu erfassenden Aufwands (Verlusts) zu korrigieren. Der Anteilseigner erzielt aus der Veräußerung aufgrund der verdeckten Gewinnausschüttung Einkünfte aus Kapitalvermögen nach § 20 Abs. 1 Nr. 1 EStG i. H. v. 100.

Mit dem Jahressteuergesetz 2008 (vom 20. 12. 2007, BGBl I 2007, S. 3150) wurden die im Rahmen der Einkommensermittlung nicht zu berücksichtigenden Gewinnminderungen in § 8b Abs. 3 Satz 4–8 KStG um Gewinnminderungen im Zusammenhang mit Darlehensforderungen oder aus der Inanspruchnahme von Sicherheiten für Darlehen erweitert. Die Nichtberücksichtigung entsprechender Aufwendungen ergibt sich aller-

dings nur dann, wenn das Darlehen oder die Sicherheit durch eine der nachfolgenden
Personen gewährt wird:

▶ einen Gesellschafter, der zu mehr als 25 % unmittelbar oder mittelbar am Grund-
  oder Stammkapital der darlehensnehmenden Gesellschaft beteiligt ist bzw. war,
  oder

▶ eine dem vorstehend genannten Gesellschafter nahestehende Person i.S.d. § 1
  Abs. 2 AStG oder

▶ einen Dritten, der Rückgriff auf die beiden vorstehend genannten Personen hat.

Liegen bei einer der o.g. Personen Gewinnminderungen − z.B. aus einer Teilwertabschreibung auf das ausgereichte Darlehen i.S.v. § 6 Abs. 1 Nr. 2 Satz 2 EStG oder einem Verzicht auf den wertlosen Teil der Forderung − vor, mindert sich dadurch das Einkommen der betreffenden Person nicht. Hätte allerdings ein fremder Dritter das Darlehen unter sonst gleichen Bedingungen ebenfalls gewährt oder auch noch nicht zurück-
gefordert, greift nach § 8b Abs. 3 Satz 6 KStG die hier in Rede stehende Abzugs-
beschränkung nicht.

LITERATUR

Gosch, D., in: Gosch, D. (Hrsg.), KStG, 3. Aufl., München 2015, § 8b, Rz. 1–148f, 450–
519a.

Gröbl, E./Adrian, G., in: Erle, B./Sauter, T., KStG, 3. Aufl., Heidelberg 2010, § 8b.

Kraft, C./Kraft, G., Grundlagen der Unternehmensbesteuerung, 5. Aufl., Wiesbaden
2018, S. 172–176.

Kußmaul, H., Betriebswirtschaftliche Steuerlehre, 7. Aufl., München 2014, S. 392–396.

Rose, G./Watrin, C., Ertragsteuern, 21. Aufl., Berlin 2017, S. 222–226.

5.5 Modifikationen bedingt durch die Natur der juristischen Person

5.5.1 Abziehbare Aufwendungen

Neben den durch das Gesellschaftsverhältnis bedingten Modifikationen (verdeckte Gewinnausschüttung und verdeckte Einlage) und solchen infolge des Körperschaftsteuer-
systems (Freistellung von Dividendenerträgen und Gewinnen aus der Veräußerung eines Anteils an einer Kapitalgesellschaft) sieht das Körperschaftsteuerrecht im Rahmen

der Einkommensermittlung ferner Modifikationen vor, die auf die Natur der juristischen Person zurückgehen. Für darunter fallende Geschäftsvorfälle – betroffen sind insbesondere Aufwendungen für Spenden und Mitgliedsbeiträge und bestimmte andere Sachverhalte – regelt § 9 KStG den steuerlich zulässigen Betriebsausgabenabzug.

Spenden und Mitgliedsbeiträge

Spenden und Mitgliedsbeiträge (nachfolgend: „**Zuwendungen**"), die Kapitalgesellschaften zur Förderung steuerbegünstigter Zwecke – hierunter fallen nach §§ 52–54 AO gemeinnützige, mildtätige und kirchliche Zwecke – z. B. an eine juristische Person des öffentlichen Rechts oder eine öffentliche Dienststelle (Zuwendungsempfänger) leisten, dürfen nach § 9 Abs. 1 Nr. 2 Satz 1 KStG nur innerhalb bestimmter Grenzen (Höchstbeträge) als Betriebsausgabe von der körperschaftsteuerlichen Bemessungsgrundlage abgezogen werden. Hiervon wiederum ausgenommen sind nach § 9 Abs. 1 Nr. 2 Satz 8 Nr. 1 bis 4 KStG u. a. Mitgliedsbeiträge an Körperschaften, die den Sport oder die Heimatpflege und Heimatkunde fördern. Für derartige Aufwendungen besteht ein Abzugsverbot.

Die Ermittlung der als Betriebsausgaben vom steuerlichen Einkommen abzugsfähigen Zuwendungen erfolgt grundsätzlich in **zwei Schritten**. Da die entsprechenden Aufwendungen den handelsrechtlichen Jahresüberschuss einer Kapitalgesellschaft in voller Höhe gemindert haben, ist innerhalb der steuerlichen Einkommensermittlung der für die Zuwendungen handelsrechtlich vorgenommene Betriebsausgabenabzug in einem ersten Schritt durch eine entsprechende außerbilanzielle Hinzurechnung wieder rückgängig zu machen (zu korrigieren). Dadurch erhöht sich das mit Ausnahme des Verlustabzugs nach § 10d EStG bis hierhin ermittelte steuerliche Einkommen entsprechend. Diese Größe – also das Einkommen ohne Berücksichtigung von Zuwendungen und des Verlustabzugs – stellt sodann die Bemessungsgrundlage für die Berechnung der Höhe der abzugsfähigen Zuwendungen dar. Folglich mindern die Aufwendungen für Zuwendungen nicht ihre eigene Bemessungsgrundlage.

In welcher Höhe sich Zuwendungen im Ergebnis dann einkommensmindernd auswirken, hängt von folgenden in § 9 Abs. 1 Nr. 2 EStG festgelegten **Höchstgrenzen** ab. Danach sind Zuwendungen abzugsfähig bis zur Höhe von

a) 20 % des Einkommens oder

b) 4 ‰ der Summe der gesamten Umsätze und der im Kalenderjahr aufgewendeten Löhne und Gehälter.

Unterschreiten die tatsächlichen Zuwendungen die nach a) oder b) berechneten Höchstbeträge, so ist der volle Betrag der Zuwendungen im Rahmen der Einkommensermittlung abzugsfähig. Da die Zuwendungen für die Berechnung ihrer eigenen Bemessungsgrundlage vorab aus dem Einkommen eliminiert werden (s. o.), ist im Rahmen der

Einkommensermittlung in einem zweiten Schritt – dieser erfolgt gemäß Abb. 5.1 allerdings erst nach der Ermittlung des steuerlichen Gewinns – der Betriebsausgabenabzug für diese vorzunehmen, wodurch sich das steuerliche Einkommen der Kapitalgesellschaft endgültig mindert. Im Ergebnis werden die Zuwendungen dadurch einmalig berücksichtigt.

Geleistete Zuwendungen, welche die in a) oder b) genannten Höchstgrenzen überschreiten, mindern das steuerliche Einkommen einer Kapitalgesellschaft im aktuellen Veranlagungszeitraum nicht. Die entsprechenden Aufwendungen sind nach § 9 Abs. 1 Satz 9 KStG im Rahmen der Höchstbeträge in den folgenden Veranlagungszeiträumen abzuziehen (Vortrag).

Auch die im Zusammenhang mit einem **Sponsoring** – hierunter ist die Gewährung von Geld oder geldwerten Vorteilen von Unternehmen zur Förderung von Personen, Gruppen und Organisationen in u. a. sportlichen, kirchlichen oder kulturellen Bereichen zu verstehen – angefallenen Aufwendungen können unter § 9 Abs. 1 Nr. 2 KStG fallen. Weil dem Sponsoring in aller Regel jedoch wirtschaftliche Vorteile gegenüberstehen (Sicherung und Erhöhung des unternehmerischen Ansehens, Werbung für das Unternehmen und die Produkte etc.), handelt es sich bei den damit zusammenhängenden Aufwendungen vielfach um Betriebsausgaben i. S. v. § 4 Abs. 4 EStG (s. BMF, Schreiben v. 18. 2. 1998, IV B 2–S 2144-40/98, DStR 1998, S. 454, Rn. 2 ff.)

Nicht als Zuwendungen i. S. d. § 9 Abs. 1 Nr. 2 KStG zu berücksichtigende Aufwendungen sind **Spenden an politische Parteien**. Rechtsgrundlage für die steuerliche Behandlung dieser ist das in § 4 Abs. 6 EStG kodifizierte Betriebsausgabenabzugsverbot für Aufwendungen zur Förderung staatspolitischer Zwecke, welches über § 8 Abs. 1 KStG auch innerhalb der Einkommensermittlung von Kapitalgesellschaften zu berücksichtigen ist. Im Ergebnis wird damit verhindert, dass ein Steuerpflichtiger einerseits die Aufwendungen einer von ihm als natürliche Person geleisteten Spende an eine politische Partei innerhalb der Grenzen des § 10b Abs. 2 EStG mindernd in seiner privaten Einkommensteuererklärung berücksichtigt und andererseits einen Betriebsausgabenabzug erhält, wenn er eine weitere Spende an eine politische Partei über seine Kapitalgesellschaft veranlasst. Die über Kapitalgesellschaften (auch Personengesellschaften) vorgenommene Unterstützung der Politik wird folglich nicht auch noch steuerlich gefördert.

5.5.2 Nicht abziehbare Aufwendungen

Über die Betriebsausgabenabzugsbeschränkungen des Einkommensteuerrechts hinaus – diese kommen über § 8 Abs. 1 KStG auch bei Kapitalgesellschaften zur Anwendung – enthält § 10 KStG eine Auflistung weiterer Aufwendungen, die innerhalb der körperschaftsteuerlichen Einkommensermittlung nicht (oder nur anteilig) als Betriebsausgabe abgezogen werden dürfen. Dass es neben den in § 10 KStG genannten nicht abziehbaren Aufwendungen weitere nicht abziehbare Aufwendungen gibt, lässt sich im Einleitungssatz des § 10 KStG am Wort „auch" erkennen. Mit „auch" sind insbesondere die eingangs erwähnten einkommensteuerrechtlichen Abzugsbeschränkungen gemeint.

Zu den nicht als Betriebsausgabe abzugsfähigen Aufwendungen gehören nach § 10 KStG folgende Sachverhalte:

▶ **Aufwendungen zur Erfüllung satzungsgemäßer Zwecke (§ 10 Nr. 1 KStG)**

Aufwendungen für die Erfüllung von Zwecken des Steuerpflichtigen, die das Stiftungsgeschäft, die Satzung oder irgendeine sonstige Verfassung vorschreibt, sind nicht abziehbar; d. h. sie mindern das steuerpflichtige Einkommen einer Kapitalgesellschaft nicht. Ausgenommen hiervon sind nach Satz 2 der Vorschrift allerdings in der Satzung einer Kapitalgesellschaft vorgesehene Spenden („§ 9 Abs. 1 Nr. 2 bleibt unberührt").

▶ **Nichtabziehbare Steuern (§ 10 Nr. 2 KStG)**

Die Körperschaftsteuer (inkl. Solidaritätszuschlag) ist als Ertragsteuer in vollem Umfang nicht vom Einkommen der Kapitalgesellschaft abzugsfähig; d. h. die Körperschaftsteuer mindert ihre eigene Bemessungsgrundlage nicht. Ist in der handelsrechtlichen Gewinnermittlung bereits ein entsprechender Aufwand berücksichtigt worden, bspw. für eine Körperschaftsteuerrückstellung, so ist dieser dem steuerlichen Einkommen außerbilanziell wieder hinzuzurechnen. Gleiches gilt für die Umsatzsteuer, soweit diese auf Entnahmen oder Gewinnausschüttungen zurückgeht oder Umsätze betrifft, für die das Abzugsverbot des § 4 Abs. 5 Satz 1 Nr. 1–4 und 7 oder Abs. 7 EStG gilt. Hierbei handelt es sich um die Umsatzsteuer aus Umsätzen, die die private Lebensführung des Steuerpflichtigen betreffen (z. B. Aufwendungen für Geschenke nach § 4 Abs. 5 Satz 1 Nr. 1 EStG oder Bewirtungsaufwendungen nach § 4 Abs. 5 Satz 1 Nr. 2 EStG).

▶ **Geldstrafen und ähnliche Rechtsnachteile (§ 10 Nr. 3 KStG)**

Erlässt ein Gericht oder eine Behörde der Bundesrepublik Deutschland oder ein Organ der Europäischen Union eine Geldstrafe, ein Ordnungs- oder Verwarngeld oder eine sonstige Leistung zur Erfüllung von Auflagen oder Weisungen gegenüber einer Kapitalgesellschaft, sind die damit verbundenen Aufwendungen im Rahmen der Einkommensermittlung der Kapitalgesellschaft nicht abzugsfähig. Das gilt allerdings nur, soweit die Auflagen oder Weisungen nicht lediglich der Wiedergutmachung des durch die Tat verursachten Schadens dienen.

▶ **Aufsichtsratvergütungen (§ 10 Nr. 4 KStG)**

Die Hälfte der Vergütungen an Mitglieder des Aufsichtsrats, Verwaltungsrats, Grubenvorstands oder andere mit der Überwachung der Geschäftsführung beauftragte Personen sind nicht als Betriebsausgaben abzugsfähig. Als Vergütungen gelten in diesem Zusammenhang Geld, Sachwerte, Leistungen oder andere geldwerte Vorteile. Die Hinzurechnung erfolgt ebenfalls außerhalb der Bilanz.

Wie eingangs erwähnt, schließt sich mit den Modifikationen, die auf die Natur der juristischen Person zurückgehen, der Kreis der körperschaftsteuerlichen Modifikationen. Im Ergebnis resultiert daraus die erfolgreiche Überleitung zum steuerlichen Gewinn.

LITERATUR

Kaminski, B./Strunk, G., Besteuerung unternehmerischer Tätigkeit, 2. Aufl., Wiesbaden 2007, S. 203 ff.

Kraft, C./Kraft, G., Grundlagen der Unternehmensbesteuerung, 5. Aufl., Wiesbaden 2018, S. 154–158.

Kußmaul, H., Betriebswirtschaftliche Steuerlehre, 7. Aufl., München 2014, S. 377–378.

Rose, G./Watrin, C., Ertragsteuern, 21. Aufl., Berlin 2017, S. 217–222.

Scheffler, W., Besteuerung von Unternehmen I, 13. Aufl., Heidelberg 2016, S. 208 ff.

5.6 Einkommen aus Organgesellschaften sowie Verlustabzug

Im Weiteren ist bei der Ermittlung des zu versteuernden Einkommens der endgültige Abzug von Zuwendungen nach § 9 Abs. 1 Nr. 2 EStG vorzunehmen. Ferner sind die Rechtsfolgen der in §§ 14–19 KStG geregelten körperschaftsteuerlichen Organschaft und des in § 10d EStG verankerten Verlustabzugs zu berücksichtigen. Da die Ermittlung der Höhe der abzugsfähigen Zuwendungen bereits erläutert wurde (s. Abschnitt 5.5.1), beziehen sich die nachfolgenden Ausführungen auf die ohnehin bedeutenderen Rechtsinstitute der Organschaft und des Verlustabzugs.

Organschaft

Bei der körperschaftsteuerlichen Organschaft handelt es sich um ein steuerliches Rechtsinstitut, welches unter Einhaltung enger Voraussetzungen die **Verrechnung von Gewinnen und Verlusten** zwischen einer abhängigen Kapitalgesellschaft (Organgesellschaft) und einer beherrschenden steuerpflichtigen Person (Organträger) erlaubt.

Eine für die Einkommensverrechnung zwischen Organträger und Organgesellschaft maßgebliche Voraussetzung ist ein auf fünf Jahre abgeschlossener **Gewinnabführungsvertrag** i. S. d. § 291 Abs. 1 AktG. In diesem muss sich die Organgesellschaft insbesondere zur Abführung ihres ganzen Gewinns an den Organträger verpflichten. Im Gegenzug hat der Organträger jeden sonst auf Ebene der Organgesellschaft entstehenden Jahresfehlbetrag entsprechend der Vorschriften des § 302 AktG in seiner jeweils gültigen Fassung auszugleichen (s. im Einzelnen Abschnitt 7.1.2). Stehen dem Organträger ferner von Beginn des Wirtschaftsjahres an die Mehrheit der Stimmrechte an der Organgesellschaft zu (**finanzielle Eingliederung**), kann in der Folge das steuerliche Einkommen der Organgesellschaft dem Organträger zugerechnet werden. Hierdurch besteht in einem

Veranlagungszeitraum auf Ebene des Organträgers die Möglichkeit, ein positives Einkommen des einen mit einem negativen Einkommen des anderen zu verrechnen.

Im Rahmen der **Einkommensermittlung** gilt es die steuerlichen Rechtsfolgen einer Organschaft zu berücksichtigen. Dafür muss zunächst festgestellt werden, ob es sich bei der konkret betrachteten Kapitalgesellschaft um die Organträgerin (Obergesellschaft) oder die Organgesellschaft (Untergesellschaft) handelt. Ist die betrachtete Kapitalgesellschaft die Organträgerin, so ist dieser nach § 14 Abs. 1 Satz 1 KStG das Einkommen der Organgesellschaft zuzurechnen. Bevor es allerdings dazu kommt, ist zunächst das Einkommen der Organgesellschaft zu ermitteln. Hierbei sind auf Ebene der Organgesellschaft die in § 15 Satz 1 Nr. 1–5 KStG festgelegten Besonderheiten zu beachten, von denen die wichtigsten nachfolgend kurz erläutert werden:

▶ **Kein Verlustabzug nach § 10d EStG**

▶ **Keine Anwendung der Vorschriften des § 8b Abs. 1–6 KStG (Bruttomethode)**

Erzielt die Organgesellschaft Dividendeneinnahmen oder Gewinne aus der Veräußerung von Anteilen i. S. v. § 8b KStG, sind die Vorschriften dieser Norm sowie die des § 3 Nr. 40 und des § 3c EStG bei der Ermittlung des Einkommens des Organträgers anzuwenden. Gleiches gilt, wenn in dem beim Organträger zuzurechnenden Einkommen Gewinnminderungen i. S. d. § 8b Abs. 3 KStG oder mit solchen Bezügen zusammenhängende Ausgaben i. S. d. § 3c KStG enthalten sind (s. BMF, Schreiben v. 26. 8. 2003, IV A 2 – S 2770 – 18/03, BStBl. I 2003, S. 437, Rn. 22).

▶ **Keine Anwendung der Zinsschranke nach § 4h EStG**

Da Organträger und Organgesellschaft als ein Betrieb i. S. d. Zinsschranke gelten, ist die Vorschrift des § 4h EStG auf Ebene der Organgesellschaft nicht anwendbar.

Nachdem unter Berücksichtigung der o. g. und der weiteren hier aus Wesentlichkeitsgründen nicht näher dargestellten Vorschriften des § 15 Satz 1 Nr. 1–5 KStG das Einkommen der Organgesellschaft ermittelt wurde, erfolgt die Zurechnung des entsprechenden Einkommens beim Organträger. Dadurch erhöht (positives Einkommen) bzw. vermindert (negatives Einkommen) sich das Einkommen der Organträgers, welches dann der Besteuerung mit Körperschaftsteuer unterliegt. Lediglich in dem Fall, dass die Organgesellschaft eine Ausgleichszahlung an einen außenstehenden Gesellschafter vornehmen muss, hat die Organgesellschaft ihr Einkommen gem. § 16 KStG i. H. v. 20/17 dieser Ausgleichszahlung selbst zu versteuern. Anderenfalls entsteht im Falle einer rechtskräftigen Organschaft auf der Ebene der Organgesellschaft keine Körperschaftsteuerbelastung.

Die vorstehenden Rechtsfolgen treten nicht ein, wenn die Finanzverwaltung die Organschaft als verunglückt erachtet. Hiervon ist z. B. auszugehen, wenn der erforderliche Gewinnabführungsvertrag in einem Geschäftsjahr nicht durchgeführt worden ist. In einem solchen Fall ist die Organschaft als von Anfang an unwirksam anzusehen, wenn der Gewinnabführungsvertrag im Zeitpunkt der Nicht-Durchführung noch nicht in fünf aufeinanderfolgenden Jahren durchgeführt worden ist (s. R 14.5 Abs. 8 Satz 1 Nr. 1

KStR). Anderenfalls (Der Gewinnabführungsvertrag ist bereits in fünf aufeinanderfolgenden Jahren durchgeführt worden) ist der Gewinnabführungsvertrag erst ab dem Jahr, in dem der Gewinnabführungsvertrag nicht durchgeführt worden ist, als steuerrechtlich unwirksam anzusehen (R 14.5 Abs. 8 Satz 1 Nr. 2 KStR).

Verlustabzug

Die an anderer Stelle bereits erläuterten Vorschriften über den Verlustabzug nach § 10d EStG (s. Abschnitt 4.2.3.4) sind wiederum über § 8 Abs. 1 KStG auch bei der Einkommensermittlung von Kapitalgesellschaften anzuwenden. Im Vergleich zu Einzelunternehmen und Personengesellschaften kommt bei Kapitalgesellschaften aufgrund des Trennungsprinzips und der damit zusammenhängenden Besteuerungskonzeption bei Anwendung des § 10d EStG allerdings die Besonderheit zum Tragen, dass ein negatives Einkommen lediglich auf Ebene der Gesellschaft berücksichtigt werden kann (Einsperrwirkung). Eine auf Gesellschafterebene vorzunehmende Verrechnung dieser Verluste mit Gewinnen anderer Einkunftsarten (Vertikale Verlustverrechnung) scheidet ebenso aus wie eine Verrechnung mit Gewinnen anderer Gewerbebetriebe (Horizontaler Verlustausgleich).

Ein nach den Vorschriften des EStG und KStG ermitteltes negatives Einkommen (Verlust) einer Kapitalgesellschaft kann nur mit Gewinnen derselben Gesellschaft aus anderen Veranlagungszeiträumen verrechnet werden. Nach § 10d Abs. 1 Satz 1 EStG sind Verluste in einem ersten Schritt bis zu einem Betrag von 1 Mio. € auf das unmittelbar vorangehende Geschäftsjahr (Veranlagungszeitraum) zurückzutragen (**Verlustrücktrag**). Die über den Verlustrücktrag hinausgehenden Verluste sind nach § 10d Abs. 2 EStG dann in einem zweiten Schritt bei der Einkommensermittlung zukünftiger Veranlagungszeiträume zu berücksichtigen (**Verlustvortrag**). Im Rahmen des Verlustvortrags müssen jedoch die Regelungen der Mindestbesteuerung beachtet werden. Danach sind nicht ausgeglichene negative Einkünfte bis zu einem Betrag von 1 Mio. € unbeschränkt, darüber hinaus bis zu 60 % des 1 Mio. € übersteigenden Betrags abzugsfähig (s. Abschnitt 4.2.3.4).

Ein am Schluss eines Veranlagungszeitraums verbleibender Verlustvortrag ist gesondert festzustellen. Ob derartige Verluste später genutzt werden können, hängt insbesondere von der zukünftigen Einkommenssituation der jeweiligen Kapitalgesellschaft ab. Zu einem teilweisen oder vollständigen Untergang des festgestellten Verlustvortrags kann es im Rahmen eines Gesellschafterwechsels auf der Grundlage von § 8c Satz 1 KStG kommen, wenn innerhalb von fünf Jahren mittelbar oder unmittelbar mehr als 25 % des gezeichneten Kapitals, der Mitgliedschaftsrechte, der Beteiligungsrechte oder Stimmrechte an einen Erwerber oder eine diesem nahestehende Person übertragen werden. Betreffend diese Regelung hat das Bundesverfassungsgericht allerdings entschieden, dass die Vorschrift in Teilen verfassungswidrig ist. Der Gesetzgeber ist aufgefordert, bis zum 31.12.2018 eine Neuregelung mit Rückwirkung zum 01.01.2018 zu erlassen (s. BVerfG, Beschluss v. 29.03.2017, 2 BvL, 6/11).

Darüber hinaus kommt es bei einer Anteilsübertragung im hier diskutierten Sinne von mehr als 50 % auf der Grundlage von § 8c Satz 2 KStG zu einer vollständigen Versagung des Verlustabzugs. Die Frage, ob diese Regelung verfassungsgemäß ausgestaltet ist, wurde dem Bundesverfassungsgericht bereits vorlegt (s. FG Hamburg, Beschluss v. 29.08.2017, 2 K 245/17, BB 2017, S. 2654). Die Rechtsfolgen des § 8c KStG werden im Einzelnen in Abschnitt 6.3.2 näher erläutert (s. hierzu auch BMF, Schreiben v. 28.11.2017, IV C 2 – S 2745-a/09/10002 :004, DStR 2017, S. 2670).

Mit der Berücksichtigung des Verlustabzugs i. S. v. § 10d EStG ist die Ermittlung des zu versteuernden Einkommens einer Kapitalgesellschaft abgeschlossen. Durch Anwendung des Körperschaftsteuertarifs auf das ermittelte Einkommen gilt es nun die Körperschaftsteuerbelastung zu berechnen.

LITERATUR

Jacobs, O./Scheffler, W./Spengel, C. (Hrsg.), Unternehmensbesteuerung und Rechtsform, 5. Aufl., München 2015, S. 576 ff.

Kaminski, B./Strunk, G., Besteuerung unternehmerischer Tätigkeit, 2. Aufl., Wiesbaden 2012, S. 211–213.

Kraft, C./Kraft, G., Grundlagen der Unternehmensbesteuerung, 5. Aufl., Wiesbaden 2018, S. 189–194.

Rose, G./Watrin, C., Ertragsteuern, 21. Aufl., Berlin 2017, S. 285–298.

Scheffler, W., Besteuerung von Unternehmen I, 13. Aufl., Heidelberg 2016, S. 213–219.

5.7 Ermittlung der Körperschaftsteuer

Die Körperschaftsteuerbelastung (Tarifbelastung) berechnet sich durch Multiplikation des Körperschaftsteuersatzes von 15 % (§ 23 Abs. 1 KStG) mit der körperschaftsteuerliche Bemessungsgrundlage, das zu versteuernde Einkommen. Im Anschluss wird unter Berücksichtigung von Körperschaftsteuerminderungen (§ 37 KStG) und -erhöhungen (§ 38 KStG) von der körperschaftsteuerlichen Tarifbelastung auf die festzusetzende Körperschaftsteuer übergeleitet. Diese beiden Größen weichen voneinander ab, wenn das Einkommen im Zeitablauf unterschiedlichen Körperschaftsteuersystemen mit unterschiedlichen Tarifbelastungen für Gewinnausschüttungen und Gewinnthesaurierungen unterlegen hat. Derartige Unterschiede sind insbesondere Folge des im Jahr 2001 vollzogenen Übergangs vom körperschaftsteuerlichen Anrechnungsverfahren zum Teileinkünfteverfahren.

ABB. 5.7:	Körperschaftsteuer und Körperschaftsteuerrückstellung
	Quelle: Eigene Darstellung in Anlehnung an R 7.2 KStR.

	Zu versteuerndes Einkommen
•	15 % (Körperschaftsteuertarif nach § 23 KStG)
=	**Körperschaftsteuer (= Tarifbelastung)**
-	Körperschaftsteuerminderung (§ 37 Abs. 2 KStG)
+	Körperschaftsteuererhöhung (§ 38 Abs. 2 KStG)
=	**Festzusetzende Körperschaftsteuer**
-	Vorauszahlungen (inkl. KESt)
=	**Körperschaftsteuerrückstellungen/Körperschaftsteuerguthaben**

Eine Körperschaftsteuerminderung ist Folge eines bestehenden Körperschaftsteuerguthabens. Beim Körperschaftsteuerguthaben handelt es sich um einen Anspruch der Kapitalgesellschaft, der seine Ursache im Übergang vom Anrechnungsverfahren – mit Zwischenschritt Halbeinkünfteverfahren – zum Teileinkünfteverfahren hat. Im alten Anrechnungsverfahren kam es bei einer Ausschüttung nämlich zur Absenkung des auf Ebene der Gesellschaft zur Anwendung kommenden Körperschaftsteuertarifs um 10 Prozentpunkte. Um dieses Ergebnis in Zeiten des Halbeinkünfteverfahrens auch weiterhin bei einer Ausschüttung von Altgewinnen, die auf Ebene der ausschüttenden Gesellschaft seinerzeit nach dem Anrechnungsverfahren versteuert wurden, zu erzielen, führte das Körperschaftsteuerguthaben zu einer entsprechenden Minderung der Körperschaftsteuer.

Die steuerliche Behandlung des Körperschaftsteuerguthabens hat letztmalig durch das Gesetz über steuerliche Begleitmaßnahmen zur Einführung der Europäischen Gesellschaft und zur Änderung weiterer steuerrechtlicher Vorschriften (SEStEG) vom 12. 11. 2006 (BGBl I 2006, S. 2782) bedeutende Änderungen erfahren. Das bisherige ausschüttungsabhängige System der Körperschaftsteuerminderung wurde durch eine ratierliche Auszahlung des zum 31. 12. 2006 (maßgeblicher Stichtag) vorhandenen Körperschaftsteuerguthabens ersetzt. Im Ergebnis wurde das auf diesen Stichtag ermittelte und festgestellte Körperschaftsteuerguthaben vom zuständigen Finanzamt über einen Zeitraum von 10 Jahren (2008–2017) in jährlich gleichbleibenden Jahresbeiträgen zurückgezahlt. Hierfür war kein Antrag erforderlich. Betroffene Kapitalgesellschaften konnten den Auszahlungsanspruch in der Handels- und Steuerbilanz mit Wirkung zum 31. 12. 2006 erfolgswirksam aktivieren. Daraus hervorgehende Erträge und Gewinnminerungen gehören nach § 37 Abs. 7 KStG nicht zu den Einkünften i. S. d. EStG und waren demzufolge abzuziehen.

Im Gegensatz dazu handelt es sich bei den in § 38 KStG geregelten Körperschaftsteuererhöhungen um Gewinnausschüttungen, die aus steuerfreien inländischen Einkünften (z. B. Investitionszulagen) finanziert wurden. Bei einer Ausschüttung dieser zu Zeiten des Anrechnungsverfahrens als EK 02 bezeichneten Gewinne, erhöht sich die festzusetzende Körperschaftsteuer. Mit dem Jahressteuergesetz 2008 (BGBl I 2007, S. 3150) wurde die Zwangsablösung des EK 02 festgelegt. Danach haben Kapitalgesellschaften spiegelbildlich zur vorab beschriebenen steuerlichen Behandlung von Körperschaftsteuerminderungen den letztmalig auf den 31. 12. 2006 zu ermittelnden und festzustellenden Betrag an Körperschaftsteuererhöhungen dem zuständigen Finanzamt über einen Zeitraum von 10 Jahren (2008–2017) zu entrichten. Nach § 38 Abs. 5 KStG beträgt der Körperschaftsteuererhöhungsbetrag 3/100 des nach § 38 Abs. 4 KStG auf den 31. 12. 2006 festgestellten Endbetrags.

Durch die Berücksichtigung der Körperschaftsteuerminderung (§ 37 KStG) und der Körperschaftsteuererhöhung (§ 38 KStG) berechnet sich die festzusetzende Körperschaftsteuer. Hiervon sind in einem letzten Schritt die geleisteten Vorauszahlungen abzuziehen. Der Differenzbetrag ist abschließend durch eine entsprechende Körperschaftsteuerrückstellung zu berücksichtigen.

LITERATUR

Bauschatz, P., in: Gosch, D. (Hrsg.), KStG, 3. Aufl., München 2015, §§ 37, 38.

Binnewies, B, in: Streck, M. (Hrsg.), KStG, 8. Aufl., Köln 2015, §§ 37, 38.

Jäger, B./Lang, F./Künze, M., Körperschaftsteuer, 19. Aufl., Achim 2016, S. 631–649.

Rose, G./Watrin, C., Ertragsteuern, 21. Aufl., Berlin 2017, S. 245-247.

5.8 Besteuerung von Ausschüttungen einer Kapitalgesellschaft

Der Gesellschafterkreis einer Kapitalgesellschaft setzt sich nicht selten aus unterschiedlichen Personen zusammen. Neben natürlichen Personen sind dies andere juristische Personen, Einzelunternehmen oder Personengesellschaften. Die bei diesen Personen im Zuge einer Gewinnausschüttung von einer Kapitalgesellschaft ausgelösten Steuerbelastungen weichen voneinander ab. Derartige Abweichungen treten allerdings nicht auf, wenn es sich bei der betreffenden Gewinnausschüttung um eine Leistung aus dem steuerlichen Einlagekonto i. S. v. § 27 Abs. 1 Satz 3 KStG handelt (Einlagenrückgewähr). Diese ist auf Gesellschafterebene grundsätzlich nicht steuerbar. Von einer Zahlung aus dem steuerlichen Einlagekonto wird im Folgenden allerdings nicht ausgegangen.

Bei einer Gewinnausschüttung an eine andere Kapitalgesellschaft sind die entsprechenden Beteiligungserträge nach § 8b Abs. 1 i.V. m. § 8b Abs. 5 KStG in Summe zu 95 % von der Körperschaftsteuer befreit. Aus diesem Grund kommt es im Rahmen der Einkommensermittlung des Gesellschafters zu einer außerbilanziellen Kürzung in entsprechender Höhe. Diese Rechtsfolge ergibt sich nach § 8b Abs. 6 KStG auch dann, wenn eine andere Kapitalgesellschaft mittelbar über eine Mitunternehmerschaft Einkünfte i. S. v. § 8b KStG erzielt. Eine Ausnahme von der Dividendenfreistellung besteht allerdings für sog. Streubesitzanteile i. S. v. § 8b Abs. 4 KStG (s. Abschnitt 5.4.2.).

Besteht der Gesellschafterkreis der die Beteiligung an der Kapitalgesellschaft haltenden Mitunternehmerschaft demgegenüber nur (oder auch) aus natürlichen Personen, unterliegt eine von Seiten der Kapitalgesellschaft vorgenommene Gewinnausschüttung auf Ebene der Personengesellschaft (insoweit) nach § 3 Nr. 40 Buchst. d) EStG dem Teileinkünfteverfahren. Danach sind die jeweiligen Beteiligungserträge auf Ebene der betreffenden Personengesellschaft lediglich zu 60 % steuerpflichtig. Korrespondierend dazu können jedoch auch nur 60 % der in wirtschaftlichem Zusammenhang mit der Beteiligung stehenden Aufwendungen im Rahmen der Einkommensermittlung als Betriebsausgabe berücksichtigt werden.

Ist demgegenüber eine natürliche Person unmittelbar an einer Kapitalgesellschaft beteiligt, sind Dividendenerträge auf Ebene der natürlichen Person im Rahmen der Abgeltungsteuer zu versteuern (s. betreffend Einzelfragen zur Abgeltungsteuer BMF, Schreiben v. 18. 01. 2016, IV C 1 – S 2252/08/10004 :017, BStBl. I 2016, S. 85). Auf Ebene der natürlichen Person führen die Dividendenerträge zu Einkünften aus Kapitalvermögen i. S. v. § 20 Abs. 1 Nr. 1 EStG. Für diese beträgt die Einkommensteuer nach § 32d Abs. 1 Satz 1 EStG 25 % (auf die Dividende). Nach § 43 Abs. 1 Satz 1 Nr. 1 EStG wird die Steuer durch Abzug vom Kapitalertrag (Kapitalertragsteuer) erhoben. Den entsprechenden Steuerabzug hat die ausschüttende Kapitalgesellschaft direkt an der Quelle für die natürliche Person vorzunehmen und für Rechnung der natürlichen Person abzuführen. Mit dem Steuerabzug ist die für die Dividendenerträge auf Ebene der natürlichen Person anfallende Einkommensteuer nach § 43 Abs. 5 EStG abgegolten. Dieses Vorgehen soll zu einer nachhaltigen Steuervereinfachung beitragen.

Die Anwendung der **Abgeltungsteuer** erscheint mit Blick auf den zur Anwendung kommenden besonderen Steuersatz von 25 % insbesondere für Steuerpflichtige von Vorteil, bei denen Dividenden ansonsten (im Falle der Veranlagung) mit einem höheren individuellen Steuersatz besteuert werden würden. Dass dies nicht immer der Fall ist, belegt die folgende Überlegung: Bei Anwendung des Teileinkünfteverfahrens sind lediglich

60 % der Dividenden als Bezüge i. S. d. § 20 EStG der Besteuerung zu unterwerfen. Bei einer natürlichen Person mit einem Steuersatz von 40 % kommt es dadurch zu einer effektiven Besteuerung i. H. v. 24 % (60 % · 40 %). Die effektive Besteuerung liegt unterhalb derjenigen bei Anwendung der Abgeltungsteuer (25 %). Darüber hinaus wurde die Einführung der Abgeltungsteuer von negativen Bemessungsgrundlageneffekten begleitet, die sich ebenfalls verschärfend auf die steuerliche Belastung ausgewirkt haben. Im Einzelnen handelt es sich dabei um die folgenden Aspekte:

▶ **Wegfall der Spekulationsfrist:** Vor Anwendung der Abgeltungsteuer existierte in § 23 EStG eine Regelung, die vorsah, dass Dividendenerträge nur dann der Einkommensteuer unterlagen, wenn diese innerhalb einer einjährigen Spekulationsfrist erzielt wurden. Die einjährige Spekulationsfrist i. S. v. § 23 EStG wurde mit Einführung der Abgeltungsteuer ersatzlos gestrichen.

▶ **Einführung eines Sparer-Pauschbetrags:** Der ursprüngliche Sparer-Freibetrag (750 €) und Werbungskosten-Pauschbetrag (51 €) wurden in § 20 Abs. 9 KStG durch einen Sparer-Pauschbetrag (801 €) ersetzt. Darüber hinaus ist ein Abzug von tatsächlich entstandenen Werbungskosten nicht mehr möglich.

Vor diesem Hintergrund darf es als positiv gewertet werden, dass die Besteuerung von Dividendenerträgen aus Anteilen an Kapitalgesellschaften nicht uneingeschränkt nach der Abgeltungsteuer vorgenommen werden muss. Vielmehr existieren eine Reihe gesetzlich fixierter Ausnahmen von der Abgeltungsteuer (Aufzählung nicht abschließend):

▶ Nach § 20 Abs. 8 EStG sind Einkünfte i. S. v. § 20 Abs. 1, 2 und 3 EStG – darunter fallen u. a. Gewinnausschüttungen einer Kapitalgesellschaft – auf Gesellschafterebene den Einkünften aus Land- und Forstwirtschaft (§ 13 EStG), aus Gewerbebetrieb (§ 15 EStG), aus selbständiger Arbeit (§ 18 EStG) oder aus Vermietung und Verpachtung (§ 21 EStG) zuzurechnen, soweit sie zu diesen gehören (Subsidiaritätsklausel). Dies hat zur Folge, dass Leistungen einer Kapitalgesellschaft im Fall der Zurechnung zu einer anderen Einkunftsart nicht mehr dem gesonderten Tarif der Abgeltungsteuer unterliegen. Die Abgeltungsteuer knüpft nämlich unmittelbar an § 20 EStG an.

BEISPIEL: ▶ Aufgrund des Subsidiaritätsprinzips des § 20 Abs. 8 EStG zählt eine Gewinnausschüttung einer Kapitalgesellschaft an eine Mitunternehmerschaft nicht zu den Einkünften aus Kapitalvermögen nach § 20 Abs. 1 Nr. 1 EStG, sondern zu den Einkünften aus Gewerbebetrieb nach § 15 EStG. Aus diesem Grund erfolgt die Besteuerung der Gewinnausschüttung auf Ebene der Mitunternehmerschaft gem. § 3 Nr. 40 Buchst. d) EStG i. V. m. § 3 Nr. 40 Satz 2 EStG nach dem Teileinkünfteverfahren (40 % Steuerfreistellung). Ist an der betreffenden Mitunternehmerschaft eine andere Kapitalgesellschaft vermögensmäßig beteiligt, ist insoweit gem. § 8b Abs. 6 KStG der Anwendungsbereich des § 8b KStG (95 % Steuerfreistellung) eröffnet.

▶ Ferner ist es einem Steuerpflichtigen unter Einhaltung der maßgeblichen Tatbestandsvoraussetzungen nach § 32d Abs. 2 Nr. 3 EStG erlaubt, die Besteuerung einer Gewinnausschüttung nach dem Teileinkünfteverfahren zu beantragen. Dafür muss der Steuerpflichtige entweder zu mindestens 25 % an der Kapitalgesellschaft oder zu mindestens 1 % an der Kapitalgesellschaft beteiligt sein und durch eine berufliche Tätigkeit für diese maßgeblichen unternehmerischen Einfluss auf deren wirtschaftliche Tätigkeit nehmen können. Die auf Antrag mögliche Ausnahme von der Abgeltungsteuer richtet sich insbesondere an Gesellschafter einer Kapitalgesellschaft, denen in erhöhtem Maße Werbungskosten aus ihrer Beteiligung erwachsen, die ansonsten (unter Anwendung der Abgeltungsteuer) keine Berücksichtigung finden würden.

BEISPIEL: ▶ A hat seine Beteiligung an der A-GmbH (Anschaffungskosten: 500.000 €) über ein in zehn Jahren endfälliges Darlehen (Zinssatz 5 %) bei einer Bank finanziert. Die jährlich anfallenden Zinsaufwendungen von 25.000 € stellen nach § 9 Abs. 1 Satz 3 Nr. 1 EStG Werbungskosten dar, die aufgrund von § 20 Abs. 9 Satz 1 EStG im Rahmen der Einkommensermittlung allerdings nicht berücksichtigt werden können. Solche Aufwendungen sind bereits durch den Sparer-Pauschbetrag (801 €) abgegolten. Ein von Seiten des Steuerpflichtigen gestellter Antrag nach § 32 d Abs. 2 Nr. 3 EStG hätte hier einerseits zur Folge, dass 60 % der Bezüge aus einer Gewinnausschüttung der A-GmbH der Besteuerung mit dem individuellen Einkommensteuersatz des A unterlägen. Andererseits – und das wäre im konkreten Fall der weitaus größere Vorteil – würden nach § 3 Nr. 40 Buchst. d) EStG i.V.m. § 3c Abs. 2 EStG auch 60 % der o. g. Finanzierungsaufwendungen (= 15.000 €) pro Veranlagungszeitraum steuerliche Berücksichtigung finden.

▶ Zudem räumt der Gesetzgeber Steuerpflichtigen mit einem individuellen Einkommensteuersatz von weniger als 25 % in § 32d Abs. 6 EStG die Möglichkeit ein, von der Abgeltungsteuer zur Veranlagung zu optieren (**Günstigerprüfung**). Steuerpflichtige mit einem individuellen Steuersatz von weniger als 25 % werden durch die Anwendung der Abgeltungsteuer folglich nicht schlechter gestellt.

Die unterschiedliche steuerliche Behandlung von Dividendenerträgen auf Gesellschafterebene wird in Abb. 5.7 überblickartig dargestellt:

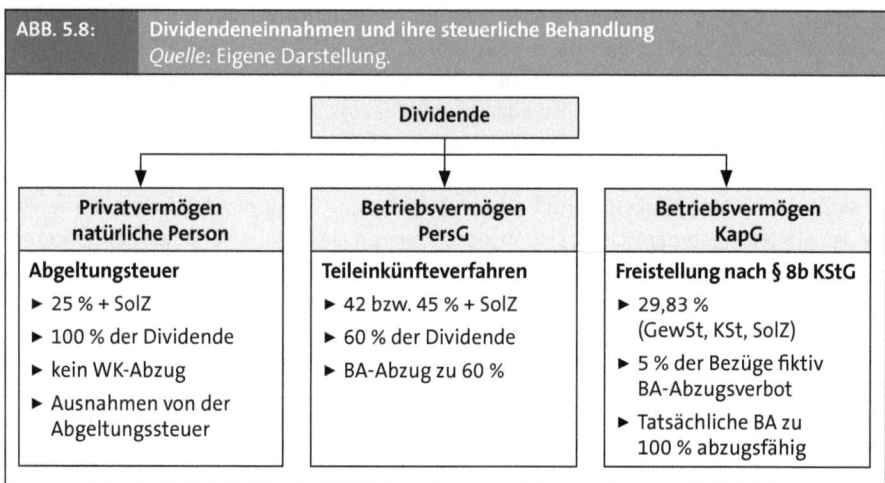

ABB. 5.8: Dividendeneinnahmen und ihre steuerliche Behandlung
Quelle: Eigene Darstellung.

Dividende		
Privatvermögen natürliche Person	**Betriebsvermögen PersG**	**Betriebsvermögen KapG**
Abgeltungsteuer	**Teileinkünfteverfahren**	**Freistellung nach § 8b KStG**
► 25 % + SolZ	► 42 bzw. 45 % + SolZ	► 29,83 % (GewSt, KSt, SolZ)
► 100 % der Dividende	► 60 % der Dividende	► 5 % der Bezüge fiktiv BA-Abzugsverbot
► kein WK-Abzug	► BA-Abzug zu 60 %	
► Ausnahmen von der Abgeltungssteuer		► Tatsächliche BA zu 100 % abzugsfähig

LITERATUR

Kraft, C./Kraft, G., Grundlagen der Unternehmensbesteuerung, 5. Aufl., Wiesbaden 2018, S. 878–9, 276.

Kußmaul, H., Betriebswirtschaftliche Steuerlehre, 7. Aufl., München 2014, S. 390–392.

Mertes, H./Hagen, A., in: Ernst&Young/BDI, Die Unternehmensteuerreform 2008, Bonn 2007, S. 216–272.

Rose, G./Watrin, C., Ertragsteuern, 21. Aufl., Berlin 2017, S. 222–237.

Schönfeld, J., in: Schaumburg, H./Rödder, T., Unternehmensteuerreform 2008, München 2007, S. 622–669.

Stadler, R./Elser, T., in: Blumenberg, J./Benz, S., Unternehmensteuerreform 2008, Köln 2007, S. 32–76.

Kapitel 6: Die Besteuerung aperiodischer Geschäftsvorfälle

6.1 Einzelunternehmen

6.1.1 Gründung

Einzelunternehmen werden im Wege der Bar- oder Sachgründung errichtet. Hierbei werden Zahlungsmittel (Bargründung) oder sonstige Wirtschaftsgüter wie z. B. Grundstücke, Maschinen, Forderungen etc. (Sachgründung), die bislang im steuerlichen Privatvermögen oder in einem anderen Betriebsvermögen gehalten wurden, in das steuerliche Betriebsvermögen bzw. ein anderes Betriebsvermögen eingelegt (§ 4 Abs. 1 Satz 8 EStG). Nach R 4.3 Abs. 1 EStR können generell jegliche abnutzbare und nicht abnutzbare, materielle und immaterielle Wirtschaftsgüter des Anlage- oder Umlaufvermögens eingelegt werden. Die Einlage ist die **Entscheidung des Steuerpflichtigen**, dass ein bestimmtes Wirtschaftsgut künftig einem Betrieb dienen soll. In der Regel zeigt sich eine solche Einlageentscheidung/-handlung in einer (dokumentierten) Erklärung oder in der schlichten betrieblichen Nutzung. Die Gesamtheit der erbrachten Einlagen bildet das steuerliche Betriebsvermögen, welches sich aus dem notwendigen und dem gewillkürten Betriebsvermögen zusammensetzt (s. Abschnitt 4.2.3.2). Für Zwecke der Besteuerung ist eine steuerliche Eröffnungsbilanz aufzustellen, in der die Einlagen aktiviert bzw. passiviert werden. Die Pflicht zur Aufstellung der steuerlichen Eröffnungsbilanz ergibt sich aus den §§ 140, 141 AO (s. Abschnitt 4.2.3.1).

Die Bewertung der eingelegten Wirtschaftsgüter (Ansatz der Höhe nach) richtet sich nach § 6 EStG. Im Rahmen der Bargründung ist die Kapitaleinlage zum Nennwert (Nominalwert) zu bewerten und als erfolgsneutraler Vorgang zu behandeln. Der Einlagebetrag wird auf einem Zahlungsmittelkonto (z. B. Bankguthaben) aktiviert und in gleicher Höhe auf dem Kapitalkonto des Einzelunternehmers erfasst. Bei der Erbringung von Sacheinlagen ist zu unterscheiden, ob die Einlagegüter dem Privatvermögen oder dem Betriebsvermögen eines anderen Betriebs des Einzelunternehmers entstammen.

▶ Unter Berücksichtigung der grundsätzlich nicht gegebenen Steuerbarkeit von im Privatbereich eingetretenen Wertänderungen sind Wirtschaftsgüter des Privatvermögens gem. § 6 Abs. 1 Nr. 6 i. V. m. § 6 Abs. 1 Nr. 5 Satz 1 EStG mit ihrem Teilwert anzusetzen. Für Wirtschaftsgüter, die innerhalb der letzten drei Jahre vor dem Zuführungszeitpunkt angeschafft wurden, besteht hingegen eine Ausnahme vom Teilwertansatz. Diese Sacheinlagen sind höchstens mit ihren (fortgeführten) Anschaffungs- oder Herstellungskosten anzusetzen (§ 6 Abs. 1 Nr. 5 Satz 1 Buchst. a EStG). In gleicher Weise sind nach § 6 Abs. 1 Nr. 5 Satz 1 Buchst. b EStG Kapitalgesellschaftsanteile zu bewerten, die innerhalb der letzten fünf Jahre zu einem beliebigen Zeitpunkt einer Beteiligungsquote von mindestens 1 % vermittelten (Kapitalgesell-schaftsanteile i. S. d. § 17 EStG). Mit dem UntStRefG 2008 wurde in § 6 Abs. 1 Nr. 5 Satz 1 ein neuer Buchst. c aufgenommen. Hiernach bilden nach dem 31. 12. 2008 erbrachte Einlagen in Form von Wirtschaftsgütern i. S. d. § 20 Abs. 2 EStG ebenfalls einen Ausnahmetatbestand vom Teilwertansatz. Die drei Ausnahmeregelungen führen dazu, dass bei Einlage dieser Wirtschaftsgüter in das Betriebsvermögen die bis dato im Privatvermögen eingetretenen Wertsteigerungen auch weiterhin der Besteuerung unterliegen. Könnten diese Wirtschaftsgüter dagegen zum Teilwert in das Betriebsvermögen eingelegt werden, würden die bis zur Einlage entstandenen Wertsteigerungen im Falle der späteren Veräußerung aus dem Betriebsvermögen nicht besteuert werden, da sich der Veräußerungsgewinn lediglich als Differenz aus dem Veräußerungserlös und dem – im Vergleich zu den ursprünglichen Anschaffungskosten – höheren Teilwert zum Einlagezeitpunkt darstellen würde. Im Ergebnis stellen die Ausnahmetatbestände somit sicher, dass die Besteuerung nicht durch die Einlage in das Betriebsvermögen vermieden werden kann. Schließlich erfolgt unter den Voraussetzungen der §§ 17, 20 Abs. 2 EStG ebenfalls eine Veräußerungsgewinnbesteuerung im Hinblick auf Wertsteigerungen von Wirtschaftsgütern des steuerlichen Privatvermögens.

► Sacheinlagen, die aus einem anderen Betriebsvermögen des Einzelunternehmers entnommen werden, können grundsätzlich zum Buchwert in das neue Betriebsvermögen eingelegt werden. Zwar findet denklogisch eine Entnahme aus dem abgebenden und eine Einlage in das aufnehmende Betriebsvermögen statt, allerdings wird zugestanden, dass dieser Vorgang nicht gewinnrealisierend ist. Rechtsgrundlage ist insoweit die Regelung des § 6 Abs. 5 Satz 1 EStG, die auch nach Auffassung der Finanzverwaltung (BMF, Schreiben vom 8. 12. 2011 – IV C 6 – S 2241/10/10002, BStBl I 2011 S. 1279) vorrangig vor § 6 Abs. 1 EStG anzuwenden ist. Nach § 6 Abs. 5 Satz 1 EStG ist lediglich erforderlich, dass die Besteuerung der in dem Wirtschaftsgut zum Zuführungszeitpunkt enthaltenen stillen Reserven sichergestellt ist. Bei der Beurteilung, ob die Besteuerung der stillen Reserven sichergestellt ist, kommt auch der sog. **finale Entnahmebegriff** gem. § 4 Abs. 1 Satz 3 und 4 EStG zur Anwendung. Hiernach liegt eine mit dem Teilwert zu bewertende Entnahme vor, falls das deutsche Besteuerungsrecht im Hinblick auf den Gewinn aus der späteren Veräußerung des entnommenen Wirtschaftsguts ausgeschlossen oder beschränkt ist. Ein solcher Ausschluss bzw. eine solche Beschränkung kann insbesondere dann vorliegen, wenn ein Wirtschaftsgut als Folge der Überführung nicht länger einem inländischen, sondern einem ausländischen Betriebsvermögen zuzuordnen ist. In grenzüberschreitenden Konstellationen ist daher im Einzelfall genau zu prüfen, ob eine ertragsteuerneutrale Überführung eines Wirtschaftsguts zwischen zwei Betriebsvermögen desselben Steuerpflichtigen darstellbar ist. War das Wirtschaftsgut bislang einem Sonderbetriebsvermögen zugeordnet und wird es aus diesem nunmehr in ein Einzelunternehmen überführt, ist ebenfalls der Buchwert zwingend fortzuführen, sofern die künftige Besteuerung der stillen Reserven sichergestellt ist (§ 6 Abs. 5 Satz 2 EStG).

TAB. 6.1:	Bewertung der Einlagen bei Gründung eines Einzelunternehmens *Quelle*: Eigene Darstellung in Anlehnung an *Jacobs/Scheffler/Spengel* (2015), S. 387.	
Kapital- einlagen	Sacheinlagen	
	aus dem Privatvermögen	aus einem anderen Betriebsvermögen des Einzelunternehmens
Nennwert	▶ Grundsatz: Teilwert (§ 6 Abs. 1 Nr. 6 i. V. m. § 6 Abs. 1 Nr. 5 Satz 1 EStG) ▶ Ausnahmen: (fortgeführte) Anschaffungs- oder Herstellungskosten als Obergrenze (§ 6 Abs. 1 Nr. 5 Satz 1 Buchst. a, b, c, EStG) ▶ Anschaffung/Herstellung innerhalb der letzten drei Jahre ▶ Einlage von Anteilen an Kapitalgesellschaften (§ 17 EStG) ▶ Einlage von Wirtschaftsgütern (§ 20 Abs. 2 EStG)	▶ Buchwert (§ 6 Abs. 5 Satz 1 und 2 EStG)

Da die Bewertung im Einlagezeitpunkt zugleich die Abschreibungsbemessungsgrundlage bildet, hat der Gesetzgeber Vorkehrungen zur **Verhinderung einer mehrfachen Nutzung von Abschreibungspotentialen** getroffen. § 7 Abs. 1 Satz 5 EStG schreibt für die Ermittlung der Abschreibungsbemessungsgrundlage die Kürzung des Einlagewerts um die bis zur Einlage angesetzten Abschreibungen vor, wenn das eingelegte Wirtschaftsgut zuvor im Privatvermögen zur Erzielung von Überschusseinkünften genutzt wurde. Nach Auffassung der Finanzverwaltung (BMF, Schreiben vom 27. 10. 2010 – IV C 3 – S 2190/09/10007, BStBl I 2010 S. 1204) stellt sich die Ermittlung der vom Einlagewert abweichenden Abschreibungsbemessungsgrundlage im Einzelnen wie folgt dar:

▶ Sofern der Einlagewert gem. § 6 Abs. 1 Nr. 5 Satz 1 EStG mindestens den ursprünglichen Anschaffungs- oder Herstellungskosten des Wirtschaftsguts entspricht, errechnet sich die Abschreibungsbemessungsgrundlage durch Abzug der bereits in Anspruch genommenen Abschreibungen vom Einlagewert.

► Ist der Einlagewert dagegen geringer als die ursprünglichen Anschaffungs- oder Herstellungskosten des Wirtschaftsguts, jedoch nicht geringer als die fortgeführten Anschaffungs- oder Herstellungskosten, stellen die fortgeführten Anschaffungs- oder Herstellungskosten die Abschreibungsbemessungsgrundlage dar.

► Unterschreitet der Einlagewert auch die fortgeführten Anschaffungs- oder Herstellungskosten, ist der Einlagewert als Abschreibungsbemessungsgrundlage heranzuziehen.

► Wurde das Wirtschaftsgut innerhalb der letzten drei Jahre vor der Einlage angeschafft, gilt ebenfalls der Einlagewert als Abschreibungsbemessungsgrundlage. In diesem Fall entspricht der Einlagewert zwar grundsätzlich dem Teilwert, darf jedoch die Anschaffungs- oder Herstellungskosten nicht übersteigen.

BEISPIEL: ► Ein im Privatvermögen befindliches Gebäude wird am 31. 12. 2017 in ein Betriebsvermögen eingelegt. Bis dato diente das Gebäude zur Erzielung von Einkünften aus Vermietung und Verpachtung. Die Anschaffungskosten des Gebäudes betrugen am 1. 1. 2013 2 Mio. € und die Nutzungsdauer gem. § 7 Abs. 4 Satz 2 EStG 20 Jahre. Somit wurde bislang im Rahmen der Erzielung von Einkünften aus Vermietung und Verpachtung eine jährliche Abschreibung (AfA) von 100.000 € geltend gemacht, d. h. insgesamt 500.000 €. Zum Einlagezeitpunkt beträgt der Teilwert des Gebäudes (a) 2,8 Mio. €, (b) 1,7 Mio. € und (c) 1,2 Mio. €.

Der Einlagewert des Gebäudes entspricht gem. § 6 Abs. 1 Nr. 5 Satz 1 EStG grundsätzlich dem Teilwert und beträgt zum 31. 12. 2017 daher den jeweiligen Teilwerten (a), (b) und (c). Da das Gebäude allerdings im Privatvermögen zur Erzielung von Überschusseinkünften verwendet wurde, entspricht die Abschreibungsbemessungsgrundlage auf Basis von § 7 Abs. 1 Satz 5 EStG und des hierzu ergangenen BMF-Schreibens nur im Fall (c) dem Teilwert, während die Abschreibungsbemessungsgrundlage im Fall (a) 2,3 Mio. € (= Teilwert abzgl. bislang in Anspruch genommene AfA) und im Fall (b) 1,5 Mio. € (= fortgeführte Anschaffungskosten) beträgt.

In zeitlicher Hinsicht ist zu beachten, dass die Gründung eines Einzelunternehmens nicht unmittelbar den Beginn der Einkommensteuer-, Gewerbesteuer- und Umsatzsteuerpflicht bewirkt.

► Maßgeblicher Zeitpunkt für den Beginn der Einkommensteuerpflicht ist der Zeitpunkt des Entschlusses, eine gewerbliche Tätigkeit ausüben zu wollen. Dieser Zeitpunkt ist anhand von zielgerichteten Maßnahmen, wie z. B. der Durchführung betriebsbezogener Aufwendungen oder der Einbringung von Betriebsvermögen, zu bestimmen. Außenaktivitäten sind hingegen keine notwendige Bedingung.

► Die Beteiligung am allgemeinen wirtschaftlichen Verkehr ist vielmehr für die Entstehung des Gewerbebetriebs (§ 15 Abs. 2 EStG) und damit für den Beginn der Gewerbesteuerpflicht maßgebend. Andere Aktivitäten, wie bspw. bloße Vorbereitungshandlungen oder die Handelsregistereintragung, können die Gewerbesteuerpflicht nicht begründen (R 2.5 Abs. 1 Satz 2 und 3 GewStR). Im Gegensatz zur Einkommensteuer, bei der Gründungsaufwendungen vorweggenommene Betriebsausgaben darstellen, ist die gewerbesteuerliche Abzugsfähigkeit des Gründungsaufwands erst bei beginnender Gewerbesteuerpflicht gegeben.

▶ Die Umsatzsteuerpflicht des Einzelunternehmens entsteht mit den ersten Leistungen, die der Unternehmer entgeltlich erbringt.

6.1.2 Erwerb

Beim entgeltlichen Erwerb eines Einzelunternehmens übersteigt der Kaufpreis (Anschaffungskosten) regelmäßig die Summe der Buchwerte der bilanzierten Wirtschaftsgüter. Nach § 6 Abs. 1 Nr. 7 EStG sind die erworbenen Wirtschaftsgüter in der steuerlichen Eröffnungsbilanz mit dem Teilwert, höchstens jedoch mit den Anschaffungs- oder Herstellungskosten anzusetzen. Aus steuerlicher Sicht ist somit von Bedeutung, ob die Vergütung der stillen Reserven die Summe der Teilwerte im Erwerbszeitpunkt übersteigt oder unterschreitet. Übersteigt der Kaufpreis die Summe der Teilwerte, ergibt sich i. H. des Differenzbetrags ein derivativer Geschäfts- oder Firmenwert. Dieser ist gem. § 7 Abs. 1 Satz 3 EStG über einen Zeitraum von 15 Jahren abzuschreiben. Unterschreitet der Kaufpreis hingegen die Summe der Teilwerte, so sind die Wirtschaftsgüter verhältnismäßig abzustocken.

Als **Anschaffungskosten** gelten gem. § 255 Abs. 1 HGB sämtliche Aufwendungen, die dem angeschafften Wirtschaftsgut einzeln zugeordnet werden können und dem Erwerb oder dazu gedient haben, das Wirtschaftsgut in einen betriebsbereiten Zustand zu versetzen. Zu den Anschaffungskosten gehören auch Anschaffungsnebenkosten sowie nachträgliche Anschaffungskosten. Daher sind mit dem Erwerb eines Wirtschaftsguts in Zusammenhang stehende Aufwendungen (z. B. Maklerkosten, Notarkosten etc.) den Anschaffungskosten hinzuzurechnen. Problematisch kann die Ermittlung der Höhe der Anschaffungskosten insbesondere in den Fällen sein, in denen der Erwerbsvorgang gegen Verpflichtung einer Rentenzahlung vollzogen wird, sowie in den Fällen der Kaufpreisstundung oder Ratenzahlung.

Für Zwecke der Gewerbesteuer gilt ein im Ganzen übergegangener Gewerbebetrieb nach § 2 Abs. 5 GewStG als durch den bisherigen Unternehmer eingestellt. Sofern der Erwerber den Gewerbebetrieb nicht mit einem bereits bestehenden Gewerbebetrieb vereinigt, gilt der erworbene Betrieb als neu gegründet. Nach § 2 Abs. 5 GewStG geht ein Gewerbebetrieb im Ganzen auf einen anderen Unternehmen über, sofern die funktional wesentlichen Betriebsgrundlagen übergehen. Die Regelung hat insbesondere Bedeutung für gewerbesteuerliche Verlustvorträge. Die Nutzung eines gewerbesteuerlichen Verlustvortrags setzt grundsätzlich Unternehmens- und Unternehmeridentität voraus (s. o. Abschnitt 4.1.2). Da der übergehende Gewerbebetrieb im Falle eines Unternehmerwechsels i. S. d. § 2 Abs. 5 GewStG als eingestellt gilt, ist insoweit keine Unternehmeridentität mehr gegeben mit der Folge, dass der gewerbesteuerliche Verlustvortrag durch den übernehmenden Unternehmer nicht genutzt werden kann (§ 10a Satz 8 GewStG).

6.1.3 Veräußerung

Die Veräußerung eines Einzelunternehmens erfolgt im Wege des entgeltlichen Übergangs der funktional wesentlichen Betriebsgrundlagen des Unternehmens (R 16 Abs. 1 Satz 1 EStR). Im Anschluss an diesen Vorgang muss der übertragene Betrieb als lebender Organismus des Wirtschaftslebens weitergeführt werden können. Die tatsächliche Weiterführung durch den Erwerber ist dabei nicht von Belang (R 16 Abs. 1 Satz 2 EStR). Rechtsgrundlage für die Einkommensbesteuerung eines Veräußerungsgewinns ist § 16 Abs. 1 Satz 1 Nr. 1 Satz 1 EStG. Die Ermittlung des steuerpflichtigen Veräußerungsgewinns erfolgt nach § 16 Abs. 2 EStG. Dabei gilt:

ABB. 6.1:	Berechnung des Veräußerungsgewinns nach § 16 Abs. 2 EStG

	§ 16 Abs. 2 EStG
	Veräußerungserlös der veräußerten Wirtschaftsgüter
-	Buchwert des Betriebsvermögens im Zeitpunkt der Beendigung der unternehmerischen Tätigkeit
-	Veräußerungskosten (z. B. Notariatsgebühren, Vermittlungsprovisionen, Gutachter- und Beraterhonorare etc.)
=	**Veräußerungsgewinn**

Veräußerungsgewinne i. S. d. § 16 EStG sind nach § 34 Abs. 2 Nr. 1 EStG als außerordentliche Einkünfte tarifbegünstigt. Für diese Einkünfte kommt entweder die sog. Fünftelungsregelung des § 34 Abs. 1 Satz 2 bis 4 EStG oder auf Antrag der sog. halbe durchschnittliche Steuersatz des § 34 Abs. 3 EStG zur Anwendung. Für die Inanspruchnahme der zweitgenannten Tarifbegünstigung sind allerdings zusätzliche Voraussetzungen zu erfüllen: Der Veräußerungsgewinn darf einen Betrag von 5 Mio. € nicht übersteigen und zugleich muss der Veräußernde das 55. Lebensjahr vollendet haben oder im sozialversicherungsrechtlichen Sinne dauernd berufsunfähig sein (§ 34 Abs. 3 Satz 1 EStG).

Die nachfolgenden Abb. 4.13–4.15 zeigen die jeweilige Systematik der Tarifermäßigungen nach § 34 Abs. 1 und 3 EStG sowie einen Vergleich der beiden Regelungen.

ABB. 6.2:	Berechnungsschritte der Tarifermäßigung nach § 34 Abs. 1 EStG *Quelle: Grefe* (2018), S. 243.
§ 34 Abs. 1 EStG	
Schritt 1:	Ermittlung der Einkommensteuer für das zu versteuernde Einkommen ohne außerordentliche Einkünfte (= verbleibendes zu versteuerndes Einkommen)
Schritt 2:	Ermittlung der Einkommensteuer für das verbleibende zu versteuernde Einkommen zzgl. eines Fünftels der außerordentlichen Einkünfte (= erhöhtes verbleibendes zu versteuerndes Einkommen)
Schritt 3:	Ermittlung des Unterschiedsbetrags (= Differenz zwischen Einkommensteuer auf erhöhtes verbleibendes zu versteuerndes Einkommen nach Schritt 2 und Einkommensteuer auf verbleibendes zu versteuerndes Einkommen nach Schritt 1)
Schritt 4:	Ermittlung der Einkommensteuer auf außerordentliche Einkünfte (= Unterschiedsbetrag nach Schritt 3 · 5)
Schritt 5:	Ermittlung der tariflichen Einkommensteuer (= Steuer nach Schritt 1 zzgl. Steuer nach Schritt 4)

ABB. 6.3:	Berechnungsschritte der Tarifermäßigung nach § 34 Abs. 3 EStG *Quelle: Grefe* (2018), S. 243 f..
§ 34 Abs. 3 EStG	
Schritt 1:	Ermittlung der Einkommensteuer für das zu versteuernde Einkommen zzgl. der dem Progressionsvorbehalt unterliegenden Einkünfte nach Grundtarif oder Splittingverfahren (= Abrundung des gesamten zu versteuernden Einkommens gem. § 32a Abs. 2 EStG)
Schritt 2:	Ermittlung des durchschnittlichen Steuersatzes
Schritt 3:	Ermittlung des anzuwendenden ermäßigten Steuersatzes (= 56 % des durchschnittlichen Steuersatzes gem. Schritt 2, mindestens 15 %)
Schritt 4:	Ermittlung des nicht begünstigten Teils des zu versteuernden Einkommens (= verbleibendes zu versteuerndes Einkommen) (= Unterschiedsbetrag zwischen dem gesamten zu versteuernden Einkommen und den ermäßigt besteuerten außerordentlichen Einkünften)
Schritt 5:	Ermittlung der Einkommensteuer für das verbleibende zu versteuernde Einkommen nach Grundtarif oder Splittingverfahren
Schritt 6:	Ermittlung der Einkommensteuer für die begünstigten außerordentlichen Einkünfte unter Anwendung des ermäßigten Steuersatzes (= ermäßigter Steuersatz nach Schritt 3 · begünstigte außerordentliche Einkünfte)
Schritt 7:	Ermittlung der tariflichen Steuer (= Steuer nach Schritt 5 zzgl. Ermäßigter Steuer nach Schritt 6)

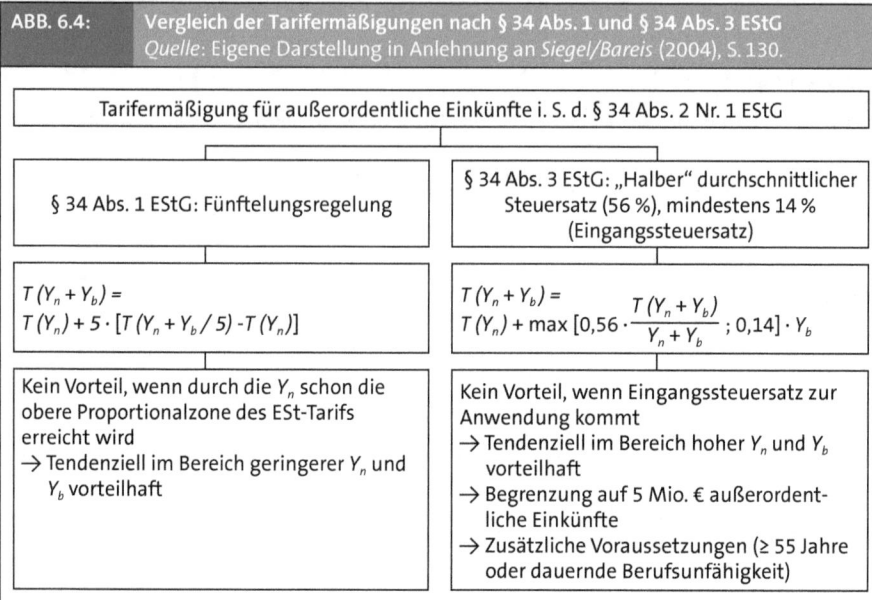

ABB. 6.4:   Vergleich der Tarifermäßigungen nach § 34 Abs. 1 und § 34 Abs. 3 EStG
Quelle: Eigene Darstellung in Anlehnung an *Siegel/Bareis* (2004), S. 130.

Tarifermäßigung für außerordentliche Einkünfte i. S. d. § 34 Abs. 2 Nr. 1 EStG

§ 34 Abs. 1 EStG: Fünftelungsregelung	§ 34 Abs. 3 EStG: „Halber" durchschnittlicher Steuersatz (56 %), mindestens 14 % (Eingangssteuersatz)
$T(Y_n + Y_b) =$ $T(Y_n) + 5 \cdot [T(Y_n + Y_b / 5) - T(Y_n)]$	$T(Y_n + Y_b) =$ $T(Y_n) + \max [0{,}56 \cdot \dfrac{T(Y_n + Y_b)}{Y_n + Y_b} ; 0{,}14] \cdot Y_b$
Kein Vorteil, wenn durch die Y_n schon die obere Proportionalzone des ESt-Tarifs erreicht wird → Tendenziell im Bereich geringerer Y_n und Y_b vorteilhaft	Kein Vorteil, wenn Eingangssteuersatz zur Anwendung kommt → Tendenziell im Bereich hoher Y_n und Y_b vorteilhaft → Begrenzung auf 5 Mio. € außerordentliche Einkünfte → Zusätzliche Voraussetzungen (≥ 55 Jahre oder dauernde Berufsunfähigkeit)

Die personenbezogenen Tatbestandsmerkmale gem. § 34 Abs. 3 Satz 1 EStG entsprechen denjenigen der Freibetragsregelung gem. § 16 Abs. 4 EStG. Sofern der Veräußerer das 55. Lebensjahr vollendet hat oder im sozialversicherungsrechtlichen Sinne dauernd berufsunfähig ist, kann im Hinblick auf einen Veräußerungsgewinn i. S. d. § 16 Abs. 2 EStG auf Antrag der Freibetrag gem. § 16 Abs. 4 EStG in Anspruch genommen werden. Der Freibetrag beläuft sich auf 45.000 €, ermäßigt sich jedoch um den Betrag, um den der erzielte Veräußerungsgewinn den Betrag von 136.000 € übersteigt. Nach dieser Regelung ergibt sich bei einem Veräußerungsgewinn von bis zu 45.000 € eine vollständige Steuerbefreiung und bei einem Veräußerungsgewinn ab 181.000 € eine vollständige Steuerpflicht. Als rein personenbezogene Begünstigung wird der Freibetrag i. S. d. § 16 Abs. 4 EStG einem Steuerpflichtigen nur einmal im Leben gewährt (§ 16 Abs. 4 Satz 2, H 16 Abs. 13 (Personenbezogenheit) EStH).

BEISPIEL: Der Steuerpflichtige Thiel veräußert sein Einzelunternehmen an Boerne. Der Veräußerungserlös beträgt 250.000 €, der Buchwert des Betriebsvermögens beträgt im Fall (a) 50.000 € und im Fall (b) 85.000 €. Die Veräußerungskosten belaufen sich auf 5.000 €.

Der Veräußerungsgewinn beträgt im Fall (a) 195.000 € und im Fall (b) 160.000 €. Im Fall (a) kann Thiel den Freibetrag des § 16 Abs. 4 EStG nicht in Anspruch nehmen, da der Veräußerungsgewinn den Betrag von 136.000 € um 59.000 € übersteigt und somit den Freibetrag von 45.000 € vollständig aufzehrt. Im Fall (b) kann Thiel dagegen auf Antrag einen Freibetrag i. H. v.

21.000 € in Anspruch nehmen (45.000 € abzgl. der Differenz aus dem Veräußerungsgewinn von 160.000 € und dem Betrag von 136.000 €).

Wird die entgeltliche Übertragung des Einzelunternehmens gegen Gewährung von Rentenzahlungen vollzogen, besteht ein Wahlrecht zwischen der sofortigen oder späteren Besteuerung (R 16 Abs. 11 EStR).

► Die Sofortversteuerung sieht eine Besteuerung unter Berücksichtigung der Begünstigungen gem. § 16 Abs. 4, § 34 EStG vor. Die in den Rentenzahlungen enthaltenen Ertragsanteile stellen sonstige Einkünfte i. S. d. § 22 Nr. 1 Satz 3 Buchst. a EStG dar. Die Zinsanteile sind als wiederkehrende Bezüge den Einkünften aus Kapitalvermögen zuzuordnen.

► Bei der späteren Besteuerung werden die Rentenzahlungen als nachträgliche Betriebseinnahmen i. S. d. § 15 i. V. m. § 24 Nr. 2 EStG erfasst. Ein zu versteuernder Gewinn entsteht allerdings erst dann, wenn die Rentenzahlungen das steuerliche Kapitalkonto (zzgl. der Veräußerungskosten) des Veräußerers übersteigen.

BEISPIEL (AUS: *ROSE, G., UNTERNEHMENSTEUERRECHT*, 2. AUFL. BERLIN 2004, S. 124): ► Der Gewerbetreibende V (65 Jahre alt) veräußert seinen ganzen Betrieb (steuerlicher Buchwert: 5.000.000 €) gegen eine lebenslange Rente von jährlich 700.000 € an den Erwerber E; im veräußerten Betriebsvermögen befinden sich keine Beteiligungen an Kapitalgesellschaften.

Bei sofortiger Besteuerung:

► Barwert des Veräußerungsentgelts = 9,019 · 700.000 € = 6.313.300 € (Kalkulationszinsfuß 5,5 %, Multiplikator ergibt sich aus Anlage 9 zum BewG)

► Veräußerungsgewinn = 6.313.300 € - 5.000.000 € = 1.313.300 €

► Freibetrag nach § 16 Abs. 4 EStG entfällt, da 1.313.300 € > 181.000 €

► Sondertarif gem. § 34 Abs. 3 EStG ist auf Antrag möglich: ermäßigter Steuersatz = die Hälfte des durchschnittlichen Steuersatzes (mind. 15 %). Vom ersten Jahr an hat V aber als Ertragsanteil der Leibrenten 27 % von 700.000 € = 189.000 € jährlich als sonstige Einkünfte (§ 22 Nr. 1 Satz 3 Buchst. a EStG) zu versteuern.

Bei späterer Besteuerung:

► In den ersten 7 Jahren sind Rentenbeträge i. H. v. 700.000 € steuerfrei.

► Im 8. Jahr übersteigt die Rentenzahlung den Buchwert um 600.000 €; dieser Betrag gehört zu den Einkünften aus Gewerbebetrieb nach §§ 15, 24 EStG und ist normaltariflich zu versteuern.

► Ab dem 9. Jahr hat V jährlich 700.000 € als voll steuerpflichtige nachträgliche Betriebseinnahmen zu versteuern.

Gewerbesteuerlich wird der Veräußerungsgewinn weder beim Veräußernden noch auf Ebene des veräußerten Einzelunternehmens erfasst (R 7.1 Abs. 3 Satz 1 Nr. 1 GewStR). Die Veräußerung eines Einzelunternehmens stellt ebenso wenig einen umsatzsteuerbaren Vorgang dar, sofern die umsatzsteuerlichen Voraussetzungen für eine Geschäftsveräußerung im Ganzen vorliegen (§ 1 Abs. 1a UStG).

Zu den Einkünften aus Gewerbebetrieb gehören nach § 16 Abs. 1 Satz 1 Nr. 1 Satz 1 EStG auch Gewinne aus Teilbetriebsveräußerungen. Bei einem Teilbetrieb handelt es sich um einen mit einer gewissen Selbständigkeit ausgestatteten, organisch geschlossenen Teil des Gesamtbetriebs, der für sich betrachtet alle Merkmale eines Betriebs i. S. d. Einkommensteuergesetzes aufweist und der für sich lebensfähig ist (R 16 Abs. 3 Satz 1 EStR). Dabei kann von einer Teilbetriebsveräußerung nur ausgegangen werden, wenn die Eigenständigkeit des veräußerten Teils gegeben ist (R 16 Abs. 3 Satz 4 EStR). Einkommensteuerlich werden Teilbetriebsveräußerungen grundsätzlich in gleicher Weise wie Veräußerungen ganzer Betriebe behandelt, d. h. es kommen insbesondere dieselben Tarifbegünstigungen zur Anwendung. Teilbetriebsveräußerungsgewinne unterliegen wie Betriebsveräußerungsgewinne keiner Gewerbesteuerbelastung (R 7.1 Abs. 3 Satz 1 Nr. 1 GewStR).

6.1.4 Betriebsverpachtung im Ganzen

Sofern ein Unternehmer seinen Gewerbebetrieb im Ganzen verpachtet, geht der Gesetzgeber grundsätzlich davon aus, dass der Verpächter das Unternehmen fortführen möchte. Denn der Gewerbebetrieb gilt nach der gesetzlichen Fiktion gem. § 16 Abs. 3b Satz 1 EStG erst dann als aufgegeben, wenn der Steuerpflichtige die Aufgabe seines Gewerbebetriebs gegenüber dem Finanzamt ausdrücklich erklärt (Verpächterwahlrecht gem. § 16 Abs. 3b Satz 1 Nr. 1 EStG) oder wenn dem Finanzamt Tatsachen bekannt werden, aus denen sich das Vorliegen der Voraussetzungen für eine Betriebsaufgabe ergeben (Zwangsaufgabe gem. § 16 Abs. 3b Satz 1 Nr. 2 EStG). Die Betriebsverpachtung im Ganzen stellt damit nur in den beiden Fällen der Ausübung des Verpächterwahlrechts oder der Zwangsaufgabe im Ergebnis eine Betriebsveräußerung mit der Folge der steuerlichen Realisation der im Gewerbebetrieb vorhandenen stillen Reserven dar.

Das Vorliegen einer Betriebsverpachtung im Ganzen kommt grundsätzlich nur dann in Betracht, wenn sämtliche wesentlichen Betriebsgrundlagen eines lebenden Betriebs verpachtet werden und der Pächter den Betrieb tatsächlich fortführt, ohne den Betrieb grundlegend umzugestalten. Wesentliche Wirtschaftsgüter sind dabei diejenigen Wirtschaftsgüter, die nach der funktionalen Betrachtungsweise zur Erreichung des Betriebszwecks erforderlich sind und denen ein besonderes wirtschaftliches Gewicht für die Betriebsführung zukommt (H 16 Abs. 5 (Wesentliche Betriebsgrundlagen) EStH). Ferner muss der Betrieb bis zum Beginn der Verpachtung vom Verpächter selbst bewirtschaftet worden sein und durch den Verpächter nach Ablauf des Pachtvertrags ohne wesentliche Änderungen wieder aufgenommen und fortgeführt werden können. Auf Basis dieser Grundsätze kann z. B. auch eine sog. branchenfremde Verpachtung eine von § 16 Abs. 3b Satz 1 EStG begünstigte Betriebsverpachtung im Ganzen sein.

BEISPIEL: ▶ Der Steuerpflichtige Borowski betreibt einen Lebensmittelgroßhandel. Einzige wesentliche Betriebsgrundlage ist das Betriebsgrundstück samt aufstehender Lagerhalle. Borowski verpachtet das Grundstück und die Lagerhalle an die Brandt GmbH, die eine Brauerei betreibt. Nach dem Pachtvertrag darf die Brandt GmbH an dem Pachtgegenstand keine baulichen Veränderungen vornehmen. Selbst geringfügige bauliche Veränderungen bedürfen der Zustimmung von Borowski.

So lange Borowski keine Betriebsaufgabeerklärung gegenüber dem Finanzamt abgibt, liegt eine von § 16 Abs. 3b Satz 1 EStG begünstigte Betriebsverpachtung im Ganzen vor. Borowski verpachtet sämtliche wesentlichen Betriebsgrundlagen seines Gewerbebetriebs an die Brandt GmbH. Zwar hat diese einen branchenfremden Betrieb, allerdings kann Borowski seinen Betrieb nach Ablauf der Pachtzeit ohne wesentliche Änderungen fortführen, da der Betrieb in seinem Zustand erhalten bleibt (s. hierzu auch H 16 Abs. 5 (Branchenfremde Verpachtung) EStH).

Die Betriebsverpachtung hat zur Folge, dass der Betrieb trotz Verpachtung im Ganzen als fortgeführt gilt. Mithin kommt es nicht zur Aufdeckung der stillen Reserven. Mit den Verpachtungseinkünften erzielt der Verpächter weiterhin Einkünfte aus Gewerbebetrieb i. S. v. § 15 EStG. Die Verpachtung ist allerdings aufgrund des Vorliegens eines ruhenden Betriebs nicht als stehender Gewerbebetrieb i. S. v. § 2 Abs. 2 Satz 1 GewStG anzusehen und löst damit keine Gewerbesteuerpflicht aus (R 2.2 Satz 1 GewStR).

Gibt der Verpächter gegenüber dem Finanzamt dagegen eine Betriebsaufgabeerklärung ab, hat dies die Betriebsaufgabe zur Folge. Nach § 16 Abs. 3 EStG gilt die Betriebsaufgabe als Veräußerung mit der Folge, dass die im aufgegebenen Betrieb enthaltenen stillen Reserven der Veräußerungsgewinnbesteuerung unterliegen (s. auch nächsten Abschnitt 6.1.5). Bei Vorliegen der entsprechenden Voraussetzungen unterliegt der Aufgabegewinn den Begünstigungen gem. §§ 16 Abs. 4, 34 EStG. Gewerbesteuer fällt für den Betriebsaufgabegewinn nicht an (R 7.1 Abs. 3 Satz 1 Nr. 1 GewStR). Nach erfolgter Betriebsaufgabe erzielt der Verpächter mit seinen Pachteinnahmen Einkünfte aus Vermietung und Verpachtung nach § 21 Abs. 1 Satz 1 Nr. 2 EStG.

Wird ein im Ganzen verpachteter Betrieb unentgeltlich (im Wege der Erbfolge oder Schenkung) oder entgeltlich (im Wege der Veräußerung) auf einen Dritten übertragen, ist im Hinblick auf die Ausübung des Verpächterwahlrechts wie folgt zu differenzieren: Im Falle der unentgeltlichen Übertragung tritt der Dritte in die Rechtsstellung des bisherigen Verpächters ein, sodass auch das Recht zur Wahlrechtsausübung auf den Dritten übergeht. Dies ist allein deswegen sachgerecht, da auf diese Weise sichergestellt ist, dass ein Erbe einen bis zum Erbfall verpachteten Betrieb nach der Übertragung entweder einstellen kann oder durch Beendigung des Pachtverhältnisses wieder aufnehmen kann. Kommt es dagegen zu einer Veräußerung eines noch nicht aufgegebenen verpachteten Betriebs, stellt dies aus Sicht des Veräußerers bzw. bisherigen Verpächters eine Betriebsveräußerung i. S. v. § 16 EStG und dementsprechend die Realisation der vorhandenen stillen Reserven dar. Folglich erlischt auch das Verpächterwahlrecht bzw. geht nicht auf den Erwerber über – schließlich sind die stillen Reserven bereits beim Veräußerer versteuert. Beim Erwerber stellt das erworbene Vermietungsobjekt (Betrieb) Privatvermögen dar und führt zu Einkünften i. S. v. § 21 EStG.

6.1.5 Liquidation: Betriebsabwicklung und -aufgabe

Mit den Begriffen der Betriebsabwicklung und der Betriebsaufgabe wird zwischen der allmählichen (schrittweisen) Veräußerung der zum Betrieb gehörenden Wirtschaftsgüter und der Auflösung des Betriebs in einem einzigen und innerhalb kurzer Zeit abzuwickelnden Vorgang unterschieden.

Die **Betriebsaufgabe** steht nach § 16 Abs. 3 Satz 1 EStG grundsätzlich einer Veräußerung gleich, sodass die Vorschriften zur Betriebsveräußerung entsprechend anzuwenden sind. Eine Betriebsaufgabe ist dabei anzunehmen, wenn alle wesentlichen Betriebsgrundlagen (funktionale Betrachtungsweise) eines ganzen Betriebs oder Teilbetriebs in einem einheitlichen Vorgang einzeln an verschiedene Erwerber veräußert bzw. ganz oder teilweise in das Privatvermögen überführt werden und die bisherige betriebliche Betätigung eingestellt wird. Soweit Wirtschaftsgüter im Rahmen der Betriebsaufgabe in das Privatvermögen überführt werden und dementsprechend keine Veräußerungspreise vorliegen, ist für die Ermittlung des Veräußerungsgewinns der gemeine Wert dieser Wirtschaftsgüter zum Zeitpunkt der Überführung in das Privatvermögen anzusetzen (§ 16 Abs. 3 Satz 7 EStG). Zudem stellen die Überführungen in das Privatvermögen generell umsatzsteuerpflichtige Entnahmen dar (§ 3 Abs. 1b Nr. 1 UStG). Der Betriebsaufgabegewinn ist – wie auch der Betriebsveräußerungsgewinn – nicht gewerbesteuerpflichtig (R 7.1 Abs. 3 Satz 1 Nr. 1 GewStR).

Bei einer allmählichen Betriebsabwicklung (**Betriebseinstellung**) werden die Wirtschaftsgüter des Betriebs zeitlich gestreckt über einen längeren Zeitraum sukzessive veräußert oder in das Privatvermögen überführt. Da insoweit kein einheitlicher Vorgang gegeben ist, stellen die einzelnen Veräußerungsgewinne laufende gewerbliche Einkünfte dar und sind daher nicht von den §§ 16 Abs. 4, 34 EStG begünstigt. Soweit Wirtschaftsgüter in das Privatvermögen überführt werden, ist für die Ermittlung der Entnahmegewinne gem. § 16 Abs. 3 Satz 7 EStG wiederum der gemeine Wert anzusetzen. Während der Betriebsaufgabegewinn nicht der Gewerbesteuer unterliegt, stellen Gewinne aus einer allmählichen Betriebsabwicklung mangels Vorliegens eines privilegierten Vorgangs i. S. d. § 16 Abs. 3 EStG laufende Gewinne dar, die auch mit Gewerbesteuer belastet werden.

Nach § 16 Abs. 3a EStG steht einer Betriebsaufgabe und damit einer Veräußerung des Einzelunternehmens auch der Ausschluss oder die Beschränkung des Besteuerungsrechts Deutschlands hinsichtlich der Gewinne aus der Veräußerung sämtlicher Wirtschaftsgüter des Betriebs oder Teilbetriebs gleich. Der Gesetzgeber hat damit die vom BFH entwickelte und inzwischen wieder aufgegebene sog. **Theorie der finalen Betriebsaufgabe** kodifiziert. Insbesondere die Überführung sämtlicher Wirtschaftsgüter von einer inländischen in eine ausländische Betriebsstätte kann auf Basis dieser Regelung zur Aufdeckung der in den Wirtschaftsgütern enthaltenen stillen Reserven führen. Aus Sicht des Gesetzgebers soll es in diesen Fällen zu einer Schlussbesteuerung in Deutschland kommen, da die bis zum Überführungszeitpunkt im Inland entstandenen stillen Reserven auch der inländischen Besteuerung unterliegen sollen, ehe sie ggf. nicht mehr der inländischen, sondern der ausländischen Besteuerung unterliegen. In den Fällen des § 16 Abs. 3a EStG kann der Steuerpflichtige gem. § 36 Abs. 5 EStG die festgesetzte Steuer auf Antrag unter bestimmten weiteren Voraussetzungen (insbesondere Überführung in einen EU-/EWR-Mitgliedstaat) in fünf gleichen Jahresraten entrichtet werden.

6.1.6 Vererbung und Verschenkung

Neben der (entgeltlichen) Betriebsveräußerung kann ein gewerbliches Einzelunternehmen auch durch Vererbung oder Verschenkung unentgeltlich übertragen werden. Der unentgeltliche Übergang des Betriebsvermögens führt nicht zur ertragsteuerlichen Gewinnrealisierung, da nach § 6 Abs. 3 Satz 1 EStG für derartige Fälle die Buchwertfortführung vorgeschrieben ist. Gewerbesteuerlich ist die Vererbung bzw. Verschenkung beim bisherigen Unternehmer als Betriebseinstellung und beim neuen Unternehmer als **Betriebsneugründung** zu behandeln (§ 2 Abs. 5 GewStG). Weiterhin unterliegen beide Formen der unentgeltlichen Betriebsübertragung nicht der Umsatzsteuer.

Erbfälle bzw. Schenkungen führen i. d. R. zur Erbschaft- bzw. Schenkungsteuerpflicht beim Erben bzw. Beschenkten. Die Höhe der Erbschaft- oder Schenkungsteuer richtet sich nach der Steuerklasse des Begünstigten sowie der Höhe der Bemessungsgrundlage. Diese wird einerseits durch den Wert des übertragenen Betriebsvermögens und andererseits durch die Möglichkeit der Inanspruchnahme sachlicher und persönlicher Freibeträge (§§ 13a, 13b, 16, 17 ErbStG) beeinflusst.

LITERATUR

Grefe, C., Unternehmenssteuern, 21. Aufl., Ludwigshafen 2018, S. 86–105.

Jacobs, O. H./Scheffler, W./Spengel, C. (Hrsg.), Unternehmensbesteuerung und Rechtsform, 5. Aufl., München 2015, S. 386–446.

Kußmaul, H., Betriebswirtschaftliche Steuerlehre, 7. Aufl., München/Wien 2014, S. 469–474, 540–544.

Siegel, T./Bareis, P., Strukturen der Besteuerung, 4. Aufl., München/Wien 2004, S. 126–130.

6.2 Personengesellschaften

6.2.1 Gründung

Im Zusammenhang mit der Gründung einer Personengesellschaft verpflichten sich die künftigen Gesellschafter, bestimmte Kapital- oder Sacheinlagen gegen Gewährung von Gesellschaftsrechten an der Personengesellschaft zu erbringen. Aus steuerlicher Sicht kommt es insoweit zur Entstehung eines Betriebsvermögens, welches in der steuerlichen Eröffnungsbilanz der Personengesellschaft ausgewiesen wird. Fraglich ist dabei insbesondere, mit welchen Werten die Wirtschaftsgüter in der Eröffnungsbilanz anzusetzen sind.

Während für Kapitaleinlagen generell der Nennwert anzusetzen ist, sind für Sacheinlagen die steuerlichen Bewertungsvorschriften anzuwenden. Dabei ist nach der Herkunft eines Einlageguts (Privatvermögen oder anderes Betriebsvermögen des Gesellschafters) zu differenzieren. Ferner richtet sich die Bewertung danach, ob Einlagen in das Gesamthandsvermögen der Personengesellschaft geleistet werden oder ob Wirtschaftsgüter nicht auf die Personengesellschaft übertragen werden, sondern beim Gesellschafter verbleiben und der Personengesellschaft etwa zur Nutzung überlassen werden und damit als in das jeweilige Sonderbetriebsvermögen des Gesellschafters eingelegt gelten. Die Bewertung der zum Sonderbetriebsvermögen zuzuordnenden Einlagegegenstände erfolgt im Rahmen der Erstellung der Sonder-Eröffnungsbilanz(en).

Die gegen Gewährung von Gesellschaftsrechten vollzogene Einlage von Wirtschaftsgütern des steuerlichen Privatvermögens in das Gesamthandsvermögen einer neu zu gründenden Personengesellschaft wird steuerrechtlich nicht als Einlage, sondern als tauschähnlicher Vorgang behandelt (BMF-Schreiben v. 29. 3. 2000, BStBl I 2000 S. 462; vgl. im Einzelnen BMF-Schreiben v. 11. 7. 2011, BStBl I 2011 S. 713). In der Gesamthandsbilanz ist für das entsprechende Wirtschaftsgut nach § 6 Abs. 6 Satz 1 EStG der gemeine Wert anzusetzen. Gleichzeitig führt der Vorgang beim Einbringenden zu einer entgeltlichen Veräußerung. Der Veräußerungsgewinn ist allerdings nur in den Fällen der §§ 17, 20 Abs. 2 oder 23 EStG steuerpflichtig. Werden Wirtschaftsgüter aus dem Privatvermögen hingegen in das Sonderbetriebsvermögen überführt, bleibt die steuerliche Zugehörigkeit zum Einbringenden erhalten. Folglich ist § 6 Abs. 1 Nr. 6 i.V.m. § 6 Abs. 1 Nr. 5 Satz 1 EStG anzuwenden, wonach grundsätzlich der Teilwert und in Ausnahmen die (fortgeführten) Anschaffungs- oder Herstellungskosten anzusetzen sind. Entstammt das Einlagegut einem anderen Betriebsvermögen des Gesellschafters, ist unabhängig von der Zuführung zum Gesamthands- oder Sonderbetriebsvermögen unter den Voraussetzungen gem. § 6 Abs. 5 EStG eine Buchwertfortführung vorzunehmen. Bei der Einlage in das Gesamthandsvermögen ergibt sich dies aus § 6 Abs. 5 Satz 3 Nr. 1 EStG. Für Einlagen in das Sonderbetriebsvermögen greift § 6 Abs. 5 Satz 2 EStG.

Darüber hinaus können im Rahmen der Gründung einer Personengesellschaft auch Betriebe (Einzelunternehmen) oder steuerliche Teilbetriebe eingebracht werden. Unter den Voraussetzungen gem. § 24 UmwStG können derartige Einbringungsvorgänge auf Antrag zu Buchwerten erfolgen, sodass die Einbringung im Ergebnis steuerneutral durchgeführt werden kann.

TAB. 6.2:	Bewertung von Sacheinlagen bei Gründung einer Personengesellschaft *Quelle*: Eigene Darstellung.	
Sacheinlagen ...	... aus dem Privatvermögen	... aus einem anderen Betriebsvermögen des Gesellschafters
... in das Gesamthandsvermögen	gemeiner Wert (§ 6 Abs. 6 Satz 1 EStG)	Buchwert (§ 6 Abs. 5 Satz 3 EStG)
... in das Sonderbetriebsvermögen	► Grundsatz: Teilwert (§ 6 Abs. 1 Nr. 6 i.V. m. § 6 Abs. 1 Nr. 5 Satz 1 EStG) ► Ausnahmen: (fortgeführte) Anschaffungs- oder Herstellungskosten als Obergrenze (§ 6 Abs. 1 Nr. 5 Satz 1 Buchst. a, b, c, EStG) ► Anschaffung/Herstellung innerhalb der letzten drei Jahre ► Einlage von Anteilen an Kapitalgesellschaften i. S. d. § 17 EStG ► Wirtschaftsgüter i. S. d. § 20 Abs. 2 EStG	► Buchwert (§ 6 Abs. 5 Satz 2 EStG)

Bei Abweichungen zwischen dem steuerlich anzusetzenden Wert und dem unter Berücksichtigung der handelsrechtlichen Kapitalkonten für die Gesamthandsbilanz zu vereinbarenden/zu verabredenden Einlagewert sind Ergänzungsbilanzen zu erstellen. Diese Notwendigkeit ergibt sich allein für Abweichungen, die nur einzelne Gesellschafter betreffen. Ist die gesamte Personengesellschaft von einer derartigen Abweichung betroffen, ist der steuerliche Mehr- oder Mindergewinn allen Gesellschaftern gleichermaßen zuzurechnen. Eine Ergänzungsbilanz ist dann nicht zu erstellen.

BEISPIEL: ► Batic und Leitmayr gründen zum 1. 7. 2017 die Kommissar & Co. OHG, an deren Gewinn und Vermögen sie nach dem Gesellschaftsvertrag zu je 50 % beteiligt sind. Batic leistet eine Bareinlage i. H. v. 200.000 €, während Leitmayr eine Maschine aus seinem Einzelunternehmen überträgt. Der gemeine Wert der Maschine beläuft sich auf 200.000 € und der Buchwert beträgt 160.000 €.

Bei der Aufstellung der steuerlichen Eröffnungsbilanz der OHG ist die Maschine gem. § 6 Abs. 5 Satz 1 Nr. 1 EStG zwingend mit dem Buchwert anzusetzen, da die Einlage gegen Gewährung von Gesellschaftsrechten erfolgt. Die Geldeinlage ist mit dem Nominalwert anzusetzen. Unter

Berücksichtigung der gesellschaftsvertraglichen Regelung ergibt sich auf den 1. 7. 2017 die folgende steuerliche Eröffnungsbilanz der Kommissar & Co. OHG:

Eröffnungsbilanz Kommissar & Co. OHG 1. 7. 2017

	T €		T €
Maschine	160	Kapital Batic	160
Kasse	200	Kapital Leitmayr	200
	360		360

Durch die Bilanzierung in der OHG-Bilanz werden nicht die gesamten Anschaffungskosten von Batic ausgewiesen, sodass für die fehlenden 20.000 € eine positive Ergänzungsbilanz aufzustellen ist. In dieser Ergänzungsbilanz werden die von Batic anteilig erworbenen stillen Reserven der Maschine ausgewiesen:

Ergänzungsbilanz Batic 1. 7. 2017

	T €		T €
Maschine	20	Kapital	20
	20		20

Umgekehrt verhält es sich im Hinblick auf Leitmayr. Sein Kapitalkonto übersteigt den steuerlichen Buchwert der Maschine. Damit für Leitmayr im Ergebnis nur der steuerliche Buchwert angesetzt wird, ist für Leitmayr eine negative Ergänzungsbilanz aufzustellen:

Ergänzungsbilanz Leitmayr 1. 7. 2017

	T €		T €
Kapital	20	Maschine	20
	20		20

6.2.2 Erwerb

Beim Erwerb einer Beteiligung eines Gesellschafters an einer bestehenden Personengesellschaft wird aus zivilrechtlicher Sicht, dem Wesen der Gesamthand folgend, neben dem Mitgliedschaftsrecht der Anteil am gesamten Gesellschaftsvermögen übertragen. Steuerrechtlich wird hingegen ein sog. Mitunternehmeranteil erworben, da die Beteiligung an einer Personengesellschaft kein bilanzierungsfähiges Wirtschaftsgut darstellt. Der **Mitunternehmeranteil** umfasst die Anteile an den zum Gesellschaftsvermögen gehörenden Wirtschaftsgütern. Neben der entgeltlichen Übertragung eines Mitunternehmeranteils kann ein solcher ebenso durch den Eintritt eines neuen Gesellschafters in eine bestehende Personengesellschaft erworben werden. Weitere, hier nicht näher betrachtete Formen des Gesellschafterwechsels sind die unentgeltliche Übertragung eines Mitunternehmeranteils sowie das ersatzlose Ausscheiden eines Gesellschafters aus einer Personengesellschaft.

Der Erwerb eines Mitunternehmeranteils ist aus Sicht des Erwerbers ein Anschaffungsvorgang. Für den Erwerber ist im Falle eines den Buchwert des Mitunternehmeranteils (Stand des Kapitalkontos) übersteigenden Kaufpreises (Anschaffungskosten) eine Ergänzungsbilanz zu erstellen. Dabei sind zunächst die in den einzelnen Wirtschaftsgütern enthaltenen stillen Reserven aufzulösen. Verbleibt ein die Summe der Teilwerte übersteigender Betrag, so ist die Differenz als **Firmenwert** in der Ergänzungsbilanz auszuweisen.

Der Eintritt eines neuen Gesellschafters in eine bestehende Personengesellschaft wird steuerlich als Gründung einer neuen Personengesellschaft durch die bisherigen und den neu hinzukommenden Gesellschafter behandelt. Während die bisherigen Gesellschafter ihren Anteil an der Altgesellschaft in die Neugesellschaft einbringen, leistet der neu hinzutretende Gesellschafter regelmäßig eine Bar- oder Sacheinlage. Im Rahmen der Eröffnungsbilanzierung der neuen Personengesellschaft besteht unter den Voraussetzungen gem. § 24 UmwStG das Wahlrecht, dass die Buchwerte fortgeführt oder die gemeinen Werte angesetzt werden. Für die bisherigen Gesellschafter besteht im Falle des Ansatzes der gemeinen Werte die Möglichkeit, die sofortige Versteuerung der in ihrem Gesellschaftsanteil vorhandenen stillen Reserven zu vermeiden.

BEISPIEL: ▶ Die Ruhrpott OHG besteht aus den Gesellschaftern Faber, Bönisch und Dalay. Faber ist zu 50 %, Bönisch und Dalay sind zu je 25 % am Vermögen sowie am Gewinn und Verlust und den stillen Reserven der OHG beteiligt. Die Schlussbilanz der OHG zum 31. 12. 2017 stellt sich wie folgt dar.

Schlussbilanz Ruhrpott OHG 31. 12. 2017

	T €		T €
Grund und Boden	25	Kapital Faber	200
Gebäude	200	Kapital Bönisch	100
Maschinen	150	Kapital Dalay	100
Waren	50	Sonstige Passiva	300
Sonstige Aktiva	275		
	700		700

Mit Wirkung zum 1. 1. 2018 soll Kossik als neuer Gesellschafter in die OHG eintreten. Vor diesem Hintergrund wird für die Ruhrpott-OHG eine weitere Schlussbilanz erstellt, in der die vorhandenen Wirtschaftsgüter mit ihren gemeinen Werten angesetzt werden. In den Wirtschaftsgütern der OHG sind stille Reserven von insgesamt 200.000 € enthalten; je 50.000 € entfallen auf den Grund und Boden, das Gebäude, die Maschinen und die Waren.

Schlussbilanz Ruhrpott OHG 31.12.2017 (gemeine Werte)

	T€		T€
Grund und Boden	75	Kapital Faber	300
Gebäude	250	Kapital Bönisch	150
Maschinen	200	Kapital Dalay	150
Waren	100	Sonstige Passiva	300
Sonstige Aktiva	275		
	900		900

Kossik soll eine Bareinlage von 150.000 € leisten, folglich wird er am aktuellen Vermögenswert der neu entstehenden Gesellschaft mit 20% beteiligt sein (Bareinlage von Kossik bezogen auf Summe aus aktuellem Vermögen von 600.000 € und Bareinlage von Kossik). Die Anteile der Altgesellschafter verringern sich entsprechend, d.h. ab dem 1.1.2018 belaufen sich der Anteil von Faber auf 40 % und die Anteile von Bönisch und Dalay auf je 20 %.

Aus steuerlicher Sicht stellt der Eintritt von Kossik in die Ruhrpott OHG den anteiligen Erwerb der Wirtschaftsgüter der OHG durch Kossik dar, während es für die bisherigen Gesellschafter zu einer entsprechenden Veräußerung kommt. Kossik erwirbt 20 % der stillen Reserven der OHG, d.h. einen Wert von 40.000 €. Unter Berücksichtigung des bisherigen Gewinnverteilungsschlüssels entsteht bei den Altgesellschaftern ein entsprechender Veräußerungsgewinn, der grundsätzlich ihre Kapitalkonten erhöht. Da allerdings im Hinblick auf den Eintritt von Kossik in die Ruhrpott OHG annahmegemäß die Voraussetzungen gem. § 24 UmwStG vorliegen, werden die Buchwerte im Ergebnis fortgeführt, sodass die Veräußerungsgewinnbesteuerung vermieden wird. Technisch erfolgt dies durch die Aufstellung von Ergänzungsbilanzen, deren Erscheinungsbild davon abhängt, mit welchen Werten die Wirtschaftsgüter in der Eröffnungsbilanz der Ruhrpott OHG angesetzt werden.

Entscheidet sich die Ruhrpott OHG für den Ansatz der gemeinen Werte, stellt sich die Eröffnungsbilanz der „neuen" Ruhrpott OHG bestehend aus Faber, Bönisch, Dalay und Kossik wie folgt dar:

Eröffnungsbilanz Ruhrpott OHG 1.1.2018 (gemeine Werte)

	T€		T€
Grund und Boden	75	Kapital Faber	300
Gebäude	250	Kapital Bönisch	150
Maschinen	200	Kapital Dalay	150
Waren	100	Kapital Kossik	150
Sonstige Aktive	275	Sonstige Passiva	300
Bank	150		
	1.050		1.050

Um zu vermeiden, dass die bisherigen Gesellschafter mit den aufgedeckten stillen Reserven von insgesamt 200.000 € der Veräußerungsgewinnbesteuerung unterliegen, werden negative Ergänzungsbilanzen aufgestellt.

Ergänzungsbilanz Faber 1. 1. 2018

	T €		T €
Kapital	100	Grund und Boden	25
		Gebäude	25
		Maschinen	25
		Waren	25
	100		100

Ergänzungsbilanz Bönisch 1. 1. 2018

	T €		T €
Kapital	50	Grund und Boden	12,5
		Gebäude	12,5
		Maschinen	12,5
		Waren	12,5
	50		50

Ergänzungsbilanz Dalay 1. 1. 2018

	T €		T €
Kapital	50	Grund und Boden	12,5
		Gebäude	12,5
		Maschinen	12,5
		Waren	12,5
	50		50

Alternativ kann die Ruhrpott OHG in ihrer Eröffnungsbilanz auch die Buchwerte ansetzen:

Eröffnungsbilanz Ruhrpott OHG 1. 1. 2018 (Buchwerte)

	T €		T €
Grund und Boden	25	Kapital Faber	220
Gebäude	200	Kapital Bönisch	110
Maschinen	150	Kapital Dalay	110
Waren	50	Kapital Kossik	110
Sonstige Aktiva	275	Sonstige Passiva	300
Bank	150		
	850		850

In diesem Fall werden nicht die vollen Anschaffungskosten des Kossik i. H. v. 150.000 € ausgewiesen. Vielmehr beträgt der Stand seines Kapitalkontos 110.000 €, was seiner Beteiligung von 20 % am steuerlichen Eigenkapital der Ruhrpott OHG i. H. v. 550.000 € entspricht. Dementsprechend ist für die fehlenden 40.000 € eine positive Ergänzungsbilanz aufzustellen. Bei den bisherigen Gesellschaftern verhält es sich andersherum. Das von Kossik erbrachte Kapital ist diesen insoweit zuzurechnen, als es sich nicht auf Kossiks Kapitalkonto wiederfindet, mithin

i. H. v. 40.000 €. In dieser Höhe hat Kossik schließlich den Altgesellschaftern die in den Wirtschaftsgütern der Ruhrpott OHG enthaltenen stillen Reserven abgekauft. Für die Altgesellschafter sind folglich negative Ergänzungsbilanzen zu bilden.

Ergänzungsbilanz Faber 1. 1. 2018

	T €		T €
Kapital	20	Grund und Boden	5
		Gebäude	5
		Maschinen	5
		Waren	5
	20		20

Ergänzungsbilanz Bönisch 1. 1. 2018

	T €		T €
Kapital	10	Grund und Boden	2,5
		Gebäude	2,5
		Maschinen	2,5
		Waren	2,5
	10		10

Ergänzungsbilanz Dalay 1. 1. 2018

	T €		T €
Kapital	10	Grund und Boden	2,5
		Gebäude	2,5
		Maschinen	2,5
		Waren	2,5
	10		10

Ergänzungsbilanz Kossik 1. 1. 2018

	T €		T €
Grund und Boden	10	Kapital	40
Gebäude	10		
Maschinen	10		
Waren	10		
	10		40

6.2.3 Veräußerung

Aus Sicht des Veräußernden ist zwischen der Veräußerung einer Personengesellschaft im Ganzen und der Veräußerung von Mitunternehmeranteilen oder Mitunternehmerteilanteilen zu unterscheiden. Die Veräußerung im Ganzen wird als Veräußerung eines

Gewerbebetriebs nach § 16 Abs. 1 Satz 1 Nr. 1 EStG behandelt. Die steuerpflichtigen Einkünfte ergeben sich als Differenzbetrag aus dem Veräußerungspreis abzgl. der Veräußerungskosten und dem Wert des Betriebsvermögens der Personengesellschaft (§ 16 Abs. 2 Satz 1 EStG). Für den Veräußerungsgewinn finden ggf. die Tarifbegünstigungen der §§ 16 Abs. 4, 34 EStG Anwendung. Soweit der Veräußerungsgewinn auf natürliche Personen als veräußernden Mitunternehmer entfällt, ist dieser **gewerbesteuerfrei** (§ 7 Satz 2 GewStG, R 7.1 Abs. 3 Satz 4 GewStR).

Bei der Veräußerung von Mitunternehmeranteilen oder Mitunternehmerteilanteilen fallen beim ausscheidenden Gesellschafter Einkünfte aus Gewerbebetrieb nach § 16 Abs. 1 Satz 1 Nr. 2 EStG an. Besteuert wird hier der Differenzbetrag zwischen dem Veräußerungserlös und dem (anteiligen) Buchwert des Kapitalkontos des austretenden Gesellschafters. Ebenfalls ist die Anwendung der §§ 16 Abs. 4, 34 EStG in Betracht zu ziehen. Dies gilt allerdings nicht für Gewinne aus der Veräußerung von Mitunternehmerteilanteilen, da es sich hierbei gem. § 16 Abs. 1 Satz 2 EStG um laufende Gewinne handelt. In den Fällen der Mitunternehmeranteilsveräußerung **besteht keine Gewerbesteuerpflicht**, soweit der Veräußerungsgewinn auf natürliche Personen als veräußernde Mitunternehmer entfällt (§ 7 Satz 2 GewStG, R 7.1 Abs. 3 Satz 4 GewStR). Gewinne aus Mitunternehmerteilanteilsveräußerungen unterfallen hingegen als laufende Gewinne der Gewerbesteuer (§ 7 Satz 1 GewStG, R 7.1 Abs. 3 Satz 6 GewStR). R 16 Abs. 11 EStR gewährt auch bei der Veräußerung eines Mitunternehmeranteils die Wahlmöglichkeit zwischen der Sofortversteuerung des Veräußerungsgewinns und der Versteuerung von Rentenzahlungen als nachträgliche Betriebseinnahmen.

6.2.4 Liquidation: Aufgabe eines Mitunternehmeranteils

Die Aufgabe eines Mitunternehmeranteils wird nach § 16 Abs. 3 Satz 1 EStG steuerlich als Veräußerung behandelt. Für die Ermittlung des einkommensteuerpflichtigen Aufgabegewinns sind die anteiligen gemeinen Werte der einzelnen Wirtschaftsgüter der Personengesellschaft anzusetzen (§ 16 Abs. 3 Satz 8 EStG). Durch den Abzug der anteiligen Buchwerte ergibt sich der zu versteuernde Aufgabegewinn. Hinsichtlich der einkommensteuerlichen Tarifbegünstigungen und der gewerbesteuerlichen Erfassung des Aufgabegewinns ist auf die vorherigen Ausführungen zur Veräußerung eines Mitunternehmeranteils zu verweisen.

Bei Vorliegen der Voraussetzungen der sog. Realteilung i. S. d. § 16 Abs. 3 Satz 2 und 3 EStG findet grundsätzlich keine Gewinnrealisierung statt. Vielmehr sind in diesem Fall zwingend die Buchwerte fortzuführen. Voraussetzung dafür ist, dass im Zuge der Betriebsaufgabe einer Mitunternehmerschaft Teilbetriebe, Mitunternehmeranteile oder einzelne Wirtschaftsgüter in das jeweilige Betriebsvermögen der Mitunternehmer übertragen werden. Entscheidend ist, dass mindestens eine wesentliche Betriebsgrundlage nach der Realteilung weiterhin Betriebsvermögen eines Realteilers ist. Im Unterschied z. B. zur Betriebsverpachtung im Ganzen sind wesentliche Betriebsgrundlagen i. S. d. § 16 Abs. 3 Satz 3 EStG sowohl Wirtschaftsgüter, die nach der funktionalen Betrachtungsweise als wesentlich anzusehen sind, als auch Wirtschaftsgüter, in denen erhebliche stille Reserven enthalten sind (quantitative Betrachtungsweise).

LITERATUR

Jacobs, O. H./Scheffler, W./Spengel, C. (Hrsg.), Unternehmensbesteuerung und Rechtsform, 5. Aufl., München 2015, S. 515–555.

Kußmaul, H., Betriebswirtschaftliche Steuerlehre, 7. Aufl., München/Wien 2014, S. 515-520, 524-534, 541-553.

Rose, G., Unternehmenssteuerrecht, 2. Aufl., Berlin 2004, S. 127–132.

Söffing, G., Besteuerung der Mitunternehmer, 5. Aufl., Herne/Berlin 2005, S. 379–392, 409–412, 421–433.

6.3 Kapitalgesellschaften

6.3.1 Gründung

Für eine neu gegründete Kapitalgesellschaft sind zunächst eine steuerliche und eine handelsrechtliche Eröffnungsbilanz zu erstellen. Diese stimmen i. d. R. miteinander überein. Abweichungen können allerdings aus den steuerlichen Bewertungsvorschriften für Sacheinlagen resultieren.

Die Erbringung von Bareinlagen wird sowohl auf Gesellschafts- als auch Gesellschafterebene steuerrechtlich erfolgsneutral behandelt. Die Hingabe von Sacheinlagen in Form einzelner Wirtschaftsgüter des Betriebsvermögens (nicht in Form von Betrieben, Teilbetrieben oder Mitunternehmeranteilen) gegen Gewährung von Gesellschaftsanteilen stellt einen tauschähnlichen Vorgang dar, der steuerlich einem Veräußerungsgeschäft gleichgestellt wird (Hingabe des Einlagegegenstands gegen Erhalt von Kapitalgesellschaftsanteilen). Das hingegebene Wirtschaftsgut ist bei der Gesellschaft mit dem gemeinen Wert anzusetzen, gleiches gilt im Hinblick auf die Anschaffungskosten der erhaltenen Anteile (§ 6 Abs. 6 Satz 1 EStG). Auf Ebene des abgebenden Betriebsvermögens kommt es infolge des Ansatzes des gemeinen Wertes zur steuerpflichtigen Realisation etwaig vorhandener stiller Reserven. Werden dagegen Betriebe, Teilbetriebe oder Mitunternehmeranteile auf eine Kapitalgesellschaft übertragen, kann dies unter den Voraussetzungen gem. § 20 UmwStG steuerneutral erfolgen. Soweit Wirtschaftsgüter des Privatvermögens in eine Kapitalgesellschaft eingelegt werden, bestimmen sich die Anschaffungskosten der erhaltenen Anteile wiederum nach dem gemeinen Wert des hingegebenen Wirtschaftsguts (ggf. zuzüglich etwaiger Anschaffungsnebenkosten wie etwa Beratungsaufwand). Beim Gesellschafter ergeben sich in diesen Fällen steuerliche Konsequenzen nur unter den Voraussetzungen gem. §§ 17, 20 Abs. 2 und 23 EStG.

LITERATUR

Jacobs, O. H./Scheffler, W./Spengel, C. (Hrsg.), Unternehmensbesteuerung und Rechtsform, 5. Aufl., München 2015, S. 446-450.

Kußmaul, H., Betriebswirtschaftliche Steuerlehre, 7. Aufl., München 2014, S. 475–477.

6.3.2 Erwerb von Kapitalgesellschaftsanteilen

Aufgrund des Trennungsprinzips haben Anteilsveräußerungsgeschäfte auf der Gesellschafterebene grundsätzlich keinen Einfluss auf die Gesellschaftsebene. Von diesem Grundsatz besteht allerdings mit dem sog. schädlichen Beteiligungserwerb nach § 8c KStG eine Ausnahme. Auf Basis dieser Regelung können insbesondere Anteilsübertragungen dazu führen, dass die steuerliche Abzugsfähigkeit bislang ungenutzter Verluste teilweise oder vollständig verloren geht. Von der Regelung des § 8c KStG werden die körperschaftsteuerlichen und gem. § 10a Satz 10 GewStG auch gewerbesteuerlichen Verlustvorträge sowie die laufenden, bis zum Zeitpunkt der Anteilsübertragung angefallenen steuerlichen Verluste erfasst. Darüber hinaus erstreckt sich die Anwendung von § 8c KStG gem. § 8a Abs. 1 Satz 3 KStG grundsätzlich auch auf Zinsvorträge i. S. d. § 4h Abs. 1 Satz 5 EStG.

Ehe auf die Regelung des § 8c KStG näher eingegangen wird, ist darauf hinzuweisen, dass das Bundesverfassungsgericht mit Entscheidung vom 29. 3. 2017 (2 BvL 6/11) Teile der Regelung (konkret § 8c Abs. 1 Satz 1 KStG) als verfassungswidrigen Verstoß gegen den allgemeinen Gleichheitssatz eingestuft und den Gesetzgeber dazu aufgefordert hat, den Verfassungsverstoß bis zum 31. 12. 2018 rückwirkend für alle Gesetzesfassungen zwischen dem 1. 1. 2008 und 31. 12. 2015 zu beseitigen. Ferner wurde dem Bundesverfassungsgericht auch die Regelung des § 8c Abs. 1 Satz 2 KStG vorgelegt, die Entscheidung steht noch aus. Vor diesem Hintergrund ist derzeit offen, wie der Gesetzgeber auf die bereits ergangene Verfassungsgerichtsentscheidung und auf die noch ergehende Entscheidung reagieren und in welcher Form § 8c KStG reformiert wird. Ungeachtet dessen wird auf die Grundzüge der Regelung nachfolgend näher eingegangen.

Nach der Regelung des § 8c KStG bestimmt sich der Wegfall der Verluste nach der Höhe der Anteilsübertragung. Werden innerhalb von fünf Jahren mittelbar oder unmittelbar mehr als 25 % des gezeichneten Kapitals, der Mitgliedschaftsrechte, Beteiligungsrechte oder Stimmrechte an einer Körperschaft auf einen Erwerber übertragen (sog. schädlicher Beteiligungserwerb), ist in der Folge die Abzugsfähigkeit eines bei der betreffenden Kapitalgesellschaft vorhandenen Verlustnutzungspotentials quotal (d. h. in der Höhe der Anteilsübertragung entsprechender Höhe) beschränkt (§ 8c Abs. 1 Satz 1 KStG). Gleiches gilt, wenn auf einen Erwerber und eine ihm nahestehende Person zusammen mehr als 25 % der Kapitalgesellschaftsanteile oder Rechte übertragen werden. Sofern unter den ansonsten gleichen Voraussetzungen mehr als die Hälfte der Anteile oder Rechte auf einen Erwerber (und eine ihm nahestehende Person) übertragen werden, geht das steuerliche Verlustnutzungspotential vollständig unter (§ 8c Abs. 1 Satz 2 KStG). Der quotale oder vollständige Verlustuntergang tritt nach dem Gesetzeswortlaut in vergleichbaren Sachverhalten gleichermaßen ein. Nach Auffassung des BMF kann dies z. B. der Fall sein, wenn eine Kapitalgesellschaft eigene Anteile erwirbt oder eine Kapitalherabsetzung durchführt und sich hierdurch die Beteiligungsverhältnisse verändern (s. hierzu näher BMF, Schreiben v. 28.11.2017 – IV C 2 - S 2745-a/09/10002 :004, BStBl I 2017 S. 1645, Tz. 7).

Im Falle von Anteilsübertragungen oder vergleichbaren Sachverhalten kommt es dagegen nicht zu einem quotalen oder vollständigen Verlustuntergang, sofern die Voraussetzungen einer der beiden Ausnahmeregelungen des § 8c Abs. 1 KStG erfüllt sind.

▶ Nach der sog. **Konzernklausel** gem. § 8c Abs. 1 Satz 5 KStG liegt kein schädlicher Beteiligungserwerb vor, wenn

▶ an dem übertragenden Rechtsträger der Erwerber zu 100% mittelbar oder unmittelbar beteiligt ist und der Erwerber eine natürliche oder juristische Person oder eine Personenhandelsgesellschaft ist,

▶ an dem übernehmenden Rechtsträger der Veräußerer zu 100% mittelbar oder unmittelbar beteiligt ist und der Veräußerer eine natürliche oder juristische Person oder eine Personenhandelsgesellschaft ist oder

▶ an dem übertragenden Rechtsträger und an dem übernehmenden Rechtsträger dieselbe natürliche oder juristische Person oder dieselbe Personenhandelsgesellschaft zu jeweils 100% mittelbar oder unmittelbar beteiligt ist.

▶ Nach der sog. **Stille Reserven-Klausel** gem. § 8c Abs. 1 Satz 6–8 KStG führt ein schädlicher Beteiligungserwerb insoweit nicht zur Beschränkung der Verlustnutzung, als die vorhandenen Verluste die zum Zeitpunkt des Beteiligungserwerbs bestehenden (anteiligen oder gesamten) im Inland steuerpflichtigen stillen Reserven des Betriebsvermögens der Körperschaft nicht übersteigen. Sofern also stille Reserven i. H. der ungenutzten Verluste vorhanden sind, kommt es im Rahmen eines dem Grunde nach schädlichen Beteiligungserwerbs nicht zum Untergang der Verluste.

Mit der sog. **Sanierungsklausel** gem. § 8c Abs. 1a KStG hat der Gesetzgeber eine weitere Ausnahme vom schädlichen Beteiligungserwerb geschaffen. Hiernach soll § 8c Abs. 1 KStG nicht anzuwenden sein, wenn ein Beteiligungserwerb zum Zwecke der Sanierung eines Geschäftsbetriebs oder einer Körperschaft erfolgt – d. h. sofern der Beteiligungserwerb eine Maßnahme zur Verhinderung oder Beseitigung der Zahlungsunfähigkeit oder Überschuldung darstellt und zugleich die Betriebsstrukturen erhalten bleiben. Laut Beschluss der EU-Kommission vom 26. 1. 2011 verstößt die Sanierungsklausel jedoch gegen das europarechtliche Beihilfeverbot. Hierauf hat der Gesetzgeber reagiert und die Anwendung von § 8c Abs. 1 KStG bis zum Vorliegen eines der in § 34 Abs. 6 KStG aufgeführten Fälle (insbesondere rechtskräftige Entscheidung des Europäischen Gerichtshofs über die Nichtigkeit des Kommissionsbeschlusses) ausgesetzt. Mit vier Urteilen vom 28. 06. 2018 (C-203/16 P [JAAA-G87474], C-208/16 P [CAAAG-8496], C-209/16 P [MAAG-88497], C-219/16 P [WAAAG-88498]) hat der Europäische Gerichtshof nunmehr entschieden, dass die EU-Kommission die Sanierungsklausel zu Unrecht als staatliche Beihilfe eingestuft hat. Infolge dieser Entscheidungen sollte die Sanierungsklausel für alle noch offenen Fälle grundsätzlich anwendbar sein, sofern sich die Finanzverwaltung der Auffassung anschließt, dass die Voraussetzungen für eine Beendigung der Anwendungssperre gem. § 34 Abs. 6 KStG vorliegen.

Mit dem Gesetz zur Weiterentwicklung der steuerlichen Verlustverrechnung bei Körperschaften vom 20. 12. 2016 (BGBl I 2016 S. 2998) wurde zudem noch die Rückausnahmeregelung des § 8d KStG eingeführt, der sog. **fortführungsgebundene Verlustvortrag**. Ziel dieser Regelung ist es, steuerliche Hemmnisse bei der Unternehmensfinanzierung durch Neueintritt oder Wechsel von Anteilseignern zu beseitigen. Im Falle eines schädlichen Beteiligungserwerbs kommt es hiernach nicht zu einem Verlustuntergang, wenn – vereinfacht ausgedrückt – der Geschäftsbetrieb der Verlustkörperschaft erhalten bleibt und eine anderweitige Nutzung der Verluste als auf Ebene der Verlustkörperschaft ausgeschlossen ist. Die Anwendung des § 8d KStG bedarf eines Antrags der Körperschaft. Rechtsfolge des § 8d KStG ist die gesonderte Feststellung des vorhandenen Verlusts als fortführungsgebundenen Verlust, der für Zwecke der Verlustverrechnung verfügbar bleibt.

TAB. 6.3:	Untergang des Verlustvortrags nach § 8c KStG Quelle. Eigene Darstellung.
Übertragung von Kapitalanteilen, Mitgliedschafts-, Beteiligungs- oder Stimmrechten innerhalb von fünf Jahren	Untergang der bis zum schädlichen Beteiligungserwerb nicht genutzten Verluste (= Verlustvortrag + laufende Verluste) zzgl. der gesondert festgestellten Zinsvorträge
Übertragung ≤ 25 %	Kein Untergang
25 % < Übertragung ≤ 50 %	Quotaler Untergang i. H. der Anteilsübertragung
Übertragung > 50 %	Vollständiger Untergang
Ausnahmen	**Erhalt der bis zum schädlichen Beteiligungserwerb nicht genutzten Verluste**
Konzernklausel	Kein Verlustuntergang unabhängig von der prozentualen Höhe der übertragenen Anteile unter den Voraussetzungen gem. § 8c Abs. 1 Satz 5 KStG.
Stille Reserven-Klausel	Kein Verlustuntergang unabhängig von der prozentualen Höhe der übertragenen Anteile etc., soweit die nicht genutzten Verluste durch im Inland steuerpflichtige stille Reserven gedeckt sind.
Sanierungsklausel	Kein Verlustuntergang bei einem Beteiligungserwerb zum Zwecke der Sanierung eines Geschäftsbetriebs oder einer Körperschaft unter den Voraussetzungen gem. § 8c Abs. 1a KStG.
Fortführungsgebundener Verlustvortrag	Antragsabhängiger Verlusterhalt im Falle eines schädlichen Beteiligungserwerbs, sofern der Geschäftsbetrieb der Verlustkörperschaft erhalten bleibt und eine anderweitige Nutzung der Verluste als auf Ebene der Verlustkörperschaft ausgeschlossen ist.

Während die Finanzverwaltung in der Vergangenheit offenkundig bemüht war, vorhandene Verlustnutzungspotentiale einzuschränken und die Regelung des § 8c Abs. 1 Satz 1 und 2 KStG eher extensiv anzuwenden, zeigte sich die Finanzgerichtsbarkeit mehr „auf der Seite der Steuerpflichtigen". Dies führte teils wieder zu Änderungen der Verwaltungsauffassung sowie zu gesetzlichen Anpassungen (insbesondere wurde die Konzernklausel nach ihrer Einführung durch das Wachstumsbeschleunigungsgesetz vom 22.12.2009 (BGBl I 2009 S. 3950) im Rahmen des Steueränderungsgesetzes 2015 vom 2.11.2015 (BGBl I 2015 S. 1834) erheblich modifiziert). Zwei Beispiele mögen dies verdeutlichen:

▶ Findet der schädliche Beteiligungserwerb unterjährig statt, ist grundsätzlich eine gesonderte Ergebnisermittlung (z. B. durch Aufstellung eines Zwischenabschlusses) in Betracht zu ziehen. Wird dabei ein laufender Gewinn ermittelt, kann dieser nach Ansicht des BFH mit einem bisher noch nicht genutzten Verlust verrechnet werden (BFH, Urteil v. 30.11.2011, I R 14/11, BStBl II 2012 S. 360). Der BFH ist damit der ursprünglichen Auffassung der Finanzverwaltung entgegen getreten, nach der die Verrechnung vorhandener Verluste mit dem bis zum unterjährigen schädlichen Beteiligungserwerb erzielten Gewinn nicht zulässig war. Die Finanzverwaltung hat diese Auffassung jedoch mittlerweile aufgegeben und folgt der Sichtweise des BFH (BMF, Schreiben v. 28.11.2017 – IV C 2 - S 2745-a/09/10002 :004, BStBl I 2017 S. 1645, Tz. 33).

▶ Im Hinblick auf Konzernstrukturen war lange Zeit offen, ob § 8c Abs. 1 KStG im Falle von verhältniswahrenden Aufwärts- oder Abwärtsverschmelzungen zur Verkürzung der Beteiligungskette anzuwenden ist. Gemeint sind insbesondere die Fälle, in denen die alleinige unmittelbare Gesellschafterin einer Verlustgesellschaft und ihre alleinige Gesellschafterin im Wege der Aufwärts- oder Abwärtsverschmelzung miteinander verschmolzen werden. Die Folge solcher Verschmelzungsvorgänge ist lediglich, dass die bisherige mittelbare Gesellschafterin der Verlustgesellschaft nunmehr unmittelbare Gesellschafterin der Verlustgesellschaft ist. Nach ursprünglicher Auffassung der Finanzverwaltung stellten solche Verschmelzungen eine Anteilsübertragung i. S. d. § 8c Abs. 1 KStG dar (vgl. BMF, Schreiben v. 4.7.2008 – IV C 7 – S. 2745-a/08/10001, BStBl I 2008 S. 736, Tz. 11). Da solche Konstellationen aber von der zwischenzeitlich nachgeschärften Konzernklausel erfasst sind und keinen schädlichen Vorgang darstellen, hat die Finanzverwaltung ihre Auffassung entsprechend angepasst (BMF, Schreiben v. 28.11.2017 – IV C 2 - S 2745-a/09/10002 :004, BStBl I 2017 S. 1645, Tz. 11, 39 ff.).

BEISPIEL: ► Abschließendes Beispiel zur Anwendung von § 8c KStG
(Quelle: *BMF*, Schreiben v. 28. 11. 2017 – IV C 2 - S 2745-a/09/10002 :004, BStBl I 2017 S. 1645, Tz. 31.)

	Jahr 01	Jahr 02	Jahr 03	Jahr 04	Jahr 05
Gezeichnetes Kapital	1.000.000	1.000.000	1.000.000	1.000.000	1.000.000
Beteilgungs-verhältnisse					
Gesellschafter A	700.000	400.000	400.000	400.000	400.000
Gesellschafter B	300.000	300.000	200.000	150.000	50.000
Gesellschafter C		300.000	400.000	450.000	550.000
Übertragene Anteile im 5-Jahreszeitraum		30 %	40 %	45 %	55 %
Schädlicher Beteilgungs-erwerb		Ja	Nein	Nein	Ja
Ergebnis des laufenden Vz.		-2.000.000	-600.000	3.500.000	4.700.000
Davon Verlust bis zum schädlichen Beteilgungs-erwerb		-1.200.000	-300.000	0	0
Verbleibender Verlustabzug zum Ende des vorangegangenen Vz.		20.000.000	15.640.000	16.240.000	13.740.000
Verlust**abzugs**verbot (§ 8c Abs. 1 Satz 1 KStG)		6.000.000	0	0	0
Verlust**abzugs**verbot (§ 8c Abs. 1 Satz 2 KStG)		0	0	0	13.740.000
Verlust**ausgleichs**verbot (§ 8c Abs. 1 Satz 1 KStG)		360.000	0	0	0
Verlustabzug		0	0	2.500.000	0
Verbleibender Verlustabzug zum Ende des Vz.		15.640.000	16.240.000	13.740.000	0

Die Übertragung eines 30 %-igen Anteils von Gesellschafter A auf Gesellschafter C im Jahr 02 führt zum Untergang von 30 % des zum Ende des vorangegangenen Veranlagungszeitraums bestehenden Verlustvortrags (6.000.000 €). Außerdem gehen die bis zum Zeitpunkt der Anteilsübertragung angefallenen laufenden Verluste quotal unter (360.000 €). Die Anteilsübertragungen der Jahre 03 und 04 sind keine schädlichen Beteiligungserwerbe i. S. d. § 8c KStG. Im Jahr 05 ist mehr als die Hälfte der Anteile innerhalb eines 5-Jahreszeitraums auf C übergegangen. Damit geht der zum Ende des vorangegangenen Veranlagungszeitraums vorliegende Verlustvortrag vollständig unter.

LITERATUR

Benz, S./Rosenberg, O., in: Blumenberg, J./Benz, S., Die Unternehmensteuerreform 2008, Köln 2007, S. 172–202.

Hey, J., in: Tipke, K./Lang, J., Steuerrecht, 22. Aufl., Köln 2015, § 11 Rz. 57 ff.

Kußmaul, H., Betriebswirtschaftliche Steuerlehre, 7. Aufl., München 2014, S. 475–477, 550-553.

Rödder, T., in: Schaumburg, H./Rödder, T., Unternehmensteuerreform 2008, München 2007, S. 373–376.

6.3.3 Veräußerung von Kapitalgesellschaftsanteilen

Bei der Veräußerung von Kapitalgesellschaftsanteilen hängt die steuerliche Behandlung auf der Gesellschafterebene neben der Beteiligungsquote davon ab, ob die veräußerten Anteile im Privat- oder Betriebsvermögen gehalten wurden.

Werden Anteile durch eine natürliche Person aus einem steuerlichen Betriebsvermögen (z. B. Einzelunternehmen) veräußert, stellt der Veräußerungsgewinn laufende Einkünfte aus Gewerbebetrieb i. S. d. § 15 EStG dar. Der Veräußerungsgewinn ist nach dem Teileinkünfteverfahren im Ergebnis zu 60 % steuerpflichtig (§ 3 Nr. 40 Buchst. a, § 3c Abs. 2 EStG). Sofern es sich bei dem veräußerten Anteil um eine 100%-ige Beteiligung an einer Kapitalgesellschaft handelt, liegt nach der sog. Teilbetriebsfiktion des § 16 Abs. 1 Satz 1 Nr. 1 Satz 2 EStG ein begünstigter Veräußerungsgewinn i. S. d. § 16 EStG vor. Für diesen kommt gem. § 3 Nr. 40 Buchst. b EStG gleichermaßen das Teileinkünfteverfahren zur Anwendung. Zusätzlich kann jedoch, sofern insbesondere die entsprechenden personenbezogenen Voraussetzungen erfüllt sind, der Freibetrag des § 16 Abs. 4 EStG auf Antrag in Anspruch genommen werden. Gewinne aus der Veräußerung von Kapitalgesellschaftsbeteiligungen sind gem. § 7 Satz 1 GewStG i. H. v. 60 % in die Gewerbeertragsermittlung für das jeweilige Betriebsvermögen (Einzelunternehmen oder

Mitunternehmerschaft) einzubeziehen. Die Gewerbesteuerbelastung kann über § 35 EStG weitgehend abgemildert werden.

Sofern Anteilsveräußerungen durch juristische Personen getätigt werden, greift die 95%-ige Steuerfreiheit gem. § 8b Abs. 2 Satz 1 i.V.m. § 8b Abs. 3 Satz 1 KStG. Danach bleibt der Veräußerungsgewinn bei der Ermittlung des körperschaftsteuerpflichtigen Einkommens vollständig außer Ansatz. Jedoch werden 5 % des Gewinns als nicht abziehbare Betriebsausgaben der Körperschaftsteuer unterworfen. Diese unterliegen auch der Gewerbesteuer (§ 7 Satz 1 GewStG).

TAB. 6.4:	Ertragsteuerliche Behandlung der Veräußerung von Kapitalgesellschaftsanteilen im Betriebsvermögen *Quelle*: Eigene Darstellung in Anlehnung an *Jacobs/Scheffler/Spengel* (2015), S. 468.	
	Veräußerungsgewinn aus Anteilen im Betriebsvermögen	
	Anteilseigner ist eine natürliche Person	**Anteilseigner ist eine juristische Person**
Einkommensteuer/ Körperschaftsteuer	▶ Laufende Einkünfte aus Gewerbebetrieb (§ 15 EStG) ▶ Anwendung des Teileinkünfteverfahrens (§ 3 Nr. 40 EStG) ▶ Teilbetriebsfiktion für 100 %-Beteiligungen (§ 16 Abs. 1 Satz 1 Nr. 1 Satz 2 EStG) ▶ Zusätzliche Anwendung des Freibetrags nach § 16 Abs. 4 EStG möglich	▶ Ansatz von 5 % des Veräußerungsgewinns als nicht abziehbare Betriebsausgabe (§ 8 Abs. 2 i.V.m. § 8b Abs. 3 KStG)
Gewerbesteuer	▶ Unabhängig von der Beteiligungsquote 60 %-ige Einbeziehung in den Gewerbeertrag (§ 7 Satz 1 GewStG) ▶ Steuerermäßigung nach § 35 EStG	Einbeziehung der als nicht abziehbare Betriebsausgabe fingierten 5 % des Veräußerungsgewinns in den Gewerbeertrag (§ 7 Satz 1 GewStG)

Die steuerliche Behandlung von Veräußerungsgewinnen aus Anteilen, die im Privatvermögen gehalten werden, wurde im Rahmen des Unternehmensteuerreformgesetzes 2008 neu geregelt. Nach der früheren Regelung des § 23 EStG waren Gewinne aus Anteilsveräußerungen nicht steuerbar, sofern die Beteiligung an der Kapitalgesellschaft weniger als 1 % betrug und die Anteile länger als ein Jahr gehalten wurden. Diese Regelung ist lediglich für bis zum 31.12.2008 angeschaffte Kapitalgesellschaftsbeteiligungen weiterhin anzuwenden (§ 52a Abs. 11 Satz 4 EStG). Für ab dem 1.1.2009 angeschaffte Kapitalgesellschaftsanteile gilt dagegen Folgendes:

▶ Veräußerungsgewinne aus Anteilsveräußerungen mit einer Beteiligungsquote von weniger als 1 % werden nunmehr unabhängig von der Haltedauer nach § 20 Abs. 2 Satz 1 Nr. 1 EStG als Einkünfte aus Kapitalvermögen besteuert und dem pauschalen 25 %-igen Steuertarif des § 32d EStG unterworfen.

▶ War der Anteilsveräußerer dagegen innerhalb der letzten fünf Jahre vor dem Veräußerungszeitpunkt unmittelbar oder mittelbar zu mindestens 1 % an der Kapitalgesellschaft beteiligt, wird der Veräußerungsgewinn den Einkünften aus Gewerbebetrieb zugeordnet (§ 17 Abs. 1 Satz 1 EStG). Für derartige Einkünfte ist die Freibetragsregelung des § 17 Abs. 3 EStG zu berücksichtigen, die unabhängig von persönlichen Merkmalen in Anspruch genommen werden kann. Ein Veräußerungsgewinn i. S. d. § 17 Abs. 1 Satz 1 EStG unterliegt der Anwendung des Teileinkünfteverfahrens und ist im Ergebnis zu 60 % steuerpflichtig (§§ 3 Nr. 40 Buchst. c, 3c Abs. 2 EStG).

Mangels Vorliegen eines stehenden Gewerbebetriebs unterliegen Veräußerungsgewinne aus Anteilen des Privatvermögens grundsätzlich nicht der Gewerbesteuer.

TAB. 6.5:	Ertragsteuerliche Behandlung der Veräußerung von Kapitalgesellschaftsanteilen im Privatvermögen *Quelle*: Eigene Darstellung in Anlehnung an *Jacobs/Scheffler/Spengel* (2015), S. 467.	
	Veräußerungsgewinn aus Anteilen im Privatvermögen	
	Beteiligungsquote < 1 %	**Beteiligungsquote ≥ 1 %**
Einkommensteuer	▶ Gewinne aus Veräußerungen von nach dem 31.12.2008 angeschafften Anteilen sind Einkünfte aus Kapitalvermögen (§ 20 Abs. 2 Nr. 1 EStG) ▶ Anwendungen des gesonderten Steuertarifs (§ 32d EStG) ▶ Gewinne aus Veräußerungen von bis zum 31.12.2008 angeschafften Anteilen sind nicht steuerbar, wenn die Haltedauer mehr als 1 Jahr beträgt (§ 52a Abs. 11 Satz 4 EStG)	▶ Einkünfte aus Gewerbebetrieb (§ 17 Abs. 1 Satz 1 EStG) ▶ Anwendungen des Teileinkünfteverfahrens (§ 3 Nr. 40 EStG)
Gewerbesteuer	Nein	Nein

LITERATUR

Jacobs, O. H./Scheffler, W./Spengel, C. (Hrsg.), Unternehmensbesteuerung und Rechtsform, 5. Aufl., München 2015, S. 462–471.

Kußmaul, H., Betriebswirtschaftliche Steuerlehre, 7. Aufl., München 2014, S. 550–553.

Schlotter, C./von Freeden, A., in: Schaumburg, H./Rödder, T. Unternehmensteuerreform 2008, München 2007, S. 401–405.

6.3.4 Liquidation: Auflösung und Abwicklung

Im Rahmen ihrer Liquidation wird eine unbeschränkt steuerpflichtige Kapitalgesellschaft zunächst aufgelöst und anschließend abgewickelt. Mögliche Auflösungsgründe sind bspw. ein Abwicklungsbeschluss der Anteilseigner oder die Eröffnung des Insolvenzverfahrens. Wird die Auflösung einer Kapitalgesellschaft nicht nur beschlossen, sondern wird die Kapitalgesellschaft auch tatsächlich abgewickelt, ist § 11 KStG anzuwenden. Die Liquidation einer Kapitalgesellschaft vollzieht sich durch die Verteilung des vorhandenen Vermögens an die Anteilseigner. Zu diesem Zweck ist der innerhalb des Abwicklungszeitraums erzielte Gewinn der Kapitalgesellschaft, der sog. Abwicklungsgewinn, zu ermitteln (§ 11 Abs. 1 Satz 1 KStG). Der Abwicklungszeitraum beträgt maximal drei Jahre (§ 11 Abs. 1 Satz 2 KStG) und beginnt am Ende des Wirtschaftsjahres, in dem die Auflösung erfolgt ist.

Der Abwicklungsgewinn ist gem. § 11 Abs. 2 KStG der Unterschiedsbetrag zwischen dem Abwicklungs-Endvermögen i. S. d. § 11 Abs. 3 KStG und dem Abwicklungs-Anfangsvermögen i. S. d. § 11 Abs. 4 KStG. Das zu versteuernde Abwicklungseinkommen errechnet sich demnach wie folgt:

ABB. 6.5:	Abwicklungsgewinn nach § 11 Abs. 2 KStG
	§ 11 Abs. 2 KStG
	Abwicklungs-Endvermögen (bewertet zum gemeinen Wert)
-	Abwicklungs-Anfangsvermögen (bewertet zum Buchwert)
=	**Steuerlicher Abwicklungsgewinn/-verlust**
-	Verlustabzug (§ 10d EStG)
=	**Zu versteuerndes Abwicklungseinkommen**

Das zu versteuernde Abwicklungseinkommen unterliegt dem 15 %-igen Regelsteuersatz des § 23 Abs. 1 KStG sowie der Gewerbesteuer. Die Gewerbesteuerpflicht erlischt nicht bereits mit der Beendigung der gewerblichen Betätigung, sondern in dem Zeitpunkt, in dem das Vermögen an die Gesellschafter verteilt worden ist (R 2.6 Abs. 2 Satz 2 GewStR). Hiervon ausgenommen sind allerdings die zu den Einkünften aus Kapitalvermögen gehörenden Bezüge nach § 20 Abs. 1 Nr. 1 und 2 EStG. Der Liquidationsgewinn des Gesellschafters ergibt sich aus der Differenz zwischen den Liquidationszahlungen (Veräußerungspreis) und den Anschaffungskosten der Anteile bzw. dem Buchwert bei im Betriebsvermögen gehaltenen Anteilen. Sowohl der Veräußerungspreis als auch die Anschaffungskosten sind gem. §§ 3 Nr. 40 Buchst. c Satz 2, 3c Abs. 2 EStG nur zu 60 % anzusetzen. Die Anwendung des Teileinkünfteverfahrens gilt ebenso für die Einkünfte aus Kapitalvermögen i. S. d. § 20 Abs. 1 Nr. 1 und 2 EStG.

Für die einkommensteuerliche Behandlung der Gesellschafter einer liquidierten Kapitalgesellschaft ist § 17 Abs. 4 EStG zu beachten. Nach § 17 Abs. 4 Satz 1 EStG ist die Auflösung einer Kapitalgesellschaft dem Fall der Veräußerung i. S. d. § 17 Abs. 1 EStG grundsätzlich gleichgestellt.

LITERATUR

Jacobs, O. H./Scheffler, W./Spengel, C. (Hrsg.), Unternehmensbesteuerung und Rechtsform, 5. Aufl., München 2015, S. 450–453.

Kußmaul, H., Betriebswirtschaftliche Steuerlehre, 7. Aufl., München 2014, S. 546–549.

Rose, G./Watrin, C., Ertragsteuern, 21. Aufl., Wiesbaden 2017, S. 246–251.

Kapitel 7: Die Besteuerung von Unternehmensverbindungen

7.1 Organschaft

7.1.1 Vorbemerkung

Im Rahmen einer steuerlichen Organschaft wird eine Gruppe rechtlich selbständiger Unternehmen unter bestimmten Voraussetzungen für Besteuerungszwecke zu einem alleinigen Unternehmen zusammengefasst. Das Rechtsinstitut der Organschaft wird daher auch unter dem Begriff der **Gruppenbesteuerung** diskutiert. Die Organschaft knüpft an die wirtschaftliche Einheit einer in Betracht zu ziehenden Unternehmensgruppe, typischerweise eines Konzerns, an und ermöglicht trotz der rechtlichen Selbstständigkeit der einzelnen zur Organschaft zusammengeführten Gesellschaften eine konsolidierte Besteuerung, die der wirtschaftlichen Erscheinungsform des Unternehmensverbundes gerecht wird. Nach der Zurechnungstheorie werden innerhalb des Organkreises die Gewinne oder Verluste der beherrschten Unternehmen (Organgesellschaften) den Einkünften des herrschenden Unternehmens (Organträger) zugerechnet und auf dessen Ebene der Besteuerung unterworfen. Das deutsche Steuerrecht sieht die Bildung einer Organschaft für verschiedene Steuerarten vor. Namentlich sind dies die körperschaftsteuerliche Organschaft, die gewerbesteuerliche Organschaft sowie die umsatzsteuerliche Organschaft.

7.1.2 Körperschaftsteuerliche Organschaft

Die Regelungen zur körperschaftsteuerlichen Organschaft finden sich in den §§ 14-19 KStG. Organgesellschaften können nach §§ 14 Abs. 1 Satz 1, 17 KStG Kapitalgesellschaften mit Geschäftsleitung im Inland und Sitz in einem EU-/EWR-Mitgliedstaat sein. Der nach früherem Gesetzeswortlaut erforderliche doppelte Inlandsbezug (Sitz und Ort der Geschäftsleitung im Inland) wurde im Rahmen der sog. „kleinen Organschaftsreform" (Gesetz zur Vereinfachung und Änderung der Unternehmensbesteuerung und des steuerlichen Reisekostenrechts vom 20. 2. 2013, BGBl I 2013 S. 285) aufgehoben. Als Organträger kommen eine natürliche Person, eine nicht von der Körperschaftsteuer befreite Körperschaft, eine in § 1 KStG genannte Personenvereinigung oder Vermögenmasse sowie eine gewerblich tätige Personengesellschaft in Betracht. Bis zur Umsetzung der kleinen Organschaftsreform war erforderlich, dass der Organträger eine Geschäftsleitung im Inland hat bzw. – im Fall einer natürlichen Person – diese im Inland unbeschränkt steuerpflichtig ist. Für ein ausländisches gewerbliches Unternehmen als Organträger war erforderlich, dass dieses eine im Handelsregister eingetragene Zweigniederlassung unterhält. Nunmehr ist hingegen lediglich Voraussetzung, dass der Organträger eine inländische Betriebsstätte unterhält und die Beteiligung an der Organgesellschaft während der gesamten Dauer der Organschaft dieser Betriebsstätte zuzuordnen ist (§ 14 Abs. 1 Satz 1 Nr. 2 KStG). Dabei muss sowohl nach den innerstaatlichen Voraussetzungen (§ 12 AO) als auch nach dem jeweils anzuwendenden Doppelbesteuerungsabkommen (Art. 5 OECD-MA) eine Betriebsstätte vorliegen (§ 14 Abs. 1 Satz 1 Nr. 2 Satz 7 KStG).

Da sowohl nach alter als auch neuer Rechtslage der Organträger kein inländisches Unternehmen sein muss, stellt sich in der Praxis häufig das Problem der doppelten Verlustnutzung. Zu diesem Zweck sah § 14 Abs. 1 Satz 1 Nr. 5 KStG bereits in der Vergangenheit vor, dass negative Einkünfte des Organträgers im Inland nicht zu berücksichtigen sind, soweit sie in einem ausländischen Staat im Rahmen der Besteuerung des Organträgers berücksichtigt werden. Um die doppelte Verlustnutzung auch auf Ebene der Organgesellschaft zu vermeiden, wurde § 14 Abs. 1 Satz 1 Nr. 5 KStG im Rahmen der kleinen Organschaftsreform auf die Fälle der ausländischen Berücksichtigung von Verlusten der Organgesellschaft erweitert.

Für die **Begründung** einer körperschaftsteuerlichen Organschaft sind neben den persönlichen Voraussetzungen im Hinblick auf die Organgesellschaft und den Organträger ebenso sachliche Voraussetzungen zu erfüllen. Die wesentlichen sachlichen Voraussetzungen sind die finanzielle Eingliederung der Organgesellschaft in die Unternehmung des Organträgers und das Bestehen eines Gewinnabführungsvertrags zwischen den beiden Gesellschaften. Die finanzielle Eingliederung liegt vor, wenn der Organträger die Mehrheit der Stimmrechte an der Organgesellschaft während seines gesamten Wirtschaftsjahres ununterbrochen hält (§ 14 Abs. 1 Satz 1 Nr. 1 Satz 1 KStG). Unmittelbare und mittelbare Beteiligungen sind zu addieren, wobei die Berücksichtigung einer mittelbaren Beteiligung an die Mehrheit der Stimmrechte an der vermittelnden Gesellschaft geknüpft ist (§ 14 Abs. 1 Satz 1 Nr. 1 Satz 2 KStG). Der **Gewinnabführungsvertrag** ist nach § 14 Abs. 1 Satz 1 Nr. 3 Satz 1 KStG für eine Dauer von mindestens fünf Jahren abzuschließen und während der Vertragslaufzeit tatsächlich durchzuführen. Eine vorzeitige Vertragskündigung ohne Auswirkung auf die steuerliche Anerkennung der Organschaft ist nur bei Vorliegen eines wichtigen Kündigungsgrundes möglich (§ 14 Abs. 1 Satz 1 Nr. 3 Satz 2 KStG). Die Kündigung oder Aufhebung des Gewinnabführungsvertrags auf einen unterjährigen Zeitpunkt wirkt auf den Beginn dieses Wirtschaftsjahres zurück (§ 14 Abs. 1 Satz 1 Nr. 3 Satz 3 KStG).

In der Praxis scheitert die Anerkennung der Organschaft häufig daran, dass der Gewinnabführungsvertrag nicht ordnungsgemäß über die gesamte Mindestdauer von fünf Jahren durchgeführt wird. Eine tatsächliche Durchführung liegt vor, wenn das gesamte handelsrechtliche Jahresergebnis der Organgesellschaft an den Organträger abgeführt wird. Ein unrichtiger handelsrechtlicher Jahresabschluss führt somit grundsätzlich zur steuerlichen Aberkennung der Organschaft. Durch die kleine Organschaftsreform wurde diese drastische Folge allerdings insoweit abgemildert, als ein Gewinnabführungsvertrag unter gewissen Voraussetzungen auch dann als durchgeführt gilt, wenn die Ergebnisabführung auf einem Jahresabschluss beruht, der fehlerhafte Bilanzansätze enthält. Voraussetzung hierfür ist insbesondere, dass die Fehlerhaftigkeit des Jahresabschlusses bei der Erstellung des Jahresabschlusses auch unter Anwendung der Sorgfalt eines ordentlichen Kaufmanns nicht hätte erkannt werden müssen (sog. **subjektiver Fehlerbegriff**).

In zeitlicher Hinsicht ist zudem – wie oben schon ausgeführt – zu beachten, dass der Gewinnabführungsvertrag auf die Dauer von mindestens fünf Jahren abgeschlossen wird. Sieht der Vertrag keine fünfjährige Laufzeit vor oder ein ordentliches Kündigungsrecht zu einem früheren Zeitpunkt, ist die Mindestlaufzeit von fünf Jahren nicht erfüllt. In einer jüngeren Entscheidung hat der BFH das Vorliegen eines auf mindestens fünf Jahre abgeschlossenen Gewinnabführungsvertrags aufgrund des Fehlens eines Tages verneint. Der entsprechende Gewinnabführungsvertrag begann am 1.1.1999 und sollte erstmals am 30.12.2003 mit einer Kündigungsfrist von einem Jahr kündbar sein. Der da BFH aus der Vertragssystematik keine Anhaltspunkte dafür erkennen konnte, dass es sich hierbei um ein redaktionelles Versehen handelte, kam er zu der Entscheidung, dass das Fünfjahreserfordernis nicht eingehalten und die Organschaft steuerlich nicht anzuerkennen war (vgl. BFH, Beschluss v. 23.1.2013, I R 1/12, BFH/NV 2013 S. 989).

TAB. 7.1:	Merkmale der körperschaftsteuerlichen Organschaft *Quelle*: Eigene Darstellung in Anlehnung an *Kraft/Kraft* (2018), S. 191.	
Organgesellschaft	**§§ 14–19 KStG** ▶ Kapitalgesellschaft mit Geschäftsleitung im Inland und Sitz in EU-/ EWR-Staat (§ 14 Abs. 1 Satz 1 KStG)
Organträger	▶ Inländisches gewerbliches Unternehmen ▶ Ausländisches gewerbliches Unternehmen, sofern die Beteiligung an der Organgesellschaft einer inländischen Betriebsstätte zuzuordnen ist (§ 14 Abs. 1 Satz 1 Nr. 2 KStG)

Finanzielle Eingliederung	▶ Mehrheit der Stimmrechte an der Organgesellschaft
	▶ Zusammenrechnung mittelbarer und unmittelbarer Beteiligungen (§ 14 Abs. 1 Satz 1 Nr. 1 KStG)
Gewinnabführungsvertrag	▶ Auf mindestens 5 Jahre abgeschlossen und während gesamter Dauer durchgeführt (§ 14 Abs. 1 Satz 1 Nr. 3 KStG)

Bei der gesonderten Gewinnermittlung der Organgesellschaft sind die in § 15 KStG enthaltenen Ausnahmetatbestände zu beachten, von denen insbesondere die folgenden relevant sind: Nach § 15 Satz 1 Nr. 1 KStG ist der Verlustabzug i. S. d. § 10d EStG für sog. vororganschaftliche Verluste einer Organgesellschaft nicht zulässig. Dies bedeutet, dass vororganschaftliche Verlustvorträge der Organgesellschaft während der Organschaft eingefroren sind und erst nach Beendigung der Organschaft steuerlich genutzt werden können. Nach Auffassung der Finanzverwaltung gilt dies im Übrigen analog für vororganschaftliche Zinsvorträge i. S. d. § 4h Abs. 1 Satz 5 EStG einer Organgesellschaft (vgl. BMF, Schreiben vom 4. 7. 2008, IV C 7 – S 2742 – a/07/10001, BStBl I 2008 S. 718, Tz. 48). Weiterhin finden die Regelungen des § 8b KStG bei der Organgesellschaft grundsätzlich – also abgesehen von den Ausnahmefällen, in denen auf die Organgesellschaft § 8b Abs. 7, 8 oder 10 KStG anzuwenden ist – keine Anwendung (§ 15 Satz 1 Nr. 2 Satz 1 KStG). Die Steuerbefreiungen werden stattdessen auf der Ebene des Organträgers in Abhängigkeit von dessen Rechtsform gewährt (gem. § 8b KStG oder § 3 Nr. 40 EStG). Entsprechend werden internationale Schachtelprivilegien erst beim Organträger berücksichtigt (§ 15 Satz 2 KStG). Durch das EuGH-Dividendenumsetzungsgesetz v. 21. 3. 2013 wurde die Regelung des § 8b Abs. 1 KStG dahingehend verschärft, dass eine Beteiligung von mindestens 10 % am Grund- oder Stammkapital zu Beginn des Kalenderjahres erforderlich ist (§ 8b Abs. 4 KStG). Zugleich wurde § 15 Satz 1 Nr. 2 KStG ein neuer Satz 4 angefügt, wonach für die Frage, ob die 10%-ige Beteiligungshöhe erreicht ist, die Beteiligungen der Organgesellschaft und des Organträgers getrennt betrachtet werden. Nach § 15 Satz 1 Nr. 3 KStG ist die Zinsschranke des § 4h EStG ebenso wie der hierauf Bezug nehmende § 8a KStG bei Organgesellschaften nicht anzuwenden. Vielmehr gelten Organträger und Organgesellschaften nach § 15 Satz 1 Nr. 3 Satz 2 KStG als ein Betrieb i. S. d. § 4h EStG.

Der wesentliche **Vorteil einer Organschaft** ist die Möglichkeit des sofortigen Verlustausgleichs. Diese Möglichkeit besteht sowohl bei einer Verlusterwirtschaftung auf Ebene der Organgesellschaft als auch auf Ebene des Organträgers, sofern bei dem jeweils anderen Organmitglied positive Einkünfte vorhanden sind. In beiden Fällen bewirkt die ausbleibende Steuerbelastung positive Zins- und Liquiditätseffekte. Der Verlustausgleich im Organkreis erstreckt sich allerdings allein auf die während des Bestehens der Organschaft erzielten Verluste und bezieht vororganschaftliche Verluste einer Organgesellschaft nicht mit ein. Ein weiterer Vorteil liegt darin, dass der Gewinn der Organgesellschaft dem Organträger im Wege der Gewinnabführung zugerechnet und nicht an den Organträger ausgeschüttet wird. Mangels Ausschüttung des Gewinns sind auf Ebene des Organträgers auch nicht die §§ 3c Abs. 1 EStG, 8b Abs. 5 KStG anzuwenden, sodass der beteiligungsbezogene Aufwand des Organträgers als Betriebsausgabe vollständig abzugsfähig ist. Bei Kapitalgesellschaften als Organträger ist nach § 8b Abs. 3 Satz 3 KStG ebenso eine Teilwertabschreibung der Beteiligung an der Organgesellschaft verboten. Nachteil der körperschaftsteuerlichen Organschaft ist die Haftungsverschärfung beim Organträger, da dieser für die Verluste einer Organgesellschaft aufgrund der Verlustübernahmeverpflichtung faktisch haftet.

In verfahrensrechtlicher Hinsicht ist schließlich zu beachten, dass bis zum 31.12.2013 keine Verknüpfung zwischen Organgesellschaft und Organträger bestand. Dies führte in der Praxis häufig dazu, dass ein bei der Organgesellschaft festgestelltes Ergebnis zwar nachträglich im Rahmen einer Betriebsprüfung geändert wurde, zu diesem Zeitpunkt aber beim Organträger eine Korrektur wegen eingetretener Bestandskraft nicht mehr erfolgen konnte.

BEISPIEL: ▸ Bei der Lürsen GmbH als Organgesellschaft wurde ein Verlust i.H.v. 500.000 € ermittelt und entsprechend bei der Stedefreund GmbH als Organträger berücksichtigt. Im Rahmen einer Betriebsprüfung bei der Lürsen GmbH stellt sich heraus, dass der Verlust tatsächlich nur 100.000 € betrug. Eine Korrektur auf Ebene der Stedefreund GmbH war bislang jedoch nicht mehr möglich, sofern der Steuerbescheid bereits bestandskräftig war. Nach dem im Rahmen der kleinen Organschaftsreform neu eingefügten § 14 Abs. 5 KStG ist das dem Organträger zuzurechnende Einkommen der Organgesellschaft nunmehr gegenüber dem Organträger und der Organgesellschaft gesondert und einheitlich festzustellen. Dieser Feststellung stellt nach § 14 Abs. 5 Satz 2 KStG einen bindenden Grundlagenbescheid dar mit der Folge, dass beim Organträger eine nachträgliche Korrektur – auch nach Eintritt der Bestandskraft – möglich ist (§ 175 Abs. 1 Satz 1 Nr. 1 AO).

LITERATUR

BMF, Schreiben v. 26.8.2003, IV A 2 – S 2770 – 18/03, BStBl I 2003 S. 437–441.

Grefe, C., Unternehmenssteuern, 21. Aufl., Ludwigshafen 2018, S. 284–288.

Jacobs, O.H./Scheffler, W./Spengel, C. (Hrsg.), Unternehmensbesteuerung und Rechtsform, 5. Aufl., München 2015, S. 216–220.

Kraft, C./Kraft, G., Grundlagen der Unternehmensbesteuerung, 5. Aufl., Wiesbaden 2018, S. 189–194.

Kußmaul, H., Betriebswirtschaftliche Steuerlehre, 7. Aufl., München 2014, S. 609–620.

Müller, T./Stöcker, E. E./Lieber, B., Die Organschaft, 10. Aufl., Herne 2017, Abschnitt A.

Rose, G./Watrin, C., Ertragsteuern, 21. Aufl., Berlin 2017, S. 285–294.

7.1.3 Gewerbesteuerliche Organschaft

Durch das Unternehmenssteuerfortentwicklungsgesetz (UntStFG v. 20. 12. 2001, BGBl 2001 I S. 3858-3878) sind die Voraussetzungen zur gewerbesteuerlichen Organschaft seit dem Veranlagungszeitraum 2002 mit denen der körperschaftsteuerlichen Organschaft identisch. Die rechtliche Grundlage der gewerbesteuerlichen Organschaft, § 2 Abs. 2 Satz 2 GewStG, sieht die unmittelbare Anknüpfung an die Vorschriften der §§ 14–19 KStG vor und enthält für Organgesellschaften die sog. Betriebsstättenfiktion. Danach gelten Kapitalgesellschaften, die als Organgesellschaft in eine körperschaftsteuerliche Organschaft integriert sind, als Betriebsstätte des Organträgers. Sie stellen mithin keinen eigenständigen Gewerbebetrieb dar. Dennoch wird die Ermittlung des Gewerbeertrags bei den Organgesellschaften und beim Organträger getrennt durchgeführt. Anschließend findet eine Zusammenrechnung dieser getrennt ermittelten Gewerbeerträge beim Organträger statt. Um Doppelerfassungen aus innerorganschaftlichen Lieferungs- und Leistungsbeziehungen zu vermeiden, erfolgen keine Hinzurechnungen gem. § 8 GewStG, soweit diese Hinzurechnungspositionen im Gewerbeertrag eines der Organunternehmen enthalten sind.

Die gewerbesteuerliche Organschaft ermöglicht eine sofortige Gewerbeverlustverrechnung mit den damit einhergehenden positiven Zins- und Liquiditätseffekten. Darüber hinaus ergibt sich im Falle einer Personengesellschaft als Organträger die Möglichkeit, rechtsformabhängige Begünstigungen (gewerbesteuerlicher Freibetrag gem. § 11 Abs. 1 Satz 3 Nr. 1 GewStG, Anrechnung der Gewerbesteuer auf die Einkommensteuer gem. § 35 EStG) für einen ansonsten auf Ebene der Organgesellschaft (Kapitalgesellschaft) ohne Begünstigung zu versteuernden Gewerbeertrag in Anspruch zu nehmen.

TAB. 7.2:	Merkmale der gewerbesteuerlichen Organschaft *Quelle*: Eigene Darstellung in Anlehnung an *Kraft/Kraft* (2018), S. 217
	§ 2 Abs. 2 Satz 2 GewStG i. V. m. §§ 14–19 KStG
Organgesellschaft	▶ Kapitalgesellschaft mit Geschäftsleitung im Inland und Sitz in EU/EWR-Staat (§ 14 Abs. 1 Satz 1 KStG)
Organträger	▶ Inländisches gewerbliches Unternehmen ▶ Ausländisches gewerbliches Unternehmen, sofern die Beteiligung an der Organgesellschaft einer inländischen Betriebsstätte zuzuordnen ist (§§ 14 Abs. 1 Satz 1 Nr. 2, 18 KStG)
Finanzielle Eingliederung	▶ Mehrheit der Stimmrechte an der Organgesellschaft ▶ Zusammenrechnung mittelbarer und unmittelbarer Beteiligungen (§ 14 Abs. 1 Satz 1 Nr. 1 KStG)
Gewinnabführungsvertrag	▶ Auf mindestens 5 Jahre abgeschlossen und während gesamter Dauer durchgeführt (§ 14 Abs. 1 Satz 1 Nr. 3 KStG)

LITERATUR

Jacobs, O. H./Scheffler, W./Spengel, C.(Hrsg.), Unternehmensbesteuerung und Rechtsform, 5. Aufl., München 2015, S. 226–227.

Kraft, C./Kraft, G., Grundlagen der Unternehmensbesteuerung, 5. Aufl., Wiesbaden 2018, S. 217–218.

Kußmaul, H., Betriebswirtschaftliche Steuerlehre, 7. Aufl., München 2014, S. 620–623.

Müller, T./Stöcker, E. E./Lieber, B., Die Organschaft, 10. Aufl., Herne 2017, Abschnitt B.

Rose, G./Watrin, C., Ertragsteuern, 21. Aufl., Berlin 2017, S. 294–298.

7.1.4 Umsatzsteuerliche Organschaft

Rechtsgrundlage der umsatzsteuerlichen Organschaft ist § 2 Abs. 2 Nr. 2 UStG. Nach dieser Ausnahmeregelung zum Begriff des umsatzsteuerlichen Unternehmers i. S. d. § 2 Abs. 1 Satz 1 UStG verlieren juristische Personen, die nach dem Gesamtbild der tatsächlichen Verhältnisse finanziell, wirtschaftlich und organisatorisch in ein herrschendes Unternehmen integriert sind, die Unternehmereigenschaft des Umsatzsteuergesetzes. Sie sind stattdessen als Organgesellschaft einer umsatzsteuerlichen Organschaft zu behandeln. Weitere Voraussetzungen, insbesondere der Abschluss eines Gewinnabführungsvertrags, sind nicht zu erfüllen.

Während als umsatzsteuerliche Organgesellschaft jede Körperschaft (mit Ausnahme juristischer Personen des öffentlichen Rechts) in Betracht kommt, wird jeder Unternehmer i. S. d. § 2 UStG unabhängig von dessen Rechtsform als Organträger anerkannt. Nicht abschließend geklärt ist, ob Personengesellschaften entgegen des Wortlauts von § 2 Abs. 2 Satz 1 Nr. 2 UStG als Organgesellschaften in einen Organkreis einbezogen werden können. Die Rechtsprechung des BFH ist in diesem Punkt uneinheitlich und offenkundig noch im Fluss. Insoweit bleibt die weitere Entwicklung abzuwarten. Die finanzielle Eingliederung einer Organgesellschaft ist gegeben, wenn dem Organträger unmittelbar oder mittelbar die Mehrheit der Stimmrechte zusteht. Wirtschaftliche Eingliederung liegt vor, wenn die Tätigkeit der Organgesellschaft in einem engen Zusammenhang mit der Wirtschaftsaktivität des Gesamtunternehmens steht und diese fördert oder ergänzt. Organisatorische Eingliederung liegt vor, wenn durch organisatorische Maßnahmen wie bspw. vertragliche Bindungen oder personelle Verflechtungen gewährleistet ist, dass der Wille des Organträgers in der Organgesellschaft tatsächlich durchgesetzt wird.

TAB. 7.3:	Merkmale der umsatzsteuerlichen Organschaft *Quelle: Kraft/Kraft* (2018), S. 337.
	§ 2 Abs. 2 Nr. 2 UStG
Organgesellschaft	► Inländische und ausländische juristische Person mit den im Inland gelegenen Unternehmensteilen (§ 2 Abs. 2 Satz 1 Nr. 2 Satz 2 UStG)
Organträger	► Inländische und ausländische umsatzsteuerliche Unternehmer mit dem im Inland belegenen Unternehmensteil (§ 2 Abs. 2 Satz 1 Nr. 2 Satz 4 UStG)
Finanzielle Eingliederung	► Mindestens 50 % der Anteile an der Organgesellschaft ► Zusammenrechnung mittelbarer und unmittelbarer Beteiligungen (§ 2 Abs. 2 Satz 1 Nr. 2 Satz 1 UStG)
Wirtschaftliche Eingliederung	► Tätigkeit der Organgesellschaft fördert und ergänzt die Tätigkeit des Gesamtunternehmens

Organisatorische Eingliederung	▶ Organträger kann die wirtschaftlichen Entscheidungen in der Organgesellschaft maßgeblich bestimmen (insbesondere im Falle der Personenidentität der Geschäftsführungen gegeben)
Gewinnabführungsvertrag	▶ Nicht erforderlich

Anders als bei der körperschaftsteuerlichen Organschaft, der die Zurechnungstheorie zu Grunde liegt, folgt die umsatzsteuerliche Organschaft der **Einheitstheorie**. Durch die Eingliederung in das Unternehmen des Organträgers verliert die Organgesellschaft ihre Selbständigkeit, sodass sämtliche Mitglieder des Organkreises als ein einheitliches Unternehmen betrachtet werden. Von der Umsatzsteuerpflicht und den damit verbundenen Pflichten, insbesondere der Abgabe der Umsatzsteuervoranmeldung und -erklärung ist folglich nur der Organträger betroffen. Als Schuldner der Umsatzsteuer ist der Organträger vorsteuerabzugsberechtigt. Organgesellschaften haften gem. § 73 AO lediglich für die auf sie entfallende Umsatzsteuer. Die Vorsteuerabzugsberechtigung des Organträgers betrifft auch Umsatzsteuerbeträge, die der Organgesellschaft von fremden Dritten berechnet werden. Umsätze innerhalb des Organkreises zwischen dem Organträger und einer Organgesellschaft werden als nicht steuerbare Innenumsätze behandelt. Im Falle einer grenzüberschreitenden umsatzsteuerlichen Organschaft ist die fehlende Steuerbarkeit der Innenumsätze auf die im Inland belegenen Unternehmensteile begrenzt.

LITERATUR

Grefe, C., Unternehmenssteuern, 21. Aufl., Ludwigshafen 2018, S. 284–288.

Kraft, C./Kraft, G., Grundlagen der Unternehmensbesteuerung, 5. Aufl., Wiesbaden 2018, S. 337–338.

Kußmaul, H., Betriebswirtschaftliche Steuerlehre, 7. Aufl., München 2014, S. 623–625.

Müller, T./Stöcker, E. E./Lieber, B., Die Organschaft, 10. Aufl., Herne 2017, Abschnitt C.

7.2 GmbH & Co. KG

Bei einer Kommanditgesellschaft handelt es sich gem. § 161 Abs. 1 HGB um eine Personengesellschaft, deren Zweck auf den Betrieb eines Handelsgewerbes unter gemeinschaftlicher Firma gerichtet ist. Charakteristisches Merkmal dieser Rechtsform ist die hybride Gesellschafterstruktur, die sich zum einen aus persönlich unbeschränkt haftenden Gesellschaftern (Komplementäre) und zum anderen aus nur mit dem Betrag ihrer Vermögenseinlage haftenden Gesellschaftern (Kommanditisten) zusammensetzt. Eine GmbH & Co. KG zeichnet sich regelmäßig dadurch aus, dass die Position des unbeschränkt haftenden Gesellschafters nicht von einer natürlichen Person, sondern von einer GmbH übernommen wird. Dabei ist in Abhängigkeit der Gesellschafter der Komplementär-GmbH zwischen einer GmbH & Co. KG im engeren (identische GmbH & Co. KG) und weiteren Sinne (nicht identische GmbH & Co. KG) zu unterscheiden. Während bei der GmbH & Co. KG im weiteren Sinne zwischen den Gesellschaftern der Komplementär-GmbH und den Kommanditisten keine Personenidentität besteht, ist diese bei einer GmbH & Co. KG im engeren Sinne gegeben. Darüber hinaus stimmen die Beteiligungsverhältnisse am Stammkapital der Komplementär-GmbH und am Kommanditkapital miteinander überein (Beteiligungsidentität).

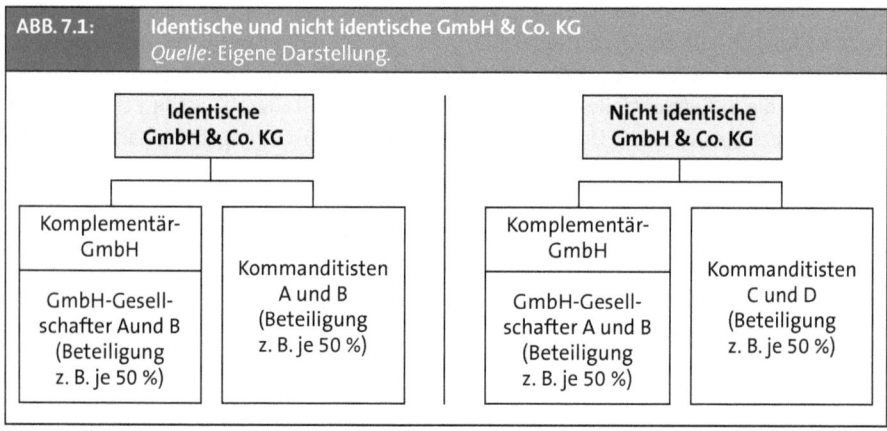

ABB. 7.1:   Identische und nicht identische GmbH & Co. KG
Quelle: Eigene Darstellung.

Die bedeutsamsten Ausprägungen der GmbH & Co. KG sind neben der identischen die typische GmbH & Co. KG, die Ein-Personen-GmbH & Co. KG sowie die Einheitsgesellschaft. Die typische GmbH & Co. KG ist dadurch gekennzeichnet, dass eine GmbH als einzige Komplementärin fungiert. Bei der Ein-Personen-GmbH & Co. KG ist eine natürliche Person zugleich Alleingesellschafter der Komplementär-GmbH und Kommanditist. Bei der Einheitsgesellschaft werden alle Anteile an der Komplementär-GmbH von der KG gehalten, wodurch die gesamte Unternehmensführung in der KG vereint wird. Der Gläubigerschutz wird bei dieser Gestaltung aufrechterhalten, indem der Übertragung der Anteile an der Komplementär-GmbH durch die Kommanditisten nach § 172 Abs. 6 HGB keine haftungsausschließende Wirkung zuerkannt wird.

Die Gründe für die Wahl bzw. die **Vorteile der Mischform der GmbH & Co. KG** sind vor allem gesellschaftsrechtlicher Natur. Als wichtigstes Motiv ist die Haftungsbeschränkung des einzig persönlich haftenden Gesellschafters der KG auf das Gesellschaftsvermögen der Komplementär-GmbH zu nennen. Die Haftung der beteiligten natürlichen Personen mit ihrem Privatvermögen wird auf diese Weise umgangen. Des Weiteren bietet die GmbH & Co. KG die Möglichkeit zur Fremdorganschaft. Das Gesellschaftsrecht sieht vor, dass die Komplementärsfunktion das Recht zur Geschäftsführung und Vertretung der KG beinhaltet. Bei einer GmbH & Co. KG werden die Geschäfte der KG durch den GmbH-Geschäftsführer geführt, da dieser Vertreter der Komplementär-GmbH ist. Die Lösung von Unternehmens- und Führungsnachfolgeproblemen der Gesellschaft wird somit erheblich erleichtert, da eine Verknüpfung der Unternehmensführung mit der Gesellschafterstellung ausbleibt. Ein weiterer Vorteil der GmbH & Co. KG folgt aus der Tatsache, dass diese Mischform als Sonderform der KG gesellschaftsrechtlich eine Personengesellschaft darstellt. Die teilweise restriktiven kapitalgesellschaftsrechtlichen Regelungen zur Kapitalaufbringung und -erhaltung sind somit nicht zu beachten. Stattdessen können die Freiheiten des weitgehend dispositiven Personengesellschaftsrechts ausgenutzt werden. Als weiterer Vorzug der GmbH & Co. KG ist abschließend die Sicherung der Unternehmenskontinuität zu nennen. Im Todesfall eines persönlich haftenden Gesellschafters sieht sich eine KG mit dem Problem der Nachfolge oder gar der Auflösung der Gesellschaft konfrontiert. Aufgrund der Unsterblichkeit der Komplementär-GmbH treten diese Schwierigkeiten bei einer GmbH & Co. KG nicht auf.

Die Gewinnanteile der Komplementär-GmbH bzw. der Kommanditisten werden nach §§ 179 Abs. 1 und 2, 180 Abs. 1 Nr. 2 Buchst. a AO gesondert und einheitlich festgestellt und auf der Gesellschafterebene der Körperschaftsteuer bzw. der Einkommensteuer unterworfen. Bei einer identischen GmbH & Co. KG bedingt das Fehlen des natürlichen Interessengegensatzes zwischen der Komplementär-GmbH und den Kommanditisten eine **Angemessenheitsprüfung** des Gewinnanteils der Komplementär-GmbH. Ein unangemessen niedriger Gewinnanteil führt zu einer verdeckten Gewinnausschüttung auf Ebene der GmbH, ein unangemessen hoher Gewinnanteil führt zu einer verdeckten Einlage in die GmbH. Die Angemessenheitsprüfung orientiert sich dabei an den von der Komplementär-GmbH erbrachten Leistungen, wie bspw. die Übernahme der Geschäftsführung, die Haftungsübernahme und die Erbringung der Kapitaleinlage.

Für steuerliche Zwecke ist der Gewinn einer GmbH & Co. KG nach §§ 179 Abs. 1 und 2, 180 Abs. 1 Nr. 2 Buchst. a AO gesondert und einheitlich festzustellen. Sofern die GmbH & Co. KG eine rein vermögensverwaltende Tätigkeit ausübt und weder gewerblich infiziert noch gewerblich geprägt ist, stellt ihr Vermögen grundsätzlich steuerliches Privatvermögen dar. Ferner unterliegt eine solche GmbH & Co. KG nicht der Gewerbesteuer. Auf der Gesellschafterebene stellen die Einkünfte aus der Beteiligung an der GmbH & Co. KG in diesem Fall Einkünfte aus der jeweils von der GmbH & Co. KG verwirklichten Einkunftsart dar. Übt die GmbH & Co. KG z. B. eine reine Vermietungstätigkeit aus, stellen die Gewinnanteile der Gesellschafter grundsätzlich Einkünfte aus Vermietung und Verpachtung i. S. d. § 21 EStG dar.

Sofern die GmbH & Co. KG als Gewerbebetrieb qualifiziert, stellt sich das Vermögen der GmbH & Co. KG als steuerliches Betriebsvermögen dar. Ferner ist die GmbH & Co. KG in diesem Fall gewerbesteuerpflichtig. Der Gewerbeertrag der GmbH & Co. KG setzt sich grundsätzlich aus ihrem Gewinn und aus den Sonderbilanzgewinnen der einzelnen Gesellschafter zusammen. Die Ermittlung des Gewerbeertrags der GmbH & Co. KG erfolgt insoweit nach den allgemeinen Grundsätzen. Vergütungen, die unter schuldrechtlichen Leistungsbeziehungen von der GmbH & Co. KG an einen Gesellschafter gezahlt werden, mindern den Gewerbeertrag nicht. Steuerlich abziehbare Betriebsausgaben der GmbH & Co. KG z. B. in Form von Mietaufwendungen gegenüber der einem Gesellschafter werden durch die entsprechenden Sonderbetriebseinnahmen des Gesellschafters bei der GmbH & Co. KG kompensiert. Als Personengesellschaft kann sie den Freibetrag des § 11 Abs. 1 Satz 1 Nr. 1 GewStG in Anspruch nehmen.

Die Gewinnanteile der Komplementär-GmbH und der Kommanditisten stellen auf der Gesellschafterebene Einkünfte aus Gewerbebetrieb i. S. d. § 15 EStG dar und unterliegen der Körperschaftsteuer bzw. der Einkommensteuer. Die GmbH & Co. KG qualifiziert als Gewerbebetrieb, sofern sie sich entweder i. S. d. § 15 Abs. 2 EStG gewerblich betätigt, gem. § 15 Abs. 3 Nr. 2 EStG gewerblich infiziert oder gem. § 15 Abs. 3 Nr. 2 EStG gewerblich geprägt ist. Die gewerbliche Prägung ist insbesondere für vermögensverwaltend tätige GmbH & Co. KGs zu beachten. Sollen diese Personengesellschaften nicht als Gewerbebetrieb qualifizieren und damit auch nicht der Gewerbesteuer unterliegen, bietet sich die gewerbliche „Entprägung" an. Diese kann in Abgrenzung zu § 15 Abs. 3 Nr. 2 EStG dadurch erreicht werden, dass die Geschäftsführung der KG von einem Kommanditisten übernommen wird.

Das steuerliche Betriebsvermögen der GmbH & Co. KG umfasst neben den Wirtschaftsgütern, die sich im Gesamthandsvermögen der KG befinden, das Sonderbetriebsvermögen der Komplementär-GmbH sowie der Kommanditisten. Sofern die Komplementär-GmbH der KG Wirtschaftsgüter zur Nutzung überlässt, stellen diese Wirtschaftsgüter notwendiges Sonderbetriebsvermögen I der Komplementär-GmbH bei der KG dar. Gleiches gilt im Hinblick auf etwaige Nutzungsüberlassungen durch die Kommanditisten. Ferner werden die Anteile an der Komplementär-GmbH, soweit sie von Kommanditisten der KG gehalten werden, dem jeweiligen notwendigen Sonderbetriebsvermögen II der Kommanditisten bei der KG zugeordnet. Grund dafür ist, dass ein Kommanditist als Gesellschafter der Komplementär-GmbH Einfluss auf die Geschäftsführung der KG ausüben kann und dadurch seine unmittelbare Gesellschafterstellung als Kommanditist verstärkt wird. Lediglich in dem Fall, in dem die Komplementär-GmbH neben der Geschäftsführertätigkeit für die KG noch einen eigenen Geschäftsbetrieb von nicht ganz untergeordneter Bedeutung unterhält, können die Anteile an der Komplementär-GmbH ggf. nicht dem notwendigen Sonderbetriebsvermögen II des an der Komplementär-GmbH beteiligten Kommanditisten zuzuordnen sein. Ferner gehören zum notwendigen Sonderbetriebsvermögen II auch solche Wirtschaftsgüter, die im Eigentum eines Kommanditisten und zugleich Gesellschafters der Komplementär-GmbH stehen, sofern die Wirtschaftsgüter an die Komplementär-GmbH vermietet und durch diese an die KG weitervermietet werden.

Für Zwecke der steuerlichen Gewinnermittlung sind bei der GmbH & Co. KG die allgemeinen Regelungen anzuwenden. Im Hinblick auf die Geschäftsführungsvergütung ist allerdings folgende Differenzierung vorzunehmen:

▶ **Wahrnehmung der Geschäftsführung der GmbH & Co. KG durch einen weder an der Komplementär-GmbH noch an der GmbH & Co. KG beteiligten Fremden**

   In der erstgenannten Konstellation stellt die Geschäftsführungsvergütung, die die GmbH & Co. KG an die Komplementär-GmbH zahlt, Betriebsausgabe auf Ebene der GmbH & Co. KG dar. Zugleich handelt es sich um Sonderbetriebseinnahmen der Komplementär-GmbH bei der GmbH & Co. KG. Darüber hinaus ist die Vergütung als Sonderbetriebsausgabe der Komplementär-GmbH bei der GmbH & Co. KG zu berücksichtigen.

▶ **Wahrnehmung der Geschäftsführung durch einen Gesellschafter der Komplementär-GmbH**

   Die zweite Variante unterscheidet sich in der steuerlichen Behandlung nicht von der ersten Variante. Allerdings ist nachzuprüfen, ob die Geschäftsführervergütung dem Fremdvergleich standhält und damit keine verdeckte Gewinnausschüttung der Komplementär-GmbH an ihren Gesellschafter vorliegt.

▶ **Wahrnehmung der Geschäftsführung durch einen Kommanditisten der GmbH & Co. KG**

   In der letztgenannten Konstellation stellt die Vergütung wiederum Betriebsausgabe auf Ebene der GmbH & Co. KG sowie Sonderbetriebseinnahme und Sonderbetriebsausgabe der Komplementär-GmbH bei der GmbH & Co. KG dar. Zusätzlich handelt es sich bei der Vergütung aber auch noch um eine Sonderbetriebseinnahme des Geschäftsführers, der als Kommanditist Gesellschafter der GmbH & Co. KG ist. Während die Vergütung also in den ersten beiden Varianten den steuerlichen Gesamtgewinn der Mitunternehmerschaft im Ergebnis mindert, unterbleibt dies in der dritten Variante aufgrund der zusätzlichen Berücksichtigung der Vergütung als Sonderbetriebseinnahme des Kommanditisten.

Auf der Ebene der Mitunternehmer stellen sich die Regelungen zur Besteuerung der Komplementär-GmbH und der Kommanditisten wie folgt dar:

▶ Auf Ebene der **Komplementär-GmbH** unterliegen der Gewinnanteil aus der GmbH & Co. KG sowie etwaige Sonderbilanzgewinne der Körperschaftsteuer. Für gewerbesteuerliche Zwecke stellt die Komplementär-GmbH gem. § 2 Abs. 2 Satz 1 GewStG einen Gewerbebetrieb kraft Rechtsform dar. Zu einer gewerbesteuerlichen Mehrfachbelastung kommt es allerdings nicht. Zum einen wird der Gewerbeertrag der Komplementär-GmbH gem. § 9 Nr. 2 GewStG um die Gewinnanteile aus der GmbH & Co. KG gekürzt. Zum anderen wird der Gewerbeertrag der (identischen) GmbH & Co. KG gem. § 9 Nr. 2a GewStG um die zum Sonderbetriebsvermögen zählenden Gewinnausschüttungen der Komplementär-GmbH an die Kommanditisten vermindert.

► Bei den **Kommanditisten** unterliegen die Gewinnanteile aus der GmbH & Co. KG der jeweiligen individuellen Einkommensteuerbelastung. Bei einer Verlustzuweisung seitens der KG ist bei Kommanditisten mit entstehendem oder sich erhöhendem negativen Kapitalkonto die Verlustverrechnungsbeschränkung des § 15a EStG zu beachten. Bei den Gesellschaftern der Komplementär-GmbH erfolgt die Besteuerung nach dem Zuflussprinzip erst im Falle einer Gewinnausschüttung. Bei einer nicht identischen GmbH & Co. KG sind die Gewinnausschüttungen den Einkünften aus Kapitalvermögen zuzuordnen. Sofern die Anteile im Privatvermögen gehalten werden, kommt i. d. R. der gesonderte Tarif nach § 32d EStG zur Anwendung. Gesellschafter-Geschäftsführergehälter stellen Einkünfte aus nichtselbständiger Arbeit dar. Bei einer identischen GmbH & Co. KG gehören die GmbH-Anteile sowie die Entgelte aus schuldrechtlichen Leistungsbeziehungen zum Sonderbetriebsvermögen, sodass die Ausschüttungen bzw. Entgelte Sonderbetriebseinnahmen darstellen und dem Teileinkünfteverfahren nach § 3 Nr. 40 Buchst. d EStG zu unterwerfen sind. Des Weiteren können Kommanditisten die Gewerbesteuer, die auf die unmittelbar von der KG bezogenen Gewinnanteile entfällt, im Rahmen des § 35 EStG auf ihre persönliche Einkommensteuerbelastung anrechnen.

LITERATUR

Breithecker, V., Einführung in die Betriebswirtschaftliche Steuerlehre, 17. Aufl., Berlin 2016, S. 184–192.

Jacobs, O. H./Scheffler, W./Spengel, C. (Hrsg.), Unternehmensbesteuerung und Rechtsform, 5. Aufl., München 2015, S. 59–67, 291–306.

Kaminski, B./Strunk, G., Besteuerung unternehmerischer Tätigkeit, 2. Aufl., Wiesbaden 2012, S. 31–33.

Kußmaul, H., Betriebswirtschaftliche Steuerlehre, 7. Aufl., München 2014, S. 497–503.

Zimmermann, R. u. a., Die Personengesellschaft im Steuerrecht, 12. Aufl., Achim 2017, S. 1241–1314.

7.3 Betriebsaufspaltung

Bei einer Betriebsaufspaltung, auch Doppelgesellschaft genannt, handelt es sich um die Rechtsformkombination zweier Unternehmen. Dabei hat die Betriebsaufspaltung keine eigenständige Rechtsgrundlage. Vielmehr handelt es sich um eine durch die höchstrichterliche Finanzrechtsprechung zum Begriff des Gewerbebetriebs i. S. d. § 15 Abs. 1 Nr. 1, Abs. 2 EStG geprägte Rechtsfigur des Einkommensteuerrechts. Überträgt ein Unternehmen (Besitzunternehmen) seine betriebliche Tätigkeit auf eine gewerblich tätige Personen- oder Kapitalgesellschaft (Betriebsunternehmen), führt dies unter bestimmten Voraussetzungen nicht zur Aufgabe der gewerblichen Tätigkeit des Besitzunternehmens. Dem Besitzunternehmen wird stattdessen unterstellt, sich über das Betriebsunternehmen am allgemeinen wirtschaftlichen Verkehr zu beteiligen.

Eine Betriebsaufspaltung im steuerrechtlichen Sinne liegt vor, wenn zwischen dem Besitz- und dem Betriebsunternehmen die Voraussetzungen der persönlichen und sachlichen Verflechtung erfüllt sind. Hierzu ist es notwendig, dass

► ein Besitzunternehmen Wirtschaftsgüter, die eine wesentliche Betriebsgrundlage darstellen, einem Betriebsunternehmen miet- oder pachtweise zur Nutzung überlässt (**sachliche Verflechtung**), und

► die herrschenden Gesellschafter des Besitzunternehmens in der Lage sind, sowohl im Besitz- als auch Betriebsunternehmen einen einheitlichen geschäftlichen Betätigungswillen durchzusetzen (**personelle Verflechtung**).

Bei der typischen und in der Praxis gängigsten Konstellation einer Betriebsaufspaltung besteht die Rechtsformkombination aus einer Besitzpersonengesellschaft und einer Betriebskapitalgesellschaft. Auf die ebenfalls häufig anzutreffende Variante mit einer Produktionspersonengesellschaft und einer Vertriebskapitalgesellschaft sowie auf die Formen der mitunternehmerischen, der kapitalistischen, der umgekehrten und der mehrstufigen Betriebsaufspaltung wird im Weiteren nicht näher eingegangen.

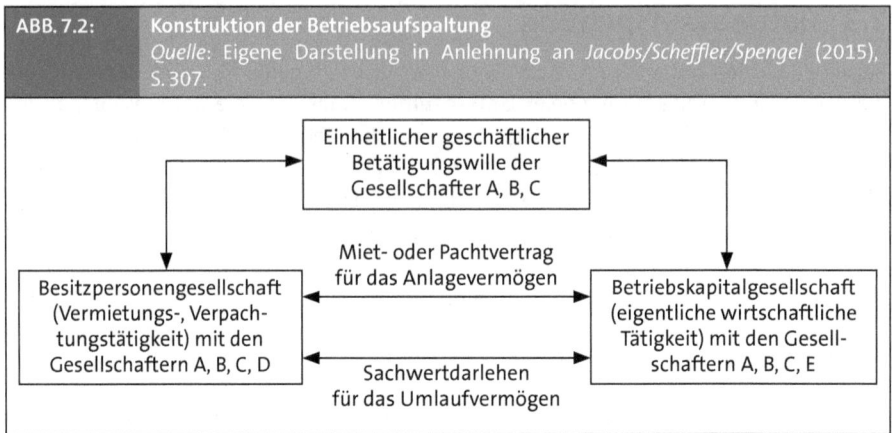

ABB. 7.2: **Konstruktion der Betriebsaufspaltung**
Quelle: Eigene Darstellung in Anlehnung an *Jacobs/Scheffler/Spengel* (2015), S. 307.

Die Bestimmung der Wesentlichkeit einer Betriebsgrundlage orientiert sich vorrangig an der wirtschaftlichen Bedeutung des überlassenen Wirtschaftsguts für die Betriebsgesellschaft. Als wesentliche Betriebsgrundlagen kommen insbesondere bebaute oder unbebaute Grundstücke in Betracht. Daneben können aber auch andere materielle (z. B. Maschinen oder maschinelle Einrichtungen) oder immaterielle (z. B. Firmenname) Wirtschaftsgüter des Anlagevermögens als wesentliche Betriebsgrundlage identifiziert werden. Umlaufvermögen wird entweder durch ein Sachwertdarlehen (vollständige Rückgabe bei Vertragsende), durch eine Einlage oder einen Kaufvorgang auf die Betriebskapitalgesellschaft übertragen. Im Rahmen der personellen Verflechtung wird ein einheitlicher geschäftlicher Betätigungswille in beiden beteiligten Unternehmen entweder bei Beteiligungsidentität oder Personenidentität (**Beherrschungsidentität**) erreicht. Liegt keine Beteiligungsidentität vor, ergibt sich die personelle Verflechtung aus der in beiden Unternehmen bestehenden Stimmrechtsmehrheit einer Person bzw. Personengruppe.

Die Erfüllung der sachlichen und personellen Verflechtung hat zur Folge, dass die Vermietungs- bzw. Verpachtungstätigkeit der Besitzpersonengesellschaft einkommensteuerlich nicht als vermögensverwaltende, sondern als gewerbliche Tätigkeit qualifiziert wird. Es handelt sich bei der Besitzpersonengesellschaft um einen Gewerbebetrieb kraft gewerblicher Betätigung i. S. d. § 15 Abs. 1 Nr. 1, Abs. 2 EStG. Als selbständigem Gewinnermittlungssubjekt kommt für die Besitzpersonengesellschaft das Mitunternehmerkonzept vollständig zum Zuge. Neben den der Betriebskapitalgesellschaft überlassenen Wirtschaftsgütern umfasst das Betriebsvermögen der Besitzpersonengesellschaft die von den Gesellschaftern der Personengesellschaft gehaltenen Betriebskapitalgesellschaftsanteile sowie die von ihnen an die Betriebskapitalgesellschaft überlassenen Wirtschaftsgüter (Sonderbetriebsvermögen). Ausschüttungen der Betriebskapitalgesellschaft führen bei den Mitunternehmern somit zu Einkünften aus Gewerbebetrieb, bei den Minderheits-Gesellschaftern zu Einkünften aus Kapitalvermögen. Für die erste Personengruppe kommt das Teileinkünfteverfahren nach § 3 Nr. 40 Buchst. d EStG zur Anwendung, die Minderheits-Gesellschafter unterliegen dem gesonderten Tarif des § 32d EStG. Die Betriebskapitalgesellschaft unterliegt ihrerseits als Gewerbebetrieb kraft Rechtsform der Körperschaft- und Gewerbesteuer. Eine mögliche gewerbesteuerliche Doppelbelastung verhindert § 9 Nr. 2a GewStG, nach dem die Gewinnanteile der Personengesellschaft an der Kapitalgesellschaft steuerfrei sind.

Schuldrechtliche Leistungsbeziehungen zwischen den beiden an der Betriebsaufspaltung beteiligten Unternehmen, insbesondere die zur Überlassung der wesentlichen Betriebsgrundlagen abgeschlossenen Miet- oder Pachtverhältnisse, sind zunächst auf ihre steuerliche Angemessenheit hin zu überprüfen. Anzuerkennende Entgelte mindern den körperschaftsteuerpflichtigen Gewinn der Kapitalgesellschaft und erhöhen die einkommensteuerliche Belastung der Mitunternehmer. Im Bereich der Gewerbesteuer bewirkt diese Form der Erfolgsaufteilung eine Abmilderung der Steuerbelastung, da Teile des Gewerbeertrags der Kapitalgesellschaft in den durch §§ 11 Abs. 1 Satz 3 Nr. 1 GewStG, 35 EStG begünstigten Gewerbeertrag der Mitunternehmerschaft überführt werden. In diesem Zusammenhang sind allerdings bei der Betriebskapitalgesellschaft die für Miet- oder Pachtzinsen geltenden gewerbesteuerlichen Hinzurechnungstatbestände zu beachten. In die Berechnung des Hinzurechnungsbetrags für Finanzierungsaufwendungen des § 8 Nr. 1 GewStG gehen 20 % der Miet- und Pachtzinsen für die Benutzung der im Eigentum eines anderen stehenden beweglichen Wirtschaftsgüter des Anlagevermögens (§ 8 Nr. 1 Buchst. d GewStG) und 50 % für die Benutzung der im Eigentum eines anderen stehenden unbeweglichen Wirtschaftsgüter des Anlagevermögens (§ 8 Nr. 1 Buchst. e GewStG) ein. Eine entsprechende Kürzungsvorschrift für die Besitzpersonengesellschaft existiert seit Inkrafttreten des Unternehmensteuerreformgesetzes 2008 nicht mehr. So verbleibt i. H. des Anteils der Miet- und Pachtzinsen am Hinzurechnungsbetrag des § 8 Nr. 1 GewStG eine doppelte gewerbesteuerliche Erfassung. Von der Betriebskapitalgesellschaft entrichtete Geschäftsführergehälter werden nicht durch das Mitunternehmerkonzept erfasst. Die Entgelte mindern den steuerlichen Gewinn und den Gewerbeertrag der Kapitalgesellschaft und unterliegen als Einkünfte aus nichtselbständiger Arbeit beim Empfänger ebenfalls keiner gewerbesteuerlichen Belastung. Ebenso ist die aufwandswirksame Bildung von Pensionsrückstellungen für Gesellschafter-Geschäftsführer bei der Betriebskapitalgesellschaft steuerlich zulässig. Sowohl für die Geschäftsführergehälter als auch für die Pensionsrückstellungen ist bei Unangemessenheit allerdings die Gefahr der verdeckten Gewinnausschüttung zu beachten. Die Möglichkeit des Verlustausgleichs zwischen den beiden beteiligten Unternehmen einer Betriebsaufspaltung im steuerrechtlichen Sinne ist nicht gegeben. Die Herbeiführung einer körperschaft- und gewerbesteuerlichen Organschaft, welche aufgrund der regelmäßigen Erfüllung der erforderlichen finanziellen Eingliederung durch die gegebene personelle Verflechtung mit dem Abschluss eines Gewinnabführungsvertrags erreicht werden kann, führt zu einer Durchbrechung der selbständigen Körperschaft- und Gewerbesteuerpflicht der Betriebskapitalgesellschaft und ermöglicht die Verlustzuweisung zwischen den Unternehmen. Im Falle einer unfreiwilligen Beendigung der Betriebsaufspaltung entsteht ein Veräußerungs- bzw. Aufgabegewinn nach § 16 Abs. 1 bzw. Abs. 3 EStG, mit dem die Versteuerung insbesondere der in den GmbH-Anteilen und überlassenen Wirtschaftsgütern enthaltenen stillen Reserven verbunden ist.

LITERATUR

Carlé, D., Die Betriebsaufspaltung, 2. Aufl., Köln 2014.

Jacobs, O. H./Scheffler, W./Spengel, C. (Hrsg.), Unternehmensbesteuerung und Rechtsform, 5. Aufl., München 2015, S. 67–73, 306–339.

Kaminski, B./Strunk, G., Besteuerung unternehmerischer Tätigkeit, 2. Aufl., Wiesbaden 2012, S. 31–33.

Kußmaul, H., Betriebswirtschaftliche Steuerlehre, 7. Aufl., München 2014, S. 633–638, 675–682.

Ortmann-Babel, M./Zipfel, L., in: Ernst & Young/BDI, Die Unternehmensteuerreform 2008, Teil II, Rn. 367–371.

Rose, G./Watrin, C., Ertragsteuern, 21. Aufl., Berlin 2017, S. 145–147.

Söffing, M./Micker, L., Die Betriebsaufspaltung, 6. Aufl., Herne 2016.

7.4 Verflechtungen ohne Beherrschung (Unternehmensbeteiligungen)

Gewerbliche Einzelunternehmer und Personengesellschaften, zu deren Betriebsvermögen die unmittelbare Beteiligung an einer anderen Personengesellschaft gehört, nehmen im Rahmen der einheitlichen und gesonderten Gewinnfeststellung der als Beteiligung gehaltenen Gesellschaft die Position eines Mitunternehmers ein. Mithin werden aus der Beteiligung Einkünfte aus Gewerbebetrieb erzielt. Die Gewinnanteile, die bereits bei der Untergesellschaft der Gewerbesteuer unterlagen, werden gem. § 9 Nr. 2 GewStG aus der gewerbesteuerlichen Ausgangsgröße des sich beteiligenden Einzelunternehmers bzw. der sich beteiligenden Personengesellschaft herausgerechnet. Durch die Kürzung des Gewinnanteils wird das Beteiligungsergebnis im Rahmen der

Berechnung des Anrechnungsvolumens nach § 35 Abs. 1 Nr. 1 EStG nicht erfasst. Die Berücksichtigung der auf das positive Beteiligungsergebnis entfallenden persönlichen Gewerbesteuerbelastung erfolgt allein durch § 35 Abs. 1 Nr. 2 EStG. In die Berechnung des Anrechnungsbetrags geht nach § 15 Abs. 2 Satz 2 EStG der Anteil des Gewerbesteuermessbetrags ein, der der Maßgabe des allgemeinen Gewinnverteilungsschlüssels entspricht. Aus der Beteiligung vereinnahmte Verlustanteile werden dem vorläufigen Gewerbeertrag des Mitunternehmers gem. § 8 Nr. 8 GewStG wieder hinzugerechnet. Die doppelte Nutzung eines Gewerbeverlusts wird auf diese Weise vermieden.

Gewerbliche Einzelunternehmer und Personengesellschaften, zu deren Betriebsvermögen die unmittelbare Beteiligung an einer Kapitalgesellschaft gehört, erzielen mit den ihnen zustehenden Dividenden aufgrund der Subsidiaritätsvorschrift des § 20 Abs. 8 EStG keine Einkünfte aus Kapitalvermögen, sondern Einkünfte aus Gewerbebetrieb. Dennoch kommt für die vereinnahmten Dividenden das Teileinkünfteverfahren gem. § 3 Nr. 40 Buchst. d EStG sowie die Betriebsausgabenabzugsbeschränkung des § 3c Abs. 2 Satz 1 EStG zur Anwendung. Sofern die Beteiligungsquote des Einzelunternehmers bzw. der Personengesellschaft an der Kapitalgesellschaft zu Beginn des gewerbesteuerlichen Erhebungszeitraums mindestens 15 % beträgt, greift das gewerbesteuerliche Schachtelprivileg des § 9 Nr. 2a GewStG. Zwecks Vermeidung einer gewerbesteuerlichen Doppelbelastung wird der vorläufige Gewerbeertrag des Einzelunternehmers bzw. der Personengesellschaft um den nicht steuerbefreiten Teil der Dividende gekürzt. Ist die Beteiligungsquote hingegen kleiner oder gleich 15 %, liegt insoweit eine gewerbesteuerliche Doppelerfassung vor.

Mittelbare Unternehmensbeteiligungen eines Einzelunternehmens, einer Personen- oder einer Kapitalgesellschaft können im Wesentlichen über eine andere Außengesellschaft, als Unterbeteiligung, in Form des Nießbrauchs oder ähnlicher Rechte, als Genussrecht oder in Form eines Pools begründet werden.

Eine gängige Form der mittelbaren Beteiligung über eine oder mehrere andere Außengesellschaften ist bspw. die Bildung **mehrstöckiger Personengesellschaften**. Eine weitere Form einer mittelbaren Beteiligung ergibt sich für Mitunternehmer einer Personengesellschaft, zu deren Betriebsvermögen die Beteiligung an einer Kapitalgesellschaft gehört. Der Mitunternehmer ist in diesem Fall an der Kapitalgesellschaft mittelbar beteiligt. Als Unterbeteiligung wird die Rechtsbeziehung eines Unterbeteiligten zu dem Hauptbeteiligten einer Unternehmung verstanden. Zwischen dem Unterbeteiligten und der Hauptgesellschaft besteht hingegen kein Beteiligungsverhältnis. Der Unterbeteiligte und der Hauptbeteiligte bilden eine Gesellschaft des bürgerlichen Rechts (§§ 705 ff. BGB) in der Sonderform einer (stillen) Innengesellschaft. Eine Unterbeteiligung bietet sich insbesondere für Hauptbeteiligte an, die finanziellen Vertragsverpflichtungen gegenüber der Hauptgesellschaft nicht nachkommen können. Im Rahmen des **Nießbrauchs** (§§ 1030 ff. BGB) können Gesellschafter einer Personen- oder Kapitalgesellschaft einem Nießbraucher die Nutzungsrechte an ihrem Gesellschaftsanteil einräumen. Je nach der individuellen Vertragsgestaltung des Nießbrauchs werden dem Nießbraucher mehr oder weniger umfangreiche Nutzungen zugestanden. So können die aus dem Gesellschaftsanteil zu ziehenden Nutzungen entweder im alleinigen Gewinnbezugsrecht oder darüber hinaus in Mitgliedschaftsrechten bestehen. Im Zusammenhang mit **Genussrechten** i. S. d. § 221 Abs. 3 AktG ergibt sich eine mittelbare Unternehmensbeteiligung aufgrund der Gewährung von Vermögensrechten, welche regelmäßig nur Gesellschaftern zustehen. Genussrechte beinhalten Rechte am Reingewinn und/oder am Liquidationserlös. Mitgliedschaftsrechte, insbesondere Stimmrechte, sind hingegen nicht enthalten. An den Umfang der Rechtegewährung knüpft § 8 Abs. 3 Satz 2 KStG an. Danach wird das steuerliche Einkommen des Emittenten durch Ausschüttungen auf Genussrechte, mit denen eine Beteiligung am Gewinn und am Liquidationserlös verbunden ist, nicht gemindert. Andernfalls sind die Genussrechtsvergütungen als Betriebsausgabe abziehbar. Im Rahmen von **Poolverträgen**, speziell Gewinnpoolverträgen, werden gesellschaftsrechtliche Vereinbarungen getroffen, nach denen die Beteiligungserträge aller Poolmitglieder nach einem zuvor bestimmten Schlüssel untereinander verteilt werden. Die auf diese Weise zu einer Gesellschaft bürgerlichen Rechts zusammengeschlossenen Poolpartner leisten innerhalb des Pools Ausgleichszahlungen, die beim Zahlungsempfänger bzw. Zahlungsleistenden Betriebseinnahmen bzw. Betriebsausgaben darstellen.

LITERATUR

Hennrichs, J., in: Tipke, K./Lang, J., Steuerrecht, 23. Aufl., Köln 2018, § 10 Rz. 60 ff.

7.5 Verflechtungen mit Beherrschung (Konzerne)

In Ermangelung einer eigenständigen Definition des Konzernbegriffs im deutschen Steuerrecht ist § 18 AktG zur begrifflichen Klärung heranzuziehen. Der aktienrechtliche Konzern, der unter den Oberbegriff der verbundenen Unternehmen i. S. d. § 15 AktG fällt, besteht gem. § 18 Abs. 1 Satz 1 aus einem herrschenden und einem oder mehreren abhängigen Unternehmen, die unter der einheitlichen Leitung des herrschenden Unternehmens zusammengefasst sind. Aus organisatorischer Sicht handelt es sich in Abhängigkeit eines vorliegenden Beherrschungs- bzw. Abhängigkeitsverhältnisses um einen Unterordnungskonzern gem. § 18 Abs. 1 AktG oder einen Gleichordnungskonzern gem. § 18 Abs. 2 AktG.

Innerhalb des Konzernverbundes bleibt die rechtliche Selbständigkeit jedes einzelnen Gliedunternehmens gewahrt. Aufgrund der Zusammenfassung der Konzernunternehmen unter die einheitliche Leitung des herrschenden Unternehmens, welches sich insbesondere in der Unterordnung unter das Konzernziel darstellt, verlieren die einzelnen Konzerngesellschaften ihre wirtschaftliche Selbständigkeit. Die aktienrechtlichen Grundlagen differenzieren dabei zwischen den Konzernierungsformen des Vertragskonzerns (§§ 291–310 AktG), des faktischen Konzerns (§§ 311–318 AktG) und des Eingliederungskonzerns (§§ 319–327 AktG).

Das deutsche Steuerrecht ignoriert eigentlich die wirtschaftliche Einheit des Konzerns. Stattdessen kommt den einzelnen Gliedunternehmen die Steuersubjekteigenschaft hinzu. Auf diese Weise besteht die Gefahr von steuerlichen Doppel- oder Mehrfachbelastungen, da bspw. konzerninterne Gewinnausschüttungen im Rahmen einer getrennten Besteuerung sowohl auf Ebene der ausschüttenden als auch der empfangenden Konzernunternehmung jeweils steuerlich erfasst werden. Zur Abmilderung bzw. Vermeidung derartiger Steuerwirkungen existieren die Rechtsinstitute des Schachtelprivilegs und der Organschaft. Aus steuerlicher Sicht kann mithin zwischen Schachtelkonzernen und Organschaftskonzernen unterschieden werden.

Unter einem **Schachtelkonzern** ist die auf qualifizierten Beteiligungen basierende Hintereinanderschaltung rechtlich selbständiger und unter einheitlicher Leitung stehender Unternehmen zu verstehen. Setzt sich der Schachtelkonzern aus Personengesellschaften zusammen, wird aufgrund des Transparenzprinzips keine steuerliche Doppel- oder Mehrfachbelastung ausgelöst. Diese Begünstigung trifft sowohl unmittelbar als auch mittelbar beteiligte Mitunternehmer, da Letztere gem. § 15 Abs. 1 Satz 1 Nr. 2 Satz 2 EStG unmittelbar beteiligten Gesellschaftern gleich stehen. Eine gewerbesteuerliche Doppel- oder Mehrfacherfassung wird durch §§ 8 Nr. 8, 9 Nr. 2 GewStG vermieden, die gleichermaßen auf inländische und ausländische Mitunternehmerschaften anzuwenden sind.

Sofern Kapitalgesellschaften in die Beteiligungskette integriert sind, ist die steuerfreie Durchleitung der wirtschaftlichen Erfolge nicht sichergestellt. Die körperschaft- und gewerbesteuerliche Subjekteigenschaft einer Kapitalgesellschaft bewirkt eine Durchbrechung des steuerlichen Durchgriffs auf die Mitunternehmer. Nimmt eine Kapitalgesellschaft dabei die Stellung der Obergesellschaft ein, sind die in Abschnitt 7.4 beschriebenen Regelungen für unmittelbare Unternehmensbeteiligungen an Personengesellschaften zu berücksichtigen (mit Ausnahme der Ausführungen zu § 35 EStG). Handelt es sich bei der in den Schachtelkonzern eingebundenen Kapitalgesellschaft dagegen um ein Tochterunternehmen, sind die in Abschnitt 7.4 dargestellten Vorschriften für unmittelbare Unternehmensbeteiligungen an Kapitalgesellschaften zu beachten.

Bei allein aus Kapitalgesellschaften bestehenden Schachtelkonzernen greift die Beteiligungsertragsbefreiung des § 8b KStG. Nach § 8b Abs. 1 KStG werden bei der Einkommensermittlung der ausschüttungsempfangenden Gesellschaft Bezüge i. S. d. § 20 Abs. 1 Nr. 1 EStG (insbesondere Dividenden) außer Ansatz gelassen. In ihrer Grundkonzeption war diese Befreiung unabhängig von einer Beteiligungsquote und Haltedauer der Beteiligung. Nach § 8b Abs. 4 KStG, der durch das EuGH-Dividendenumsetzungsgesetz vom 21. 3. 2013 neu gefasst wurde, ist dies für nach dem 28. 2. 2013 zufließende Dividenden hingegen nur der Fall, wenn die Beteiligung zu Beginn des Kalenderjahres unmittelbar mindestens 10 % des Grund- oder Stammkapitals beträgt. Die Steuerbefreiung erfährt darüber hinaus durch § 8b Abs. 5 Satz 1 KStG eine Einschränkung. So gelten 5 % der außer Ansatz gebliebenen Dividenden als nichtabziehbare Betriebsausgabe. Im Ergebnis ist die Dividende damit zu 95 % steuerbefreit. Für Ausgaben, die in unmittelbarem wirtschaftlichen Zusammenhang mit der Dividende stehen, ist gem. § 8b Abs. 5 Satz 2 KStG ein vollständiger Betriebsausgabenabzug vorgesehen. Die Beteiligungsertragsbefreiung entfaltet ihre Wirkung über § 7 Satz 1 GewStG ebenfalls im Bereich der Gewerbesteuer.

BEISPIEL: ➤ Die Ballauf-GmbH ist an der Schenk-AG zum 1. 1. 2017 zu 5 % beteiligt. Am 1. 2. 2017 stockt die Ballauf-GmbH ihre Beteiligung auf 10 % auf. Das Schachtelprivileg des § 8b Abs. 1 KStG greift nicht, da die 10 %-ige Beteiligung nicht zu Beginn des Kalenderjahres vorlag. Im umgekehrten Fall, wenn also die Beteiligung zum 1. 1. 2017 10 % betrug, in der Folge jedoch auf 5 % abgesenkt wird, sind die Voraussetzungen des § 8b Abs. 4 KStG erfüllt und die Dividende ist im Ergebnis zu 95 % steuerfrei.

LITERATUR

Herkenroth, K. u. a., Konzernsteuerrecht, Wiesbaden 2008.

Kessler, W./Kröner, M./Köhler, S., Konzernsteuerrecht, 3. Aufl., München 2018.

Kußmaul, H., Betriebswirtschaftliche Steuerlehre, 7. Aufl., München/Wien 2014, S. 603–625.

Kapitel 8: Internationale Unternehmens- besteuerung

8.1 Internationale Steuerplanung der Unternehmen

Wachsende grenzüberschreitende Ausdehnung von Geschäftsbeziehungen und ver- stärkte Vermögensallokation haben gewichtige Konsequenzen für die Steuerbelastung der Unternehmen. Weitgehend liberalisierter Verkehr von Kapital und Finanzdienstleis- tungen, die Entkopplung von Waren- und Finanzströmen und die Entwicklungen in der Informationstechnologie zeigen den nationalen Steuersystemen seit geraumer Zeit ihre Grenzen auf. Der zunehmende Online-Handel sowie die Digitalisierung der Wirt- schaft werden die Steuersysteme vor weitere Herausforderungen stellen. Trotz des Steuerwettbewerbs pochen die Nationalstaaten aber weiter auf ihr aus dem Souveräni- tätsprinzip abgeleitetes Recht zur eigenständigen Steuererhebung. Vor diesem Hinter- grund trifft die **internationale Steuerplanung** von Unternehmen abgestimmte betriebs- wirtschaftliche Entscheidungen mit dem offenkundigen Ziel der relativen Steuerbar- wertminimierung. Besteuerungsfragen werden einbezogen in die Entscheidungen zur Umsetzung bzw. Fortführung der Internationalisierungsstrategie.

Dabei sollen einerseits die strafbewehrten Deklarationspflichten in den verschiedenen Staaten erfüllt und andererseits die Kollision verschiedener Steueransprüche sowie die Kumulation von Steuerbelastungen vermieden werden. Um weiter gehend die konsoli- dierte Steuerbelastung im Unternehmensverbund zu minimieren, wird das bestehende internationale Steuergefälle ausgenutzt. Die in den verschiedenen Staaten vorzufin- denden Steuerarten, Besteuerungssysteme, Bemessungsgrundlagen und Tarife führen zu einer stark abweichenden Belastung unternehmerischer Bruttoergebnisse. Nur eine international wettbewerbsfähige Steuerquote sichert einen den Kapitalmarktanforde- rungen genügenden Ertrag pro Aktie. Bei internationalen Steuerumgehungen verlagern Steuerinländer steuerliche Anknüpfungsmerkmale ins Ausland, oder Steuerausländer wählen in Deutschland bestimmte Sachverhaltsgestaltungen zur Minderung der Steu- erbelastung (**Steuerarbitrage**).

Die Verlagerung von Aktivitäten und Vermögensteilen ins Ausland können die Vermei- dung von Sonder- und Quellensteuern, die Nutzung internationaler Steuersatzdifferen- zen und Qualifikationskonflikte sowie das Ausschöpfen von Verlusten und Anrech- nungsguthaben zum Ziel haben.

Neben den sog. **Steuerpausen**, die nur zu einer temporären Verringerung der Steuerbe- lastung führen, dominiert bei betrieblichen Steuerumgehungen die Zielsetzung der de- finitiven Steuerreduktion. Durch Gründung ausländischer Anlage- und Finanzierungs- gesellschaften sollen Steuersatz- und Steuerartendifferenzen ausgenutzt werden. Dies wird insbesondere mit Engagements in Niedrigsteuerländern („**Steueroasen**") ange-strebt. Das sind Staaten, die entweder keine Ertragsbesteuerung kennen (Nulloasen, „tax paradises"), nur sehr geringe Ertragsteuern erheben („**tax shelters**") oder besonde-re Steuervergünstigungen aufweisen („**tax resorts**"). Aus inländischer Fiskalsicht beson-ders kritisch betrachtet werden ausländische Steuervergünstigungen, die auch ohne Vorliegen einer essentiellen wirtschaftlichen Tätigkeit gewährt werden. Dazu rechnen die sog. Offshore-Vergünstigungen, punktuell aktivitätsbezogene Steuerermäßigungen, die verdeckt über eine verkürzte Bemessungsgrundlage oder in Form von tendenziellen Nullsätzen eingeräumt werden, und Steuerermäßigungen für „mobile" Einkünfte, die im ausländischen Standort keine substantielle Investition erfordern. Im europäischen Raum sind als Niedrigsteuergebiete insbesondere Andorra, Gibraltar, Monaco und die Kanalinseln zu nennen. Eine Reihe von EU-Mitgliedstaaten gewährt sektorale oder re-gionale Steuerpräferenzen, die zu Oaseneffekten führen.

Lässt man Steueroasen außer Betracht, so besteht trotzdem noch ein erhebliches Ge-staltungspotential des international tätigen Unternehmens, durch Erfolgsverlagerun-gen im Rahmen konzerninterner Lieferungs- und Leistungsbeziehungen oder durch Ge-winneinbehaltungen bei ausländischen Tochtergesellschaften das internationale Steu-ergefälle zu nutzen. Solche legalen und legitimen Aktivitäten, die oftmals auf Ver-mögenssonderungen beruhen, werden allgemein als **Steuervermeidung** bezeichnet und sind deutlich abzugrenzen gegenüber deliktischen Handlungen.

Die Globalisierung stellt eine Herausforderung für das Steuermanagement in multi-nationalen Unternehmen dar, denn unterschiedliche Rechtskreise sind zu betrachten, die Halbwertzeit des Faktenwissens ist gering und außerdem herrscht ein aktiver Steu-erwettbewerb der Staaten untereinander. Multinationale Unternehmen müssen ihre Steuerstrategien gegenüber allen betroffenen Fisci verteidigen können. Die oftmals ho-hen Beratungskosten sind mit den potentiellen Steuerersparnissen zu vergleichen, wo-bei Risiken aus der fehlenden Anerkennung der Gestaltungen mit einzubeziehen sind.

Im Folgenden wird eine reine **Outbound-Betrachtung** angestellt, d. h., Steuerinländer entfalten Auslandsaktivitäten. Aus einer Vielzahl von Determinanten skizziert der nach-folgende Abschnitt 8.2 zunächst den mehrschichtigen Faktenrahmen der Besteuerung, der bei grenzüberschreitenden Aktivitäten zu beachten ist. Internationales Steuerrecht ist kein einheitlicher Rechtsstoff, sondern ein Konglomerat von Regelungen mit unter-schiedlichen Grundwertungen. Neben dem nationalen Steuerrecht und dem nationalen Außensteuerrecht sind regelmäßig das Recht der Doppelbesteuerungsabkommen (DBA) und ggf. auch supranationale Regelungen einzubeziehen. Abschnitt 8.3 bereitet anschließend die Kernprobleme bei rechtlich unterschiedlichen Engagementformen auf, da die Besteuerung – im Gegensatz zu prozessorientierten Betrachtungen – die

Wertschöpfung funktionsbezogen auf einzelne Konzerngesellschaften aufteilt und die Besteuerungsfolgen nach wie vor von dem gewählten Rechtskleid abhängen.

8.2 Rechtsgrundlagen

8.2.1 Außensteuerrecht

Ein Teil des nationalen Steuerrechts befasst sich mit der Besteuerung von Auslandssachverhalten. Außensteuerrecht bezeichnet die Summe der Rechtsnormen nationalen Ursprungs, die die Besteuerung von grenzüberschreitenden Sachverhalten zum Gegenstand haben. Nicht dazu gehören die Doppelbesteuerungsabkommen. Aufgrund der Identität der Probleme und der gesetzgeberischen Zielvorstellungen sind die verschiedenen Außensteuerrechtsregelungen inhaltlich in relativ großem Maße vergleichbar, der Umfang gesetzlicher Regelungen variiert jedoch stark. In der Grundstruktur zielen sie auf die sachgerechte Erfassung ausländischer Aktivitäten von Steuerinländern (Vorrang des Welteinkommensprinzips gegenüber dem Territorialprinzip) und von Steuerausländern im Inland (Quellenprinzip). Auf die Outbound-Betrachtung beschränkt sollen Steuerausfälle durch Verlagerung von Anknüpfungsmerkmalen in das Ausland vermieden werden.

Bestimmungen des Einkommensteuergesetzes regeln die Erfassung von Auslandseinkünften und die einseitige Vermeidung einer Doppelbesteuerung sowie die Besteuerung von im Ausland ansässigen Personen. Das 1972 geschaffene **Außensteuergesetz** (AStG) zielt als Sondergesetz darauf ab, ungerechtfertigte Steuervorteile auszuschließen, die aus der Nutzung des internationalen Steuergefälles resultieren können. Zwei Schwerpunkte für die Unternehmensbesteuerung bilden dabei die Gewinnberichtigung bei international verbundenen Unternehmen sowie zwischen Stammhaus und Betriebsstätte (§ 1 AStG) und die Hinzurechnungsbesteuerung (§§ 7 ff. AStG), einem aus den USA stammenden, international inzwischen verbreiteten Konzept der grenzüberschreitenden Zurechnung von passiven Einkünften ausländischer Tochtergesellschaften.

Gewinnberichtigungen gem. § 1 AStG richten sich nach dem international anerkannten Fremdvergleichsgrundsatz (sog. „dealing-at-arm's-length-Prinzip"). Dabei wird darauf abgezielt, dass grenzüberschreitende Leistungsbeziehungen zwischen Konzernunternehmen so abgerechnet werden, wie dies auch zwischen fremden Dritten der Fall ist. Dies gilt entsprechend für die Leistungsbeziehungen zwischen Stammhaus und Betriebsstätte. Mangels zivilrechtlicher Eigenständigkeit der Betriebsstätte fokussiert sich der Gesetzgeber hier auf die sog. anzunehmenden schuldrechtlichen Leistungsbeziehungen. Dies bedeutet, dass – ausgehend von einer Analyse der im Gesamtunternehmen ausgeübten Funktionen und übernommenen Risiken Leistungsbeziehungen und deren fremdvergleichskonforme Vergütung fingiert werden. Darüber hinaus erstreckt sich die Anwendung von § 1 AStG auch auf die Verlagerung betrieblicher Funktionen (z. B. Entwicklung, Produktion, Logistik) von einem inländischen Unternehmen auf ein ausländisches verbundenes Unternehmen (z. B. ausländische Konzerngesellschaft).

Der Erzielung von „passiven" Einkünften durch eine ausländische Gesellschaft, die einer Steuerbelastung von weniger als 25 % unterliegt, wirkt die Hinzurechnungs- oder Zugriffsbesteuerung entgegen mit der Folge, dass ausländische Einkünfte in vollem Umfang der Einkommen-, Körperschaft- und ggf. auch der Gewerbesteuer unterliegen (§§ 7–14 AStG). Ein Ausgleich mit inländischen Verlusten ist grundsätzlich möglich. Um eine Doppelbesteuerung zu vermeiden, sind Ausschüttungen der Basisgesellschaft an den oder die inländischen Gesellschafter sowie Gewinne aus der Anteilsveräußerung steuerfrei gestellt (§§ 8b Abs. 1 und 5 KStG, 8b Abs. 2 und 3 KStG, § 3 Nr. 41 EStG, § 11 AStG). Die im Ausland geleisteten Steuern werden entweder gem. § 10 Abs. 1 AStG vom Hinzurechnungsbetrag abgezogen oder auf Antrag auf die deutsche Steuer angerechnet (§ 12 AStG). Beteiligungsaufwendungen, die im Zusammenhang mit der Hinzurechnungsbesteuerung entstehen, unterliegen bei natürlichen Personen dem Abzugsverbot nach § 3c Abs. 2 EStG. Dagegen können Kapitalgesellschaften als Anteilseigner ihre Beteiligungsaufwendungen, soweit sie die 5 %-Pauschalregelung gem. § 8b Abs. 5 KStG übersteigen, in voller Höhe abziehen.

Die Regelungen zur Hinzurechnungsbesteuerung gem. §§ 7 ff. AStG erfahren in jüngerer Zeit immer mehr Kritik und werden insbesondere seitens der deutschen Wirtschaft als dringend reformbedürftig angesehen. Hauptkritikpunkte sind der ausufernde Anwendungsbereich, die nicht mehr zeitgemäße Ausgestaltung des Katalogs aktiver Tätigkeiten sowie steuerliche Mehrbelastungen aufgrund fehlender Möglichkeiten, ausländische Steuern auf die Gewerbesteuer anzurechnen. Zudem haben sich die EU-Kommission und die EU-Mitgliedstaaten auf eine EU-Richtlinie verständigt, die u. a. auf die Schaffung einer europatauglichen Hinzurechnungsbesteuerung abzielt (siehe hierzu auch unten Abschnitt 8.2.4.1). Die Richtlinienvorgaben sind bis zum 31. 12. 2018 in nationales Recht umzusetzen. Es bleibt abzuwarten, in welcher Form der Gesetzgeber dies tun wird.

Neben den gesetzlichen Regelungen des Außensteuerrechts kommen Anweisungen der Finanzverwaltung hinzu, mit denen von Ermächtigungen Gebrauch gemacht wird oder die bestimmte Bereiche konkretisieren. Beispiele bilden der Pauschalierungserlass, die Grundsätze für die Prüfung der Einkünfteabgrenzung, die Betriebsstätten-Verwaltungsgrundsätze, die Einkünfteabgrenzung durch Umlageverträge, die Einkünfteabgrenzung in Fällen der Arbeitnehmerentsendung sowie die Betriebsstättengewinnaufteilungsverordnung.

8.2.2 Verfahrensrechtliche Sonderregelungen

Nach ständiger Rechtsprechung des BFH liegt ein Missbrauch von Gestaltungsmöglichkeiten des Rechts nach § 42 AO vor, wenn Basisgesellschaften im niedrig besteuernden Ausland eingeschaltet werden, für deren Errichtung wirtschaftliche oder sonst beachtliche außersteuerliche Gründe fehlen und die keine eigene wirtschaftliche Aktivität entfalten. Der Einsatz von „**Briefkastengesellschaften**" wird solchermaßen sanktioniert, da hier die Geschäftsabwicklung nur formell über diese Gesellschaft erfolgt, die weder über das erforderliche Personal noch über die notwendigen Sachmittel verfügt. Zur Zwischenschaltung ausländischer Basisgesellschaften existiert eine langjährige höchstrichterliche Rechtsprechung. Die Feststellung des Missbrauchs führt auch bei Bestehen eines Doppelbesteuerungsabkommens zum Durchgriff, also zum Einbezug der ausländischen Einkünfte in die Besteuerung des inländischen Gesellschafters.

Das steuerliche Verfahrensrecht sieht bei Auslandssachverhalten **erhöhte Mitwirkungspflichten des Steuerpflichtigen** vor (§§ 90 Abs. 2, 138 Abs. 2 AO, §§ 16, 17 AStG). Das bedeutet, dass die Beteiligten bei Auslandsgeschäften Sachverhalte nicht nur offen legen, sondern vielmehr auch aufklären, und Beweismittel nicht nur benennen, sondern auch beschaffen müssen (§ 90 Abs. 2 Satz 1 AO). Dabei haben sie alle bestehenden rechtlichen und tatsächlichen Möglichkeiten auszuschöpfen (§ 90 Abs. 2 Satz 2 AO). Ein Beteiligter kann sich nicht darauf berufen, dass er Sachverhalte nicht aufklären oder Beweismittel nicht beschaffen kann, wenn er sich nach Lage des Falls bei der Gestaltung seiner Verhältnisse die Möglichkeit dazu hätte beschaffen oder einräumen lassen können (§ 90 Abs. 2 Satz 3 AO), wobei hier insbesondere Verhältnismäßigkeit, Zumutbarkeit, Erforderlichkeit und Notwendigkeit zu beachten sind. Mit § 90 Abs. 3 AO wurden die rechtlichen Grundlagen für eine Dokumentationspflicht geschaffen. Danach umfasst die Aufzeichnungspflicht neben Art und Inhalt der Geschäftsbeziehungen (sog. Sachverhaltsdokumentation), insbesondere auch die wirtschaftlichen und rechtlichen Grundlagen für eine den Grundsatz des Fremdvergleichs beachtende Vereinbarung von Preisen und anderen Geschäftsbedingungen mit nahestehenden Personen (sog. Angemessenheitsdokumentation). Die Aufzeichnungspflichten erstrecken sich auch auf die Gewinnaufteilung zwischen Stammhaus und Betriebsstätten sowie Geschäftsbeziehungen, die keinen Leistungsaustausch zum Gegenstand haben, wie Vereinbarungen über Arbeitnehmerentsendungen und Poolvereinbarungen (§ 1 Gewinnabgrenzungsaufzeichnungsverordnung (GAufzV)). Art, Inhalt und Umfang der Aufzeichnungen sowie die allgemein erforderlichen Anforderungen werden in der GAufzV geregelt.

8.2.3 Doppelbesteuerungsabkommen

Nach dem Souveränitätsprinzip steht jedem Staat das ausschließliche Recht zur Aus-übung der Besteuerung innerhalb seines Territoriums zu. Innerhalb des Hoheitsgebie-tes besteht Autonomie hinsichtlich der Bestimmung der Steueransprüche nach Person und Tatbestand sowie in der Ausübung der Steuergewalt. Somit können auch auslän-dische Steuertatbestände (bspw. Einkommen, Vermögen) bei der inländischen Besteue-rung berücksichtigt werden, womit eine Doppelbesteuerung verbunden sein kann.

Doppelbesteuerungsabkommen (DBA) wirken der kumulativen Besteuerung entgegen. Es sind völkerrechtliche Verträge, die durch einen förmlichen Akt innerstaatliches Recht werden und dann dem nationalen Steuerrecht und den allgemeinen Regeln des Völker-rechts vorgehen. Nach Paraphierung, Unterzeichnung und Beschlussfassung der Bun-desregierung wird durch das Zustimmungsgesetz (Art. 59 Abs. 2 GG) die Transformati-on in innerstaatliches Recht erreicht. Die Aufgabe von DBA besteht darin, im Falle kon-kurrierender Steueransprüche der Vertragsstaaten die jeweiligen Ansprüche abzugren-zen. Es wird festgelegt, in welchem Umfang und in welchem Ausmaß der jeweilige Staat auf sein im nationalen Steuerrecht verankertes Besteuerungsrecht verzichten muss. Sprache und Systematik der DBA weichen vom nationalen Steuerrecht stark ab, sodass die Verständlichkeit für den weniger erfahrenen Rechtsanwender erschwert wird.

Deutschland verfügt über eines der dichtesten DBA-Netze der Welt mit rd. 90 beste-henden Abkommen auf dem Gebiet der Steuern vom Einkommen und vom Vermögen. Trotz der Anlehnung an das **OECD-Musterabkommen**, welches als Vorlage für eine har-monisierte Abkommenspraxis dient, kennzeichnen die deutschen Abkommen immer noch zahlreiche Unterschiede im Detail.

Die Doppelbesteuerung wird in den Abkommen entweder durch die Freistellungs- oder die Anrechnungsmethode gelöst. Erstere nimmt das ausländische Einkommen aus der Besteuerungsbasis im Ansässigkeitsstaat aus. Dies geschieht oftmals unter einem sog. Aktivitätsvorbehalt, d. h., die ausländischen Einkünfte müssen aus aktiven oder produk-tiven Tätigkeiten stammen. Die Freistellung wird häufig mit einem Progressionsvor-behalt verknüpft, sodass die ausländischen Einkünfte zur Ermittlung des für die inlän-dischen Einkünfte anzuwendenden Steuersatzes berücksichtigt werden, was bei Kapi-talgesellschaften aufgrund des proportionalen Tarifs keine Bedeutung erlangt. Bei der Anrechnungsmethode werden die ausländischen Einkünfte in die inländische Besteue-rung unter Anrechnung der im Ausland gezahlten Steuer einbezogen. Das Welteinkom-mensprinzip des Ansässigkeitsstaats bleibt so unangetastet. Sofern allerdings das Steu-erniveau des Ansässigkeitsstaats die Belastung im Quellenstaat überschreitet, werden Auslandseinkünfte bei voller Anrechnung der Auslandssteuer zusätzlich mit einer verbleibenden Inlandssteuer belastet und dementsprechend dem Steuerniveau des Ansässigkeitsstaates unterzogen (Hochschleusungseffekt).

Zur Vermeidung der **Nichtbesteuerung von Einkünften („weiße Einkünfte")** und zur Verhinderung von Steuersparmodellen auf der Grundlage von DBA-Qualifikationen sind verschiedene Einschränkungsmöglichkeiten entwickelt worden. Führt die Freistellungsmethode zu nicht gerechtfertigten Ergebnissen, behält sich Deutschland in DBA oftmals vor, ggf. durch einseitige Erklärung von der Freistellung zur Anrechnung überzugehen (switch-over-Klausel). Mit sog. subject-to-tax-Klauseln macht der Quellenstaat Steuerbefreiungen oder Steuerermäßigungen davon abhängig, dass diese Einkünfte im Ansässigkeitsstaat des Beziehers grundsätzlich der Besteuerung unterworfen werden. Darüber hinaus begrenzt das sog. remittance-base-Prinzip die Freistellung von Einkünften im Quellenstaat, wenn die Einkünfte im Ansässigkeitsstaat nach dessen innerstaatlichem Recht nur mit ihrem dorthin transferierten Betrag steuerpflichtig sind.

8.2.4 Multinationale Regelungen

8.2.4.1 EU-Recht

Die EU hat es sich zur Aufgabe gemacht, durch die Errichtung eines gemeinsamen Marktes und einer Wirtschafts- und Währungsunion eine harmonische und ausgewogene Entwicklung des Wirtschaftslebens innerhalb der Gemeinschaft zu fördern. Ihre Steuerpolitik ist nicht auf eine Vereinheitlichung der einzelstaatlichen Abgabensysteme ausgerichtet, sondern auf die Vereinbarkeit der Systeme untereinander und mit den Zielen des EG-Vertrags. Bei den direkten Steuern der Mitgliedstaaten vollzieht sich die Annäherung durch Beachtung der vier Grundfreiheiten des EG-Vertrags. Der EuGH hat dies zu einem umfassenden Behinderungs- und Diskriminierungsverbot fortentwickelt, welches auch dem Ansässigkeitsstaat untersagt, die wirtschaftliche Betätigung seiner Steuerpflichtigen in einem anderen Mitgliedstaat der EU zu behindern oder zu beschränken.

Im Bereich der Unternehmensbesteuerung zielen die EU-Maßnahmen auf die Abschaffung von Hindernissen für die „grenzüberschreitende" Zusammenarbeit. Die Steuersysteme sollen der zunehmenden grenzüberschreitenden Wirtschaftätigkeit und den modernen Unternehmensstrukturen gerecht werden. Im Jahr 1990 wurden drei Richtlinien verabschiedet:

▶ Die **Mutter-Tochter-Richtlinie** (90/435 EWG) zielt auf die Abschaffung der Doppelbesteuerung von Gewinnen, die in unterschiedlichen Mitgliedstaaten ansässige Mutter- und Tochtergesellschaften untereinander ausschütten. Gewinne der Tochtergesellschaft werden im Ansässigkeitsstaat der Besteuerung unterworfen. Bei

Ausschüttung der Gewinne steht dem Sitzstaat kein weiteres Besteuerungsrecht zu. Der Ansässigkeitsstaat der Muttergesellschaft vermeidet die Doppelbelastung. Die Mutter-Tochter-Richtlinie ist inzwischen in allen EU-Mitgliedstaaten umgesetzt worden; die Anforderungen an Mindestbeteiligungsquoten und Mindesthaltefristen bei der Quellensteuerbefreiung variieren aber ebenso wie die Voraussetzungen und Methoden der Vermeidung von Doppelbelastungen.

▶ Die **Fusionsrichtlinie** (90/434 EWG) zielt auf die Beseitigung der steuerlichen Hemmnisse bei der Umstrukturierung von Unternehmen aus unterschiedlichen Mitgliedstaaten ab. Sie ist bisher weder vollständig noch widerspruchsfrei in deutsches Recht umgesetzt worden. Mit der Einbringung von Unternehmensteilen und dem Anteilstausch stehen zwei begrenzte Möglichkeiten zur steuerneutralen Umstrukturierung zur Verfügung.

▶ Die **Schiedsverfahrenskonvention** (90/436 EWG) regelt Schlichtungsverfahren zur Vermeidung der Doppelbesteuerung bei Gewinnberichtigung von in unterschiedlichen Mitgliedstaaten ansässigen verbundenen Unternehmen. Sie kann als ein Verständigungsverfahren mit anschließendem zwingendem Schiedsverfahren charakterisiert werden.

Darüber hinaus ist die **Zinsrichtlinie** (2003/49/EG) vom 3. 6. 2003, geändert durch die Richtlinien 2004/66/EG vom 26. 4. 2004 und 2004/76/EG vom 29. 4. 2004, zu beachten, die auf die Beseitigung der Quellensteuern auf Zahlungen von Zinsen und Lizenzgebühren zwischen verbundenen Unternehmen verschiedener Mitgliedstaaten abzielt, sodass eine doppelte Besteuerung ausgeschlossen ist.

In jüngerer Vergangenheit hat die EU eine Vorreiterrolle bei der Umsetzung des OECD-Aktionsplans gegen Gewinnkürzungen und Gewinnverlagerungen multinational tätiger Unternehmen (siehe hierzu auch unten Abschnitt 8.2.4.2) eingenommen und insbesondere die folgenden Richtlinien erlassen.

▶ Die Richtlinie (EU) 2016/1164 vom 12. 7. 2016 zur Bekämpfung von Steuervermeidungspraktiken mit unmittelbaren Auswirkungen auf das Funktionieren des Binnenmarkts wird als sog. ATAD-Richtlinie (Anti Tax Avoidance Directive-Richtline) bezeichnet und enthält wesentliche Elemente des genannten OECD-Aktionsplans, wie insbesondere Vorgaben zu Zinsabzugsbeschränkungen, zur Hinzurechnungsbesteuerung sowie zu sog. hybriden Gestaltungen, die entweder zu einem doppelten steuerlichen Abzug von Zahlungen in mehr als einem Mitgliedstaat oder zu einem Abzug von Zahlungen in einem Mitgliedstaat bei gleichzeitiger Nichtbesteuerung im anderen Mitgliedstaat führen.

▶ Ergänzend zur ATAD-Richtlinie hat die EU die Richtlinie (EU) 2017/952 vom 29. 5. 2017 zur Änderung der ATAD-Richtlinie bezüglich hybrider Gestaltungen mit Drittländern vorgelegt (sog. ATAD 2-Richtlinie). Neben der Einbeziehung von Drittstaaten wird der Anwendungsbereich der ATAD-Richtlinie durch die ATAD 2-Richtlinie um bestimmte hybride Gestaltungen erweitert.

Jüngste EU-Initiative ist die Vorlage zweier Richtlinienentwürfe zur Schaffung eines an die moderne und zunehmend digitale Weltwirtschaft angepassten Besteuerungssystems.

▶ Ein Richtlinienvorschlag zielt auf die Reform der Besteuerung von grenzüberschreitend tätigen Unternehmen, die aufgrund ihrer digitalen Geschäftätigkeit keine physische Präsenz innerhalb der EU haben, aber gleichwohl aufgrund nutzerbezogener Tätigkeiten Erträge in der EU erwirtschaften. Bei Überschreiten einer bestimmten Intensität der nutzerbezogenen Tätigkeit eines Digitalunternehmens in einem Mitgliedstaat soll der betreffende Mitgliedstaat zur Besteuerung berechtigt sein. Konzeptionell wird in diesem Zusammenhang der Begriff der virtuellen oder digitalen Betriebsstätte diskutiert, die bei Überschreiten bestimmter Umsatzgrenzen oder Nutzergrößen entsteht.

▶ Mit dem zweiten Richtlinienvorschlag sollen steuerlich bislang nicht erfasste digitale Dienstleistungen vorübergehend (bis zu einer umfassenden Reform der Besteuerungssysteme im Hinblick auf die Besteuerung der Digitalwirtschaft) mit einer 3 %-igen Digitalsteuer belastet werden. In den Anwendungsbereich dieser Digitalsteuer sollen Großunternehmen mit einem weltweiten Jahresumsatz von mindestens 750 Mio. Euro fallen, wobei davon 50 Mio. Euro auf in der EU erzielte Erträge entfallen müssen. Der Ort der Besteuerung soll durch die Ansässigkeit des Nutzers bestimmt werden. Steuerpflichtige Dienstleistungen können etwa die Platzierung von Werbung auf einer digitalen Schnittstelle oder digitale Vermittlungstätigkeiten zwischen verschiedenen Nutzern im Hinblick auf den Verkauf von Gegenständen und Dienstleistungen sein.

Schließlich muss darauf hingewiesen werden, dass der Europäische Gerichtshof (EuGH) in zahlreichen Fällen über die Auslegung des Gemeinschaftsrechts, insbesondere der vier Grundfreiheiten, in Bezug auf die nationalen Steuernormen entscheidet. Auf diese Weise findet das Gemeinschaftsrecht unverdrossen Eingang in das nationale Steuerrecht der Mitgliedstaaten. Der EuGH wird daher auch mitunter als „Motor" zur Angleichung der direkten Steuern in der Gemeinschaft bezeichnet.

8.2.4.2 OECD-Initiativen

Die der OECD angehörenden 35 Industriestaaten haben seit den 1960er Jahren verschiedene Maßnahmen zur Steuerkoordination ergriffen, deren fehlende rechtliche Verbindlichkeit sie von anderen Maßnahmen unterscheidet. Hervorzuheben ist zunächst das Bestreben zur Angleichung der Doppelbesteuerungsabkommen. Das **OECD-Musterabkommen** (OECD-MA) unterliegt seit seiner Neufassung 1977 einem kontinuierlichen Revisionsprozess. Derzeit aktuell ist das OECD-MA 2017. Dem MA beigefügt ist ein von den im OECD-Steuerausschuss vertretenen Regierungssachverständigen verfasster Kommentar, dem besondere Bedeutung bei der Auslegung der Vorschriften zukommt. An das OECD-MA lehnt sich das 1980 verabschiedete UN-Modell zur Vermeidung der Doppelbesteuerung zwischen Industriestaaten und Entwicklungsländern an, das jedoch der Quellenbesteuerung größere Bedeutung beimisst.

Jüngste Initiative der OECD war die Veröffentlichung eines Katalogs an empfohlenen Maßnahmen gegen Gewinnkürzungen und Gewinnverlagerungen multinational tätiger Unternehmen (**Base Erosion and Profit Shifting** – BEPS). Auslöser des BEPS-Projekts war die Erkenntnis, dass multinationale Unternehmen unter Ausnutzung der international nicht abgestimmten Besteuerungssysteme ihre Steuerlast teilweise signifikant reduzieren. Im internationalen Kontext sind diese gezielten Steuerminderungen insbesondere durch das weltweite Steuertarifgefälle beeinflusst. Die BEPS-Empfehlungen umfassen einen Katalog von 15 Aktionspunkten, die Anstoß zur Schaffung wirksamer und international abgestimmter Regeln gegen BEPS geben sollen. Deutschland hat sich mit Nachdruck in das Projekt eingeschaltet und entscheidend an der Erarbeitung der BEPS-Empfehlungen mitgewirkt, die sich aus den folgenden Punkten zusammensetzen:

▶ Besteuerung der digitalen Wirtschaft,

▶ Verhinderung doppelter Nichtbesteuerung bei hybriden Gestaltungen,

▶ Erarbeitung von internationalen Standards für die Hinzurechnungsbesteuerung,

▶ Verhinderung von Steuerverkürzungen durch Regelungen zur Versagung des Zinsabzugs,

▶ Umgestaltung der Arbeiten zu steuerschädlichen Regimes,

▶ Verhinderung von unrechtmäßiger Inanspruchnahme von DBA-Vorteilen,

▶ Überarbeitung des Betriebsstättenbegriffs, um die künstliche Vermeidung des Betriebsstättenstatus zu verhindern,

▶ Aktualisierung der Verrechnungspreisleitlinien im Hinblick auf immaterielle Wirtschaftsgüter,

▶ Aktualisierung der Verrechnungspreisleitlinien im Hinblick auf Risiko- und Kapitalzuordnungen,

▶ Aktualisierung der Verrechnungspreisleitlinien im Hinblick auf andere risikobehaftete Transaktionen,

▶ Entwicklung von Methoden und Regelungen, um Daten über Gewinnkürzungen und Gewinnverlagerungen zu erhalten,

▶ Überarbeitung der Dokumentationsanforderungen für die Verrechnungspreis-ermittlungen,

▶ Verbesserung der Transparenz im Hinblick auf aggressive Steuerplanungen,

▶ Verbesserung der Verwaltungszusammenarbeit in Verständigungs- und Schiedsver-fahren,

▶ Entwicklung einer multilateralen Vertragsgrundlage für die Umsetzung von BEPS-Maßnahmen.

Das BEPS-Projekt hat auch bereits zu diversen konkreten Umsetzungsmaßnahmen geführt. Neben der Vorlage der ATAD- sowie der ATAD 2-Richtlinie durch die EU (s. o. Abschnitt 8.2.4.1) wurde etwa in Deutschland am 20. 12. 2016 das Gesetz zur Umsetzung der Änderungen der EU-Amtshilferichtlinie und von weiteren Maßnahmen gegen Gewinnverkürzungen und -verlagerungen (sog. BEPS 1-Gesetz) verabschiedet (BGBl. I 2016 S. 3000). Mit dem BEPS 1-Gesetz wurden insbesondere Regelungen zum automatischen Informationsaustausch von Tax Rulings (verbindliche Auskünfte und Zusagen), Vorgaben zur Verrechnungspreisdokumentation sowie zur Offenlegung von Informationen durch Konzernobergesellschaften nach dem sog. Country-by-Country-Reporting kodifiziert.

Ferner wurde im Juni 2017 u. a. auch von Deutschland das sog. multilaterale Instrument (MLI) unterzeichnet. Das MLI ist ein völkerrechtliches Instrument für Zwecke der gleichzeitigen Änderung einer Vielzahl von DBA. Soweit ein teilnehmender Staat seine DBA der Anwendung des MLI unterwirft (bei Deutschland trifft dies bis dato auf 35 DBA zu), werden die entsprechenden DBA durch die Vorschriften des MLI geändert oder ergänzt, ohne dass Nach- oder Neuverhandlungen jedes einzelnen DBA mit dem entsprechenden Vertragspartner erforderlich sind. Durch das MLI werden die DBA im Wesentlichen durch eine allgemeine sowie spezifische Missbrauchsvorschriften erweitert. Hierdurch wird allerdings die DBA-Anwendung im Einzelfall wesentlich komplexer. So muss künftig nicht nur noch geprüft werden, ob der Anwendungsbereich eines DBA eröffnet und die Voraussetzungen der Abkommensregelungen erfüllt sind. Vielmehr sind zusätzlich noch die Regelungen des MLI bei der DBA-Anwendung zu beachten.

8.3 Steuerrechtliche Determinanten verschiedener Engagementformen

8.3.1 Strukturierung des Auslandsengagements

Die Besteuerung wird entscheidend von der Engagementform einer Auslandsaktivität geprägt. Die verschiedenen Alternativen zur Strukturierung des Auslandsengagements lassen sich vier Grundformen zuordnen, die sich inhaltlich und in den zeitlichen Abläufen unterschiedlich entwickeln können.

In einigen Staaten wird die Engagementform von ausländischen Investoren zwingend vorgegeben.

Zum einen kann die Auslandsaktivität durch Außenhandel entfaltet werden, der steuerlich als Direktgeschäft bezeichnet wird. Hierbei wird der Leistungsaustausch mit dem ausländischen Kunden unmittelbar vom Inland ausgeführt, ohne dass im Ausland ein eigener Stützpunkt errichtet wird. Übt das Unternehmen dagegen seine Aktivitäten im Ausland aus, ist die Vornahme von Direktinvestitionen erforderlich, für die drei alternative Gestaltungsformen zur Verfügung stehen:

▶ Errichtung einer rechtlich nicht selbständigen Zweigniederlassung (**Betriebsstätte**),

▶ Beteiligung an einer ausländischen Kapitalgesellschaft (**Tochterkapitalgesellschaft**),

▶ Beteiligung an einer ausländischen Personengesellschaft (**Tochterpersonengesellschaft**).

Zu den genannten Engagementformen kommen internationale Kooperationen und die Zwischenschaltung von Holdinggesellschaften hinzu. Darüber hinaus ist ein Trend zur abnehmenden Lokalisierung multinationaler Unternehmen festzustellen.

Die Möglichkeiten der Zusammenarbeit von mindestens zwei rechtlich selbständigen Unternehmen reichen von einer bloß schuldrechtlichen Vereinbarung (Non-Equity Joint Venture) bis zur Errichtung eines Gemeinschaftsunternehmens mit eigener Rechtspersönlichkeit (Joint Ownership Venture, Equity Joint Venture). Die beteiligten Partner bedienen sich dabei einer vorhandenen Unternehmensrechtsform. Für Joint Ventures gibt es gesellschaftsrechtlich und steuerrechtlich kein Spezialregime.

Die Zwischenschaltung einer Holding zwischen eine operative Konzerneinheit und die Konzernspitze bewirkt eine zusätzliche Besteuerungsebene, die dazu dient, bereits realisierte Einkünfte entweder zeitnah an die Spitzeneinheit zu transferieren bzw. temporär zu thesaurieren oder noch nicht realisierte Einkünfte als erste Konzerngesellschaft zu realisieren.

8.3.2 Direktgeschäft

Das Direktgeschäft bezeichnet allgemein den grenzüberschreitenden gewerblichen Leistungsaustausch, sofern im Ausland kein fester Stützpunkt unterhalten wird. Das inländische Unternehmen tritt mit seinen ausländischen Kunden unmittelbar in Verbindung. Die Geschäftsbeziehungen werden auf schuldrechtlicher Basis abgerechnet. Im

Gegensatz zu einer Direktinvestition befindet sich im Ausland keine dauerhafte Einrichtung, über die Lieferungs- und Leistungsaustausche abgewickelt werden.

Neben dem Export von Gütern rechnen auch gewerbliche Dienstleistungen an einen ausländischen Abnehmer (z. B. technische oder kaufmännische Beratungen), die Kapitalüberlassung (z. B. Gewährung eines Darlehens), die nutzungsweise Überlassung von materiellen oder immateriellen Wirtschaftsgütern (z. B. Vermietung einer maschinellen Anlage, Einräumung einer Lizenz) und kurzfristige Bau- und Montagetätigkeiten zu den Direktgeschäften.

Aufgrund der unbeschränkten Steuerpflicht und dem Welteinkommensprinzip unterliegen die Erträge aus Direktgeschäften der Besteuerung im Inland. Im Ausland werden die Ergebnisse aus Importlieferungen grundsätzlich nicht erfasst, sodass keine Doppelbesteuerung vorliegt. Erträge aus anderen Direktgeschäften werden ggf. der beschränkten Steuerpflicht und einer Quellenbesteuerung unterworfen. Die Doppelbesteuerung wird dann durch DBA oder unilaterale Maßnahmen beseitigt bzw. reduziert.

8.3.3 Betriebsstätte

Hier wird die Geschäftstätigkeit im Ausland über eine feste Geschäftseinrichtung abgewickelt, die nicht rechtlich verselbständigt ist. Das sog. internationale Einheitsunternehmen bilden das inländische Stammhaus (Spitzeneinheit) und die ausländische Betriebsstätte (Grundeinheit). Nachdem die Standortwahl für die Auslandsaktivität getroffen ist, stehen sich als zu vergleichende Engagementformen regelmäßig Betriebsstätte und Tochtergesellschaft gegenüber.

Der Begriff „Betriebsstätte" wird von den einzelnen Steuerrechtsbereichen unterschiedlich abgegrenzt. § 12 Satz 1 AO definiert die Betriebsstätte als „… jede feste Geschäftseinrichtung oder Anlage, die der Tätigkeit eines Unternehmens dient." Satz 2 der Norm nennt nicht abschließend Beispiele: Stätte der Geschäftsleitung, Zweigniederlassungen, Geschäftsstellen, Fabrikations- oder Werkstätten, Warenlager, Ein- und Verkaufsstellen. Art. 5 OECD-MA erfasst die Betriebsstätte als feste Geschäftseinrichtung, durch die die Tätigkeit eines Unternehmens ganz oder teilweise ausgeübt wird, und führt die Beispiele Zweigniederlassung, Geschäftsstelle, Fabrikationsstätte, Werkstatt, Bergwerk, Öl- oder Gasvorkommen, Steinbruch oder andere Stätten der Ausbeutung von Bodenschätzen auf.

Betriebsstättensondertatbestände umfassen gewerbliche Aktivitäten des Unternehmens, die zwar keine eigene Geschäftseinrichtung erfordern, aber dennoch in nachhaltiger unternehmerischer Betätigung bestehen (z. B. bestimmte Bau- und Montagetätigkeiten bzw. das Tätigwerden ständiger Vertreter).

Trotz fehlender rechtlicher Selbständigkeit kann der Betriebsstätte vom inländischen Stammhaus eine mehr oder weniger weitreichende **wirtschaftliche Entscheidungsfreiheit** eingeräumt werden. Orientiert man sich am Lebenszyklus von Betriebsstätten, so können Besteuerungsprobleme von der Gründung bis zur Liquidation skizziert werden. Die Ausstattung der Betriebsstätte mit Sachmitteln kann zu ertragsteuerlichen Konsequenzen führen.

Die Gewinn- und Vermögensabgrenzung im internationalen Einheitsunternehmen, die aufgrund der fehlenden rechtlichen Selbständigkeit der Betriebsstätte ein besonderes Problemfeld darstellt, erfolgt entweder nach der von DBA und nationalem Außensteuerrecht favorisierten direkten Methode oder nach der indirekten Methode. Ziel ist es, Vermögen und Ergebnis der Betriebsstätte zuzurechnen, die ihrer wirtschaftlichen Aktivität entsprechen. Der Betriebsstätte sind die Wirtschaftsgüter zuzuordnen, die der Erfüllung ihrer Funktion entsprechen. Sie muss nach dem Fremdvergleichsgrundsatz auch über angemessenes Eigenkapital (Dotationskapital) verfügen. Die direkte Methode ermittelt den Gewinn der Betriebsstätte gesondert aufgrund der eigenständigen Buchführung und der deutschen Gewinnermittlungsvorschriften. Bei Geschäften mit Dritten bildet diese Methode die Selbständigkeitsfiktion adäquat ab. Hinsichtlich der Geschäfte mit dem Stammhaus werden der „Erwirtschaftungsgrundsatz" (Ausgleich nur der tatsächlichen Aufwendungen ohne Gewinnaufschlag) und die „Funktionsnutzentheorie" (Abrechnung zu Marktpreisen, d. h. interne Gewinnrealisierung) vertreten.

Bei der indirekten Methode ist der Gesamtgewinn des Unternehmens mit Hilfe eines sachgerechten Schlüssels auf das Stammhaus und die ausländische Betriebsstätte aufzuteilen. Die hierfür in Betracht kommenden Bezugsgrößen Umsatz, eingesetztes Kapital, Lohn- und Materialkosten, Deckungsbeiträge oder branchentypische Schlüssel können jedoch im Einzelfall zu nicht sachgerechten Ergebnissen führen. Im OECD-MA 2017 ist die indirekte Methode nicht länger enthalten, da seitens der OECD nunmehr die vollständige fiktive Selbständigkeit der Betriebsstätte als Leitbild der Gewinnabgrenzung dient. In einigen jüngeren deutschen DBA ist dies bereits entsprechen umgesetzt.

Durch das Amtshilferichtlinie-Umsetzungsgesetz vom 26. 6. 2013 (BGBl. I 2013 S. 1809) wurde die uneingeschränkte fiktive Betriebsstättenselbständigkeit für Zwecke der Gewinnabgrenzung zwischen Stammhaus und Betriebsstätte in § 1 AStG implementiert. Für die Gewinnabgrenzung zwischen Stammhaus und Betriebsstätte soll nunmehr die uneingeschränkte Selbständigkeitsfiktion zur Anwendung kommen und damit eine faktische Gleichstellung mit Tochtergesellschaften erfolgen.

Der ausländische Staat erfasst nach dem Territorialprinzip die Einkünfte der Betriebsstätte im Rahmen der beschränkten Steuerpflicht, sodass zusammen mit der unbeschränkten Steuerpflicht des Stammhauses im Inland eine Doppelbesteuerungssituation gegeben ist, die bilateral oder unilateral zu lösen ist. In den meisten DBA werden die ausländischen Betriebsstätteneinkünfte in Deutschland von der Besteuerung freigestellt, regelmäßig gilt dann nur der Progressionsvorbehalt. Neuere DBA machen die Freistellung von einer aktiven Tätigkeit der Betriebsstätte abhängig. Sofern DBA demgegenüber keinen Aktivitätsvorbehalt enthalten, bieten sich hier auch Betriebsstätten mit passiven Einkünften (z. B. Finanzierungstätigkeit) an. Im Nicht-DBA Fall stehen Anrechnung, Abzug oder ggf. Pauschalierung alternativ zur Verfügung (§ 26 Abs. 1 und 6 KStG i. V. m. § 34c EStG). Der Abzug ausländischer Steuern bietet sich insbesondere bei inländischen Verlusten an, wenn die Anrechnung ins Leere laufen würde.

8.3.4 Tochterunternehmen

8.3.4.1 Tochterkapitalgesellschaft

Bei dieser Engagementform werden Inländer über ein Tochterunternehmen mit eigenständiger Rechtspersönlichkeit tätig. Das Merkmal der rechtlichen Selbständigkeit bezieht sich auf die zivilrechtliche Qualifikation. Inwieweit das Tochterunternehmen wirtschaftlich als selbständiges Unternehmen auftritt, hängt von der Verteilung der Entscheidungskompetenz zwischen den inländischen Gesellschaftern und der ausländischen Grundeinheit ab. Da es sich bei einer Tochterkapitalgesellschaft um eine juristische Person handelt, ist das Trennungsprinzip zu beachten. Für die steuerliche Behandlung sind somit drei Bereiche zu unterscheiden:

► Einkommensermittlung

Die ausländische Grundeinheit hat als rechtlich selbständiges Unternehmen den von ihr erzielten Gewinn und das ihr gehörende Vermögen nach den in ihrem Sitzstaat geltenden Besteuerungsregeln zu ermitteln. Aufgrund der rechtlichen Verselbständigung können zwischen den Gesellschaftern und der Tochtergesellschaft schuldrechtliche Leistungsbeziehungen bestehen. Sofern diese dem Fremdvergleich standhalten, werden sie nach den für Direktgeschäfte anzuwendenden Regeln besteuert.

► Einkommensverwendung

Hierunter fallen die Gewinnausschüttungen des ausländischen Tochterunternehmens. Sie sind im Inland im Rahmen der unbeschränkten Steuerpflicht der inländischen Gesellschafter zu versteuern, wobei nationale wie auch bilaterale Maßnahmen zur Vermeidung der Doppelbesteuerung zu beachten sind. Die steuerliche Behandlung ausländischer Dividenden hängt vom Typ des inländischen Gesellschafters ab. Im Falle einer natürlichen Person kommt das Teileinkünfteverfahren zur Anwendung (§ 3 Nr. 40 i. V. m. § 3c Abs. 2 EStG). Die im Ausland gezahlten Quellensteuern können im Inland angerechnet oder auf Antrag abgezogen werden (§ 34c EStG). Ist die inländische Muttergesellschaft eine juristische Person, bleiben die Dividenden im Ergebnis zu 95 % steuerfrei (§ 8b Abs. 1 und 5 KStG). Eine Berücksichtigung der ausländischen Quellensteuer ist wegen der inländischen Steuerfreistellung nicht möglich.

▶ **Engagementveränderung**

Bei der Engagementveränderung handelt es sich um Restrukturierungen von Auslandsbeteiligungen, wie z. B. Veräußerungen, Anteilstausch oder Fusionen. Gewinne aus Anteilsveräußerungen an der ausländischen Tochterkapitalgesellschaft sind bei einkommensteuerpflichtigen Gesellschaftern zu 40 % und bei körperschaftsteuerpflichtigen zu 95 % steuerfrei (§ 3 Nr. 40 EStG, § 8b Abs. 2 und 3 KStG). Grundsätzlich führen grenzüberschreitende Engagementveränderungen zur Realisierung der stillen Reserven (steuerpflichtige Veräußerungsgewinne). Unter den Voraussetzungen des Umwandlungssteuergesetzes ist jedoch eine Steuerneutralität beim Anteilstausch und bei der Einbringung eines Betriebs oder Teilbetriebs in eine andere Kapitalgesellschaft innerhalb der EU-Mitgliedstaaten möglich.

Die Gründung einer ausländischen Tochterkapitalgesellschaft bzw. der Erwerb von Anteilen ist eine attraktive Engagementform aufgrund des einfach zu handhabenden Anteilstransfers, der Haftungsbegrenzung, dem Auftreten als ansässiges Unternehmen, den besseren Finanzierungsmöglichkeiten und der organisatorischen Verselbständigung des Rechnungswesens. In einigen Ländern ist die Beteiligung an einer juristischen Person die einzige Alternative, um als Ausländer in diesem Staat Direktinvestitionen vornehmen zu können; z. T. kennen diese Staaten allerdings Begrenzungen hinsichtlich der Beteiligungsquote (z. B. Unzulässigkeit von Mehrheitsbeteiligungen).

Fragen der Einkünfteabgrenzung zwischen verbundenen Unternehmen und die Problematik angemessener konzerninterner Verrechnungspreise stehen immer mehr im Mittelpunkt der Auseinandersetzung zwischen Unternehmen und Finanzbehörden. Es wird geschätzt, dass ca. 60 % der weltweiten grenzüberschreitenden Leistungen zwischen Konzernunternehmen stattfinden. Die Besteuerungspraxis hat den Fremdvergleichsgrundsatz in Verrechnungspreismethoden übertragen, wobei sich transaktionsbezogene Standardmethoden und gewinnbezogene Methoden unterscheiden lassen. Die transaktionsbezogenen Standardmethoden – Preisvergleichsmethode, Wiederverkaufspreismethode und Kostenaufschlagsmethode – zielen auf eine angemessene Verrechnung einzelner Leistungen, während die bspw. in den USA angewendeten Gewinnmethoden in unterschiedlichen Ansätzen auf das Ergebnis des Leistungsaustauschs – den geschäftsvorfallbezogenen oder globalen Gewinn – abstellen. Nach § 1 Abs. 3 Satz 1 AStG ist bei Vorliegen vergleichbarer Fremdvergleichsdaten vorrangig eine der Standardmethoden anzuwenden. Sind die vorliegenden Werte nur eingeschränkt vergleichbar, sind der Verrechnungspreisermittlung geeignete Methoden zugrunde zu legen, wobei neben den Standardmethoden auch die geschäftsvorfallbezogene Nettomargenmethode in Betracht kommt. Die globalen Gewinnmethoden sind in Deutschland bislang nicht anerkannt. Sind auch keine eingeschränkt vergleichbaren Werte zu ermitteln, so wird der sog. hypothetische Fremdvergleich zugrunde gelegt. Die nachfolgende Abbildung gibt einen Überblick über verschiedene Methoden zur Bestimmung von Verrechnungspreisen.

ABB. 8.1:	Methoden zur Bestimmung von Verrechnungspreisen *Quelle: Jacobs* (2016), S. 565.

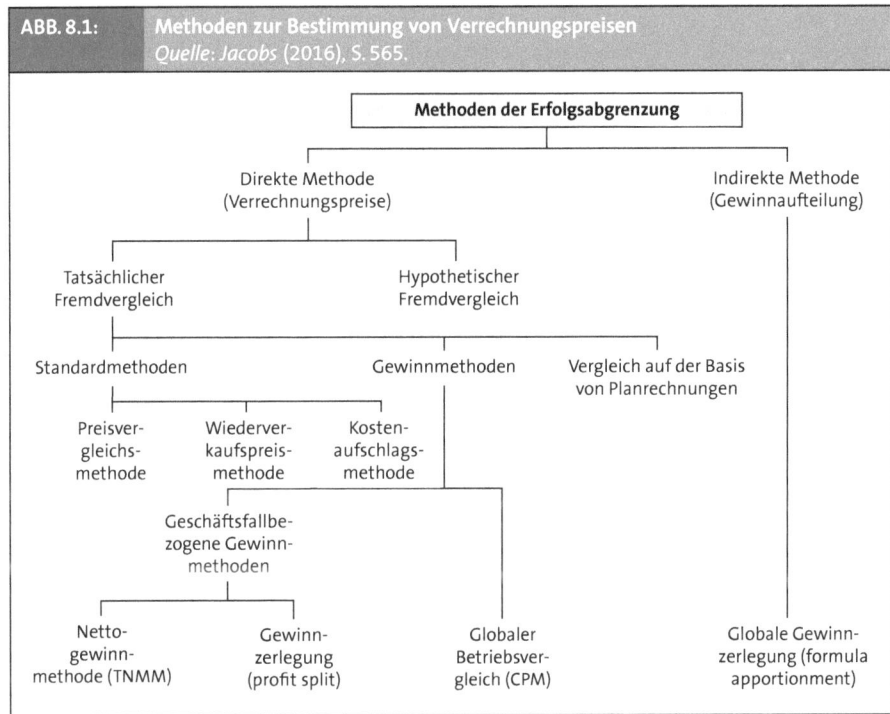

In einer Vielzahl von Ländern haben sich in den letzten Jahren die Möglichkeiten zur Durchführung von Verrechnungspreiszusagen bzw. von sog. Advance Pricing Agreements (APAs) verbessert. Für die Unternehmen bieten solche Verfahren die Möglichkeit, frühzeitig Rechtssicherheit bei der Gestaltung von Verrechnungspreisen zu erhalten. Sie sind allerdings nur dann sinnvoll, wenn sie bilateral, d. h. unter Beteiligung der beiden betroffenen Fisci, ergehen.

8.3.4.2 Tochterpersonengesellschaft

Aufgrund der verstärkten internationalen Aktivitäten mittelständischer Unternehmen nimmt die Bedeutung ausländischer Personengesellschaften tendenziell zu. Auch bei einer Tochterpersonengesellschaft wird das inländische Unternehmen im Ausland nicht unter eigenem Namen tätig, sondern führt die Aktivitäten über ein selbständiges Unternehmen aus. Dabei besteht die Möglichkeit, einer bestehenden ausländischen Personengesellschaft beizutreten oder die Gesellschaft mit anderen in- oder ausländischen Gesellschaftern zu gründen.

Verschiedene Formen von ausländischen Personengesellschaften weisen insoweit Gemeinsamkeiten auf, als es sich um Vereinigungen handelt, in denen die Mitglieder einen gemeinsamen ideellen oder wirtschaftlichen Zweck erreichen wollen und dabei auf die gegenseitige, meist persönliche Zusammenarbeit vertrauen. Hinsichtlich der rechtlichen Selbständigkeit, der Abhängigkeit vom Mitgliederbestand sowie der Trennung zwischen Gesellschafts- und Gesellschaftersphäre bestehen national und international z.T. erhebliche Unterschiede. Die mit der Bundesrepublik Deutschland wirtschaftlich am engsten verflochtenen Länder kennen aber Personengesellschaften, die ihrer Struktur nach mit den im deutschen Gesellschaftsrecht bekannten Grundformen vergleichbar sind. Seltener sind Rechtsformen, die der in Deutschland bekannten GmbH & Co. KG und der stillen Gesellschaft entsprechen.

Aus steuerlicher Sicht besteht das Hauptproblem darin, welche Konsequenzen aus der zivilrechtlichen Einordnung einer Personengesellschaft zwischen einem Einzelunternehmen bzw. einer ausländischen Betriebsstätte (fehlende rechtliche Selbständigkeit) und einer Tochterkapitalgesellschaft (eigenständige Rechtsfähigkeit) gezogen werden. Im nationalen Bereich gilt für die Einkommensbesteuerung das Mitunternehmerkonzept, das dadurch gekennzeichnet ist, dass die Personengesellschaft zwar selbständig ihren Gewinn ermittelt, dieser aber anteilig (inkl. Leistungsvergütungen) von ihren Gesellschaftern zu versteuern ist (§ 15 Abs. 1 Satz 1 Nr. 2 EStG). Im Ausland finden sich verschiedene Alternativen hinsichtlich der Besteuerung einer Personengesellschaft, die sich prinzipiell vier Gruppen zuordnen lassen:

► **Mitunternehmerkonzept**
   Die Besteuerung im Ausland ist mit den im Inland geltenden Besteuerungsregeln vergleichbar. Die Personengesellschaft selbst ist transparent, d.h. nicht eigenständig steuerpflichtig. Die Besteuerung der Gewinne erfolgt auf Ebene der Gesellschafter. Schuldrechtliche Leistungsvergütungen an Gesellschafter werden den Einkünften aus der Unternehmertätigkeit gleichgestellt.

► **Wegfiktion**
   Die Personengesellschaft ist kein Steuersubjekt, steuerpflichtig sind vielmehr die Anteilseigner. Die Besteuerung des schuldrechtlichen Leistungsaustauschs zwischen Personengesellschaft und Gesellschaftern folgt allerdings nicht dem Mitunternehmerkonzept, sondern dem Trennungsprinzip. Die Vergütungen aus dem neben der Beteiligungssphäre bestehenden Leistungsaustausch werden nach den allgemeinen

Abgrenzungsregeln des jeweiligen Steuersystems einer der Einkunftsarten zuge-rechnet.

▶ **Verselbständigung**

Die Personengesellschaft ist im Sitzstaat selbständig steuerpflichtig. Entweder weicht die gesellschaftsrechtliche Qualifikation im Sitzstaat ab oder das Steuerrecht des Sitzstaates erfasst die Gesellschaft wie eine Kapitalgesellschaft. Die steuerrecht-liche Trennung zwischen Personengesellschaft und ihren Gesellschaftern gilt entwe-der generell für alle Personengesellschaften oder nur für die Personengesellschaf-ten, die in ähnlicher Weise strukturiert sind wie eine Kapitalgesellschaft.

▶ **Option**

Für Personengesellschaften besteht ein Wahlrecht zwischen personen- und gesell-schaftsbezogener Besteuerung. In Abhängigkeit von der Ausübung der Option kom-men entweder die für Personengesellschaften oder die für Kapitalgesellschaften gel-tenden Normen zur Anwendung (z. B. check-the-box-Verfahren in den USA).

LITERATUR

Baumhoff, H./Ditz, X./Liebchen, D., Internationale Verrechnungspreise kompakt, Köln 2012.

Breithecker, V./Klapdor, R., Einführung in die Internationale Betriebswirtschaftliche Steuerlehre, 4. Aufl., Berlin 2016.

Brähler, G., Internationales Steuerrecht, 8. Aufl., Berlin 2014.

Frotscher, G., Internationales Steuerrecht, 4. Aufl., München 2015.

Jacobs, O. H., Internationale Unternehmensbesteuerung, 8. Aufl., München 2016.

Scheffler, W., Internationale betriebswirtschaftliche Steuerlehre, 3. Aufl., München 2009.

STICHWORTVERZEICHNIS